Jingshi Criminal Procedural Law Review

京师刑事诉讼法论丛

第二卷

主　编／宋英辉　甄　贞

北京师范大学出版集团
BEIJING NORMAL UNIVERSITY PUBLISHING GROUP
北京师范大学出版社

图书在版编目(CIP)数据

京师刑事诉讼法论丛.第二卷/宋英辉，甄贞主编.—北京：北京师范大学出版社，2012.3
ISBN 978-7-303-14170-8

Ⅰ.①京… Ⅱ.①宋… ②甄… Ⅲ.①刑事诉讼法-研究
Ⅳ.①D915.304

中国版本图书馆 CIP 数据核字(2012)第 021708 号

营销中心电话 010-58802181 58805532
北师大出版社高等教育分社网 http://gaojiao.bnup.com.cn
电子信箱 beishida168@126.com

JING SHI XING SHI SU SONG FA LUN CONG
出版发行：北京师范大学出版社 www.bnup.com.cn
北京新街口外大街 19 号
邮政编码：100875
印　　刷：北京京师印务有限公司
经　　销：全国新华书店
开　　本：155 mm × 235 mm
印　　张：18.25
字　　数：291 千字
版　　次：2012 年 3 月第 1 版
印　　次：2012 年 3 月第 1 次印刷
定　　价：32.00 元

策划编辑：马洪立　　责任编辑：李洪波
美术编辑：毛　佳　　装帧设计：毛　佳
责任校对：李　菡　　责任印制：李　啸

编辑委员会

前言

刑事诉讼法列入了全国人大常委会2011年立法工作计划。这是继1996年第八届全国人大四次会议通过新的刑事诉讼法以来的又一次重要的立法修改。近年来，我国修改了一系列法律、法规，出台了许多司法解释，与司法改革措施一道，推进了刑事诉讼的进步。例如，我国在2006年修改了《法院组织法》，将死刑案件复核权收归最高人民法院行使；在2007年修改了《律师法》，对律师会见、阅卷、调查取证等权利条款进行了完善；在2010年最高人民法院、最高人民检察院、公安部、国家安全部、司法部联合制定了《关于办理死刑案件审查判断证据若干问题的规定》和《关于办理刑事案件排除非法证据若干问题的规定》，对证据规则进行了重大完善。这次刑事诉讼法的修改，如何与上述法律、法规、司法解释以及司法改革措施衔接，有待深化研究和贯彻落实。

其中，《关于办理死刑案件审查判断证据若干问题的规定》和《关于办理刑事案件排除非法证据若干问题的规定》这两个证据规定的出台，是我国近年来刑事司法改革进程中的重大事件，促进了我国刑事诉讼和刑事证据理论研究的深入发展。我们认为，在刑事诉讼法再修改之际，究竟是直接消化、吸收还是进一步修正、拓展上述规定，需要仔细分析和论证。本期设置的“主题研讨”为“两个证据规定”评介，特色在于：通过六篇论文建构的知识体系，对我国理论界和实务界的相关观点进行归纳和综述，分析其中的基本共识和争议焦点，在此基础上，探讨它们如何与刑事诉讼法修改衔接。

这次刑事诉讼法的修改，不仅吸收一些在刑事诉讼原理方面取得共识的基本原则，而且在诉讼构造、程序设置、配套措施等方面也将进行改革。这与我国刑事诉讼立法者和司法者日益重视实证研究理论成果有一定关系。实证研究刑事诉讼法的中国问题，理性建构刑事诉讼法的中国模式，是完善中国社会主义法律体系的重要内容。

在“专论大观”中，我们特邀收录了“特困被害人救助实证研究项目”的成果，该文调查分析了各地开展特困被害人救助的初衷、困难和效果等问题，提出了我国完善被害人保护方面的诸多立法建议。在“实务探讨”方面，我们依据刑事诉讼阶段，收录了诸多前沿性研究论文，以回应近年来争议较多、影响深远的一系列问题。如分析了大众传媒在侦查活动中的应用及发展、未成年人检察制度的改革方向，反思了刑事诉讼中重复追诉和滥用追诉问题、公诉案件人民法院行使逮捕权问题、一审中“隐性”超审限问题。在“青年法苑”中，我们收录了一些视角新奇或方法独特的青年学者文章，分别探讨了《刑法修正案（八）》中规定的社区矫正与刑事诉讼法修改的衔接问题、河南和陕西“人民陪审团试点”的性质定位问题。在“法学随笔”中，既有结合梁启超先生的国学大作对中国少年司法道路的人文反思，又有对美国纽约维拉司法研究方法的现代解读，同时不回避现实的“火热”问题——醉驾入刑究竟如何定罪量刑。在“域外法制”中，我们收录了三篇代表性文章，分别研究了以德国法制为对象研究少年司法程序中利益权衡，以日本法制为基础的公诉时效、行刑时效，以美国法制为基础的刑事上诉审查中的“明显错误”原则。

《京师刑事诉讼法论丛》立足于北京师范大学法学两院的学科发展，在成熟和发展过程中有赖于社会各界的鼎力支持。在编撰过程中，由于水平的限制，可能还存在诸多不足，恳望各位读者批评指正。

主　编

主题研讨："两个证据规定"评介

专论大观

实务探讨

青年法苑

法学随笔

域外法制

《京师刑事诉讼法论丛》第三卷约稿

主题研讨：“两个证据规定”评介

曾新华*

在理想与现实之间
——“两个证据规定”理论观点综述及争议焦点

2010年6月，最高人民法院、最高人民检察院、公安部、国家安全部、司法部联合制定了《关于办理死刑案件审查判断证据若干问题的规定》（以下简称《办理死刑案件证据规定》）和《关于办理刑事案件排除非法证据若干问题的规定》（以下简称《非法证据排除规定》）。这两个证据规定的出台促进了我国刑事证据理论研究的深入发展。理论界推出了一系列研究成果。如何客观评价“两个证据规定”的功过是非？它们究竟是司法改革的“模范”，还是“蜻蜓点水”的“过客”，或者是“暗度陈仓”的“先锋”？决策者在解决非法证据问题、死刑案件问题方面有着怎样的功能预设？现有的诉讼构造、证据意识、司法资源等又将作出怎样的反应？为充分认识“两个证据规定”的重要意义以及潜在问题，本文对我国目前理论界的相关观点进行归纳和综述，“原味”呈现给大家的同时，分析其中的基本共识和争议焦点。

一、“两个证据规定”的贡献及观点综述

上述两个证据规定的出台是我国近年来刑事司法改革进程中的重大事件。我国诉讼法学界多数学者给予了正面评价和肯定。

中国政法大学终身教授陈光中先生认为，上述两个证据规定是我国“改革完善刑事证据制度的重大成就”、“我国刑事司法制度改革中的一件大事，是我国刑事诉讼制度进一步民主化、法治化的重要标志。”① 他认

* 曾新华，北京师范大学刑事法律科学研究院。

① 陈光中：《改革完善刑事证据制度的重大成就》，载《检察日报》，2010-06-01。

为，《办理死刑案件证据规定》有以下引人瞩目的突破：（1）明确规定了证据裁判原则，即“认定案件事实，必须以证据为根据”；（2）明确规定了死刑案件证明标准是证据确实、充分，由证据得出的结论必须具有唯一性；（3）对刑事诉讼法规定的每一种证据种类的审查与认定予以了分别规定；（4）明确规定了证人出庭作证制度；（5）明确规定了对被告人庭审中翻供以及庭前供述反复时的认定规则。关于《非法证据排除规定》，他认为最值得称赞和充分肯定的亮点主要有以下几点：（1）不仅要求排除非法言词证据，也规定了对非法实物证据的排除；（2）明确规定了人民检察院在审查批准逮捕、审查起诉阶段负有排除非法证据的义务；（3）建立了在审判阶段排除非法证据的程序；（4）规定了举证责任，即公诉人承担证明责任，并特别规定了公诉人应当提供原始的讯问过程录音、录像和讯问人员出庭作证的制度；规定了控方承担举证责任的证明标准，即证据确实充分；（5）明确规定了法庭在对控辩双方提供的证据存在疑问时依职权主动调查核实的职责。

中国政法大学樊崇义教授认为，两个证据规定是“司法改革的重大成果”、“是我国刑事证据制度改革的创新和发展，必将在我国民主与法治的历史上一定会记下重重的一笔”。[①] 他认为，应从历史发展的高度认识两个证据规定，两个证据规定的出台，不仅标志着我国刑事司法关于证据的运用进入了一个新的里程，还标志着我国刑事证据规则体系初步形成，即两个证据规定确立的证据规则有运用证据的基本原则——证据裁判原则和程序法定原则；有审查判断证据的排除规则——非法证据排除规则、意见证据排除规则；有审查判断证据的运行规则——质证规则、关联性规则、原始证据优先规则，补强证据规则，有限的直接和言词证据规则。[②]

中国政法大学卞建林教授认为，两个证据规定“是刑事司法改革的重大成果，对保证刑事案件办案质量，保障诉讼参与人合法权益，准确惩罚犯罪，促进司法公正，具有重要意义。”[③] 他认为，两个《规定》的主要亮点包括：（1）强化证据意识，坚持证据裁判；（2）强调审判功能，重视法庭查证；（3）注重程序公正，排除非法证据；（4）健全证据规则，增强可操作性。

中国人民大学法学院陈卫东教授认为，可将两个证据规定的重要意义概括为“两大进步”和“三项突破”。所谓“两大进步”是指在刑事证据

---

① 樊崇义：《证据两规定是司法改革的重大成果》，载《检察日报》，2010-06-02。

② 樊崇义：《“两个证据规定”理解与适用中的几个问题》，载《证据科学》，2010（5）。

③ 卞建林：《铸证据基石，保案件质量，促司法公正》，载《人民法院报》，2010-06-03。

制度的完善和人权保障的发展这两个方面的进步上。他认为，决策者司法理念的更新才是两个证据规定出台的最大收获，即便日后两个证据规定在司法实践中遭遇挫折，也不会阻挡我国刑事证据法向前发展的大趋势，因为先进的刑事证据理念已逐步在决策者及办案人员心中"生根发芽"。所谓"三项突破"，一是刑事证据基本原则的确立，即建立了证据裁判原则、程序法定原则、证据质证原则；二是实体性规则的完善，即证明标准的细化、非法证据的厘定、证据规则的补充和量刑证据的注重；三是程序性裁判的确立。① 对于《办理死刑案件证据规定》，陈教授认为这是"保障死刑案件质量的一个重大举措"。② 他认为，该证据规定具有以下特别重要的意义：首先，它统一了全国死刑案件的证据适用标准，有利于维护司法公正和司法权威。其次，它可以有效地提高死刑案件的审判质量，进而防范冤假错案的发生。最后，它涉及侦查、起诉、审判等多个执法环节，有利于侦查人员、检察人员、审判人员强化程序证据意识。

北京师范大学刑事法律科学研究院宋英辉教授认为，《非法证据排除规定》的出台，具有十分积极的意义：首先，有利于保障公民基本权利。其次，排除非法证据既有利于保障无罪的人不受刑事追究，又有利于准确打击犯罪。再次，有利于彰显程序公正。最后，排除非法证据有利于减少社会对立面，有利于社会的长久稳定。③ 他认为，该规定在以下方面细化、补充和完善了我国法律、司法解释关于排除非法证据的规定：第一，明确规定了排除非法证据的具体程序；第二，明确了证据合法性的证明责任；第三，明确了物证、书证的排除问题。

四川大学法学院龙宗智教授认为，两个证据规定的积极意义与进步作用可归纳为以下几个方面：第一，突出重点、全面规范，明确了刑事证据法的基本内容；第二，体现先进性与科学性，可发挥引导拉动司法实践的积极作用；第三，具有突破性与创新性，因应了完善我国刑事诉讼制度和证据制度的需求；第四，突出了实践性，充分考虑现实制约，注意价值平衡。④ 龙教授认为，《办理死刑案件证据规定》中关于"死刑案件证明标准的规定具有重要的现实意义"。⑤ 这一规定符合国际法有关规则，为主流的法学理论所支持，是防止冤假错案的迫切需要，反映了加强证明标准的可把握性和可操作性，从而提高办案质量的现实要求。⑥

---

① 陈卫东：《中国刑事证据法的新发展——评两个证据规定》，载《法学家》，2010（5）。

② 陈卫东：《保障死刑案件质量的一个重大举措》，载《检察日报》，2010-06-07。

③ 宋英辉：《排除非法证据　保障司法公正》，载《检察日报》，2010-06-08。

④ 龙宗智：《两个证据规定的规范与执行若干问题研究》，载《中国法学》，2010（6）。

⑤⑥ 龙宗智：《死刑案件证明标准的规定具有重要的现实意义》，载《检察日报》，2010-06-09。

北京大学法学院陈瑞华教授认为，两个证据规定是我国“刑事司法改革的重大突破”。[①] 他认为，这些证据规则具有以下几个方面的意义：第一，非法证据排除规则的完善，为解决刑讯逼供问题提供了法律出路；第二，大量排除性证据规则的确立，使得证据的法庭准入资格受到严格的限制，也使得违法获取的证据可以被及时宣告无效；第三，死刑案件证据审查标准的确立，可望最大限度地减少冤假错案。他还认为，“两个规定的出台甚至会产生积极的国际影响，大大改善中国刑事司法制度的国际形象。”[②]

中国政法大学杨宇冠教授认为，《非法证据排除规定》具有以下重要意义：奠定了中国将来统一证据法的基础和一次重要的尝试；标志着中国非法证据排除规则的正式确立；发展了非法证据排除规则的理论和实践；构建了具有中国特色的非法证据排除规则；是中国理论界和实务界多年来对非法证据排除规则的探索和研究的结晶、总结和提炼；对中国的公检法司各机关都非常重要。[③]

中国政法大学顾永忠教授认为，两个证据规定“是我们刑事办案指导思想的重大突破”，集中体现在：制约高于配合；质量重于数量；宁可放错不可判错。[④]

中国政法大学张保生教授认为，两个证据规定的出台“标志着中国证据制度建设取得了阶段性成果”。他认为，第一，确立了证据裁判原则；第二，在实质上确立了死刑案件确信无疑的证明标准；第三，证人出庭作证制度有一些突破；第四，非法证据排除规定的出台，标志着中国法制建设迈出了巨大的步伐。[⑤]

北京大成律师事务所钱列阳律师认为，两个证据规定细化了死刑案件的证明标准，确立了证据裁判原则，再一次明确了“证据确实、充分”对于保证刑事案件质量的重要意义；确立了排除一切合理怀疑的证据裁判思想；有罪、无罪、罪轻的事实的证明标准的不对等原则有了体现；确立了一系列非法证据的审查和排除规则，有助于防止刑讯逼供、杜绝冤假错案；其他案件“参照”执行，为其他案件的证据审查和判断提出了更高的要求，实为新刑事诉讼制度改革的先声。[⑥]

---

①② 陈瑞华：《刑事司法改革的重大突破》，载《检察日报》，2010-06-04。

③④⑤ 张文静：《最新刑事证据规定座谈会综述》，载《中国司法》，2010（11）。

⑥ 钱列阳：《艰难中前行——“两高三部”新证据规定的意义与问题》，载《理论视野》，2010（8）。

二、"两个证据规定"的问题及改革方案

在充分肯定"两个证据规定"的进步意义和重要价值的同时，专家学者也对这两个司法解释的条文内容进行了认真的审视，深刻地剖析和认真地指出了这些规定存在的问题以及改革的方案。

(一) 关于非法证据的界定和排除范围

一般认为，非法证据包括非法言词证据和非法实物证据两大类。《非法证据排除规定》对这两类非法证据证据均予以规定。

1. 关于非法言词证据

《非法证据排除规定》第 1 条规定，"采用刑讯逼供等非法手段取得的犯罪嫌疑人、被告人供述和采用暴力、威胁等非法手段取得的证人证言、被害人陈述，属于非法言词证据。"对此规定，许多学者认为还应当具体化和扩大化。

陈光中教授认为，"采用刑讯逼供等非法手段"，用词欠明确性，在适用上难以准确把握。目前在侦查中对犯罪嫌疑人的讯问采用赤裸裸的暴力手段已不多见，更多是采用变相的刑讯手段，如使用电棒触打、疲劳讯问，让被讯问人受酷热、冷冻和饥渴煎熬以及服某些药品等，这些手段是否属于"等"的范围亟须明确解释。① 他建议，应当参照《联合国禁止酷刑和其他残忍、不人道或有辱人格的待遇或处罚公约》对非法的取证方法采取较宽的解释，即上述规定中的第 1 条修改为："非法言词证据是指采用刑讯或其他残酷、非常不人道的方法取得的犯罪嫌疑人、被告人供述和采用暴力、威胁及其他不人道的方法取得的证人证言、被害人陈述。"②

陈卫东教授认为，该规定仅提及排除"采用刑讯逼供等非法手段"获取的证据，对于非法手段的列举范围比现行《刑事诉讼法》第 43 条的规定还要窄，对于第 43 条规定的刑讯逼供之外的三种非法手段，即"威胁、引诱、欺骗"所获证据是否排除语焉不详，这必然引发实践执法的混乱。当然界定"威胁、引诱、欺骗"的适当界限难度不小，然而证据规定采取的回避态度无助于实务难题的化解，反而有可能进一步加重实践中在这三类非法取证手段处置中的混乱状况。而且，即使对于"刑讯逼供"这种最为明显与严重的非法取证手段，由于该规定中没有细化解释具体的表现形态，也可能导致实践理解的偏差。③

龙宗智教授认为，仅列举"刑讯逼供"手段，其他即以"等"一字以

---

①② 陈光中：《刑事证据制度改革若干理论与实践问题之探讨——以两院三部〈两个证据规定〉之公布为视角》，载《中国法学》，2010 (6)。

③ 陈卫东：《中国刑事证据法的新发展——评两个证据规定》，载《法学家》，2010 (5)。

蔽之，由司法人员去判断和酌处。这种简单列举的规定方式对建立我国的违法证据排除规则尤为不合适。因为一方面这会使司法人员自由裁量权太大，而且缺乏依据，不符合最高人民法院近年来限制自由裁量权的改革精神。另一方面，由于缺乏规范依据，且排除非法证据会受到侦控机关的抵制，这种情况下，审理案件的法院很难以“等非法手段”这样含糊的字词为依据对其他非法手段获取的证据进行排除，而且对变相刑讯逼供获取证据的排除也会感到依据不充分，比较棘手。对于以“威胁、引诱、欺骗”等方法取证问题，龙教授认为，该证据规定对此没有规定，修改了上位法《刑事诉讼法》的有关规定，与法制原则相悖，似乎有欠妥当。威胁、引诱、欺骗的方法虽然在刑事司法实践中具有一定的许容性，但必须设定界限，禁止非法采用这些方法。他建议，对于非法实施的，可能导致虚假证据的威胁、引诱、欺骗，可以引用《刑事诉讼法》第43条的规定，同时引用《排除非法证据规定》中“等非法手段”条款予以排除。其具体的标准，可以按照合法性、合理性、真实性三项标准衡量。此外，龙教授还认为，两个证据规定对违法获取的视听资料、侦查和检察人员违背回避规定参与调查的证据、非管辖侦查单位违法侦查获取的证据以及通过“诱惑侦查”等主动性侦查获得的证据的效力问题均没有明确规定。①

中国政法大学汪海燕教授认为，两个证据规定对于以“威胁、引诱、欺骗”方式取得的证据是否排除，采取回避的态度，相对于最高法和最高检的司法解释是一种倒退，甚至有可能在一定程度上暗示甚至是纵容司法实务部门以威胁、引诱、欺骗方式取证。她认为，在立法时，应当将合法的侦查策略与非法的手段分开以及衡量以引诱、欺骗等方式取得的言词证据是否影响该证据的真实性。她还认为，对于通过如超期羁押、违反法律规定讯问时间以及讯问（询问）未成年犯罪嫌疑人（证人）时，没有通知其法定代理人到场等严重侵犯了犯罪嫌疑人权利的行为取得的证据，也应当排除。②

中国社会科学院法学研究所熊秋红研究员认为，《排除非法证据规定》的明显不足是忽略了自白任意性规则，没有基于“非任意性”来排除证据。自白任意性规则与非法证据排除规则在遏制违法取证行为方面具有相同的功能与价值，忽视自白任意性规则的这一功能与价值，或者将该规则的适用范围加以窄化，不能不说是一大缺憾。③

---

① 龙宗智：《两个证据规定的规范与执行若干问题研究》，载《中国法学》，2010（6）。

② 汪海燕：《评关于两个非法证据排除的两个〈规定〉》，载《政法论坛》，2011（1）。

③ 张建伟：《纸面上的法与行动中的法——排除非法证据规定引发的一点思考》，载《西部法学评论》，2010（5）。

2. 关于非法实物证据

我国过去的相关司法解释对非法言词证据的排除作出了规定，但对非法实物证据的排除问题并没涉及。《非法证据排除规定》第 14 条规定对此问题予以了规定，"物证、书证的取得明显违反法律规定，可能影响公正审判的，应当予以补正或者作出合理解释，否则，该物证、书证不能作为定案的根据。"据此，要排除非法物证和书证必须符合以下三个条件：一是证据的取得明显违反法律规定；二是可以影响公正审判；三是无法予以补正，也无法作出合理解释。对这些条件，学者们普遍认为，这过于严格和苛刻，将导致在司法实践难以真正实现。

陈光中教授认为，"明显违反法律规定"比较容易理解和把握，但是"可能影响公正审判"的表述则令人难以揣摩。至于"补正或作出合理解释"，这更有待进一步推敲。"明显违反法律规定"而允许"补正"，似乎有藐视法定程序之嫌。他建议，在修改刑事诉讼法时，应当对实物证据排除的条件加以修改，即删除"可能影响公正审判"和"予以补正"这两个条件，改为"物证、书证的取得明显违反法律规定，又不能作出合理解释的，该物证、书证不能作为定案的根据。"

汪海燕教授认为，何谓"明显违反法律规定"，"影响公正审判"指的是影响实体公正还是程序公正，以及如何补正，或者何谓"合理解释"，该证据规定皆语焉不详。而且，此条只是规定了非法物证、书证排除的条件，而对于排除的程序，包括提出排除动议的时间、提出排除动议的主体、举证责任、如何审查以及排除之后如何处理，规定均未涉及。她认为，虽然该证据规定将非法物证、书证纳入排除范围，但由于规定过于原则、模糊，因此，这条规定"秀"的意义大于实际价值。①

熊秋红研究员认为，这条规定对于违反法律规定所取得的视听资料、勘验、检查笔录等是否应予排除，未作明确规定。仅就物证、书证的排除而言，规定了极为严格的条件，即必须同时具备严重违法性、实质危害性和不可补救性，方能予以排除。加之刑诉法对于搜查、扣押、冻结等措施的采用未规定严格的限制性条件，导致取证合法的标准过低，所谓"明显违反法律规定"的情形在实践中几乎不可能发生，因此，"有限的实物证据排除规则"很大程度上仅具有象征意义。②

陈瑞华教授认为，此规定赋予了法官过度的自由裁量权，"最令人遗憾的结果可能是，法官基于多方面的考虑，通过非善意地解释证据规则，

---

① 汪海燕：《评关于两个非法证据排除的两个〈规定〉》，载《政法论坛》，2011（1）。

② 熊秋红：《刑事证据制度发展中的阶段性进步——刑事证据两个规定评析》，载《证据科学》，2010（5）。

将所有‘自由裁量的排除’都变成‘自由裁量的不排除’。”①

（二）关于非法证据排除的证明责任问题

《非法证据排除规定》第7条不仅规定了公诉人的证明责任，还规定了公诉人的四种举证方式，即向法庭提供讯问笔录、原始的讯问过程录音、录像或者其他证据，提请法庭通知讯问时其他在场人员或者其他证人出庭作证以及有讯问人员签名或者盖章的加盖公章的说明材料。

陈卫东教授认为，此四种证明手段均存在不同程度上的瑕疵，有效性与合理性值得怀疑：讯问笔录为讯问人员制作，侦查人员完全会最大化地减少程序瑕疵，其证明讯问合法性的有效性值得怀疑；讯问的录音、录像在目前无法保障全程录制的前提下，其有效性依然值得怀疑，况且制度需要人来操作，如何防止出现“打时不录、录时不打”这种规避法律的做法值得关注；何为“其他在场人员与其他证人”，通常情况下讯问是不允许有侦查人员之外的其他在场人员存在的，何来其他在场人员；最后，让被指控有刑讯行为的警察出庭证明自己没有实施刑讯行为，无异于缘木求鱼，有效性与合理性也值得进一步商榷。最后但为最不具有合理性的一种证明手段为办案说明，此种完全不符合法定证据形式的、“非驴非马”式的材料由于根本不能具有证据资格，长期以来为学术界所诟病，但却经过包装堂而皇之地成为了证明手段，此种条文的出现实难服众。②

清华大学法学院张建伟教授认为，这里的“讯问笔录”本身就是争议中的证据，合法性正在调查，如何用可采性不无疑问的“讯问笔录”来作为其自身合法性的证据？莫非是要以笔录上被告人签名和按的指印或者自称“没有受到刑讯”的内容作为否定非法取证的证据？至于提交说明材料，张教授认为，这一做法使辩护方无数试图揭破证据合法性假面归于失败。③

汪海燕教授认为，无论是从经验出发，还是从理性的角度考量，这几种证明方法能否排除非法证据，都不能不令人怀疑。很难想象，控方提供的讯问笔录中会记载刑讯的有关内容；也很难想象，在看守所不能中立的前提下，有刑讯、威胁内容的录音、录像会提交法庭，讯问时在场人员（很有可能是看守人员）会证明公安机关非法取证；更难想象，侦查人员到庭会承认自己实施刑讯的事实。④

---

① 陈瑞华：《非法证据排除规则的中国模式》，载《中国法学》，2010（6）。

② 陈卫东：《中国刑事证据法的新发展——评两个证据规定》，载《法学家》，2010（5）。

③ 张建伟：《纸面上的法与行动中的法——排除证据规定引发的一点思考》，载《西部法学评论》，2010（5）。

④ 汪海燕：《评关于两个非法证据排除的两个〈规定〉》，载《政法论坛》，2011（1）。

与公诉人证明责任相关的问题是关于被告人提供"相关线索或者证据"的规定。该规定第6条规定："被告人及其辩护人提出被告人审判前供述是非法取得的，法庭应当要求其提供涉嫌非法取证的人员、时间、地点、方式、内容等相关线索或者证据。"对这一规定，学者们也提出了疑问。汪海燕教授认为，何谓"相关线索或者证据"，该规定语焉不详。由于非法取证一般在封闭的环境下进行，再加之法律对于犯罪嫌疑人被羁押后多长时间移送看守所没有明确规定，而且侦查机关讯问时律师没有在场权，在一般情形下，被告人或者辩护人很难提供非法取证人员的具体名单，具体的时间、地点等；而对于非法取证的方式和内容，除特殊情形下，如被告人有可能留下伤疤或残疾等外，被告人和辩护人更难提供相应的证据。因此，规定要求被告人及其辩护人提供涉嫌非法取证的人员、时间、地点、方式、内容等相关证据，对于辩方而言，要求过高。[①] 陈卫东教授认为，这种提供线索的行为是否属于证明责任的分担不无疑问，如果让辩方承担一定的证明责任，理论依据何在？在这些问题得到合理解决前，该条款的出台根据欠缺，实践中掌握这一做法的标准也很难拿捏。[②] 张建伟教授认为，对于提出"相关线索或者证据"要达到什么样的标准才算卸去了责任，显然是由承审案件的法庭来把握的，那么标准定得高，非法证据调查程序就不能启动，这就为辩护方维护自己的权利增加了困难，也为排除非法证据规定的失效埋下了伏笔。他认为，只要被告人的陈述表明存在刑讯的可能性就可以了，并应当将辩护方提供相关线索或者证据视为一项权利而不是一项负担。[③]

（三）关于非法证据排除的证明标准问题

《非法证据排除规定》第11条规定了非法证据的证明标准问题，"对被告人审判前供述的合法性，公诉人不提供证据加以证明，或者已提供的证据不够确实、充分的，该供述不能作为定案的根据。"据此，控方对证据合法性的证明就必须达到"确实、充分"的程度。对此证明标准，也有学者提出了质疑。

陈光中教授认为，从理论上来说，此证明标准是有可能达到的，但是从司法实践来看，该标准要求苛刻，多数案件中难以达到。因为我国侦查程序比较封闭，导致控方提供的证据多为侦查机关单方面的材料，其证明力不强；即便有录音、录像，实践中进行全程同步录音、录像的也不太多。另外，《非法证据排除规定》既然规定控方要证明到"确实、充分"

---

① 汪海燕：《评关于两个非法证据排除的两个〈规定〉》，载《政法论坛》，2011（1）。

② 陈卫东：《中国刑事证据法的新发展——评两个证据规定》，载《法学家》，2010（5）。

③ 张建伟：《纸面上的法与行动中的法——排除非法证据规定引发的一点思考》，载《西部法学评论》，2010（5）。

的程度，同时又规定法院对“证据有疑问”时有调查核实权，这本身就有矛盾。[①] 同时，他还建议，宜采用“较大证据优势”或“明显证据优势”的标准。用概率表示，则大约为60%以上或80%以上。[②]

（四）关于非法证据排除的机关和阶段

根据《非法证据排除规定》，我国非法证据排除不仅适用于审判阶段，还适用于审查批准逮捕和审查起诉阶段。学者们纷纷表示，这极具中国特色的制度本无可厚非，这是由我国检察机关的法律监督性质和客观公正义务所决定的。但是，对于裁决证据是否排除的主体与审判案件的主体同一的问题，有学者表示了担忧。

汪海燕教授认为，按照规定，被告人及其辩护人在开庭审理前或者庭审中，提出被告人审判前供述是非法取得的，法庭在公诉人宣读起诉书之后，应当先行当庭调查。据此，调查供述是否合法的审判组织与法庭审理的组织为同一主体。在这样情形下，即使庭前非法取得的供述被合议庭依法排除，但是，由于裁决者已经接触并知晓了非法证据的内容，受“首因印象”的影响，这些承认有罪的材料不可避免地影响裁判者的心证。这就很有可能导致，非法供述虽然在形式上排除，但实际上仍然能够对被告人定罪起到重要作用甚至是决定的因素。他建议，应当将审查证据合法性的主体与审判案件的主体分离。与之对应，对供述的合法性调查的程序应当设立在法庭审判程序之前，而不能将其合二为一。按照此思路，被告方提出非法证据排除的时间应当在收到起诉书副本后至庭审前提出，而不应是规定中界定的在“法庭辩论前”。[③]

（五）关于两个证据规定的实施问题

对于上述两个证据规定的实施问题，即如何将“纸面上的法”转化为“行动中的法”，也是法学研究者们高度关注的问题。

陈卫东教授认为，两个证据规定构成了刑事证据法发展的动力与源泉，但如果没有外部配套措施的辅助，其效果必然会大打折扣。目前我国的公、检、法等机关之间仍是一种“同气连枝”的微妙关系，共同受上级政法部门统筹协调，司法独立的实现尚任重道远，证据规定的精神能否得到有力贯彻还有待观察。这些配套措施的缺失以及大环境的影响，都会构成两个证据规定在实践中运作的不确定因素。[④]

陈瑞华教授认为，改革者不仅要推动该证据规则的颁行，更应关注该规

①② 陈光中：《刑事证据制度改革若干理论与实践问题之探讨——以两院三部〈两个证据规定〉之公布为视角》，载《中国法学》，2010（6）。

③ 汪海燕：《评关于两个非法证据排除的两个〈规定〉》，载《政法论坛》，2011（1）。

④ 陈卫东：《中国刑事证据法的新发展——评两个证据规定》，载《法学家》，2010（5）。

则的有效实施问题。而为了有效实施这一证据规则，改革者需要构建针对侦查行为合法性问题的司法审查机制，确立以司法裁判为中心的诉讼构造，并就刑事司法体制的改革问题做进一步的探索。[①] 他认为，在非法证据排除规则实施过程中，还应当着重关注以下问题：一是有效的司法救济问题；二是对于被告方提出的排除非法证据的申请，法院能否充满善意地进行初步审查，并启动程序性裁判机制；三是法庭一旦将某一非法证据（比如关键的言词证据）排除于法庭之外，公诉方的证据体系因此受到了削弱，那么面对这些事实不清、证据不足的案件，法院能够做出无罪判决吗？

龙宗智教授认为，两个证据规定的最突出问题，也许还不是两个规定中的规范缺陷，而是两个规定所确立的证据规范能否获得实践确认，两个规定所体现的制度进步能否变为司法的现实，而在这个问题上我们未可乐观。龙教授认为，两个证据规定执行的主要障碍包括：体制障碍、观念障碍以及社会障碍。他建议，必须确认和强化法院的权威及独立性，应通过案例树立典范建立规则。

熊秋红研究员认为，刑事证据两个规定出台不易，实施起来可能更难，难在实施所需要的背景性条件和配套性措施的不足。她认为，两个证据规定在实施过程中将面临的问题包括：法院的独立地位问题；律师辩护的现状；证人出庭问题；司法人员的考核机制问题；疑罪从无问题；排除非法证据的实效问题；刑事诉讼法本身不完善问题。[②]

张建伟教授认为，两个证据规定存在着阻碍因素包括：现行司法体制使司法权制约行政权的功能虚置；性善论的人性取向使侦查违法行为容易过关；排除非法证据规定可能促使刑讯手法隐秘化；被告人拥有律师的有效辩护是被忽视了的前提。

总之，两个证据规定的出台是我国刑事司法改革的重要成果和重大突破，对于遏制刑讯逼供、防止冤案错案、保障司法公正以及更新司法理念都将发挥重要的作用。同时，我们也应当清醒地认识到，不仅两个证据规定本身存在许多亟待解释和明确的地方，而且在我国目前的司法体制和司法环境下，两个证据规定能否得到切实有效的贯彻实施是当下人们更为关注的问题，也是需要立法者、司法实务界以及理论界共商对策予以解决的难题。时下，刑事诉讼法再修改在即，当务之急是将上述两个"准司法解释"的主要规定和基本精神上升到刑事诉讼法的高度，否则又一个《律师法》的尴尬处境将再次出现。

---

① 陈瑞华：《非法证据排除规则的中国模式》，载《中国法学》，2010（6）。

② 熊秋红：《刑事证据制度发展中的阶段性进步——刑事证据两个规定评析》，载《证据科学》，2010（5）。

杨　雄　王怀安*

非法证据排除规则三论

——针对目的观、适用范围和排除机制的探讨

非法证据排除规则①一直是我国刑事诉讼法学界关注的焦点。对非法证据排除规则的设计无法绕开三个基本问题：理念上的非法证据为何排除；操作层面上的证据排除范围，以及如何排除证据。前者决定了后者在立法上的具体设计和司法上的具体实施。英美法系的美国和大陆法系的德国在证据排除规则上讨论与实践了近两个世纪，尽管它们的历史传统和具体国情与我国有着很大的差异，但是现代司法原则和法律制度上毕竟还存在一定的普适性。这种普适性需要我们对美国和德国的学说和制度有着明晰的认识，本文即以美国的非法证据排除规则和德国的证据禁止理论为参照，分析最高人民法院、最高人民检察院、公安部、国家安全部、司法部（以下简称“两高三部”）颁布的《关于办理刑事案件排除非法证据若干问题的规定》（以下简称《非法证据排除规定》）和《关于办理死刑案件审查判断证据若干问题的规定》（以下简称《死刑案件证据规定》）中非法证据排除规则存在的问题和完善对策。

---

* 杨雄，北京师范大学刑事法律科学研究院；王怀安，北京市房山区人民检察院。

① 一般意义上的证据排除与非法证据的排除必须区分开，这在许多学者的著述和论争中已经澄清。“非法证据排除规则属于证据排除规则的一部分，该规则设立的依据是此类证据在性质上属于非法，因此应予排除；除此之外尚有诸如传闻证据规则、意见证据规则、证人特权规则以及品格证据规则等多种排除证据的规则，这些规则所针对的对象显然无所谓非法与合法之分，只是由于其不符合法律规定的条件而被排除。”参见孙远：《证据是如何排除的》，载《政法论坛》，2005（5）；岳礼玲：《德美证据排除规则的比较——我国确立刑事证据规则之经验借鉴》，载《政法论坛》，2003（3）；蔡秋明：《美国刑事程序中之证据排除法则简介》，载《律师杂志》，第232期。

一、非法证据排除的目的观

非法证据为何要排除？这是解决非法证据排除的理论基础问题。以违法手段所获取的证据往往是对证明案件事实（特别是证明有罪事实）有利的证据。对于这种证据的排除一般会不利于对犯罪的追诉。排除非法取得证据就意味着，有另外一种或者多种目的指向比追诉犯罪更为重要，究竟是何种目的呢？在学说及实务上，美国的非法证据排除规则和德国的证据禁止理论都有着不同的主张和主流见解。在美国繁杂的关于非法证据排除规则的判例中，可以寻找到三种不同的学说，即阻吓目的说、宪法权利保障说、司法诚信说。但是，在德国的证据禁止理论背后所潜藏的四种主张则分别为：发现真实、保护个人权利、公平审判、导正纪律。

（一）美国非法证据排除的目的观演变

宪法权利说在 1914 年 Weeks 一案中初见端倪，美国联邦最高法院在该案中，以宪法第四修正案为判决基础，指出：若信函及私人信件，经非法搜查、扣押，而能作为控诉被告的不利证据，则宪法第四条修正案所保护的免受不合理搜查、扣押的权利规定，将形同具文，毫无价值可言。[①] 1961 年，联邦最高法院在 Mapp v. Ohio 一案中更直接声称"证据排除法则是宪法第四修正案及第十四条条文的绝对必要的一部分，强调证据排除法则是宪法第四修正案限制政府权力滥用的一部分"[②]。但是，在 1984 年的 U. S. v. Leon 一案中，联邦最高法院却认为宪法本文并无证据排除法则的规定，该法则并不属于宪法的一部分。[③] 有学者认为，自从 Mapp 案以后，联邦最高法院在其他案件中似乎已经放弃了证据排除法则是宪法一部分的说法，反而不断强调证据排除法则，只是司法创设的救济方式[④]，不再主张或强调宪法权利说。

阻吓理论在实务上最早出现于 Wolf v. Colorado 一案中，该案判决认为证据排除法则并不属于宪法的要求，而是司法机关对违法行为所设想的一项对策。[⑤] 其后，在 Elkins v. United States 一案判决中，将阻吓说与司法廉洁说同列为证据排除法则存在的两项原因。[⑥] Mapp 案中，联邦最高法院发现一切刑事处罚、民事赔偿及行政惩戒的方式，都无法有效遏止警察

---

① Weeks v. U. S. 116 U. S. 383，（1914）.

② Mapp v. Ohio，367 U. S. 643（1961）.

③ United States v. Leon，468 U. S. 897（1984）.

④ United States v. Calandra，414 U. S. 338，348（1974）；Leon，468 U. S. at 906；Krull，480 U. S. at 347. 王兆鹏：《刑事被告的宪法权利》，台北，翰芦图书出版有限公司，1999，17～18 页。

⑤ Wolf v. Colorado，338 U. S. 25（1949）.

⑥ Elkins v. United States 364 U. S. 206（1960）.

的滥权非法搜查[①]，如果将警察违法手段取得的证据排除在法院审判之外，对于执法人员而言，不仅浪费时间与人力，并且无法达成原来追诉犯罪的目的，反而会失去原来可追诉犯罪的证据，因此证据排除结果，可除去警察实施非法搜查、扣押的诱因，产生吓阻效果，是最有效的方式[②]。嗣后联邦最高法院其他判决亦不断强调证据排除法则唯一目的是阻吓警察的不法行为[③]。

司法诚信理论认为，法院作为公平正义的象征，应以维护宪法尊严为最高职责，若审判中使用执法人员非法取得的证据，就等于法院为政府非法行为背书，同时也等于宽容、宥恕政府侵犯人民的宪法权利，甚至间接鼓励政府的非法行为。美国联邦最高法院在 Weeks v. United States 一案中表示："此种由执法官员使用违法方式扣押的趋势……法院的判决不应承认。法院必须始终支持宪法，任何处境的个人均有权要求维护此项基本权利……法院及其个人将犯罪者绳之以法的努力，不得借牺牲宪法第四修正案原则的方式……如果这样，就等于司法机关纵容违法……"[④] 1960 年的 Elkins 案后已降低了这一理论的重要性，因为司法诚信的论调，不但无法将犯罪者绳之以法，反而将重要的犯罪证据排除在外，使犯罪者平白获得利益，而由社会为警察不当的执法付出更多成本，也不是维护"司法尊严"的目的。因此，联邦最高法院随后的判决在排除证据时，就不再以司法诚信为理论基础，只强调阻吓理论为证据排除法则的基础。

由上可见，美国实用主义的哲学理念渗透于法院的司法实务和学者们的理论中，阻吓理论之所以能够成为美国非法证据排除的主要目的就是基于这一实用主义目的的需要。可以说，阻吓警察的执法是美国非法证据排除规则最为直接的目的，保障宪法权利和维护司法的尊严只不过是附带的目的而已。或者说，主观上为了达成阻吓警察非法行为的目的，在客观上一定程度上附带实现了所谓的保障权利和维护司法尊严的目的。

（二）德国证据使用禁止理论的目的观嬗变

关于证据使用禁止在刑事诉讼上的功能，德国学说上有不同的见解，具体可以分为发现真实说、保护个人权利说、公平审判说及导正纪律说几种。[⑤]

发现真实说认为证据使用禁止的主要功能，在于保障案件实体真实的

---

① Mapp v. Ohio，367 U. S. 643（1961）.

② 王兆鹏：《刑事被告的宪法权利》，台北，翰芦图书出版有限公司，1999，20 页。

③ Stone v. Powell，428U. S. 465，pp. 484-485（1961）.

④ Weeks v. U. S. 116 U. S. 383 ，（1914）.

⑤ 林钰雄：《德国证据禁止论之发展与特色》，载《律师杂志》，第 232 期。

可靠性。一般而言，非法取得的证据本身虚伪的可能性很高，为发现真实起见，因此，将此项证据排除在判决基础事实之外。典型的例证就是，德国刑事诉讼法禁止使用暴力、胁迫的方法获取被告人的自白。通过不正当的讯问方法取得的供述证据，也不具有证据能力。有学者认为，禁止使用这类证据的结果，不但无助于发现真实，有时还会阻碍真实发现；因此，对于这类证据的不使用，不如说是设定了发现真实的界限。①

保护个人权利说由德国学者罗迦（Rogall）提出，该学说认为，依刑事诉讼法证据禁止的相关规定，证据禁止的立法目的，无非在于保护被告的权利。例如，禁止以不正当方法获取口供的规定，所主要保护的就是被告人的意思决定及意思活动的自由权利。通过不正当方法获取口供，是对自由权的不法侵害，同时也违反了对人性尊严的保护，因此，法律不仅禁止国家机关以不正当的方法获取自白，也进而禁止法院使用出于不正当讯问所获取的自白证据。但是，有学者认为个人权利受侵害后，即使排除违法取得的证据，往往也无法改变个人权利已受到违法侵害的既成事实，此说顶多只能算是对先前权利侵害行为的补偿或平反而已。②

公平审判说的主张者以库柏（Küpper）为代表。该说以程序正义观点来解释证据禁止的目的。按公平审判的原则，要求国家机关在审理被告人时，应公正、公平而且合乎法治国的刑事程序。如果侦查追诉机关本身在取证过程中违法，则该项违法取得的证据不得在审判中使用，否则，刑事诉讼程序就不可能公平而且合乎法治精神。与公平审判说观点类似的道德最低限度说认为，"当国家自己以违背道德最低限度的不法手段，取得证据时，就丧失了行使刑罚请求权的正当性，因此该证据应禁止使用。"但何谓道德之最低限度？一般认为，当国家追诉者违反刑法规范，同时违背道德最低限度的要求。③

导正纪律说认为，证据使用禁止的功能，在于规范追诉机关（尤其第一线承担侦查任务的警察）的纪律。这种学说与美国的主流观点阻吓理论十分近似。但依据德国通说，大部分学者认为导正纪律说仅是证据使用禁止的附带效果而已，并非证据禁止的主要目的。因为，德国实务上也存在着诸多禁止私人以不法手段取得的证据在审判上使用的判例。

可以说，德国的上述诸种学说都从不同侧面揭示了证据禁止的功能。但是，发现真实说不够周延，显然，证据禁止在排除虚伪证据的同时，也将"可能"真实的证据排除掉。个人权利说忽视了证据禁止的预防功能，

---

① Jescheck，Verhandlungen des 46. DJT，1996，Teil 3B，S. 17，引自林钰雄：《德国证据禁止论之发展与特色》，载《律师杂志》，第 232 期。

②③ 林钰雄：《德国证据禁止理论之发展与特色》，载《律师杂志》，第 232 期。

如果说是救济的话，那也只能是对先前权利侵害行为的补偿或平反，或者说是一种间接的、潜在的权利保护方法。但是，德国的证据禁止理论和前述提到的美国非法证据排除规则中的宪法权利理论基础有所区别，因为德国的证据禁止除了依附性的证据使用禁止，还有自主性的证据禁止，后者是在第二次世界大战之后，专门为了保障德国基本法所规定的基本权利所发展出来的。[①] “在美国集中在宪法的要求和对宪法权利的保护上；在德国，虽然也有基于保护宪法权利的证据排除，但是它的主要焦点还是集中在刑事诉讼法的规则上。”可见，与其说德国的证据禁止旨在保护个人权利，不如说美国的非法证据排除规则更能保护个人权利。某种意义上，美国的非法证据排除与个人宪法权利有着更为密切的关系。我们认为，更切合德国实务和理论的学说是公平审判说，该说以程序正义和法治国理论为基础，发展出了利益权衡的思想，权衡权利的侵害与国家获益之间的大小，以达到公正审判的目的。当然，这种学说与美国的司法诚信说有着异曲同工之处。

（三）我国刑事诉讼法应确立的非法证据排除目的观

很显然，美国关于非法证据排除规则的学说和德国的证据禁止理论十分类似，学者们对二者的功能归纳，几乎一致。但是，由于司法传统、国情的不同，对于证据排除的主要目的的选择有所不同，美国崇尚实用主义，强调证据排除的阻吓功能；而德国强调证据禁止在保障审判公正、程序正义上的重要意义。当然，这只是相对意义上的，只能说明证据排除的初衷在此，并不是说，执法者在实践中一点也不考虑别的因素，也不是说，证据排除在客观上带来的效果完全就只是阻吓或者保障审判公正、程序正义。

那么，我国当前的非法证据排除规定体现了何种目的观呢？就“两高三部”出台的《非法证据排除规定》所确立的非法证据排除目的观而言，最高人民法院张军副院长指出，“这两个《规定》并不是像社会上一些人所认为的是‘急就章’，并非针对近期披露的严重刑事错案而为回应社会制定的，而是多年来司法审判经验的总结，是为了进一步完善我国的证据制度。”[②] 在谈到两个证据规定制定的背景时，张军副院长指出了以下几个背景：第一，两个《规定》的制定，是中央司法体制改革关于落实宽严相济刑事政策要求的一个重要组成部分；第二，两个《规定》的制定，是一个循序渐进，认识不断深化的过程；第三，司法实践当中

---

① 美国主要依据宪法排除，德国主要依据刑事诉讼法，也涉及依据宪法的自主性证据使用禁止。

② 张军：《刑事证据规则理解与适用》，北京，法律出版社，2010，2页。

反映出来的证据问题（如违法取证，刑讯逼供始终不能禁绝；审查虚置，司法科学技术鉴定结论也时有差误）比较突出，值得高度重视；第四，证据裁判观念还需不断加强；第五，不断披露的严重刑事错判案件，一直是我们总结制定两个《规定》的促进剂、催化剂。[①] 从这一背景中可以看出，我国非法证据排除规定的初衷与德国类似，是以追求公正审判、树立司法权威为目的，在实现这一最终目标的过程中，兼及阻吓非法取证行为以及保障人权。

从两个证据规定的具体规定来看，《非法证据排除规定》第 1 条规定："采用刑讯逼供等非法手段取得的犯罪嫌疑人、被告人供述和采用暴力、威胁等非法手段取得的证人证言、被害人陈述，属于非法言词证据。"该规定将取证的"非法手段"仅限制在刑讯逼供、暴力、威胁等之内。这一规定为何未将"引诱"、"欺骗"的取证手段纳入非法的范畴之中呢？两个证据规定的拟制者认为，这些词的含义不好界定，如果一味将这些讯问方法都认为是非法，将导致大量口供被排除，给侦查工作带来较大的冲击，因此，对此问题应当根据具体案件作出具体处理。[②] 而且，《非法证据排除规定》第 14 条规定："物证、书证的取得明显违反法律规定，可能影响公正审判的，应当予以补正或者作出合理解释，否则，该物证、书证不能作为定案的根据。"该条确立了对非法取得的物证、书证应实行裁量排除的规则。对于一些技术性的违法，可以责令侦查人员去补正。究其立法理由，主要有以下几个：第一，与言词证据相比，实物证据发生变化的可能性较小，即使是采取违法的方法去收集，一般也不会改变物证本来的属性和状态。第二，实物证据的来源与言词证据不同，前者较多地针对地点、场所、物品等实施，后者则主要针对人实施，违法收集物证一般侵犯的是公民的住宅权、财产权；而违法收集言词证据更多的是侵犯公民的人身权。从权利的性质来看，后者更为基本和重大。[③]

从上述规定中，可以看出，保障案件的实体真实似乎是两个证据规定中关于非法证据排除规则规定的主要目的，而阻吓非法取证行为以及保障人权只是该规定的次要目的，因为，两个证据规定在某种程度上只是为了阻吓严重的非法取证行为和保证被追诉者重要的人权而已。那么，我国立法究竟应当具备怎样的非法证据排除目的呢？我们认为，抑制警察权的滥用应是中国刑事诉讼的当务之急。阻吓侦诉机关非法取证应当成为我国目前非法证据排除规则的首要目的。只有在这一目的指引之下，建构我国的

---

① 张军：《刑事证据规则理解与适用》，北京，法律出版社，2010，2～4 页。

② 同上书，298 页。

③ 同上书，345 页。

非法证据排除规则，才能回应我国的现实问题，实现现代刑事诉讼的根本任务。否则，会使得非法证据排除规则的执法效果大打折扣。

二、非法证据排除适用范围的法定与裁量

我国学界主流认为，包括美国在内的世界上其他国家和地区均没有绝对排除非法证据的做法。而且，我国学者绝大多数赞同中国实行非法证据排除规则，但同时应当有若干条件或者例外。那么，在证据排除目的观的影响之下，美国和德国的排除范围究竟有何不同之处呢？我们认为，不能简单地以为美国和德国都是原则加例外，事实上，两个国家在实践中基于不同的目的观和诉讼体制，建构了不同的相对排除法则。美国实行的是相对严格的法定证据排除，而德国确立的则是相对裁量排除。在排除规则的适用上，美国法自动适用，而德国法才是真正的权衡排除。

（一）美国的相对严格排除[①]

美国非法证据排除规则是相对的，但是其相对排除规则中包含着绝对的因素。对于那些应当排除的非法证据，美国判例确定了不可裁量的规则。而且例外也是法定的，法官的裁量权相对较小。依据能否达到阻吓的目的，美国法设置了一些严格的例外规定，比如与刑事审判认定犯罪事实无关的情形（如民事诉讼、人身保护令程序、大陪审团调查、预审程序、保释程序、量刑程序等），证据排除法则都例外的不适用。

违背美国宪法第四修正案的搜查、扣押所获取的证据，除非善意的例外，也不能作为定案的根据。至于监听等手段，不仅受到宪法第四修正案的规制，而且受到美国国会1968年的《综合犯罪防制与街道安全法案》的规制，凡是违背宪法第四修正案和该成文法规定所取得的证据，均无证据能力。对于供述性证据而言，违背讯问前的米兰达告知程序所取得的自白，不具有证据能力；而且，除非被告人明确放弃反对自证己罪特权，否则，其自白亦应违反宪法第五修正案而被排除。此外，违背宪法第五以及第十四修正案关于正当程序条款、违背宪法第六修正案保障刑事被告辩护权的规定而取得的证据，也不应具有证据能力。但是，如何才构成违背前述宪法条款呢？美国的做法是按照具体的案情逐一地进行分析。依据“毒树之果”理论，除了排除通过违宪方法直接获取的证据，还排除其间接派生的证据，当然也有其例外，即“独立来源的例外”、“稀释的例外”、“必然发现的例外”、“善意的例外”。

从上述规则中，可以发现，美国通过判例建构的证据排除规则体系基

---

① 王兆鹏：《刑事诉讼讲义（一）》，台北，元照出版公司，2003，38页。

本以原则和例外的方式。甚至有学者夸张地认为，美国采取的是"绝对排除主义"，同时规定许多例外规定。也就是说，当法官发现执法者侵害公民基本权益时，原则上必须排除证据，没有裁量的余地。法官不得以被告所犯是重罪，或者所取得的证据是数量庞大的违禁物而不排除。该学者还指出，这种做法体现了法律的明确性，为法官提供了明确的适用标准。①

（二）德国的相对裁量排除

《德国刑事诉讼法典》第136a条列举了在讯问犯罪嫌疑人时禁止使用的方法，并在这一条文的最后规定，即使被告人同意使用那些法律禁止的方法，所得到的口供也不得使用。这一条是典型的证据使用禁止的规定。但是，无论是德国基本法还是德国刑事诉讼法典都没有关于自动排除非法所得证据的一般规定。德国法院用"权衡"的方式考虑非法证据的排除问题。②

换言之，证据取得禁止与证据使用禁止二者间并无必然关系，违反证据取得禁止不必然生证据使用禁止的效果，证据使用禁止的原因也非全属于证据取得禁止的违反。在证据取得禁止的违反后，尚须一套理论，诸如权衡理论、规范保护目的说、权利理论等，来推论其是否招致证据使用禁止的效果。"权利领域理论"以被告人权利的侵害为标准来界定证据排除的适用范围，实际上，德国法院认为与被告有特定关系的证人在未被告知拒绝证言的权利时，也可能主张上诉，导致证据排除。"重大理论"则认为，证据使用禁止与否取决于证据取得过程违法是否重大。此说所面临的批评就是，在刑事诉讼上明文规定的通过不正当讯问手段获取自白的排除，与其他无明文规范的证据排除情形，向来就不仅仅是取决于所谓的重大违法。"一般预防理论"主张，刑事程序具有一般预防的功能，若认为取证过程违法，就会有碍于司法权上关于反对强迫自证己罪原则的维持，而且对于司法权的中立权威与判决的功能有减损时，应予禁止证据的使用。"权衡理论"认为，证据应否禁止使用，取决个案中违反取证规范的程度轻重、国家追诉利益等的权衡。这种学说最令人诟病之处，就在于其未能提出一定的审查标准，毕竟，仅仅是个案的审查容易带来判断上的恣意与法的不安定。"规范保护目的"说认为，应当探求使用该证据的结果是否会导致该保护规范的目的受损，依此而决定证据是否应禁止使用。但是，何谓规范保护目的呢？这在判别证据使用的问题上，无法找到一个统一的见解与结论。"信息的依法取得与证据禁止"理论认为，考量取得的

---

① 王兆鹏：《刑事诉讼讲义（一）》，台北，元照出版公司，2003，37～39页。

② 岳礼玲：《德美证据排除规则的比较——我国确立刑事证据规则之经验借鉴》，载《政法论坛》，2003（3）。

证据应否使用时，应注意所谓个人与国家之间的信息分配规范。换句话说，刑事诉讼上关于取证规范的规定，不仅保护个人权利，而且考虑到国家追诉利益。所以，证据取得违反了刑事诉讼上的规范，而且将可能改变原先刑事诉讼法分配的信息取得、掌握，此时，该违法将会导致证据使用上的禁止。

上述各种理论尽管有其可取之处，但是，德国这种相对裁量的排除规则，主要的缺陷在于其的模糊性、不明确性。法官可能以一己的主观、喜恶，自行就个案决定证据应否排除。这样会造成同一警察的非法行为，在不同的地方法院，或同一地方法院的不同法官，因各自行使“裁量权”，“合法”产生了不同的法律效果。①

（三）严格抑或裁量：我国非法证据排除规则适用范围的选择

在我国未来建构的非法证据排除规则适用范围究竟应当法定还是裁量呢？我国学术界多数学者依据证据的种类为标准，认为非任意性供述都应绝对排除，而对非法搜查、扣押等方式获取的物证则可以赋予法官以裁量权予以排除。② 还有学者以收集证据的方法在违法程度、侵害利益严重性为标准，将非法证据分为三种违反宪法的证据、一般的非法证据、技术性的违法证据。对于“违反宪法的证据”，应建立“绝对排除”的规则，而对那些“一般的非法证据”，则建立“自由裁量的排除”规则，也就是由司法裁判者根据这种违法行为的严重程度和危害后果，作出排除或者不排除，部分排除或者部分不排除的结论。至于所谓的“技术性的非法证据”原则上不予排除。③ 总之，不论以何种标准来划分非法证据，我国学者多数都偏向于法定与裁量相结合的模式来规制证据排除。两个证据规定就是采取这种模式。

在两个证据规定中，有些条款规定“不能作为定案的根据”、“不能采信”，例如，《排除非法证据规定》第 2 条规定：经依法确认的非法言词证

① 王兆鹏：《刑事诉讼讲义（一）》，台北，元照出版公司，2003，37～39 页。

② 我国逮捕、搜查、扣押本身的法制就不健全，也就是说，强制行为本身的合法性规定不严格。杨宇冠提出，我国目前不可能把这些非法逮捕、搜查、扣押所取得的实物证据纳入非法证据排除规则的范畴，一方面，是缺乏法律依据，另一方面，对这些证据排除的需求也不强烈，还有实物证据的虚假性比口供要小得多，也就是说，实物证据的真实性通常并不因逮捕、搜查和扣押是否合法而受到影响；然而为了程序正义、为了切实保护当事人的人权、为了规范侦查人员的逮捕、搜查和扣押行为，又有必要对非法搜查、逮捕和扣押所取得的证据予以排除。这就发生一个平衡问题。杨宇冠教授认为，对于非法的实物证据不宜一概排除，也不宜不排除，而是根据案件的具体情况由法院决定。杨宇冠：《非法证据排除规则研究》，北京，中国人民公安大学出版社，2002。

③ 陈瑞华：《刑诉中非法证据排除问题研究》，载《法学》，2003（6）。

据，应当予以排除，不能作为定案的根据。类似的还有《死刑案件证据规定》第8、9、12、13、15、19、22、24、26、28、30条规定对非法的物证、书证、证人证言、被告人供述和辩解、鉴定意见、勘验、检查笔录、视听资料、辨认结果的排除规定，这种排除属于绝对的排除。还有些条款规定，审判人员可以根据违法取证的情节、对公正审判的影响程度等因素考虑是否排除证据，例如，《排除非法证据规定》第14条规定，物证、书证的取得明显违反法律规定，可能影响公正审判的，应当予以补正或者作出合理解释，否则该物证、书证不能作为定案的根据。还有些条款规定，证据的"收集程序和方式有瑕疵"，但"通过有关办案人员的补正或者作出合理解释的，可以采用"。《死刑案件证据规定》第21条规定，讯问笔录有下列瑕疵，通过有关办案人员的补正或者作出合理解释的，可以采用：(1)笔录填写的讯问时间、讯问人、记录人、法定代理人等有误或者存在矛盾的；(2)讯问人没有签名的；(3)首次讯问笔录没有记录告知被讯问人诉讼权利内容的。类似的条款还有《死刑案件证据规定》第9、14、21、24、30条规定对非法的物证、书证、证人证言、被告人供述和辩解、勘验、检查笔录、辨认结果的排除规定。这种类型的排除规则称为可补正的排除。[①] 笔者以为，后两种排除实际上都是裁量排除。

我们认为，并不能简单地认为可能对被取证对象权益侵犯严重的非法手段所获取的证据，就当然的法定绝对排除，实际上，对于那些可能造成较小侵害的非法手段所获取的证据的排除也应当予以法定化，同时设置相应的例外。尤其在拥有成文法传统的国家，这一点更为重要。我国已有学者指出其中的缘由，"利益判断和利益选择只能在立法时进行，而不是在司法过程中进行。立法者完全可以根据自己的利益判断和利益选择自由地制定各种具体的法律条款，但是法律一旦制定以后，严格执行法律的规定，便是刑事诉讼唯一的和最高的利益，此时不再存在利益判断和利益选择问题，否则如果再允许进行利益选择，结果只能是破坏法律的规定，从根本上讲与刑事诉讼的最终利益，即国家利益——法律的准确实施格格不入。如果说在刑事司法过程中存在利益判断和利益选择的话，那只能是要求司法者在适用具体法律条文时揣摸立法者是如何进行利益判断和利益选择的，以使自己正确理解法律规定的原意和精神实质，以便更为准确地执行法律。"[②] 同时，《排除非法证据规定》和《死刑案件证据规定》所确立的那些可补正的排除有可能带来执法效果的弱化，甚至在审判人员和审查

---

① 陈瑞华：《非法证据排除规则的理论解读》，载《证据科学》，2010(5)。

② 汪建成：《论刑事诉讼中的利益观》，载《中国法学》，2000(2)。

起诉人员的一再容忍之下，会纵容侦查机关采用“先违法”后“补正或合理解释”的方式去执法。因此，我们认为，美国对非法证据的相对严格排除方法，更值得我国借鉴，这种方式不仅有利于区分立法与执法的界限，有利于法律的统一行使，司法权威的树立，而且有助于证据排除本身的阻吓目的实现，[①] 这种原则加例外的法定化模式实际上已经包含了一定的利益裁量因素，也并非僵化的、机械的适用。

三、非法证据排除的方法

非法证据排除的方法是为了解决如何排除证据的问题。尤其是在审判过程中，通过怎样的程序将证据排除在裁判者的视野之外。证据排除的方法是否完善、有效不仅会受到一国诉讼模式的影响，还会受到程序结构、证明机制的影响。

（一）证据排除与程序结构

证据排除必须以一定的诉讼程序为依托。首先，控辩审三方在诉讼程序中的角色对证据排除的方法有着重要影响。按照控辩审三方在审判过程中的作用，可以将证据排除分为依控辩双方请求的排除和依裁判者的职权排除模式。这两种模式分别以美国和德国为代表。在美国刑事诉讼中，非法证据的排除必须以当事人向法院提出排除证据请求为前提，这种请求一般在审判前以排除动议的方式提出。德国在证据的禁止程序上与美国不同，它不要求当事人一方向法院提出动议。在某些案件中，如果被告人做出有效的许可，被怀疑有问题的证据就可以被使用；但没有被告人的同意，这些证据则是不可以被采纳的。也就是说，一旦存在是否禁止使用证据的合理怀疑，证据就应被排除。[②]

从诉讼程序的纵向结构来看，多数国家以审判为界将诉讼程序划分为审判程序和审判前程序。审判程序又可以细分为庭前审查程序和正式的庭审程序。理论上讲，证据排除既可能发生在庭前审查程序中，也可能发生在正式庭审过程中。在审判中心主义的理念支配之下，证据的排除仅仅意味着事实裁判者不能将应当排除的证据作为定案的根据。当然，最为理想的状态就是，让事实裁判者不与非法证据有“亲密的接触”，事实裁判者本身不受非法证据的任何影响。这种理想的状态似乎只有在事实裁判者与

---

① 当然，有人可能认为，原则在例外的证据排除，可能让执法者有规则可循，警察可能会学习、调整行为，以避免证据遭排除。笔者认为，相比之下，裁量之下的证据排除更可能让执法者钻空子，心存侥幸。

② 岳礼玲：《德美证据排除规则的比较——我国确立刑事证据规则之经验借鉴》，载《政法论坛》，2003 (3)。

法律裁判者相分离的英美法系才能实现，但是，想当然地认为这种理想状态在陪审团审判模式之下可以实现，也是错误的。因为，一些非法证据可能会在审判前由于控辩双方的动议而排除，但是，在审判过程中，随着证据调查的深入，还有可能发现新的非法证据，这些证据与作为事实裁判者的陪审团成员不得已地有了接触，尽管法官会对陪审团的做出指示，命令事实裁判者对该信息不予考虑。事实上，事实裁判者可能也难以在内心抹去非法证据的阴影。按照美国证据法学家达马斯卡的观点，证据的"排除"只有在这种事实裁判者和法律裁判者两分的结构的程序中才能真正实现。[①] 实际上，这种状态的实现在某种意义上也是相对的。

在未实行事实裁判者与法律裁判者相分离的大陆法系国家，如果将审判中的庭前审查程序与正式的庭审程序分开，庭前法官与庭审法官分开，让庭前审查程序成为一道屏障，排除庭审法官的预断，并且让证据排除的任务在庭前审查阶段就加以完成，事实上，事实裁判者本身在某种程度上也不受非法证据的任何影响。即使如此，与英美法系一样，庭审过程中若发现非法证据，大陆法系身兼事实裁判与法律裁判双重任务的法官与陪审员很难将非法证据的阴影抹去。当然，有学者指出，大陆法系国家广泛采用"以详细列明的判决理由来证明有关证据已被排除"的做法。[②] 但是，有研究却认为，大陆法系国家法官对判决书的说理并不及于英美法系的法官，而且，对事实认定上的论证相当困难，"无论是在证据认定上，还是在基于证据而对案件事实的认定上，除了因涉及法定证据标准从而转化为法律问题争议外，基本上是无法论证的。"[③] 可见，非法证据排除在判决书中说理的表现就是对法律问题的论证，即对是否违背程序规则的论证。这种论证在英美法系的判决书中可能做得更为充分。但是，大陆法系国家唯一可以弥补第一审程序中证据排除不够彻底的缺憾的就是对于事实错误，允许上诉和提起再审，而这一点在英美法系国家却是相当困难的。

我国刑事程序虽然与大陆法系的刑事诉讼程序有类似之处，即事实裁判者与法律裁判者的合二为一。但是，我国的刑事庭前审查程序无法构成一道屏障，让裁判者不接触非法证据，而且，我国的庭前审查程序本身也不具有排除非法证据的功能。[④] 也就是说，即使当前两个证据规定中确立了非法证据排除规则，但是调查口供合法性的审判组织与法庭审理的组织

---

① Mirjan R. Damaska, Evidence Law Adrift, Yale University Press, 1997, pp. 46-57.

② 孙远：《证据是如何排除的》，载《政法论坛》，2005（5）。

③ 苏力：《判决书的背后》，载《法学研究》，2001（3）。

④ 关于我国刑事庭前审查程序的集中论述，参见汪建成、杨雄：《比较法视野下的刑事庭前审查程序之改造》，载《中国刑事法杂志》，2002（6）。

仍为同一主体，按照这种诉讼程序仍然无法达到排除证据的效果。而且，我国的法官“不仅是不大会说理，他们更不大习惯说理”①，司法实践中，我国法院的判决书对于事实认定过程的描述往往以“上述事实有某某证据为证”一笔带过。

由此可见，我国在未来确立完善的非法证据排除规则的同时，应当仿效英美法系建构与非法证据排除规则配套的诉讼机制，以保障“非法证据”真正被“排除”。我们认为，未来刑事诉讼程序中必须具备如下几个基本要素：首先，刑事庭前审查程序中，庭前法官应当对控辩双方准备在法庭展示的证据材料进行前置性的审查，以排除不具有证据能力的证据材料。其次，在庭前审查逐步实质化的情况下，应当设立专门的预审法官，使之与主持庭审的法官相分离，从而防止庭审法官在庭前形成预断和偏见。最后，要强化判决书说理，对于非法证据是否排除，法官应当作充分的论证。

（二）证据排除与证明机制

证据的排除不仅需要有相应的程序机制与之配套，而且应有一定的证明机制与之相适应。具体而言，就是刑事诉讼法对于非法证据排除的证明标准、证明责任等证明机制应有明确的规定。

在美国的司法实践中，不论何种非法证据的证明都不存在整齐划一的做法。可以说，美国强调法官在具体案件中发现法、创造法的功能，使得在非法证据的证明问题处理上表现出了较强的灵活性、不统一性的特点。一般而言，法官们会在受到先例的影响下，综合个案的具体情况，来对案件的多种利益进行权衡，而做出自认为正确的判断，但每个决定的做出都有一个底线，那就是必须充分保护犯罪嫌疑人、被告人的宪法性权利不受公权力（政府权力）的任何侵犯。在此前提之下，往往控方承担了非法证据证明的大部分责任（或者说是主要责任），但并非全部责任，法官也可能在某种审理方便的驱使之下，对警方的行为作出事先合法性的推定，要求被告人在特定的情形中承担证据非法的证明责任。需要指出的是，美国此种非法证据的证明模式，是与其高效能的司法运作机制和完善的权利保护措施不可分的，可以说，司法授权、司法救济、被告人的沉默权、律师帮助权、保释制度以及各种证据排除规则都为这种非法证据证明模式的采用提供着制度性的保障。

大陆法系国家的刑事诉讼职权主义色彩较为浓厚，在这种职权主义诉讼特征和追求发现真实的诉讼目的的共同背景之下，他们在处理非法证据

① 苏力：《判决书的背后》，载《法学研究》，2001（3）。

的相关诉讼程序问题时，也采用了较为近似的做法。以法德为例，两国法律均将自由心证原则写入成文法中，把证据的证明力判断以及部分的证据可采性（除证据禁止规定之外）认定问题委诸于法官自身。同时，两国法律又几乎一致地赋予了法官以证据调查权。[①] 当证据可采性出现疑问时，无须被告人提出证据非法申请，法官即可依职权进行调查以确定证据之合法性。当然，在刑事诉讼法没有对证明责任分配作出明文规定的情况下，法官亦可以根据具体案情进行自由裁量，由控方抑或被告方来承担举证责任的不利后果。至于非法证据的证明标准，从实践来看，德国大多数人同意使用定罪的证明标准，也就是说，一旦存在是否排除证据的合理怀疑，证据就应被排除，法院也通常通过对比来判断刑事诉讼程序的规律，排除那些具有最大可能性通过违法活动所取得的证据。[②] 我国台湾学者陈朴生先生认为，"大陆法系认自白之证据能力，本属程序的事实。程序的事实，法院得依其职权调查之，当事人并不负举证责任。是自白证据能力之事实的证明，既属程序的事实之证明，已经自由的证明为已足，并不生立证之问题。"[③]

大陆法系和英美法系在诉讼文化背景、法律传统上有着很大的差异，但是在非法证据的证明问题上，它们却有着某些趋同之处。比如，被告人基于利害关系，作为非法证据的异议主体，提起非法证据的证明程序，这是很显然的道理。如同美国法一样，德、法、日在分配举证责任上出乎意料地也采用了类似的做法，那就是作为控诉方的检察官对于非法证据的证明承担主要的证明责任。至于与证明责任密切相关的证明标准，各国及地区之间则着实存在着严格证明与自由证明的差异。当然，这并不妨碍我们探求其中的规律性。

在两个证据规定出台之前，我国刑事司法实践中，由于立法上的纰漏和相关配套制度欠缺，从而导致非法证据的证明显得极为混乱。立法上，尽管刑事诉讼法和相关的司法解释对非法证据排除规则有所涉及，但法条的规定过于简单、粗疏。法律没有对非法证据证明的启动主体、阶段、证明责任分配、证明标准等作出具体可操作性的规定，使得有限的非法证据排除规则不得不落于一纸空文。最为致命的是，司法解释自我授权，将非

---

① 《德国刑事诉讼法典》第 344 条第 2 项规定：为了查明事实真相，法院应当依职权将证据调查延伸到对裁判有意义的所有事实和证据。《法国刑事诉讼法》第 455 条规定，法庭可以依职权或者根据检察院，民事当事人或者被告人的要求，为了查明事实真相责令进行实地调查。

② 岳礼玲：《德国刑事证据制度中的若干问题》，载《诉讼法新探》，北京，中国法制出版社，2000，383 页。

③ 陈朴生：《刑事证据法》，台北，三民书局，1979，373 页。

法证据的证明责任分配和证明标准设定的自由裁量权完全委诸于追诉色彩极为浓厚的法官，从而导致非法证据的证明更加充满了随意性、流动性。具体而言，非法证据的证明在实践中主要呈现以下几种态势：（1）完全责令被告方承担。最为典型的就是杜培武一案，当杜培武以刑讯逼供为由在庭审中翻供时，审判长呵斥道："你说你没有杀人，你拿出证据来。"① （2）法院自行调查。此种情况下，由于非法取证早已时过境迁，无迹可寻，调查往往无果而终，但对于非法证据却照认不误。（3）责令控方承担证明责任。② 此时控方通常会将自己占有的笔录、录音、录像呈送庭上，或者将公安机关、检察机关的一纸"情况说明书"移交法院，法院也往往顺水推舟，不加任何甄别、鉴定，直接确认被告人所提异议证据的合法性。

2010年"两高三部"颁布的《非法证据排除规定》改变了这一现状，《非法证据排除规定》第6条规定，被告人及其辩护人提出被告人审判前供述是非法取得的，法庭应当要求其提供涉嫌非法取证的人员、时间、地点、方式、内容等相关线索或者证据。该条明确了被告人对非法证据承担初步的举证责任。《非法证据排除规定》第7条第1款规定，经初步审查，法庭对被告人审判前供述取得的合法性有疑问的，公诉人应当向法庭提供讯问笔录、原始的讯问过程录音、录像或者其他证据，提请法庭通知讯问时其他在场人员或者其他证人出庭作证，仍不能排除刑讯逼供嫌疑的，提请法庭通知讯问人员出庭作证，对该供述取得的合法性予以证明。公诉人提交加盖公章的说明材料，未经有关讯问人员签名或者盖章的，不能作为证明取证合法性的证据。该条确立了由公诉人对非法取证承担证明责任，证明的方式包括讯问笔录、讯问的录音、录像、其他在场人员或者其他证人出庭作证、讯问人员出庭作证与办案说明等。《非法证据排除规定》第10条规定，经法庭审查，具有下列情形之一的，被告人审判前供述可以当庭宣读、质证：（1）被告人及其辩护人未提供非法取证的相关线索或者证据的；（2）被告人及其辩护人已提供非法取证的相关线索或者证据，法庭对被告人审判前供述取得的合法性没有疑问的；（3）公诉人提供的证据确实、充分，能够排除被告人审判前供述属非法取得的。对于当庭宣读的被告人审判前供述，应当结合被告人当庭供述以及其他证据确定能否作为定案的根据。《非法证据排除规定》第11条规定，对被告人审判前供述的合法性，公诉人不提供证据加以证明，或者已提供的证据不够确实、充分

---

① 郭国松、曾民：《"死囚"的遗书》，载《南方周末》，2001-08-23。

② 张军、姜伟、田文昌：《刑事诉讼：控辩审三人谈》，北京，法律出版社，2001，168～169页。

的，该供述不能作为定案的根据。此条款对公诉人证明的证明标准和法律后果做出了规定。

《非法证据排除规定》的上述规定对非法的庭前供述的排除程序加以了具体规定，有助于实践中侦查人员、司法人员正确运用证据，抑制冤假错案的发生。但是，有些规定过于粗疏，有些规定欠缺科学性，导致《非法证据排除规定》在实践中落实得不尽如人意。该规定存在着以下主要问题。

第一，缺乏相关的配套措施，导致被告人及其辩护人很难提供涉嫌非法取证的人员、时间、地点、方式、内容等相关线索或者证据。由于我国目前的侦查体制之下，警方取证一般处于自我授权、缺乏监督的权力封闭状态，并且侦查活动中缺乏律师以及其他人的在场参与，讯问中缺少同步记录，被告人及其辩护人一般无法提供相应的证据证明存在非法取证的情况，难以使审判人员产生合理怀疑。实践中，即使被告人及其辩护人对庭前供述的合法性提出质疑，也会遭到审判人员的置之不理。

第二，公诉人证明庭前供述合法性的方式欠缺有效性。实践中，侦查人员的讯问笔录一般为讯问人员制作，很少能够直接体现出讯问程序的非法性。讯问人员出庭作证只是作为对供述取得的合法性予以证明的最后选择，其约束性和有效性令人质疑。而且，由于我国缺乏侦查人员出庭的制约机制，审判机关无法强制侦查人员出庭作证。即使讯问人员出庭作证的话，也无异于与虎谋皮，不可能揭示其讯问过程的非法性。最让人不可思议的是，根本不具备证据资格的办案机关"说明材料"也能成为证明取证合法性的证据，实际上就可能完全替代侦查人员的出庭作证，由此带来的就是所为的供述取证合法性的证明可能会流于形式。

第三，按照《非法证据排除规定》第10、11条的规定，对被告人审判前供述的合法性，公诉人提供证据加以证明，必须达到"确实、充分"的程度。这里的"确实、充分"实际上是对被告人定罪的标准，对于庭前供述合法性的证明这一程序性事项而言，显然过高。实践中，检察机关对庭前供述合法性的证明根本无法达到这一遥不可及、不切实际的要求。

第四，《非法证据排除规定》第3条尽管规定，人民检察院在审查批准逮捕、审查起诉中，对于非法言词证据应当依法予以排除，不能作为批准逮捕、提起公诉的根据。但是，人民检察院究竟应以何种程序来排除非法的言词证据，该规定则未作出明确规定。而且，与侦查机关同属于控诉方的人民检察院究竟是否会独立地排除证据，也是非常令人怀疑的。

第五，对于非法的证人证言和被害人陈述的证明，《非法证据排除规定》第13条虽然规定了不同于非法庭前供述的证明机制，即庭审中，检察人员、被告人及其辩护人提出未到庭证人的书面证言、未到庭被害人的书面陈述是非法取得的，举证方应当对其取证的合法性予以证明。但是，究竟依据何种程序来证明，证明达到何种程度，该规定却没有相关的规范。此外，《非法证据排除规定》第 14 条规定了非法物证、书证的排除规则，但也没有相关证明机制的规定。

针对上述问题，我们认为，欲真正落实两个证据规定中关于非法证据排除的规则，当务之急就是建立与之配套的诉讼机制，即在理顺我国刑事诉讼体制的基础上，完善我国审前程序中的司法审查机制，完善法律援助制度，扩大辩护律师对侦查活动的参与权，强化对侦查取证的记录和保全等制度，充分保障犯罪嫌疑人基本诉讼权利，使其对某些特殊信息拥有控制权。此外，未来刑事诉讼法修改，还应从以下几个方面完善我国现有的非法证据排除规则中的证明机制：第一，建立、健全侦查人员出庭作证的机制，尤其是对于应当出庭而不出庭或者出庭后作伪证的，应视其情节轻重，追究法律责任或者纪律责任；第二，将法院对证据合法性的审查延伸至审前程序中，尤其是在审查批捕和审查起诉阶段赋予犯罪嫌疑人及其辩护人申请法院排除非法证据的权利，规定法院依据申请审查证据合法性的职责，对于被法院依法确认为非法的证据，检察院不能作为批准逮捕、提起公诉的根据；第三，区分严格证明和自由证明，将公诉人证明庭前供述合法性的证明标准从“确实、充分”降低为“盖然性优势”的标准；第四，具体规定非法的证人证言和被害人陈述、物证、书证的证明机制。对于非法的物证、书证，在对方提出该证据的合法性提出异议并提出初步证据证明之后，应由举证方承担证明取证合法性的责任，举证方不提供证据加以证明，或者已提供的证据未达到“盖然性优势”的程度，则该物证、书证不能作为定案的根据。

廖　明*

死刑案件中证据规则的理解与适用

——以“两个证据规定”为主要对象

死刑是剥夺犯罪分子生命最严厉的刑罚。死刑与其他刑罚手段有着根本的区别，不仅最为严酷，而且一旦发生错判并被执行，没有任何挽回、补救的余地。这也正是当今世界大多数国家废除死刑的主要原因之一。[①]由于历史和现实的诸多原因我国尚不能完全废除死刑，现实的选择是对死刑进行有效的控制。最高人民法院、最高人民检察院、公安部、司法部于2007年3月9日联合颁布的《关于进一步严格依法办案确保办理死刑案件质量的意见》（以下简称四机关《意见》）指出，“保留死刑，严格控制死刑”是我国的基本死刑政策。

从各国实践来看，控制死刑主要包括实体控制与程序控制两种路径。[②]而一个保留死刑但又提倡慎用死刑的国家，需要首先考虑给予死刑案件特殊的程序控制。而严格证据的运用则是死刑程序控制的重要内容。近年来，包括杜培武、佘祥林、李久明、赵作海等死刑案件的一大批刑事错案被媒体披露出来，引起理论界、实务界和普通民众的广泛关注。对这些错案进行分析可知，证据问题是导致刑事错案，包括死刑错案的主要原因。

证据是死刑案件中用于证明案件事实的唯一根据。要想预防和减少包括死刑错案在内的刑事错案，必须加强对证据的收集、审查判断和运用活动的控制与管理，提高办案人员收集、审查、判断和运用证据的能力。“不以规矩，不成方圆”，要达到上述要求，就必须严格完善我国死刑案件

* 廖明，北京师范大学刑事法律科学研究院。

① 顾永忠：《关于加强死刑案件辩护的若干问题》，载《法学家》，2006（4）。

② 王超：《通过程序控制死刑》，载《河北法学》，2008（2）。

的证据规则。建立和健全证据规则才能保证合法、客观全面地收集证据，正确地审查判断证据，使证据所认定的案件事实符合事实真相。证据规则是否健全是体现一个国家诉讼制度民主、法治程度的重要标志。① 正如有学者所言，"要想预防和减少刑事错案，就要完善我国的刑事证据法律规则。"②

"证据规则"一词源于对英美法中"evidence rules"或"rules of evidence"的翻译。按照英美学者的观点，证据规则是指那些在庭审中或者审理中对证据的可采性问题起支配作用的规则。在我国，立法没有对"证据规则"作出明确规定。20 世纪 90 年代以前，我国的证据法学者比较习惯使用"证据原则"和"证据制度"等概念，一般仅在介绍外国证据制度时才使用"证据规则"一词。学者们对证据规则的讨论主要是 20 世纪 90 年代以后的事情。在这些讨论中，学者们对"证据规则"的理解不尽一致，代表性观点主要有：第一类，将证据规则等同于与证据有关的程序性规则；第二类，将证据规则等同于证据制度；第三类，将证据规则归结为关于证据能力和证明力的规则；第四类，将证据规则限定于主要规范证据能力的规则。③ 其中，第一类观点和第二类观点是从广义上对证据规则所进行的理解，第三类和第四类观点是从狭义上对证据规则所进行的理解。虽然现在赞成第三类或第四类观点的学者越来越多，但从立法和司法解释来看，更倾向于第一类和第二类观点。例如，有学者对最高人民法院、最高人民检察院、公安部、国家安全部、司法部 2010 年 6 月 13 日颁布的《关于办理死刑案件审查判断证据若干问题的规定》（以下简称《办理死刑案件证据规定》）和《关于办理刑事案件排除非法证据若干问题的规定》（以下简称《非法证据排除规定》）（《办理死刑案件证据规定》和《非法证据排除规定》合称"两个证据规定"）进行解读，认为"两个证据规定"的颁布标志着我国刑事证据规则体系初步形成，主要是因为以上所涉及证据规则中有运用证据的基本原则——证据裁判原则和程序法定原则；有审查判断证据的排除规则——非法证据排除规则、意见证据排除规则；有审查判断证据的运行规则——质证规则、关联性规则、原始证据优先规则、补强证据规则、有限的直接言词证据规则。④

---

① 裴智勇：《刑事诉讼法学专家表示冤案凸显证据法治不足》，载《人民日报》，2010-06-02。

② 《全国人大代表呼吁加快刑事证据立法》，载《检察日报》，2008-02-26。

③ 宋英辉、汤维建主编：《证据法学研究述评》，北京，中国人民公安大学出版社，2006，245 页。

④ 樊崇义：《"两个证据规定"标志我国刑事证据规则体系初步形成》，载《检察日报》，2010-11-22。

我国《刑事诉讼法》及司法解释对包括死刑案件在内的刑事案件证据规则的规定，一是体系非常不完善；二是有限的条文非常原则。“两个证据规定”与之前的法律和司法解释相比，对于证据规则的规定有着历史性的突破。笔者在本文中拟包括“两个证据规定”在内的我国刑事诉讼法和司法解释的规定为基础，对死刑案件的证据规则进行介绍和研讨。其中，既有作为证据法基本原则的证据裁判原则、直接言词原则；又有规范证据能力和证明力的规则，包括关联性规则、非法证据排除规则、传闻规则、原始证据优先规则、意见证据规则；还有作为证据制度的程序性规则，包括关键证人出庭规则、证人强制出庭规则、证人保护规则、证人作证经济补偿规则、侦查人员出庭作证规则。

一、证据裁判原则

证据裁判原则，又称证据裁判主义、证据为本原则，是指对于案件事实的认定，必须有相应的证据予以证明。没有证据或者证据不充分，不能认定案件事实。

证据裁判原则是世界各国诉讼立法通例。各国关于证据裁判原则的规定，主要体现在三个方面：(1) 据以作出裁判的证据的资格；(2) 需要运用证据证明的事实的范围；(3) 关于运用证据进行证明的方式。[①] 而从各国的规定来看，证据裁判原则至少包括如下含义：(1) 认定待证事实必须依靠证据，没有证据不能认定案件事实；(2) 无论是实体法事实还是程序法事实的证据都离不开证据；(3) 用于定案的证据必须是有证据能力或可采性的证据；(4) 用于定案的证据必须是在法庭上查证属实的证据。[②]

我国《刑事诉讼法》第46条和第162条的规定，体现了证据裁判的精神。[③] 四机关《意见》也提出要“坚持证据裁判原则”。但我国第一次明文确立证据裁判原则的，却是《办理死刑案件证据规定》第2条规定：“认定案件事实，必须以证据为根据。”该原则能使办案人员增强证据意识，依法客观全面地收集审查判断证据，避免偏听、偏信和主观臆断。

证据裁判原则是“以事实为根据、以法律为准绳”原则的深化。因为办理案件以事实为根据，实际上也就是以证据所认定的事实为根据，离开了证据，办案人员不可能有据以裁判的事实。[④]

死刑案件人命关天，在认定事实和采信证据上绝对不容许出任何差

---

① 宋英辉、李哲：《证据裁判原则评介》，载《政法论坛》，2003 (4)。

② 何家弘、刘品新：《证据法学》，北京，法律出版社，2004，79页。

③ 宋英辉、李哲：《证据裁判原则评介》，载《政法论坛》，2003 (4)。

④ 裴智勇：《刑事诉讼法学专家表示冤案凸显证据法治不足》，载《人民日报》，2010-06-02。

错，必须把好死刑案件的事实关、证据关、程序关、适用法律关，使办理的每一起死刑案件都经得起历史的检验。在死刑案件中坚持证据裁判原则，必须做到认定案件事实应有相应的证据予以证明，一切都要靠证据说话，没有证据不得认定犯罪事实；坚持证据裁判原则，必须做到对存疑的证据不能采信，确保判决认定的事实证据确实、充分；坚持证据裁判原则，必须做到用合法的证据来证明案件事实，对于非法取得的证据应当排除，不能作为定案的根据。①

二、关联性规则

关联性规则是指只有与案件事实有关的材料才能作为证据使用。换言之，只有那些在正常推理过程中被视为能够证明某一争议事实的证据才允许在审判中提交。

关联性规则是关于证据可采性的一项基础性规则，体现在以下两个方面：第一，关联性规则涉及的是证据的内容或实体，而不是该证据的形式或方式，因此，关联性规则适用于所有证据形式，在适用范围上具有广泛性。第二，尽管具有关联性的证据并不必然具有可采性，但是没有关联性的证据必然没有可采性。所以，关联性规则是关于可采性的一般规则或基础规则，除非证据具有关联性，否则不产生可采性问题。

《办理死刑案件证据规则》虽然没有明确规定关联性规则，但关联性规则在各种证据审查判断的程序中有所体现或明示。例如，《办理死刑案件证据规定》第 6 条第 4 项要求对物证、书证着重审查“物证、书证与案件事实有无关联”；第 23 条第 8 项规定要求对鉴定意见着重审查“鉴定意见与案件待证事实有无关联”，第 24 条第 1 款第 4 项规定，“鉴定意见与证明对象没有关联的”不能作为定案根据；第 26 条第 2 款规定，勘验、检查笔录存在勘验、检查没有见证人的，勘验、检查人员和见证人没有签名、盖章的，勘验、检查人员违反回避规定的等情形，应当结合案件其他证据，审查其真实性和关联性；第 27 条第 1 款第 5 项要求对视听资料着重审查“内容与案件事实有无关联性”；第 29 条第 1 款第 5 项要求对电子证据着重审查“该电子证据与案件事实有无关联性”。这些规定都充分体现了证据的关联性规则。

虽然《办理死刑案件证据规则》在各种证据审查判断的程序体现了关联性规则，但与英美法系国家对于关联性规则的规定而言，仍然有着相当

---

① 参见《五部委有关负责人就两个“证据规定”答问》，载 http://news.qq.com/a/20100530/000664.htm。

的差距。首先，对于何谓关联性，包括《办理死刑案件证据规则》在内的法律和司法解释没有做出规定。根据《美国联邦证据规则》第401条的规定，就足以影响诉讼决定的任何事实的存在与否的认定，如果有某一证据存在，则该事实存在与否的可能性，必无此证据存在为高时，任何具有这种可能存在或更没有可能存在的倾向的证据，就是有关联性的证据。[①]

其次，包括《办理死刑案件证据规则》在内的法律和司法解释没有就关联性规则的限制进行规定。在英美证据法中，与可采性密切相关的关联性规则主要有品格证据规则和类似事实证据规则。也有人把这两种规则合称为倾向性证据规则，即关于一个人具有某种倾向性的证据，特别是关于被告人犯罪倾向的证据通常是不可采的。起诉方通常不得提出被告人过去的行为不端的证据，来证明案件中的争议事实。也就是说，"一次做贼"不能推断"永远做贼"。但是，在以下几种情况下，品格证据具有可采性：(1) 刑事被告人的品格。在审判过程中，被告人可以提出自己品格良好的证据，以便证明自己没有实施犯罪行为。但是，一旦被告人提出品格证据，控方就可以提出被告人品格不佳的证据，进而证明被告人实施了犯罪行为。(2) 被害人的品格。在审判过程中，被告人可以提出有关被害人品格的证据。如果被告人提出了被害人的品格证据，那么控方也可以提供用来反驳被告人所举关于被害人品格的证据。或者在杀人案件中，控方为了反驳被告人证明被害人先动手的证据，可以提供品格证据，以便证明被害人一贯性格温和。(3) 证人的品格。当证人是否能够如实陈述成为争议事项时，当事人可以提出该证人能否如实陈述的品格证据。(4) 其他犯罪、错误或者行为。一般而言，如果其他犯罪、错误或者行为的证据被用来证明某人的品格，以便说明其行为与该品格相符时，不具有可采性。但是，当该证据用来证明诸如动机、机会、意图、预备、计划、知识、身份、缺失过失、意外事件等其他目的时，具有可采性。

三、非法证据排除规则

对于非法证据的内涵，理论界有广义和狭义两种认识。广义说认为，非法证据是指证据内容、证据形式、收集或提供证据的人员及程序、方法不符合法律规定的证据。狭义的非法证据是指办案人员违反法律规定的权限、程序或其他不正当方法获得的证据。有学者则将违法取得的证据，简称为"非法证据"。[②] 笔者认为，非法证据包括非法取得的言词证据和非法

---

① 陈界融译：《〈美国联邦证据规则〉(2004) 译析》，北京，中国人民大学出版社，2005，18页。

② 李学宽等：《论刑事诉讼中非法证据的效力》，载《政法论坛》，2000 (1)。

取得的实物证据。非法证据规则是指对于那些通过非法程序或手段取得的证据，包括以刑讯逼供手段取得的言词证据和非法搜查、扣押取得的实物证据等，均应予以排除的证据规则。

非法证据排除规则已经成为国际社会公认的刑事诉讼基本准则。如《世界人权宣言》第 5 条规定："任何人不得加以酷刑，或施加残忍的、不人道的或侮辱性的待遇或刑罚。"《公民权利和政治权利国际公约》第 7 条在此基础上又增加了"对任何人均不得未经其自由同意而施加医药或科学试验"条款。联合国《保护人人不受酷刑和其他残忍、不人道或有辱人格待遇或处罚宣言》第 12 条规定："如经证实是因为受酷刑或其他残忍、不人道或有辱人格的待遇或处罚而作的供词，不得在任何诉讼中援引为指控有关的人或任何其他人的证据。"联合国《禁止酷刑和其他残忍、不人道或有辱人格待遇或处罚公约》第 15 条规定："每一缔约国应确保在任何诉讼过程中，不得援引任何业经确定系以酷刑取得的口供为证据，但这类口供可用作被控使用酷刑者刑讯逼供的证据。"

从国际公约的规定可知，非法证据排除规则更强调对非法口供取得的口供的排除。而非法取得的口供最主要的就是通过刑讯逼供手段取得口供。刑讯逼供是使用肉刑或变相肉刑强迫被告人招供的一种审讯方式。对于刑讯逼供，古人云："棰楚之下，何求不得"，"严刑之下，能忍者不吐实，不能忍者吐不实"，当一个人被折磨到生不如死、心理防线完全崩溃的境地时，便很有可能按照公安司法人员的明示或者暗示"完成"其口供，甚至于被刑讯者因为不能忍受惨无人道的折磨，陷入精神异常状态，不仅按照刑讯者的要求全部供认，还会无中生有，故意加重、杜撰犯罪情节，以求从这种折磨和痛苦中尽快解脱出来。可见刑讯逼供非常容易导致犯罪嫌疑人、被告人做出虚假的有罪供述。长期以来，刑讯逼供问题成为一个屡禁难止的难题。在审判过程中，如果在证据的采纳阶段不能依据非法证据排除规则将其排除，则法官极有可能采信该证据，并错误地认定案件事实，刑事错案的发生也就不可避免了。无论是前几年发生的杜培武案件、佘祥林案件，还是新近暴露的赵作海案件，几乎每一起冤假错案的发生，都程度不同地存在刑讯逼供。

刑讯逼供与刑事错案之间存在密切的联系，把刑讯逼供取得的口供作为定案根据往往是造成错案的重要原因之一。在有学者就"刑事错案"进行的问卷调查中，对于"以下哪种因素最有可能导致被告人做出虚假的有罪供述?"这一问题有四个选项：A 由于刑讯逼供而被迫做出有罪供述；B 被告人出于某种目的自愿为他人顶罪而做出有罪供述；C 由于被告人思维混乱而做出有罪供述；D 被告人为求解脱而认罪。被调查者中，83 人选择了A项，占60%；48人选择了B项，占35%；10人选择了C项，占7%；16人选择了D项，占12%。"被告人口供中存在的最突出问题是什么?"这一问题也有四个选项：A被告人口供是以非法方法取得，容易导致错案发生；B办案人员重视口供轻视其他证据，容易导致错案发生；C被告人在自愿有罪供述中故意隐瞒真实情况，容易导致错案发生；D被告人拒不认罪，口供难以取得。被调查者中，选择A项的45人，占32%；选择B项的65人，占47%；选择C项的18人，占13%；选择D项的28人，占20%。① 该学者并对其所收集的20世纪80年代以来在我国发生的50起涉嫌杀人罪错案进行了分析，发现4起案件已经法院或检察院正式认定存在刑讯逼供的情况，占8%；43起案件虽未经法院或检察院正式认定但是可能存在刑讯逼供的情况，占86%；3起案件不存在刑讯逼供的情况，占6%。因此，建立和完善以刑讯逼供为主要目标的非法证据排除规则对于防止死刑错案的发生具有重要意义。

包括刑讯逼供在内的非法取证行为的主要目的是要取得证据。排除非法取得证据的证据能力，将从源头上斩断非法取证的黑手，消除公安司法人员非法取证的动机。因此，要建立严格的非法证据排除规则。

"两个证据规定"颁布前的刑事诉讼法和司法解释没有就非法证据排除规则做出明确的规定，但是该法第43条规定"严禁刑讯逼供和以威胁、引诱、欺骗以及其他非法的方法收集证据"，而且最高人民法院和最高人民检察院的有关司法解释也对非法证据排除问题做出了补充规定。四机关《意见》第6条重申，办理死刑案件，对刑讯逼供取得的犯罪嫌疑人供述、被告人供述和以暴力、威胁等非法方法收集的被害人陈述、证人证言，不能作为定案的根据。第8、11、12、14、19、33条，又分别重申，"严禁违法收集证据"、"严禁刑讯逼供或者以其他方式获取供述"、"严禁违法取证，严禁暴力取证"、"对以刑讯逼供等非法方法取得的犯罪嫌疑人供述、被害人陈述、证人证言应当依法排除"、"对刑讯逼供取得的犯罪嫌疑人供述和以暴力、威胁等非法方法收集的被害人陈述、证人证言，不能作为指控犯罪的根据"、"人民法院审理案件，应当注重审查证据的合法性。对有线索或者证据表明可能存在刑讯逼供或者其他非法取证行为的，应当认真审查"。这些规定存在以下几方面的不足：(1) 排除范围仅限于言词证据，而对以非法方法获取的实物证据则不予排除；(2) 排除范围仅限于有限的程序违法行为，而对于违反其他法定程序（如非法搜

① 何然、何家弘：《刑事错案中的证据问题——实证研究与经济分析》，载《政法论坛》，2008 (2)。

查、非法扣押、违法勘验等）获取的证据也不予排除；（3）有限的非法言词证据排除规则较为原则，缺乏相应的排除程序，实践中操作非常混乱，主要有以下三种较为常见的做法：第一，法庭对被告人提出的排除非法证据的申请直接予以驳回，拒绝加以审查；第二，法庭要求被告人对违法取证行为承担证明责任，如果被告人无法证明，法庭就会推定该证据为合法所得并加以采纳；第三，法庭要求由控方证明取证行为的合法性，但一般情况下控方都不会传召侦查人员出庭作证，而只是由侦查人员自己书写一份“情况说明”提交法庭，证明自己没有实施刑讯逼供。没有明确的程序规定，致使有限的非法证据排除规则很难在司法实践中发挥其排除证据并遏止违法取证的制度功能。

“两个证据规定”对非法证据排除规则进行了完善。首先，扩大了非法证据排除的范围，不仅要求排除非法言词证据，也规定了对非法实物证据的排除。但由于对非法取得的物证、书证要否排除，国内外都存在较大争议，司法实践中一般很少予以排除，因此《非法证据排除规定》第14条仅对非法实物证据的排除问题作出了原则性的规定：“物证、书证的取得明显违反法律规定，可能影响公正审判的，应当予以补正或者作出合理解释，否则该物证、书证不能作为定案的根据。”死刑案件中，非法物证、书证的排除更为严格。根据《办理死刑案件证据规定》，明显违反法律和有关规定取得的其他证据，也不能作为定案的根据，应当予以排除。包括经勘验、检查、搜查提取、扣押的物证，没有勘验、检查、搜查，提取、扣押的笔录，不能证明物证、书证来源的；作出鉴定结论的鉴定机构不具有法定的资格和条件，或者鉴定事项超出鉴定机构业务范围的；勘验、检查笔录存在明显不符合法律及有关规定的情形，并且不能作出合理解释或者说明的等，《办理死刑案件证据规定》明确规定不能作为定案的根据。

其次，对于非法证据，区分不同情况，予以不同对待：对于明显违反法律规定取得的证据实行排除原则；对存在瑕疵但可以采取补救措施予以弥补的证据仍可以采用。该种规定虽然对于非法证据的排除不甚严格，但却符合我国具体国情以及国际上的通常做法。例如，《办理死刑案件证据规定》第19条规定：“采用刑讯逼供等非法手段取得的被告人供述，不能作为定案的根据。”第20条规定：“具有下列情形之一的被告人供述，不能作为定案的根据：（一）讯问笔录没有经被告人核对确认并签名（盖章）、捺指印的；（二）讯问聋哑人、不通晓当地通用语言、文字的人员时，应当提供通晓聋、哑手势的人员或者翻译人员而未提供的。”第21条规定：“讯问笔录有下列瑕疵，通过有关办案人员的补正或者作出合理解释的，可以采用：（一）笔录填写的讯问时间、讯问人、记录人、法定代理人等有误或者存在矛盾的；（二）讯问人没有签名的；（三）首次讯问笔录没有记录告知被讯问人诉讼权利内容的。"

再次，规定了非法证据排除的具体程序。对于避免因为采纳非法证据而导致冤假错案的发生将起到非常重要的作用。《非法证据排除规定》主要对非法言词证据排除的操作规程作出了规范。具体来说，包括（1）明确规定了人民检察院在审查批准逮捕、审查起诉阶段负有排除非法证据的义务。这与我国检察机关负有法律监督职能是相适应的。（2）建立了在审判阶段排除非法证据的程序，即被告人提出书面意见并提供相关线索或者证据——法庭初步审查——控方提供证据——控辩双方质证——法庭审查处理。有了上述比较系统的程序才能使非法证据排除规则在司法实践中落到实处。（3）明确了应由控方对被告人审判前供述的合法性负举证责任和相应的证明标准。刑事诉讼中，公诉机关承担提供证据证明被告人犯罪的职责，对于被告人及其辩护人所提被告人庭前供述系非法取得的线索或者证据，同样承担证明被告人庭前供述系合法取得的证明责任。在控方不举证，或者已提供的证据不够确实、充分的情况下，则应当承担不能以该证据证明指控的犯罪事实的法律后果和责任。（4）明确规定了法庭在对控辩双方提供的证据存在疑问时依职权主动调查核实的职责。

"两个证据规定"与《刑事诉讼法》及之前的司法解释相比，不仅扩大了非法证据排除的范围，而且建立了排除非法证据的程序和举证责任规则，使非法证据排除在实践中能得以有效地实现，是一个飞跃性的进步。不过，要说明的是，《办理死刑案件证据规定》对于非法证据排除的规定与《非法证据排除规定》相比，更为严格。按照《非法证据排除规定》第1、2条规定，以刑讯逼供等非法手段取得的被告人供述，应当依法予以排除。而按照《办理死刑案件证据规定》第19、20、21条的规定，除刑讯逼供等非法手段取得的被告人供述外，讯问笔录没有经被告人核对确认并签名（盖章）、捺指印的，以及应当提供通晓聋、哑手势的人员或者翻译人员而未提供的被告人供述也应排除。也就是说，《非法证据排除规定》理所当然适用于死刑案件，但两个证据规定不一致的地方，则适用《办理死刑案件证据规定》。

除此之外，《非法证据排除规定》还规定，为证明审判前供述的合法性，公诉人应当提供原始的讯问过程录音、录像和讯问人员出庭作证的制度。对于讯问人员出庭作证制度，拟在证人出庭作证规则中介绍和探讨。此处仅对同步录音、录像制度进行介绍和探讨。笔者认为，为落实和贯彻非法证据排除规则，建立同步录音、录像制度是非常有必要的。

英美法系国家为了保证侦查讯问中犯罪嫌疑人、被告人的人身权利，广泛使用对侦查讯问过程进行同步录音、录像的方法。我国刑事诉讼法没有关于讯问同步录音、录像的规定。但是，有关司法解释进行了规定。四机关《意见》第 11 条规定："讯问犯罪嫌疑人，在文字记录的同时，可以根据需要录音、录像。"此外，最高人民检察院颁布的《人民检察院刑事诉讼规则》第 144 条规定："讯问犯罪嫌疑人，可以同时采用录音、录像的记录方式。"公安部颁布的《公安机关办理刑事案件程序规定》第 184 条第 3 款规定："讯问犯罪嫌疑人，在文字记录的同时，可以根据需要录音、录像。"最高人民检察院颁布的《人民检察院讯问职务犯罪嫌疑人实行全程同步录音、录像的规定（试行）》规定："人民检察院办理直接受理侦查的职务犯罪案件，每次讯问犯罪嫌疑人时，应当对讯问全过程实施不间断的录音、录像。"《人民检察院讯问职务犯罪嫌疑人实行全程同步录音、录像的规定（试行）》并对全程同步录音、录像的程序以及录音、录像资料的使用作了详细的规定。

对犯罪嫌疑人全程同步录音、录像的目的是为了进一步规范执法行为，杜绝刑讯逼供和威胁、引诱、欺骗犯罪嫌疑人、被告人行为的发生，保证讯问过程的合法性，提高办案质量。此外，侦查机关、检察机关在侦查阶段、审查起诉阶段获取的犯罪嫌疑人供述或辩解潜在着不稳定性，犯罪嫌疑人、被告人难免反复或翻供，为了更好地固定证据，侦查机关、检察机关在文字记录的同时通过同步录音、录像对犯罪嫌疑人、被告人供述与辩解加以固定，这样在后续阶段，尤其在审判过程中，一旦犯罪嫌疑人、被告人翻供，可以出示录音、录像以证明其在侦查阶段、检察阶段所作供述的真实性和可靠性。目前，除人民检察院对职务犯罪案件的侦查讯问实行全程录音、录像外，越来越多的地方公安机关对命案嫌疑人的审讯也实行了全程录音、录像，特别是在上海、浙江、广东、江苏和北京等省份。笔者认为，为了保障死刑案件犯罪嫌疑人的合法权利，对于可能判处死刑案件的犯罪嫌疑人应当全部实行讯问的同步录音、录像制度。

四、直接言词原则和传闻规则

有学者提出，我国死刑案件证据审查、采信活动存在的问题之一是死刑案件证据审查采信在庭外完成，直接和言词原则得不到贯彻。表现在证人、鉴定人、被害人等在绝大多数案件审理中均不出庭接受法庭询问，法官对证人、鉴定人、被害人的调查，仅局限于对证人证言、鉴定结论以及被害人陈述等在侦查阶段由侦查人员在庭外制作的相关书面笔录进行质证调查。另一个问题是，传闻证据排除原则没有确立，大量死刑案件以传闻证据直接定案。表现在，目前在我国死刑案件证据审查中，绝大多数证人和被害人不出庭作证，法庭只是对控辩双方提供的书面证言和陈述进行调查、质证和采信，造成大量死刑案件实际上以传闻证据作为定案依据。而传闻证据的不可靠性，势必无法满足把死刑案件都办成"铁案"的要求。[①]因此，确立直接言词原则和传闻排除原则具有现实性和紧迫性，证人出庭作证成为当前刑事诉讼中的最大难题。

直接言词原则是大陆法系国家普遍采用的一项原则。直接原则又称直接审查原则，是指对案件作出裁判的法官必须直接对证据进行审查，认定案件事实。言词审理原则，又称为"言词辩论原则"或"口证原则"，是指法庭审理活动的进行，必须以言词或口头陈述的方式进行。英美法系国家虽然不采用直接言词原则的概念，但是其传闻规则实际上具有同样的效果。传闻规则又称传闻排除规则、反传闻规则，指的是除了法律明确规定的例外情形，传闻证据原则上不具有证据能力。传闻是用于证明陈述所主张的事实真实性的审判外陈述。排除传闻最为根本的原因在于传闻的可靠性较低，或者说传闻存在的不可靠的危险性由于宣誓、亲自到庭以及交叉询问的缺位，从而难以令人信服地得到排除。按照传闻规则，各种证言必须以口头言词的方式在法庭上直接提出，并接受对方律师的交叉询问，以便法官和陪审团审查证据。证人在法庭外所作的陈述笔录或者在审判之前提供的书面证言都属于传闻，一般来说应当排除。坚持这一规则，就必须要求并保证证人出庭作证。可见，大陆法系的直接言词原则和英美法系的传闻证据排除规则在功能上有异曲同工之妙。

虽然直接言词原则与传闻规则功能相同，但二者在体现的诉讼模式、内涵和适用范围、发挥作用的方式、规范的关系、作用的侧重点、对证据效力的影响等方面存在着差异。而在排除传闻证据，要求证人出庭作证这一点上，传闻规则比直接言词原则要求更为严格，同时，也能够更好地体现和尊重当事人的意愿，使司法公正、诉讼效率和保障人权等多项价值得到兼顾和并重。[②] 正因如此，日本、意大利和我国台湾地区等传统意义上的大陆法系国家先是在刑诉法中规定了直接言词原则，后来又通过修法在刑诉法中规定了传闻证据排除规则。

我国现行刑事诉讼法和司法解释在一定程度上体现了直接言词原则的要求，如《刑事诉讼法》第 47、149、156 条的规定和最高人民法院《解释》第 53、58 条的规定。《办理死刑案件证据规定》再次确立了有限的直接言词证据规则，规定控辩双方有异议的和对定罪量刑有重大影响的证人应当出庭接

---

① 赵合理、周少华：《死刑案件中证据审查与采信的反思》，载《现代法学》，2004 (4)。
② 宋英辉、李哲：《直接言词原则与传闻证据规则之比较》，载《比较法研究》，2003 (5)。

受质证。《非法证据排除规定》第 15 条规定："具有下列情形的证人，人民法院应当通知出庭作证；经依法通知不出庭作证证人的书面证言经质证无法确认的，不能作为定案的根据：(一) 人民检察院、被告人及其辩护人对证人证言有异议，该证人证言对定罪量刑有重大影响的；(二) 人民法院认为其他应当出庭作证的。证人在法庭上的证言与其庭前证言相互矛盾，如果证人当庭能够对其翻证作出合理解释，并有相关证据印证的，应当采信庭审证言。对未出庭作证证人的书面证言，应当听取出庭检察人员、被告人及其辩护人的意见，并结合其他证据综合判断。未出庭作证证人的书面证言出现矛盾，不能排除矛盾且无证据印证的，不能作为定案的根据。"此外，《办理死刑案件证据规定》的第 4 条还规定："经过当庭出示、辨认、质证等法庭调查程序查证属实的证据，才能作为定罪量刑的根据。"以上规定表明，我国死刑案件已经确立了有限的直接言词原则。

证人、鉴定人不出庭，法官认定案件事实采用传闻证据是死刑案件发生错误的重要原因。为了保证做出死刑案件的审理法官能够以控辩双方当庭提出的证据为基础做出裁判，笔者认为，我国应当在刑事诉讼中对直接言词原则进一步完善，并确立传闻证据规则，排除书面证言和侦查笔录的证据能力，即除了法律规定的特殊情况以外，证人、被害人、鉴定人都应当亲自出庭，以言词的方式在法庭上进行陈述，而不能直接将侦查机关在侦查程序当中获取的询问笔录或者讯问笔录作为起诉的根据和定罪的根据。

五、原始证据优先规则

原始证据与传来证据是证据分类中的一对概念，凡是直接来源于案件事实，未经复制、转述的证据是原始证据；凡是间接来源于案件事实，经过复制、转述的证据，是传来证据，或称派生证据。证据分类是在学理上从不同的角度对证据进行的划分，原始证据与传来证据的划分根据是证据的来源，区分二者的判断标准是否经复制、转述等。因为传来证据经历了复制、转述等中间环节，因此存在失真和不实的可能性，从学理上区分二者的意义就在于鼓励尽量收集原始证据。实际上，理论上从有此分类之时起便确立了原始证据优先这一规则。

与原始证据优先规则的功能类似，英美法系国家为了为最大限度地保证证据的真实，确立了最佳证据规则。最佳证据规则又称原始文书规则，它主要是指以文字材料的内容证明案件时，必须提交该文字材料的原件。在 18 世纪到 19 世纪，最佳证据规则曾经盛极一时。但是，随着现代科技的发展，由于复制件的可靠性并不差，有时甚至难以确定哪是原件哪是复制件，因此最佳证据规则越来越没有用武之地。在这种背景之下，英美法系对最佳证据规则规定了许多例外情况，如美国《联邦证据规则》第1002条至第1007条的规定。不过，需要主意的是，最佳证据规则仅仅适用与案件中重大问题相关的文字材料。[①] 大陆法系国家虽然没有明确规定最佳证据规则，但其直接言词原则一般也要求法官在诉讼活动中尽量采用原生证据或原始证据，如书证的原件和物证的原物。

完整意义上的原始证据优先原则包括两点内容：（1）原始证据优先。对于书证，原则上应当优先提交原件；对于物证，原则上应当优先提交原物；对于视听资料，原则上应当提交其原始载体。（2）传来证据使用的条件。一是出示原件或者原物确有困难并经人民法院准许可以出示复制件或者复制品；二是原件或者原物已不存在，但有证据证明复制件、复制品与原件或者原物一致。

原始证据优先规则在《办理死刑案件证据规定》关于各种证据审查判断的程序中有所体现或明示中有所体现。《办理死刑案件证据规定》第6条第1项要求对物证、书证着重审查"物证、书证是否为原物、原件"，第8条规定："据以定案的物证应当是原物，据以定案的书证应当是原件。"第9条规定："经勘验、检查、搜查提取、扣押的物证、书证，未附有勘验、检查笔录，搜查笔录，提取笔录，扣押清单，不能证明物证、书证来源的，不能作为定案的根据。"第27条第1款第3项要求对视听资料着重审查"是否为原件，有无复制及复制份数"。

《办理死刑案件证据规定》除体现了原始证据优先规则外，对传来证据的使用也进行了限制。第6条第1项要求对物证、书证着重审查"物证的照片、录像或者复制品及书证的副本、复制件与原物、原件是否相符"，第8条第1项规定："……只有在原物不便搬运、不易保存或者依法应当由有关部门保管、处理或者依法应当返还时，才可以拍摄或者制作足以反映原物外形或者内容的照片、录像或者复制品。物证的照片、录像或者复制品，经与原物核实无误或者经鉴定证明为真实的，或者以其他方式确能证明其真实的，可以作为定案的根据。原物的照片、录像或者复制品，不能反映原物的外形和特征的，不能作为定案的根据。"第2款规定："……只有在取得原件确有困难时，才可以使用副本或者复制件。书证的副本、复制件，经与原件核实无误或者经鉴定证明为真实的，或者以其他方式确能证明其真实的，可以作为定案的根据。书证有更改或者更改迹象不能作出合理解释的，书证的副本、复制件不能反映书证原件及其内容的，不能作

---

① 刘广三：《刑事证据法学》，北京，中国人民大学出版社，2007，148页。

为定案的根据。"第 27 条第 1 款第 3 项要求对视听资料着重审查"调取的视听资料是复制件的，是否附有无法调取原件的原因、制作过程和原件存放地点的说明，是否有制作人和原视听资料持有人签名或者盖章"。

《办理死刑案件证据规定》把原始证据优先规则引入刑事诉讼，其目的在于促使侦查机关更加努力地收集最具有真实性的原始证据，从而更准确、及时地查明案件事实，实现实体正义。①

六、意见证据规则

意见证据规则是英美证据法中规范证人证言的一项证据规则。在普通法上，一般要求证人只能就其直接感知的事实提供证言，而不能就其感知的事实发表意见或者推断。这就是普通法中的意见证据规则。根据这项规则，法官在认证过程中，如果证人作证时就事实提供意见或者推断，当一方当事人提出异议时，法官应当禁止证人对案件事实发表意见，也不得将证人的意见作为裁判的依据。

英美法系之所以禁止证人在作证时就案件事实发表意见，其主要根据在于：第一，证人发表意见侵犯了审理事实者的职权；第二，证人发表意见有可能对案件事实的认定产生误导。

在英美法系证据法中，并非证人的所有意见证据都不具备可采性。在英美法系，证人的意见证据在下列两种情况下具有可采性：第一，普通证人在某些特殊情况下发表的意见。例如，根据《美国联邦证据规则》第 701 条的规定，如果证人不是以专家证人的身份作证，其意见或推论形式的证言具备以下条件之一时具有可采性：（1）合理地基于该证人的感知；（2）有助于清楚地了解该证人证言或者决定争点事实。在判例中，如果普通证人的意见陈述的内容，或者与事实陈述无异，或者其对某种特别事项的意见陈述与专家证人的意见无异，如同时觉察的事实、持续察觉的事实、总括式的陈述、印象之陈述、视同专家的意见陈述、品格的意见陈述等，也具备可采性。② 第二，专家证人的意见证据具备可采性。

在我国，《刑事诉讼法》和"两个证据规定"颁布之前的司法解释没有关于意见证据的规定。《办理死刑案件证据规定》第 12 条第 3 款规定："证人的猜测性、评论性、推断性的证言，不能作为证据使用，但根据一般生活经验判断符合事实的除外。"《办理死刑案件证据规定》明确这一规

---

① 樊崇义：《"两个证据规定"标志我国刑事证据规则体系初步形成》，载《检察日报》，2010-11-22。

② 刘善春、毕玉谦、郑旭：《诉讼证据规则研究》，北京，中国法制出版社，2000，164～165 页。

则，有利于规范证人如实提供他们所感知的案件事实，以避免将自己主观的推断、评论、猜测、估计、假设、想象作为证言使用，从而对案件事实作出错误的判断。①

七、补强证据规则

补强证据规则，是指为了防止误认事实或发生其他危险性，而在运用某些证明力显然薄弱的证据认定案情时，必须有其他证据补强其证明力，才可以作为定案根据的规则。根据补强规则，对于某些特定证据，在没有其他证据支持其证明力的情况下，它不能单独作为认定案件事实的根据。由此可见，补强规则实质上是一种数量规则，即特定的言词证据必须在其他证据担保其真实可信性的条件下，才能发挥证明作用。②

补强证据规则主要表现为口供补强规则。也就是说，补强证据规则是以直接保障口供之证明力为目的的规则。由于口供是刑事被追诉者提供的陈述，其虚假的可能性较大，同时为了防止司法实践中侦查人员将精力放在口供的获取上，许多国家限制口供的证明能力，不承认其对案件事实的独立和完全的证明力，禁止以被告人口供为有罪判决的唯一依据，还必须附加其他证据佐证。例如，《日本刑事诉讼法典》第 319 条第 2 款规定："无论是否实在公审庭上作出的供述，当该供述是对被告人不利的唯一的证据时，不得认定被告人有罪。"

关于补强证据的证明对象，美国要求的所谓"犯罪本体（或犯罪主要事实）的独立证明"，比较有代表性。在日本刑事诉讼中，关于补强证据的证明对象有以下规定：第一，犯罪事实的认定必须有补强证据，而非犯罪事实，如前科、没收、追征事由等无须补强；第二，对于犯罪构成客观要件事实的认定，必须具备补强证据；第三，在犯罪事实中被告人与犯罪人同一的认定不需要补强证据；第四，犯罪构成要件中的主观要素，如故意、过失的认定也不需要补强证据；第五，对于非犯罪构成的事实，即犯罪阻却事由不存在的认定，也不需要补强证据。③ 另外，并非任何证据都可以对特定的证据进行补强。补强证据必须满足如下几个条件：第一，补强证据必须具备证据能力；第二，补强证据本身必须具有担保补强对象真实的能力；第三，补强证据必须具有独立的来源。

---

① 樊崇义：《"两个证据规定"标志我国刑事证据规则体系初步形成》，载《检察日报》，2010-11-22。

② 樊崇义：《刑事证据法原理与适用》，北京，中国人民公安大学出版社，2001，148 页。

③ 汪建成、孙远：《刑事诉讼中口供规则体系论纲》，载《北京大学学报》（哲学社会科学版），2002（2）。

在我国，口供是刑事诉讼法规定的七种证据形式之一。由于犯罪嫌疑人、被告人对自己的行为最清楚，对自己与案件是否有关最为了解，所以，他对案件事实的陈述可能是最有价值的刑事证据来源。经过查证属实的犯罪嫌疑人、被告人供述，可以比其他证据更有力、更直接地证明案件的真实情况，特别是犯罪嫌疑人、被告人就实施犯罪的动机、目的及其他细节所作的供述，这方面的作用更加明显。在死刑案件尤其是故意杀人案件中，由于被害人已死亡，缺乏直接证据，往往需要犯罪嫌疑人、被告人作有罪供述并与其他间接证据形成证据链条，才能定罪判决。所以，死刑案件的定案根据中最主要的证据通常是口供，而口供比其他证据都更容易获取。在我国刑事诉讼发展史上，存在着制度性的偏重口供的情况。即以口供为“证据之王”，为获取口供而使刑讯合法化、制度化，形成了“罪从供定”、“无供不录案”的传统。

“重证据，不轻信口供”是我国刑事诉讼法所确定的收集和运用证据的基本原则。《刑事诉讼法》第 46 条规定：“对一切案件的判处都要重证据，重调查研究，不轻信口供。只有被告人供述，没有其他证据的，不能认定被告人有罪和处以刑罚；没有被告人供述，证据充分确实的，可以认定被告人有罪和处以刑罚。”四机关《意见》第 6 条重申了办理死刑案件，也应当坚持这一原则。《办理死刑案件证据规定》则详细地对口供补强规则进行了规定。第 22 条规定：“对被告人供述和辩解的审查，应当结合控辩双方提供的所有证据以及被告人本人的全部的供述和辩解进行。”“被告人庭前供述一致，庭审中翻供，但被告人不能合理说明翻供理由或者其辩解与全案证据相矛盾，而庭前供述与其他证据能够互相印证的，可以采信被告人庭前供述。”“被告人庭前供述和辩解反复，但庭审中供认的，且庭审中的供述与其他证据能够互相印证的，可以采信被告人庭审中供述；被告人庭前供述和辩解反复，庭审中不供认，且无其他证据与庭前供述印证的，不能采信庭前供述。”按照这些规定，在死刑案件中，不能只靠口供定案，所有的口供必须与其他证据相印证，用其他证据加以补充和强化，才能认定案件事实。据此，我国在死刑案件中一定程度上确立了口供补强规则，但我国的口供补强规则并不完整。

除了口供补强规则外，《办理死刑案件证据规定》第 37 条还就其他种类的言词证据在何种情形下需要补强进行了规定。该条规定：“对于有下列情形的证据应当慎重使用，有其他证据印证的，可以采信：（一）生理上、精神上有缺陷的被害人、证人和被告人，在对案件事实的认知和表达上存在一定困难，但尚未丧失正确认知、正确表达能力而作的陈述、证言和供述；（二）与被告人有亲属关系或者其他密切关系的证人所作的对该被告人有利的证言，或者与被告人有利害冲突的证人所作的对该被告人不利的证言。"

八、证人出庭作证规则

在诉讼过程中，审判是中心环节，法官是案件的裁判者。因此，法官必须在法庭审判中对证据进行直接的审查评断，才能对证据的真实性和证明价值形成恰当的内心确信，并在此基础上正确认定案件事实，做出公正的判决。如果法官在审判中只对证人证言进行间接的书面审查，就很难做出科学准确的判断。另外，证人出庭作证，可以使对方当事人获得直接质证的机会。这既可以防止法官在审查评断证据时产生预断和偏见，提高审判的透明度，也可以保障诉讼当事人的合法权利，特别是获得当面质证和公平审判的权利。这一点在死刑案件的审判中尤为重要。

然而，司法实践中证人不出庭的现象非常普遍。据统计，实践中好的地方证人出庭只有10%左右，差的地方则在5%左右，个别地方甚至没有证人出庭。[①] 被害人、鉴定人出庭的情况也与此类似。证人不出庭，在实践中广泛的用书面证言代替，使得庭审质证流于形式。

在对"刑事错案"进行广泛调研的那位学者所进行的问卷调查中，对于"哪一种证据最容易导致刑事错案"这一问题，在被调查者中，选择物证的6人，占4%；选择证人证言的53人，占38%；选择视听资料的7人，占5%；选择被告人口供的52人，占37%；选择被害人陈述的15人，占11%；选择鉴定结论的25人，占18%；没有人选择勘验检查笔录。可见，被调查者认为证人证言最容易导致刑事错案。对于"下列有关证人证言情形中哪一种最容易导致刑事错案?"这一问题，在被调查者中，选择"证人不出庭作证"的15人，占11%；选择"证人故意作伪证"的87人，占63%；选择"取证方法不合法"的26人，占19%；选择"证人自身认识发生偏差"的23人，占17%；选择"法官认证错误"的24人，约占17%。可见，证人证言也是导致刑事错案的重要原因。[②] 而导致刑事错案的虚假证人证言，往往因证人不出庭而缺乏有效的质证以至于蒙混过关，在这种情况下，要把死刑案件办成"铁案"几乎是不可能的。[③]

刑事诉讼法中有关证人出庭作证问题的规定不够明确甚至自相矛盾，是导致司法实践中证人普遍不出庭的重要原因。例如，《刑事诉讼法》第

---

① 胡夏冰：《为什么强制证人到庭作证——兼论完善我国证人作证制度的基本思路》，载《法学评论》，2002（3）。

②③ 何然、何家弘：《刑事错案中的证据问题——实证研究与经济分析》，载《政法论坛》，2008（2）。

48条规定，“凡是知道案件情况的，都有作证的义务”；第47条规定，“证人证言必须在法庭上经过公诉人、被害人和被告人、辩护人双方讯问、质证，听取各证人的证言并且经过查实以后，才能作为定案的根据。”从上述规定来看，证人似乎是应该出庭作证的。但是第157条却又规定，“对未到庭的证人的证言笔录，鉴定人的鉴定结论，勘验笔录和其他作为证据的文书，应当当庭宣读。”这显然又认可了证人不出庭的做法。笔者认为，刑事诉讼法应当确立关键证人必须出庭作证的制度。在死刑案件中，关键证人出庭作证规则尤其重要。《办理死刑案件证据规定》明确了死刑案件中关键证人出庭作证的规则。按照第15条的规定，在死刑案件中，控辩双方有异议的和对定罪量刑有重大影响的证人应当出庭作证，“（一）人民检察院、被告人及其辩护人对证人证言有异议，该证人证言对定罪量刑有重大影响的；（二）人民法院认为其他应当出庭作证的。”在目前无法彻底贯彻直接言词原则的情况下，控辩双方有异议的和对定罪量刑有重大影响的证人出庭作证，从实体上说，更有利于保障正确认定案件事实，避免死刑错案的发生；从程序上说，更有利于保障诉讼当事人的质证权利。

除了关键证人出庭作证规则外，要改变证人普遍不出庭的现状，还应当建立完善的证人强制出庭规则、证人保护规则、证人作证的经济补偿规则以及侦查人员出庭作证规则。

（一）证人强制出庭规则

证人拒绝出庭作证是一种严重妨害刑事诉讼秩序的违法行为，只有采取强有力的法律措施才能制止目前愈演愈烈的拒绝出庭作证现象，强制出庭规则对于促进证人出庭作证是一种必要的手段。从外国证据法和诉讼法来看，一般也都规定了强制证人出庭规则。英美法系和大陆法系国家的证人出庭作证制度大致有两个共同点：一是对于证人出庭一般都以强制性手段作为保障，并且法律明确将强制性规定与相应的惩罚措施并举；二是根据违反作证义务的程度规定不同等级的惩罚措施。第一点说明证人作证义务要落实，必须有明确的法律责任相伴随；第二点表明了罚当其罪，惩罚不能一刀切，应当体现相应的层次性。这对构建我国的证人强制出庭规则不无启迪。①

借鉴外国经验，结合我国证人不出庭的实际情况，笔者认为死刑案件应当率先确立证人强制出庭规则。即负有法定出庭义务的证人无正当理由拒不出庭作证的，法官可对其宣讲法律、政策，予以训诫、警告，证人经

① 何家弘：《证人制度研究》，北京，人民法院出版社，2004，107页。

教育后仍不履行出庭义务的，可采取如下措施：(1) 拘传。负有出庭作证义务的证人，无正当理由不到庭作证，妨碍诉讼活动的正常进行，经训诫、警告未予改正的，法官可指派法警拘传到庭作证。凡是经拘传到庭作证的证人，应承担由于经传不到造成的费用，并且不享有出庭作证的经济补偿权。(2) 罚款。对负有出庭作证义务的证人，在采取拘传措施强制其出庭作证的同时，可视情节轻重，处以1000元以下罚款。(3) 拘留。对负有出庭作证义务的证人，拒绝出庭作证，情节严重的，除拘传到庭，在采取罚款措施尚不足以制裁时，还可酌情给予15日以下拘留处罚。(4) 藐视法庭罪。在《刑法》中增设藐视法庭罪，对于关键证人拒绝出庭作证或因拒证严重影响司法公正的，法院可以对其判处藐视法庭罪，依照刑法规定处以罚金、管制、拘役或3年以下有期徒刑。

(二) 证人保护规则

证人担心自己及家人的人身和财产安全，害怕打击报复绝对是证人不出庭的一个非常重要的原因。我国曾有学者对证人拒证的心理进行了分析，认为"证人害怕受到威胁或人身报复，为安全考虑而不愿作证"的占到了78.3%。[①] 如果证人的安全得不到应有的保障，可能会由于作证而付出极大的代价，这就势必会影响到证人作证的主动性与积极性以及证言的客观性与真实性。在现实生活中，也确实有不少证人因为作证而受到威胁和恫吓，甚至受到人身伤害和财产侵害。有的证人因为作证丢失了工作；有的证人在作证之后其家人受到了牵连。要改变证人不愿作证、不敢出庭的现状，一个重要的措施就是完善我国的证人保护制度，为证人提供切实全面的保护。

证人保护，是指国家对证人在履行公民作证义务的同时所给予的人身及财产方面的法律保障。我国在《刑事诉讼法》、《刑法》和《治安管理处罚条例》中都有保护证人的规定。这些规定的内容包括：其一，保护证人的机关包括人民法院、人民检察院和公安机关；其二，妨害证人作证的行为，如果构成犯罪的，应当追究刑事责任。其三，打击报复证人的行为，如果构成犯罪的，应当依法追究刑事责任；尚不够刑事处罚的，应当依法给予治安管理处罚；其四，在立案、侦查阶段，如果证人不愿公开自己的姓名，应当为其保密。然而，这些规定很不完善。一是，刑事诉讼法的规定过于笼统，只是规定公检法机关应当保障证人及其近亲属的安全，没有规定任何具体可行的保护措施，在实践中难以操作，

---

① 吴丹红：《刑事诉讼证人拒证原因探析》，载《证据学论坛》第3卷，北京，中国检察出版社，2001，449页。

特别是当证人申请保护时，公安司法机关无法采取切实有效的手段。因此，这种保护在实践中必然显得苍白无力。二是，刑事诉讼法和刑法对证人或其近亲属安全的保障主要是立足于对已实施的报复行为进行事后惩罚，缺少预防性保护。三是，刑法关于“打击报复证人罪”和“妨害证人作证罪”的规定，其保护对象仅限于证人，对证人近亲属的保护没有规定，处于无法无据的尴尬境地。四是，现行法律注重保护证人的人身和名誉不受侵犯，却不涉及证人的财产权利，而对证人及其近亲属财产权利的侵害是对证人打击报复的重要内容。此外，现行证人保护制度在实践中实施的效果也不甚理想。司法实践中，打击报复证人的实例并不少见，证人及其近亲属的人身、财产安全受到威胁乃至侵害，司法机关对打击报复证人的犯罪行为未能及时追究或打击不力，造成证人大多怕打击报复而不愿作证的严重后果。

现代法治国家都非常重视证人的保护。总体来说，外国证人保护规则所规定的保护证人的措施包括三个方面，或者说属于诉讼的三个阶段：第一，庭审前的保护。例如，在侦查和起诉期间派专人保护证人及其亲属的安全；在必要的范围内为证人身份保密；禁止可能对证人进行打击报复的人接近证人的住所等。第二，庭审中的保护。例如，在法庭上为证人设置由单向玻璃制成的作证室，里面的证人可以看见外面的人，但是外面的人看不见里面的证人；使用改变声音的设备传导证人的讲话，使别人无法通过声音识别证人的身份等。第三，庭审后的保护。例如，为证人改名换姓并在可能报复人不知晓的地区为证人安排合适的工作；及时制止并惩罚任何打击报复证人的行为等。

笔者认为，在强调证人作证义务的同时，也应保障证人的权利，尤其是证人及其家人的人身、财产安全，这样，证人才能放心而无后顾之忧地出庭作证。据此，我国应以外国证人保护规则为借鉴，进一步完善我国的证人保护规则。具体来说，可在刑诉法修改时将证人保护作为专门的章节加以规定，在条件成熟时，则可以制定专门的证人保护法或者证人保护条例。

当前，尤其要强调和落实死刑案件的证人保护规则。因为死刑案件犯罪嫌疑人、被告人承担的法律后果最为严重，其为了逃避惩罚，对证人实施打击报复以阻碍证人出庭如实提供证言的可能性也就越大，手段也可能越严重。因此，死刑案件的证人比普通案件的证人更迫切需要保护。

（三）证人作证的经济补偿规则

保障证人出庭作证还有另外一个问题，就是证人的经济补偿问题，即对证人因出庭作证而支出的费用或因此而丧失的收益的补偿问题。通常证人出庭作证会受到以下两个方面的物质损失：（1）证人为作证而支付的一定的费用，如支付车、船票费、住宿费等；（2）证人因作证而失去的一定的物质利益，如被扣工资、奖金等收入的减少。这些物质损失是证人为了协助履行控诉职能、辩护职能或者审判职能而遭受的，应当得到一定的补偿。

我国刑事诉讼法中缺乏证人的经济补偿方面的规定。其他各种规范性法律文件中，也仅在1989年最高人民法院制定的《人民法院诉讼收费办法》和1994年《最高人民法院关于诉讼费两个请示的复函》中略微提及证人出庭的经济补偿问题，即规定：证人出庭的交通费、住宿费、生活费、误工补贴费属其他诉讼费用，由当事人预付也可以由法院垫付。然而，"哪些由当事人预付，哪些由法院垫付，司法解释中并未涉及这个问题"。[①]同时，它们对当事人预交或申请法院垫付证人出庭费用的时间和方式、证人取得补偿费用的时间和方式都缺乏明确规定，而且"由当事人负担"这一规定过于原则，这些都使得证人因出庭作证而产生的经济补偿权得不到应有的保障，从而对于证人出庭作证的积极性、主动性及维护证人的正当权益都是不利的。

从各国的立法实践来看，世界许多国家和地区普遍建立了证人的经济补偿规则，大多规定：对必须到庭的证人，在传唤到庭作证以后，由传唤法院给予一笔费用作为经济补偿。有的还规定，如果证人没有事先得到这笔费用而不出庭作证，不能以拒证论处。笔者认为，为了解决证人的后顾之忧，保证证人出庭作证，我国应当在刑事诉讼法中明确规定证人出庭的经济补偿权。补偿费用，可设立证人出庭作证基金，列入国家财政预算；补偿范围，应确定为支付证人出庭必要的费用；补偿标准，以当地人均收入为准。当前，应优先落实死刑案件中证人的作证经济补偿问题。

（四）侦查人员出庭作证规则

谈到证人出庭，有一个问题是不可回避的，即侦查人员应否出庭作证。无论是英美法系国家，还是大陆法系国家，侦查人员均像其他证人一样在法庭上宣誓、作证，接受控辩双方的询问。然而在我国刑事庭审中，侦查人员出庭作证在司法实践中十分少见，更多的则是"以某某刑侦队或某某派出所名义出具的证明材料。有单位印章而无证人落款。例如'关于被告人某某某报案情况的证明'，'关于审讯情况的证明'等等"[②]。即便偶尔有辩护律师坚持要求法院通知侦查人员出庭的，法官要么以"没有先

---

① 肖建国：《民事诉讼费用的法理分析》，载章武生：《司法现代化与民事诉讼制度的建构》，北京，法律出版社，2000，354页。

② 龙宗智：《中国作证制度之三大怪现状评析》，载《诉讼法学、司法制度》，2001（5）。

例”搪塞，要么不习惯甚至不太敢“通知”侦查人员出庭作证。根据我国刑事诉讼法和刑事诉讼理论对“证人”的界定，有学者认为，承办案件的侦查人员不能同时充当本案的证人，因为那样与其诉讼职责不相符合，可能影响公正处理案件。①

然而，我国刑事证据立法并未将侦查人员排除在证人之外。此外，根据最高人民法院《解释》第150条、第138条和《人民检察院刑事诉讼规则》第340条、第341条的规定，侦查人员有义务向法庭说明其收集的证据的来源。最后，非法证据能否得到排除需要侦查出庭作证。我国在一定程度上确立了非法证据排除规则。但是在庭审之中如何判断证据是否非法？让侦查人员出庭作证是解决问题的关键。一方面，公诉人对侦查人员收集证据的过程缺乏详细地了解，因此，如果他仅凭侦查笔录或者侦查机关的情况说明是难以令人信服的，而负责侦查案件的警察对收集证据的全过程了如指掌，所以对证据是否合法心知肚明，此时由侦查人员出庭就证据的合法性予以阐述最合适不过。另一方面，被告人对其是否实施犯罪行为最为清楚，再加上其本身就是侦查人员收集证据的对象，因而它对于侦查是否非法收集证据也知根知底，当然需要侦查出庭作证并渴望非法证据能够得到排除，从而保护其合法权益。②

《非法证据排除规定》明确了讯问人员出庭作证的问题。第7条第1款、第2款规定：“经审查，法庭对被告人审判前供述取得的合法性有疑问的，公诉人应当向法庭提供讯问笔录、原始的讯问过程录音、录像或者其他证据，提请法庭通知讯问时其他在场人员或者其他证人出庭作证，仍不能排除刑讯逼供嫌疑的，提请法庭通知讯问人员出庭作证，对该供述取得的合法性予以证明。公诉人当庭不能举证的，可以根据刑事诉讼法第一百六十五条的规定，建议法庭延期审理。经依法通知，讯问人员或者其他人员应当出庭作证。”按照该规定，法庭为了调查证据是否合法，可以通知进行过讯问的侦查人员到庭作证，有助于便捷、有效地查明证据取得的合法性问题。

① 陈一云主编：《证据法学》，北京，中国人民大学出版社，1991，292页；卞建林主编：《证据法学》，北京，中国政法大学出版社，2000，118页。

② 王超、周菁：《杜培武案的证据学思考（下）》，载 http：//www.criminallawbnu.cn/criminal/Info/showpage.asp？showhead=&ProgramID=160&pkID=9083。

王　舸*

非法证据的有限排除主义的五个疑惑

2010 年 5 月 30 日，最高人民法院、最高人民检察院、公安部、国家安全部和司法部联合发布了《关于办理刑事案件排除非法证据若干问题的规定》（以下简称《规定》）两个文件[①]，同时要求各级政法机关以对人民负责、对历史负责的态度依法履行职责，严格执行刑法和刑事诉讼法，依法惩治犯罪、保障人权，确保办理的每一起案件经得起历史的检验。为了客观分析该文本，领会文本精神实质，也为了更好地理解该文本在对非法证据特别是非法言词证据的定性、对非法证据证据能力的态度及有关证明责任和证明标准问题方面的规定，有必要认真解读下列五个方面的理论问题。

一、非法证据的半壁江山："非法言词证据"与"非法证据"

此前，我国有关非法证据排除规则的规定主要是《刑事诉讼法》第 43 条和最高人民法院《关于执行〈中华人民共和国刑事诉讼法〉若干问题的解释》第 75 条、最高人民检察院《人民检察院刑事诉讼规则》第 265 条。[②] 不难发现，上述法律规定及司法解释并没有出现"非法言词证据"

---

* 王舸，司法部司法研究所。

① 同时发布的还有《关于办理死刑案件审查判断证据若干问题的规定》。

② 《刑事诉讼法》第 43 条规定："严禁刑讯逼供和以威胁、引诱、欺骗以及其他非法的方法收集证据。"《最高人民法院关于执行〈中华人民共和国刑事诉讼法〉若干问题的解释》第 75 条规定："严禁以非法的方法收集证据。凡经查证确实属于采用刑讯逼供、威胁、引诱、欺骗等非法的方法取得的证人证言、被害人陈述、被告人供述，不能作为定案的根据。"最高人民检察院《人民检察院刑事诉讼规则》第 265 条第 1 款规定："以刑讯逼供或者威胁、引诱、欺骗等非法的方法收集的犯罪嫌疑人供述、被害人陈述、证人证言，不得作为指控犯罪的根据。"

乃至“非法证据”的提法，而是代之以列举的方式，罗列出了证人证言、被害人陈述、犯罪嫌疑人供述、被告人供述四种类的证据。

与之相比，《规定》在第1条首先提及了“非法言词证据”这一概念，并且给出了该“非法言词证据”的部分外延。之所以说给出的是部分外延，其实包含了两层意思：一是该条并不是对“非法言词证据”所下的定义，因为它采取的是“……属于……”的逻辑形式，表明的是词项外延之间的种属关系，而不是“非法言词证据，就是……”的标准定义形式；二是该条也没有表明“非法言词证据”外延的全部，由种属关系可知，满足该条条件的“犯罪嫌疑人、被告人供述”、“证人证言、被害人陈述”在逻辑上既然是“非法言词证据”这一“属”的“种”，就不能必然得出该“属”中除了这几个“种”之外再没有其他的种，因此可以说，《规定》规范的“非法证据”，也就是上面列举到的非法言词证据中的这几个种类，至于除此之外的“非法言词证据”（如果有的话）乃至除去整个“非法言词证据”之外的其他证据，并不适用《规定》。

遗憾的是，在学理上和实务中，非法证据其实并不局限于非法言词证据。除非法言词证据之外，非法实物证据也是非法证据的重要组成部分。将非法实物证据排除在非法证据之外，不是刑事诉讼法的本意，而是“两高”解释的首创，如今《规定》则在基本秉承该首创性的前提下，试图有限度地回归到《刑事诉讼法》第43条。

展开来说，此前“两高”解释对《刑事诉讼法》第43条所进行的并非文义解释，而是一种限缩解释，因此文本在解释前后含义发生了改变。详言之，第43条原本的字面含义有两层：一是明确了非法证据的性质，与“两高”所作的解释相同；二是表明了法律对非法证据的否定态度，即“严禁”采取。但与“两高”解释不同之处在于，该条并未真正涉及非法证据的范围，也就是没有将其限制为言词证据，而仅以“证据”一词概括之。这当然还不止于字面上的差别，因为一旦将“证据”限制解释为“言词证据”，那么非法证据的外延便有所减少，也就相应地缩小了第43条的适用范围。那么，非法证据的范围前后究竟发生了怎样的改变呢？简言之，采用“刑讯逼供或者威胁、引诱、欺骗等非法的方法”所获得的言词证据固然属于第43条所规定的非法证据范畴，此外，采用“刑讯逼供或者威胁、引诱、欺骗等非法的方法”所获得的实物证据，例如物证、书证、影音电子资料也理应属于非法证据范畴，但“两高”解释显然并不承认后者的非法证据属性。①

---

① 由于在刑事司法实践中，司法解释和部门规定往往比作为刑事诉讼法的法律更受重视并更为遵循，因此，理论和实务界都逐渐认可了“两高”对非法证据所作的解释，将其视为与原法律规定在含义上并无出入，这种思维惯性也是造成“两高”进行限缩解释的心理根源。

再来看《规定》对待非法证据时采取的立场：（1）言词证据方面，《规定》在"两高"解释的基础上更进一步，最终以条文形式确立了"非法言词证据"的概念。后面我们将会提到，对于非法言词证据，《规定》还同时树立了与之配套的"应当予以排除"的鲜明态度，这是完全恰当的。（2）实物证据方面，《规定》仅在第14条对于那些在取得上"明显违反法律规定，可能影响公正审判"的"物证、书证"（只有这两个种类）要求予以"补正或者做出合理解释"，但自始至终都没有明确将这类证据定性为非法证据，更没有像对待非法言词证据那样设立与之配套的排除原则，而是继续采取了"不能作为定案的根据"这一暧昧态度。

此外，在对"非法手段"的界定上，《规定》除用到此前法条及司法解释中常见的"刑讯逼供"、"威胁"之外，删去了"引诱"和"欺骗"两种比较典型的诱供方式，转而强调"暴力"，这就大大限缩了非法手段的范围，从而相应地限缩了借由非法手段取得的非法言词证据的范围。至于如何理解"刑讯逼供"，以及什么行为可被定性为"暴力"、"威胁"，《规定》并未给出进一步的解释。

二、对非法言词证据证据能力的否定："应当予以排除"

在第2条中，《规定》对第1条中非法言词证据的证据能力表明了绝对排除态度，确立了"应当予以排除"的原则，而不像此前通行的做法那样，仅仅附上"不能作为定案的根据"的效果规定。尽管只是短短六个字，意义却十分深远："不能作为定案的根据"，仅仅是说在根据证据裁判主义来认定案件事实时，所谓的非法言词证据不能发挥"根据"的功能，至于其证据能力的有无，或者是除不能发挥"根据"功能之外能否发挥"参考"、"线索"或其他在强度上弱于"根据"的功能，则在所不问。相反，规定"应当予以排除"，也就同时规定了"非法言词证据"因"排除"而丧失整个"证据能力"的效果，至于丧失"证据能力"这一效果的结果，自然是从被排除之时起便失去了作为证据的资格，不能在事实认定过程中继续作为证据使用。

说到这里，就不得不提一提所谓"证据能力"问题。我们认为，无论此前学界对证据能力进行了如何博大精深的探讨，最终都必须回归到这样一个最基本的事实上来：对于证据来说，证据能力其实代表着证据所承载的价值。在此，还必须坚决反对将证据价值和程序价值区分为内在价值和外在价值的错误观点，因为很明显，该观点的误区在于将客体属性等同于内在价值、将客体功能等同于外在价值。事实上，作为价值范畴的证据能力可细分为形式价值与实质价值两个层次，其中，除了现实地考量证据能力所承载的自由、秩序、公正、效率等实质价值之外，与证据立法直接相关的是证据能力所具有的形式价值。

具体来说，证据能力的形式价值部分，来源于其与特定法律规范的明文规定之契合，包含着证据能力意义上的相关性内涵。具体而言，证据能力的形式价值应囊括的内容是：第一，具有证据能力的证据必须是符合法律规定的特定形式或种类的证据，这被称为证据能力的法定种类归属价值。第二，具有证据能力的证据必须满足程序法定原则的总体要求，这被称为证据能力的原则正当性价值。第三，具有证据能力的证据还应当符合证据规则的有关规定，这被称为证据能力的准则主义正当性价值。

在著名法学家边沁看来，为了达到裁判的公正性，原则上不应该排除任何证据，除非这项证据会引起困扰、不必要开支或拖延。为此，边沁甚至主张废除一切要式主义的规则，回归到以日常经验常识推理为依据的自然推理的事实推理模式中去。[①] 这当然只是一个乌托邦式的空想，在现实中已经再难寻找到踪影。就整体而言，证据能力的形式价值部分是一个法律规范的世界，形式价值的最终组成，完全取决于法律规范在制定时立法意图本身所代表的价值倾向，而不论这种价值倾向所提供的价值配置是否真正合理与正当。

在此意义上，证据能力形式价值的具体内容直接反映出一国有关证据能力的理论研究与立法水平所达到的具体高度，《规定》将“应当予以排除”写入条文，应当说是证据能力观念上的巨大进步。

三、对非法实物证据收集上的“宽容”：“补正或者做出合理解释”

如前所述，《规则》在第 14 条中表明了对待非法实物证据的暧昧态度，其中已经涉及现行法律规定与正当程序观念。必须承认的是，形成案件事实、发现真相的过程，无不受到所谓“过程”或“程序”的深刻影响，这就需要以“正当程序”观念来规范和限制真相发现的过程。尽管《规定》创造性地规定在取得过程中“明显违反法律规定，可能影响公正审判”的“物证、书证”有“不能作为定案的根据”之虞，却允许“补正或者做出合理解释”。

第一，按照该字面含义，“补正”即补充、修正，而补充意味着向原有瑕疵证据中添加新的内容，使之更完整或完满；修正则意味着去伪存真，去除原有瑕疵证据的瑕疵部分，用美好之物替换或充实之，使之更完善或完美。当然，在我们来看，补正的对象或客体只能是上述存在瑕疵的

① 李学灯：《证据法比较研究》，台北，五南图书出版公司，1992，8页。

证据本身，因为除了遗漏手续的补全之外，其他因"明显违反法律规定"而受到破坏的物证、书证的证据收集程序很难被实践地"补正"：除法律有规定的之外，总不可能一概将已经走过的证据收集程序重新实施一遍，这是很简单的道理。

第二，"作出合理解释"比较好理解，也就是由提供该瑕疵证据一方向审判者作出某种说明，其内容自然是关于为何在收集该物证、书证过程中会出现"明显违反法律规定"的情况。据我们推测，这类理由大多是情势所迫，若不及时收集证据则会造成事后难以收集乃至证据灭失的严重后果，属于一种"必要处分"之例外。至于所作出的解释是否合理，则由审判者自由裁量后决定。

第三，特别值得留意的是，《规定》第 14 条在"补正"和"作出合理解释"之间用到的连接词乃是"或"，即是说，在前述瑕疵证据出现问题且有不能作为定案的根据之虞时，可以选择仅进行"补正"而不附加合理解释，也可以选择仅"作出合理解释"而不采取补正措施。简言之，可以只说不做，也可以只做不说，说了就可以不做，只要合情合理，该瑕疵证据就能够保留下来，是为对合理解释的"采信"；做了就可以不说，只要我进行了补正，就没必要赘言辩解，该瑕疵证据照样能因为升级为更完美证据而得以保留，是为对补正结果的径行"采纳"。

事实上，程序对事实的影响，主要还是在确保所得裁判事实在真实性上无瑕疵的意义上展开的，当然，也不排除程序本身有其正当性特征和要求。以违法程序来获得证据和事实，首先侵害了社会公众对通过司法途径定纷止讼的合理信赖，人们有理由怀疑，通过违法程序所获之证据和事实，在真实性上是有瑕疵的，而该瑕疵直接根源于程序违法，至于所获之事实是否果真与事实真相不符，则在所不问，或者即便是想"问"，基于最终事实真相本身的非既定性，也不会获得被证实的答案。因此，关于《规定》中涉及的这一正当程序问题，我们的意见并不是说这类情况绝对不能"宽容"，而是反对无原则的宽容，不能将整个瑕疵证据是否可采的问题全都寄希望于审判者的自由裁量。鉴于此，我们主张参照外国法的有关条款，明文规定物证、书证因违法取得而不可采的例外情形。除这些例外情形之外，其他违法收集到的实物类证据原则上均无证据能力，这就既尊重了正当程序要求，又有利于避免因行使自由裁量权而太过随意地采纳"补正"或采信"合理解释"。

四、非法言词证据因补强而合法化："去伪存真"中的循环论色彩

从逻辑学和证明论的角度来看，《规定》第 10 条之（三）的表述颇值得

琢磨，其原文为："公诉人提供的证据确实、充分，能够排除被告人审判前供述属非法取得的。"通过分析不难得出，该项前半句，亦即"证据确实、充分"一句，主要说的是非法证据的证明力和证明标准问题，因此放在后一个问题中详述。除此之外，该项的意思实际是说，如果存在非法之虞的言词证据（被告人审前供述）的其他证据，而这些证据在证明力上达到了"确实、充分"的标准，则那些存在非法之虞的言词证据就肯定不是非法性质了，或者说，这些证明力很高的证据竟然具有排除可疑证据系非法证据的强大功能！再说得简单些，该项的意思其实就是说，某些证据凭借其证明力竟然具有左右某项证据是否具备证据能力的功能！这种逻辑思路显然是很成问题的，而且与证明论的全部基本原理相违背。

刑事证明论告诉我们，证据能力之于证据，属于一种法律赋予的资格，而证明力的评价，主要是一个逻辑思维活动的过程，采取的是一系列逻辑形式推导的方法，二者并非一一对应关系，更不可同日而语。举个最简单的例子来说，刑讯逼供获得的非法言词证据可能与案件事实的相关性极强，具有很强的证明力，但却属于没有证据能力或称资格的非法证据范畴。也就是说，某一证据是否具备证据能力，既不依赖于其自身证明力的强弱，又不依赖于相关证据证明力的强弱甚至证据能力的有无，而是唯一取决于法律上的规定。仍以刑讯逼供为例，其获得的言词证据是否具备证据能力，仅仅取决于刑事诉讼法及相关司法解释的规定，既然规定排除其证据资格，则因依法被剥夺而不具有证据能力，而与该非法言词证据的证明力强弱、同案其他证据的证明力大小均无关。可见，《规定》第10条之（三）将某言词证据是否非法的决定权归于其他相关证据在证明力上对其是否具有补强效果，是对证据能力和证明力这两个基础问题的重大混淆。

然而，该项的危险性还不仅止于此。我们知道英美法系国家刑事证据法理论和实践中有一个著名的"毒树之果"理论。"毒树之果"理论的基本内涵是，由非法搜查或者非法讯问所直接获得的证据，以及派生证据，由于最初的污染而不得用作不利于被告人的证据。尽管像美国这样推崇"毒树之果"理论的国家在司法实务中也逐渐确立了污染中断、污染被稀释、独立来源及最终或必然发现等例外，但该理论还是影响到很多有争议证据的证据能力。现在仍旧回到《规定》第10条之（三）来，除了前面论证过的试图用证明力来补强证据能力的重大失误之外，退一步说，是不是只要把刑讯逼供等非法手段获得的言词证据（毒树）看成是线索之源，或者说是其他证据特别是实物证据的唯一来源，然后反过来用获得的实物证据（毒树之果）来佐证最初并没有采取刑讯逼供等非法手段呢？

遗憾的是，我们从《规定》第10条之（三）中读出的就是这层意思：

只要所获得的"毒树之果"证据证明力强大，达到了确实、充分的标准，就可以排除掉此前作为毒树的非法言词证据属非法取得的。易言之，从刑讯逼供等非法手段中获得的有价值的非法言词证据越多，有助于找到越多的实物证据，这些非法言词证据就摇身一变成为合法言词证据了。说得更极端些，就是要求刑讯逼供必须要有效果，效果越好，找到的其他证据证明力越强，所获得的证据便更有可能合法化。

当然我们也非常清楚，该项的立法本意绝不是鼓励刑讯逼供多出证据、多出成果，但其在表述上确实存在着上述两方面的歧义乃至谬误，用证明力强弱为证据能力的有无加以补强或辩护固然不可取，而忽视"毒树之果"可能给证据的合法与非法界限带来混乱，就多少令人有些忧心忡忡了。

五、与非法言词证据有关的证明标准问题："有疑问"与"排除……嫌疑"标准

在讨论《规定》所涉及的证明标准之前，我们先来考察一下证明言词证据属于非法的证明责任分配问题。按照《规定》第5条至第7条的表述，法庭首先会对言词证据是否合法有一个最初的判断（审查程序），在审查程序之前，证明证据非法的责任归于被告人一方（《规定》第6条）；在审查程序完结后，转由公诉人一方承担该证明责任（《规定》第7条）。由于条文规定得简洁明了，以下主要探讨的是以审查程序前后为界，被告方和公诉方各自所应达到的证明标准。

首先来看被告方申请法庭审查有关言词证据是否有非法之虞的证明标准。根据《规定》第6条的表述，在此情况下，"法庭应当要求其提供涉嫌非法取证的人员、时间、地点、方式、内容等相关线索或者证据。"需要注意的是，被告方必须向法庭提供与非法取证相关的"线索"或者"证据"。根据证据法学基本原理，单纯提供"线索"的证明责任通常属于"释明"范畴，通俗而言就是让对方清楚、让对方知道如何判断以及下一步该怎么做。在此，被告方提供线索的目的在于让法庭足以认为有关证据"合法性有疑问"。但如果法院选择让被告方直接提供证据而不仅仅是线索的话，被告方所承担的证明责任就在"释明"标准之上了。也就是说，被告方所提供的证据在质和量上必须使审判者对有关证据的合法性"存疑"。至于这种"存疑"如何在数量上予以刻画，尽管我国刑事诉讼法律规范并没有直接的说明，但我们认为该证明标准应当在优势证据以下。其佐证是，根据美国联邦刑事诉讼规则和证据规则的规定为例，证明标准或程度由低到高共分为九等，由低到高分别是：①无线索的盲然；②初步怀疑；③有理由的怀疑；④有理由的相信；⑤合理根据；⑥优势证据；⑦清楚且

有说服力的证明；⑧排除合理怀疑的证明；⑨绝对确定。其中⑥优势证据（适用于普通民事诉讼）大致为50%的盖然性，而相当于这里“存疑”的则处于②～④之间，也就是50%以下。如果参考这种标准的话，此处被告方承担的证明责任应该低于普通民事诉讼标准，故实践中法庭不应要求其承担过高的证明责任，只需对证据合法性“存疑”即可，在很多情况下考虑到被告方举证刑讯逼供的困难性，较多地选用“提供线索”在做法上则更显妥当。

接下来，如果被告方的举证令审判者对相关证据的合法性存疑，则转由公诉方承担该证据并非非法取得的证明责任。按照第7条的表述，该证明最终需要达到“排除刑讯逼供嫌疑”的标准，或者称为排除对证据非法性的怀疑。当然，我们认为，需要被排除的怀疑自然是合理的而非不合理的部分，即合理怀疑并非想象的或轻率的怀疑，亦非基于同情或偏见的怀疑，而是基于逻辑准则和经验法则的推理和常识，且该推理和常识必须合乎逻辑地由证据的存在或者不存在而得出。[①] 如果按照之前提到过的九等证明标准分类法，且考虑到相关证据是否被法庭采纳往往会给整个审判过程乃至结果带来至关重要的影响，因此我们建议对此严格把握，使之达到相当于⑦清楚且有说服力的证明和⑧排除合理怀疑的证明之间（75%～95%）的证明标准，这样才能从审判层面真正减少刑讯逼供的发生。

当然，尽管我们通过比较法的考察提出了带有参考数值的证明标准，但是，除了这种量化在实践中难以操作之外，加之实际情况往往是，被告方承担的证明责任往往高于让审判者“存疑”的标准，而公诉方承担的证明责任却大大低于让审判者对相关证据“排除……嫌疑”的标准。其中，除了控辩双方在庭审中难以实现实质平等性之外，《规定》本身设定的幅度和暧昧性及法庭自由裁量权行使上的不确定性，也是造成这一现象的重要原因。

综上所述，必须承认的一点是，《规定》在对非法证据尤其是非法言词证据的界定、非法证据证据能力的排除及证明责任的分配、证明标准的设计方面确实极具开创性意义。然而，从《规定》在非法实物证据及其排除方面的轻描淡写、对非法言词证据排除在程序设计上的不彻底性来看，该文本所设定的乃是一种对非法证据有保留地排除的制度，遵循的是非法证据的有限排除主义。如何从形式上到内容上对这种有限排除主义进行修正，尽管在目前并不是一蹴而就的事情，但却是个最终需要提供方案予以解决的问题，值得理论界和实务界继续深入探讨。

---

① 卞建林：《刑事证明理论》，北京，中国人民公安大学出版社，2004，239～240页。

李　勇*

非法证据排除规则在中国的前途与命运

——以两高三部《非法证据排除规定》为切入点

引　言

2010年5月，最高人民法院、最高人民检察院、公安部、国家安全部、司法部联合发布了《关于办理刑事案件排除非法证据若干问题的规定》（以下简称《非法证据排除规定》），首次明确规定了非法证据排除的范围与操作程序，是我国刑事诉讼法、刑事证据规则发展历程中的一大进步，被认为是我国刑事诉讼发展近20年来的重大突破，也由此奠定了未来我国刑事诉讼法修改的走向。可以预想，非法证据排除规则问题必将是刑事诉讼法再修改过程中一个重要的问题。与其他很多法律制度一样，非法证据排除规则也是个"舶来品"，在《非法证据排除规定》已经实施的背景下，非法证据排除规则的前途和命运如何？靠什么来保证这一规定的切实执行和有效运作？无疑是摆在我们面前紧迫而现实的问题。

一、非法证据排除规则理论概览

（一）非法证据的概念与分类

从理论上说，证据本身原本并无合法与非法之分，所以非法证据针对的是收集程序而言的，在英文中非法证据一般表述成 evidence illegally obtained，也正是从取证手段的非法性上来界定的。非法不等于不合法，非法证据属于不具备合法性的证据，即没有证据准入资格的证据。

从形式上说，非法证据违反的是取证程序性规定，从实质上说，是指

* 李勇，南京市建邺区人民检察院公诉科。

取证手段侵犯了特定人的权利。因此，有学者认为，以侵犯宪法赋予公民基本权利的手段收集的证据，叫非法证据，而单单违反刑事诉讼法规定的程序收集的证据，但并未对公民的基本权利构成侵犯，称“有瑕疵的证据”。[①] 即使在美国这样程序高度发达的国家，在有关证据排除规则的建立和发展过程中，也是以侵犯公民的宪法性权利作为排除标准的，而对于那些不违反公民宪法性权利的一般违法取证手段则称为无害错误，所获取的证据当然不会在排除之列。[②] 樊崇义教授也指出，“非法言词证据的概念的核心问题是如何界定‘非法’，‘非法’有轻有重，有一般违法和严重违法，所取得的证据有非法证据与有瑕疵的证据。”[③] 我们认为，判断非法证据的标准在于是否侵犯基本的人权，严格意义上的非法证据排除也是指侵犯基本人权的非法证据，而非有瑕疵的证据。

一般认为，非法证据包括非法的言词证据和非法的实物证据。对于非法言词证据的排除规则，各国的立场较为一致。美国联邦宪法第 5 条修正案反对强迫自证其罪的原则，对被告人供述采取以任意性为限；英国 1984 年《警察与刑事证据法》第 76 条规定了对非法取得的被告人供述的自动排除原则；大陆法系中的法国对于刑讯逼供和其他非法手段取得的言词证据也予以排除；德国《刑事诉讼法》第 136 条规定了对于违反禁令所获得的陈述，即使被指控人同意，也不允许使用的原则。日本《宪法》第 38 条和《刑事诉讼法》第 319 条均规定非法取得的自白不得作为证据。国际条约则将非法言词证据的排除作为最低限度的要求。联合国 1975 年《保护人人不受酷刑和其他不人道、有辱人格待遇或者处罚宣言》第 12 条规定：“如经证实是因为受酷刑或其他残忍、不人道或有侮辱人格的待遇或处罚而作的陈述，不得在任何诉讼中援引为指控有关的人或任何其他人的证据。”《禁止酷刑公约》第 15 条也规定：“每一缔约国应确保在任何诉讼程序中，不得援引任何业经确定系以酷刑取得的陈述为证据。”

至于非法实物证据，美国《宪法修正案》第 4 条规定以非法手段收集的证据不得在刑事指控中作为证明有罪的证据采纳；英国对待非法取得的物证主张衡量原则，只要与待证事实相关，原则上不予排除，将自由裁量权交予法官。德国对于非法获得的真迹，法官以权衡原则为标准予以处

① 汪建成：《中国需要什么样的非法证据排除规定》，载《环球法律评论》2006 (5)。

② See Shlesinger, S R., *Exclusionary Inustice — The Problem of Illegally Obtained Evidence*, Marcel Dekker, NC, (1977) New York and Basel. 转引自汪建成：《中国需要什么样的非法证据排除规定》，载《环球法律评论》，2006 (5)。

③ 樊崇义：《只有程序公正，才能实现实体公正——学习“两高三部”颁布的“两个规定”》，载《法学杂志》，2010 (7)。

理，及侵犯人的尊严和人格自由所得的证据予以禁用，但对于重大犯罪，前者应当让步；而日本对于非法取得的物证一般采取排除态度，但又设定了较为严格的条件限制，只有在"重大违法"时才予以排除。可以说德、日等大陆法系国家是以排除非任意性自白为中心的非法证据排除规则。

(二) 关于"毒树之果"

需要强调的是"毒树之果"与非法证据排除规则并非同一概念，经常有人将二者混淆或者直接等同起来。这里有必要介绍一下该理论的起源。美国联邦最高法院 1920 年对 Silverthorne Lumber Co. v. U. S 一案的判决中首次提出了"毒树之果"理论。在这一案件中，联邦警察对被告人实施了非法搜查并扣押了一些文件。后根据这些文件中获得的信息，联邦大陪审团签发了命令被告人交出有关照片的传票。最高法院认为，检察官不仅不能使用警察以非法搜查方式获得的文件，而且对于警察根据大陪审团的传票所获取的其他证据也不能采用为指控的证据，排除规则应当适用于所有已被宪法性侵权行为所污染的证据，这就是美国"毒树之果"规则的基本含义。由此可见，"毒树之果"一词中的"毒树"指的是采取非法方式收集到刑事证据，而以非法证据为线索进而发现的第二手证据，是"毒树"结出的"果实"，才是"毒树之果"。例如，在刑讯逼供之下犯罪嫌疑人供述了作案工具的藏匿地点，然后通过合法提取手段取得作案工具，就是"毒树之果"；如果是先通过刑讯逼供的方法获取口供，然后再用合法的讯问方法让犯罪嫌疑人将原口供重述一遍则仍然是非法证据本身而不是"毒树之果"。"毒树之果"理论与非法证据排除规则既相互区别又密切联系。换言之，"毒树之果"理论是非法证据排除规则的延伸。

20 世纪 80 年代，美国对于"毒树之果"的态度发生重大变化，先后确立了三个例外：稀释或者清洗污染规则、独立来源规则、最终或必然发现规则，实际上原则"弃其树，吃其果"。根据英国 1984 年《警察与刑事证据法》第 76 条（4）规定，排除被告人供述这一事实并不影响从该供述中发现的其他证据的可采性，英国实际上也是采取了"排除毒树，但食用毒树之果"的原则。德、日对此理论与实践均存有争议。总体上来看，关于对"毒树之果"的态度，"弃其树，食其果"成为一种大的走向。

二、我国非法证据排除规则的确立及其适用难题

(一) 我国非法证据排除规则确立历程

从立法上看，我国《刑事诉讼法》第 43 条规定："审判人员、检察人员、侦查人员必须依照法定程序，收集能够证实犯罪嫌疑人、被告人有罪或者无罪、犯罪情节轻重的各种证据。严禁刑讯逼供和以威胁、引诱、欺

骗以及其他非法的方法收集证据。”最高人民法院《关于执行刑事诉讼法若干问题的解释》第61条规定：“严禁以非法的方法收集证据。凡经查证确实属于采用刑讯逼供或者威胁、引诱、欺骗等非法方法取得的证人证言、被害人陈述、被告人供述，不能作为定案的根据。”最高人民检察院《刑事诉讼规则》第61条规定：“严禁以非法方法收集证据。以刑讯逼供或者威胁引诱、欺骗等非法方法收集的犯罪嫌疑人供述、被害人陈述、证人证言，不能作为指控犯罪的证据。人民检察院审查起诉部门在审查中发现侦查人员以非法方法收集犯罪嫌疑人供述、被害人陈述、证人证言的，应当提出纠正意见，同时应当要求侦查机关另行指派侦查人员重新调取证据，必要时人民检察院可以自行调取证据。”

根据上述规定，一般认为我国初步确立了以排除言词证据为中心的非法证据排除规则，实际上，上述只言片语的规定只能说在一定程度上体现了非法证据排除规则的趋向，尚且不能说初步确立了以排除言词证据为中心的非法证据排除规则，但是由于缺乏应有的保障和配套制度和措施，而将书面的法律束之高阁，成为摆设。司法实践中大量提出的刑讯逼供抗辩的理由，基本上是以“证据不足，不予采纳”作为裁决结果，有的法院甚至消极应对，置之不理，更有甚者还有作出“认罪态度不好，从重处罚”的判决。[①] 正因为如此，经过了多年酝酿的《非法证据排除规定》在2010年5月份终于面世。《非法证据排除规定》对于非法证据排除的范围、非法证据排除的程序、证明责任等均做了较为详细的规定。

（二）《非法证据排除规定》适用中面临几个难题

1. 关于引诱获取的言词证据是否排除

《非法证据排除规定》第1条规定：“采用刑讯逼供等非法取得的犯罪嫌疑人、被告人供述和采用暴力、威胁等非法方法取得的证人证言、被害人陈述，属于非法言词证据。”对于非法手段的列举范围比现行《刑事诉讼法》第43条的规定还要窄，对于第43条规定的刑讯逼供之外的三种非法手段，“威胁、引诱、欺骗”所获证据是否排除语焉不详，这必然引发实践执法的混乱。当然，界定“威胁、引诱、欺骗”存在一定的难度，然而采取的回避态度无助于实务难题的化解，反而有可能进一步加重实践中在这三类非法取证手段处置中的混乱状况。有学者认为引诱在非法程度上不同于威胁和欺骗，威胁和欺骗侵犯了公民的意志自由权；而引诱则并不导致相关人意志自由权的丧失，对是否进行陈述仍然可以做自由选择。[②]

---

① 吴丹红：《非法证据排除规则的实证研究》，载《现代法学》，2006（5）。

② 汪建成：《中国需要什么样的非法证据排除规定》，载《环球法律评论》，2006（5）。

笔者对此表示认同，一是因为引诱并不侵害其基本的权利，不具有严重危害人权的违法程度；二是基于某种诱因说出来的毕竟是其真实的意思表示，不会误导案件事实；三是实践中无法进行盘问技巧与诱供之间的区分，特别是受贿案件、毒品案件等证据具有"一对一"特点的案件，笔者的庭审讯问中也经常使用一些的技巧，是否属于诱供还是盘问技巧，根本无法区分；四是《禁止酷刑和其他残忍、不人道或者有辱人格的待遇或处罚公约》第1条列为禁止的取证手段也不包括诱供。当然，与一些国际公约相比，《非法证据排除规定》对于非法的列举不够全面，根据相关国际公约，我们认为一般包括暴力、精神折磨、使用药品或催眠以及其他不人道的方法获取的犯罪嫌疑人供述和证言。

2. 关于是"一排到底"还是"适时排除"

《非法证据排除规定》规定，采用刑讯逼供等非法取得的犯罪嫌疑人、被告人供述和采用暴力、威胁等非法方法取得的证人证言、被害人陈述，属于非法言词证据，不能作为定案的根据。司法实践中对于这样一种情况存在争议：犯罪嫌疑人在侦查阶段某一次讯问中受到刑讯逼供，其以后的历次供述是否都应当予以排除，还是限于受到刑讯逼供的那一次讯问应当排除。例如，犯罪嫌疑人刑事拘留期间在某派出所讯问时受到刑讯逼供，但是后来关押在看守所期间的多次讯问中并没有受到刑讯逼供，以及在审查起诉阶段公诉人提审时均做了供述。上述各个阶段的供述是实行"一排到底"全部作为非法证据予以排除，仅以当庭供述为定案根据，还是实行"适时排除"仅排除在派出所讯问时的供述。主张"一排到底"观点的理由在于曾经受到刑讯逼供后，犯罪嫌疑人一直处于恐惧的心理阴影之中，既不能保证其供述的真实性，也不符合保障人权的要求。主张"适时排除"观点的理由主要是，既然法律规定受到刑讯逼供等非法取得的证据予以排除，那么没有受到刑讯逼供等非法取得的证据当然就不应该排除。

笔者认为，排除仅及于"同一主体"。详言之，对于刑讯逼供等暴力、威胁取证的，从被刑讯逼供之后由同一单位进行的讯问或询问，形成的犯罪嫌疑人的供述、证人证言、被害人陈述应当作为非法证据予以排除。例如，在派出所讯问时受到刑讯逼供，后来在看守所关押过程中仍然由该派出所进行的讯问依然作为非法证据予以排除；但是到审查逮捕阶段以及审查起诉阶段，由检察机关检察官进行的排除存在暴力、威胁等情况进行了合法的讯问、询问，所形成的笔录，可以作为证据使用，不应当一并作为非法证据排除。

3. 关于公诉人举证手段和证明方法的操作问题

公诉人证明取证手段合法性的证明方法在设计上存在有效性与合理性的疑问。《非法证据排除规定》第7条赋予公诉人证明取证手段合法性的证明手段有四种：全案的讯问笔录、讯问时的录音录像、其他在场人员或者其他证人出庭作证、讯问人员出庭作证与办案说明。但是这四种证明手段的有效性与合理性不无疑问。首先，一般的案件侦查机关不可能故意隐藏一些讯问笔录，一般会将全部的讯问笔录装卷移送，更何况，侦查机关不可能在笔录中记载其程序违法的行为，更不可能记载其暴力威胁以及刑讯逼供的情况，因此靠调取讯问笔录来证明取证手段合法性没有实际意义；其次，目前除检察机关自侦案件外，公安机关普通刑事案件并没有实行全程同步录音、录像，即使录像也无法保证全程同步，更何况如何防止出现“打时不录、录时不打”这种现场的发生；再次，何为“其他在场人员与其他证人”，通常情况下讯问是不允许有侦查人员之外的其他在场人员存在的，何来其他在场人员，这一规定在实践中几乎也被架空；再次，让被指控有刑讯行为的侦查人员出庭证明自己没有实施刑讯行为，侦查人员会怎么说，可想而知；最后，广受学术界批评的情况说明，在有侦查人员签名的情况下，可以使用。在现行的体制下，侦查人员在情况说明上签个名字对其并没有实质性影响，但经过这种“签名包装”之后的情况说明，堂而皇之地成为了证明手段，能发挥何种作用，前景堪忧。

4. 关于证明责任分担问题

根据《非法证据排除规定》，辩方在提出非法证据排除申请时应当提供足以令法官怀疑取证合法性的线索或者证据。这种提供线索或证据的行为是否属于证明责任的分担？有学者提出，如果让辩方承担一定的证明责任，缺乏理论依据。也有人认为辩方要提供非法取证的人员、时间、地点、方式、内容等相关线索或证据，这是考虑到我国的现实情况，辩方对举证责任进行的适当分担，认为还不彻底，似乎还有进一步的空间。

笔者认为，将《非法证据排除规定》中关于“辩方提出非法取证的人员、时间、内容等相关线索或证据”的规定，理解为是一种证明责任分担，是错误的。从上述规定的内容上看，本质上在是当事人行使辩护权，提出异议，提出消极性事实的主张，只是一个启动程序，不能与举证责任同日而语。其目的不是让辩方承担举证责任，而是为了防止滥用非法证据排除程序的启动。事实上，提供证据证明该证据的是否合法的责任全部在公诉方。

5. 关于非法证据排除的程序问题

《非法证据排除规定》要求通过专门的听证程序进行判断并作出决定，

此种听证程序的性质是否属于审判程序、所作的决定性质如何？所做决定能否上诉？这些问题在此次规定中均未涉及，这可能直接导致非法证据排除程序的设置根据不足从而影响到全面、准确的实施。美国证据法学家达马斯卡将程序性裁判和实体性裁判分离的裁判结构成为二元式的裁判结构，不仅在诉讼阶段上应当分离，在裁判主体上也应当分离，同时认为证据的排除只有在这种二元式裁判结构中才能真正实现。[①] 笔者认为，在我国审判体制下，完全采用这种典型的二元式裁判结构，似乎是不现实的。先由预审法官将非法证据予以排除以防止非法证据进入到实体审判法官的视野中形成先入为主，从实体审判前就将非法证据的准入资格进行否定，这或许是最理想的，但是短期内难以实现。因此，《非法证据排除规定》这种听证程序的规定，是基于现实的考虑，同时也是考虑到我国的国情，与此直接相关的就是第 3 条"人民检察院在审查批捕、审查起诉中对于非法言词证据应当依法予以判处，不能作为批准逮捕、提起公诉的依据"这是中国特色的。非法证据排除的决定者是法官，世界上没有哪个国家规定检察机关要根据非法证据排除规则来排除某些证据的使用。据此有学者提出："从我国的实际情况出发，检察机关作为法律监督机关在审查起诉过程中，自觉对照非法证据排除规则，拒绝使用侦查机关非法获取的证据，当然有其积极意义，但是在法律上明确规定检察机关也是非法证据排除的主体则实在没有必要。"[②] 我们认为，在现实情况下，这样的规定还是有必要的。至于救济程序问题，一方面辩方可以上诉，在二审中仍然可以提出非法证据排除请求；另一方面控方也可以抗诉启动二审程序。

三、我国非法证据排除规则的前途命运

或许仅仅在法律上确立起非法证据排除规则是容易的，但是真正使其发挥作用，有效运作，事关其前途和命运。

（一）立足本国现实是其成长的根基

"法治的成长必须扎根于相应的法律文化土壤。"[③] 在未来的刑事诉讼法修改过程中，关于非法证据排除规则是个绕不过的话题，但是立法上应当坚持立足本国现实，既要防止畏手畏脚，又要防止矫枉过正。矫枉过正的结局是因过度超前而缺乏执行的现实基础和条件，导致规范得不到真正的执行，这不仅影响了规范本身的效力，更严重的后果是规范的信赖和威信丧失殆尽，这可能是学者所忽略的。

① 转引自汪建成：《中国需要什么样的非法证据排除规定》，载《环球法律评论》2006（5）。

② 汪建成：《中国需要什么样的非法证据排除规定》，载《环球法律评论》2006（5）。

③ 张中秋：《比较视野中的法律文化》，北京，法律出版社，2003，272 页。

非法证据排除规则的后果是非法证据无效，不具有可采性，不具有证据资格。但是，从形式违法上看，程序性违法的具体形式不同；从实质违法上看，不同的违法取证行为在破坏法律秩序、侵犯公民权利的严重程度上也各不相同，因此，非法证据排除的制裁性后果不应当是整齐划一的，即便是在非法证据排除规则最彻底、最完整的美国也不是铁板一块。值得注意的是，从20世纪70年代开始，以美国为代表的西方国家对非法证据排除规则的紧箍咒越放越松，联邦最高法院在20世纪60年代曾裁定非法证据排除规则为联邦宪法原则，但70年代以后降为一般法律原则。特别值得关注的是，美国“9·11”事件发生以后，出台的《爱国者法》极大限度地扩大了美国政府在监听、逮捕、搜查等方面的侦查权利，某些原本需要作为“非法证据”予以排除的证据也被赋予了证据资格，对美国运行近百年的非法证据排除规则形成巨大冲击，甚至有人认为：“在《爱国者法》的庇护下，部分非法证据获得了证据资格而转化为合法证据，造成非法证据排除规则的使用范围缩小，使得该规则在一定程度上形同虚设。”① 因此，构建我国的非法证据排除规则，也要切合我国的实际，不可盲目跟风。

（二）配套制度的跟进是其不致夭折的根本保证

任何一项法律制度的有效运作都不是孤立的。非法证据排除规则也“孤掌难鸣”，相关配套制度的跟进是其有效运作的制度基础。

1. 沉默权及律师在场权等相关配套制度的跟进

沉默权是基于陈述自愿性的要求，也是防止刑讯逼供等非法手段获取口供的重要制度保障。刑事诉讼中的犯罪嫌疑人或被告人的供述，必须是其基于自由意志的选择，即自愿陈述。而我国的《刑事诉讼法》第93条规定：“犯罪嫌疑人对侦查人员的提问，应当如实回答。”这一规定认为犯罪嫌疑人有如实回答侦查人员的义务，否认了陈述人拥有的自愿性的权利，使得陈述缺乏可靠性。法律一方面要求排除非法获取口供，另一方面又要求侦查人员尽力获取口供，这种悖论必然影响非法证据排除规则的有效运作。另外，讯问犯罪嫌疑人时律师在场制度，不仅可以防止刑讯逼供，也为公诉人证明取证手段合法性提供了切实的依据，值得推广。

2. 诉侦关系改革

我国松散的检警体制，导致内部的纪律处分措施不能奏效，侦查机关很难会因为证据排除而承担任何不利后果，侦查机关也不会有足够的动力来追查和惩处本系统内部的程序违法行为。检警一体化的侦查模式似乎是

---

① 任华哲、万平：《美国非法证据排除规则的新变化——以〈爱国者法〉为视角》，载《法学评论》，2006（4）。

理想的选择，侦查工作服从公诉检察官的指挥，侦查活动服务公诉需要，这是基本的刑事诉讼规律。检警一体化的机制才会将案件具体的侦查人员和控诉方因案件的诉讼结局捆绑在一起。只有排除非法证据对侦查人员的职业利益产生直接触动，侦查机关才会真正对非法证据排除有切肤之感。但是现行的体制下，公诉引导侦查往往流于形式，侦查机关只关注其侦破的案件检察机关是否已经逮捕，是否已经起诉，至于判决情况对其并没有利益触动，这种情况下，非法证据排除规则到底能走多远，不得不引起人们的深思和警觉。

3. 考核制度的完善

非法证据排除规则的目标，显然不是为了排除而排除，没有非法证据可排才是最终的理想目标。侦查机关内部奖惩机制对于非法证据排除规定运作的影响不容忽视。美国学者指出："非法证据排除规则对于警察个体的作用是如此的间接以至于不能被看做是其行为的主要影响因素。该规则最好被看做是让警察机构强迫其成员服从程序规范的制度设置。""这些机构的奖惩措施对他（指警察机构——笔者注）而言要比将他违法所得的证据排除的威胁要重要得多"，① 以达到程序性违法的威慑效果。笔者认为，最好的方法就是，将侦查机关的某些考核决定要素适当地放给检察机关。当一个案件的某些证据被作为非法证据排除时，直接作为侦查人员职务晋升、奖金福利的决定因素之一。

---

① ［美］约翰·卡普兰：《非法证据排除规则的限度》，陈虎译，载陈兴良：《刑事法评论》第22卷，北京，北京大学出版社，2008，272页。

马静华*

非法证据排除规则中侦查机关的挑战与应对

——从侦查职能角度的分析

自2010年7月1日开始，五院部联合发布的《关于办理刑事案件排除非法证据若干问题的规定》（以下简称《非法证据排除规定》）将正式实施。它所确立的中国式非法证据排除规则对侦查活动将产生何种影响，侦查机关将如何回应，本文将就此进行理论与实践的双重探讨。

一、非法证据排除规则的行为指引功能

传统理论认为，非法证据排除规则主要有两大功能：其一是遏制警察的非法行为；其二是维护司法制度的廉洁性。① 在美国司法界，现今占据主导地位的遏制理论。② 通常认为，非法证据排除规则的遏制功能源于美国宪法第四修正案的特殊要求。按照第四修正案，“保护人民免受警察对自由社会的任意侵犯正是宪法第四修正案的核心所在……如果一个州认可警察有权侵犯隐私，将宪法第十四修正案的精神背道而驰。”③ 显然，非法证据排除规则最基本的作用就是通过对于警察的执法结果予以否定的方式来约束未来的警察行为。在美国，尽管这一规则具体针对的是非法搜查、扣押及其由此获得的证据，但其原则精神则普适于所有非法的警察执法行为及其结果，其中即包括以刑讯、威胁、引诱等方式获得犯罪嫌疑人的供

---

* 马静华，四川大学法学院。本文系证据科学教育部重点实验室（中国政法大学）开放基金资助课题，项目批准号：2010KFKT04。

① 刘晓丹：《美国证据规则》，北京，中国检察出版社，2003，164～165页。

② Judy Hails Kaei, *Criminal Procedure—A Case Approach*, Copperhouse Publishing Company 1993, pp. 449-450.

③ Wolf v. Colorado 338 U. S. 25 (1949).

述、证人证言与被害人陈述。[①]

遏制功能包含了通过否定、制裁的消极评价来引导警察未来合法行为的基本逻辑，这是法官本位的一种理论阐释。而对警察、检察官来说，非法证据排除规则并非仅仅是一种威慑。在追求程序正义与侦查效能有机统一的目标指引下，非法证据排除规则亦内含了一种积极的行为引导功能，即引导侦查人员遵照法定的程序，采用合法、有效的方式、方法展开调查。随着《非法证据排除规定》的实施，对我国侦查机关来说，这意味着必须放弃简单粗放式的传统侦查模式，转而探索一种既符合非法证据排除规则要求，又能保证办案效果的侦查模式。与传统侦查模式相比，新型的侦查模式将具有如下特征：第一，侦查程序相对规范，侦查行为的正当性增强。尽管现行刑事诉讼法规定了较为程式化的侦查程序，并要求侦查人员必须依照法定程序，收集能够证实犯罪嫌疑人有罪或者无罪、犯罪情节轻重的各种证据，严禁刑讯逼供和以威胁、引诱、欺骗以及其他非法的方法收集证据（第 43 条），但是，实践中的侦查程序与侦查行为与上述规定尚有差距。之所以如此，根本的原因是违反法定程序的侦查行为可能效果更好且不会导致不利后果。而非法证据排除规则旨在剥夺违反法定程序的侦查行为可能带来的不当利益，消除违法侦查的动机，其客观结果将是实践中的侦查程序更加规范，侦查行为的正当性有所增强。第二，侦查方式更加复杂，侦查手段趋于多样。侦查实践中，讯问犯罪嫌疑人、被害人及关键性证人是查明犯罪事实最直接，通常也是最有效的方式。在被默许使用强制取证手段的前提下，部分有拒证或伪证动机的嫌疑人、被告人及证人可能被迫作证。但是，非法证据排除规则已堵塞了这一条路。对此案件，侦查人员必须采用相对间接的侦查方式，启用更多的侦查手段，在人证之外寻找其他有价值的证据线索，通过搜集其他证据以查明案件事实。第三，侦查成本有所加大，侦查周期有所延长。非法证据排除规则实施之后，为了保证与过去相当的侦查效能，侦查成本的投入也势必增加，侦查周期很可能相应延长。前者表现为单位案件所投入的人、财、物比过去有所增长，后者则体现为从立案到破案、从破案到侦查终结的两个阶段比过去有所延长。

二、非法证据排除规则：对侦查活动的挑战

非法证据排除规则的确立是刑事程序法治化进程的重要步骤。它的适

---

① 从广义角度，非法证据排除规则适用于以非法方式获得的所有证据，既包括物证、书证等实物证据，也包括供述、证言等言词证据。最高人民法院等五院部新近出台的《关于办理刑事案件排除非法证据若干问题的规定》采用了这一概念。

用将会对犯罪嫌疑人、被告人及其律师的辩护活动，检察官、法官的司法活动带来深刻的影响，对诉讼进程和结果带来持续的影响力，进而构成对现行侦查机制与体制的严峻挑战。[①]

挑战一：不供率、翻供率、排除非法证据的申请可能会明显增加。

随着犯罪嫌疑人、被告人及其律师对非法证据排除规则的不断熟悉，他们会从中阅读出有利于自己的权利规则，并以此指导自己的辩护行为。犯罪嫌疑人、被告人的权利规则包括：自己有供述与不供的自由，即使不供，侦查人员也不能采用强迫手段；即使已被迫供述，这种供述也因违反了规则而不能成为诉讼证据。辩护律师的权利规则是，如果辩护对象（嫌疑人、被告人）认为自己被强迫作用供述，无论这一供述是否真实，辩护律师都有权提出证据排除的申请。

在权利规则的指引下，不供率、翻供率、排除非法证据的申请都可能明显增加。从犯罪嫌疑人、被告人角度，不认罪本是其天然倾向，加之权利意识的增强，侦查人员强制行为的减少，认罪比例很可能会随之降低；即使在侦查阶段供认有罪，在此后的审查起诉、审判阶段翻供的可能性也较之过去有所增大。无论口供是否真实，只要存在刑讯逼供的可能性，被告人及其辩护人都可以在审判阶段提出排除口供的申请，而这通常会启动正式的听证程序。其实，从实践经验出发，在审查逮捕、审查起诉阶段，犯罪嫌疑人在接受检察官讯问时，律师通过会见嫌疑人了解刑讯逼供的线索之后，也可能以口头或书面形式提出这一申请。对此，《非法证据排除规定》虽然没有规定类似于审判阶段的听证程序，但检察官也须对此进行审查决定。由于不供率、翻供率可能增加，排除非法口供的申请在审查逮捕、审查起诉和审判阶段都可能以各种形式提出，因此，排除非法证据申请的比例可能会较之过去明显增加。

挑战二：不捕率、不诉率可能会有所上升。

检察机关在审查逮捕、审查起诉时应当对非法证据予以排除，不作为批准逮捕、提起公诉的依据。实践中，检察机关作出排除决定有两个途径：其一是办案人员在阅卷或会见犯罪嫌疑人时发现线索，经过审查核实后主动予以排除；其二是犯罪嫌疑人及其律师提出排除申请，经过调查之后依法予以排除。就前一途径发现的线索，在《非法证据排除规定》实施之前，检察机关的办案人员在审查案件中也时而遇到，但因为口供对于定

① 按照《非法证据排除规定》，非法证据既包括非法的言词证据，也包括实物证据；非法的言词证据中，既包括非法的口供，也包括被害人陈述和证人证言。但是，实践中出现的问题主要集中在以刑讯逼供及其他强制手段获得的口供方面。为了研究便利，下文就“侦查挑战”进行的分析，也着重从非法口供的排除方面展开。

案相当重要，并且即使采纳这一证据也不会产生不利的后果，故通常视而不见。而在非法证据排除规则实施之后，检察机关将在审判阶段的听证中将承担全面的举证责任，这就加重了追诉风险，使其在审查逮捕、审查起诉阶段主动排除非法证据成为可能。就后一途径，对于犯罪嫌疑人及其律师提出的申请，尽管《非法证据排除规定》并未规定类似于审判阶段的听证程序，检察机关也必须对此进行审查，并考虑到拒绝申请可能导致审判阶段的正式听证，因而对犯罪嫌疑人及其律师的意见也须给予重视。

审查逮捕和审查起诉阶段非法证据排除机制的实施，很可能对逮捕率和起诉率带来直接影响。通常状态下，如果认罪口供不被采纳，部分类型的案件会因欠缺关键证据而无法定案，如"一对一"的强奸、受贿案，另有其他一些案件也会因为证据不够充分还需要继续侦查，由此形成证据不足的不捕与存疑不诉。作为后果，一定时间内的不捕率和不诉率也会因之上升。

挑战三：定罪率也许下降。

非法证据排除规则发挥作用最大的空间是审判阶段。这是因为：其一，随着诉讼的深入，被告人对自己享有的权利，包括申请排除非法证据的权利的认识越加清楚；其二，案件进入审判阶段后，被告人实际上"脱离"了追诉机关的羁押控制，更可能在中立的法官面前提出排除非法口供的申请；其三，审判阶段的非法证据排除程序启动便利，由控方而不是辩方承担举证责任，对被告人及其辩护人较为有利；其四，从辩护条件看，律师及其他辩护人在审判阶段介入的比例明显高于审前程序，辩护机制也相对完善。鉴于以上因素，随着非法证据排除申请的不断提出，将会产生一定比例的排除决定。而一旦被排除的口供对定案不可或缺，相应的案件处理要么是公诉机关撤回起诉，要么是法院作出无罪判决。无论是撤回起诉还是无罪判决的增加，都会导致定罪率的下降。

总之，随着非法证据排除规则的实施，侦查活动将面临各方挑战，侦查成效很可能会有所降低。而更进一步，上述三方面的挑战也将逆向作用于侦查办案机制，使侦查人员在正式接触犯罪嫌疑人必须掌握比以前更加确实、充分的证据，讯问机制的强制性因素也会大大降低。如此一来，破案率很可能也会相应下降。

三、侦查机关：如何有效应对非法证据排除规则

基于实践的经验，上述挑战很可能不会立即、全面显现，因为犯罪嫌疑人、被告人、律师、检察官和法官对非法证据排除规则的认知或运用应有一个从完全陌生到有所了解，再到相对熟悉的过程。因此，这些挑战很

可能最初仅以个案的方式零星出现，进而通过媒体、舆论的引导产生放大效应，然后连锁反应式地影响到此后的司法活动。但无论如何，在一个相对较长的期间，上述挑战很可能是各地侦查机关必然面对的现实。对此，侦查机关应以建立新型的侦查模式为最终目标，不断规范侦查行为，完善侦查体制和机制。

（一）加强对侦查人员的系统培训

系统培训的目的是使侦查人员深刻领会非法证据排除规则的精神实质，全面熟悉其实体内容与程序机制，从而在未来的侦查活动中严格遵循法定程序，主动避免非法取证行为。为了使侦查人员真正掌握非法证据排除规则的具体内容，相关培训必须具有系统性，至少应当包括如下环节。

环节一，组织学习。邀请专业人员对非法证据排除规则进行细致的讲授，使侦查人员了解非法证据的类型、认定非法证据的标准、排除非法证据的社会政治意义、排除程序的证明责任与证明标准，以及相关侦查活动应遵守的法定程序与原则。

环节二，个案讨论。筛选数起典型个案，从同角度分析讨论非法证据形成的原因、排除非法证据的理由、证据排除的后果及其对未来侦查活动的启示。

环节三，程序模拟。设计案情，安排侦查人员扮演办案人员、犯罪嫌疑人、律师、法官等角色，模拟排除非法证据的听证程序，使侦查人员熟悉、理解相关流程并能够从容应对。

环节四，总结实施。培训结束时，相关部门应将培训内容加以总结，以简明的方式汇编成册后向所有侦查办案人员发放，鼓励其在日常工作中查阅和思考。

（二）设立非法证据的侦查防范机制

在很长一段时期内，口供的作用还不可能被其他证据形式完全替代。因此，如何保证讯问的合法性、避免非法口供的产生、应对可能发生的证据争议，侦查机关应当设立一套合法有效的侦查防范机制。这套机制可包含如下内容。

第一，评估可能发生争议的口供。应当根据案件类型、案件复杂性、犯罪嫌疑人的特点及其可能判处的刑罚，以及已形成的口供特征等因素，预测犯罪嫌疑人是否可能翻供、是否会提出排除口供的申请，分析排除口供可能会定案带来的影响。以已形成的口供特征为例，如下口供可能更容易引发争议：（1）对定案不可或缺的口供；（2）前后不一或与其他证据之间存在矛盾的口供；（3）时供时翻的口供。

第二，建立独立于口供的证据体系。对于可能引发口供争议的案件，应展开全面调查，力求形成一个不依赖于口供的证据体系。这一证据体系之中，应当以通过独立途径收集的证据为主体，当然，也可以包括根据口供线索发现的证据。尽管《非法证据排除规定》并不禁止"毒树之果"，但"与口供无关"的证据体系显然更具有说服力。因此，这一证据体系应尽可能减少对口供线索的依赖。

第三，设置证明口供合法性的证据体系。首先最有效的证据是每次讯问均有全程录音、录像。仅有拘留后的录音、录像而缺乏拘留前的录音、录像，或者录音、录像只反映讯问过程的部分片断，这对于证明讯问过程的合法性是没有意义的。其次是全面、具体的讯问笔录。所谓全面性，是指讯问笔录应覆盖从讯问开始到讯问结束的所有谈话；所谓具体性，是指采用"逐字逐句"式而非"概括式"的记录，将讯问过程的每一句问答、每一处中断都记录下来。全面、具体的口供才能反映其真实性。再次是安排适当人员在讯问时在场。所谓适当人员如社区工作人员、未成年人的父母、志愿者等，其作用如同"见证人"，见证讯问过程是否合法，并在适当时作证。

（三）建立更加科学、合理的侦查体制

非法证据排除规则的基本逻辑是通过否定非法证据的司法效力，重塑侦查方式，从而改变口供中心主义的侦查模式。然而，仅仅是具体侦查行为的调整尚不足以实现上述目标。从根本上必须对支撑具体侦查行为的侦查体制进行必要的改革。笔者认为，可采取如下对策。

第一，强化情报信息和刑事技术工作的建设。适应侦查模式从口供中心主义向证据中心主义的转换，侦查机关应建立一套能够更有效地获取证据线索和收集证据的侦查体制，其核心便是强化情报信息和刑事技术工作的建设。情报信息工作的基本功能是为侦查提供"耳目"，以发现犯罪事实、犯罪人及犯罪证据；刑事技术工作则旨在通过科学的技术手段发现、固定"不说话"但较之口供往往更加客观的证据。情报信息工作的展开可以在一定程度上替代口供的线索功能，而刑事技术的使用则可以弥补因缺乏口供导致的证据体系的疏漏。强化上述两项基础工作的基本途径是加强人才培养、加大设备与资金投入、改革不合理的运行管理体制，等等。

第二，完善法制部门对侦查行为的监控体制。可考虑以原有的案件审批体制为基础，建立一个由法制部门主导的全程性权力监控体制。具体思路是，从案件受理后的初查、立案到侦查终结，由专门的法制警察对侦查活动进行监督；法制警察的监督方式包括审查决定各种强制性侦查措施的运用，告知犯罪嫌疑人其享有的诉讼权利，听取嫌疑人及其律师的辩护、申诉和控告意见，等等。在司法审查缺乏，检察监督不力的背景下，这种内部分权制衡的机制也许能够发挥一定作用。

第三，建立打击效果与案件质量并重的绩效考核体制。传统的绩效考核体制以破案数、逮捕数及移送审查起诉的数量为评估依据，单纯强调打击犯罪的效果，这在一定程度上激发了非法取证动机。为了顺利实施非法证据排除规则，必须在相当程度上改变现有的绩效考核体制，将案件质量作为重要的内容纳入考核范围。具体而言，绩效考核应以案件的最终判决结果是否与侦查结果一致，以及办案程序、侦查手段是否合法作为主要内容，使侦查人员不仅仅对侦查结果和上级领导负责，更需要对最终的诉讼结果和案件质量负责。

专论大观

宋英辉等

特困刑事被害人救助实证研究*

实践表明，遭到犯罪行为侵害之后，被害人在经济、权利或能力等方面往往呈现一定的贫困状态。尽管立法对被害人诉讼地位给予了充分关注，并对有关诉讼权利作出规定，但由于缺少配套制度，对被害人权利的实质性保障仍存在不足，以致带来诸多问题。根据刑事诉讼法规定，因犯罪行为遭受物质损失的被害人，可以通过附带民事诉讼的方式获得赔偿。实践中，由于加害人没有赔偿能力、赔偿能力不足或其他原因，被害人的损失难以及时、有效弥补。[①] 因赔偿问题得不到妥善解决，有的案件中当事人关系进一步恶化，甚至寻求私力救济；有的案件中被害人借助申诉、信访等非常规手段来宣泄内心不满；有的案件中被害人为了维持基本生活

---

* 本文为最高人民检察院2008年度检察理论研究重点课题“特困刑事被害人救助制度研究”(GJ2008B11)。宋英辉，北京师范大学刑事法律科学研究院教授，博士生导师，法学博士；陈剑虹，江苏省人民检察院副检察长；王君悦，江苏省苏州市人民检察院检察长；薛国俊，江苏省昆山市人民检察院检察长；郭云忠，国家检察官学院副教授，法学博士；王贞会，中国政法大学刑事司法学院博士研究生；何挺，北京师范大学刑事法律科学研究院讲师，法学博士；宋洨沙，中国人民大学法学院博士研究生；滕秀梅，中国社会科学院研究生院硕士研究生。

① 2001年以来，我国每年刑事犯罪立案均在400万起以上，其中大量的被害人及其近亲属无法从罪犯那里获得赔偿。例如，哈尔滨市中级法院2005年受理刑事附带民事案件177件，被害人获得赔偿69件，赔偿率为38.9%；2006年受理刑事附带民事案件183件，被害人获得赔偿80件，赔偿率为43.7%（参见宫立新、王春艳：《确立刑事被害人国家补偿制度》，载《检察日报》，2007-06-21)。北京市第二中级法院2006年判决刑事附带民事案件的赔偿款为447.76万余元，案均获赔6.4万元，而实际上被害人平均得到的只有2.33万元，大多数被害人连赔偿款的一半都拿不到（参见周崇华：《法院“空判”需国家救济制度“埋单”》，载《法制日报》，2007-06-14)；青岛市中级法院以判决方式结案的2300余件刑事附带民事案件中，90%以上的案件民事部分执行不了，成为“空判”（参见李有军、郑娜：《国家救助：“法律白条”有望兑现》，载《人民日报（海外版)》，2007-01-19)。

而走向犯罪。这些都极不利于社会和谐、稳定。① 基于对被害人权利保障状况的现实反思，一些地区积极探索对特困刑事被害人救助，积累了一定的经验，也发现一些问题。本文拟在考察、分析我国特困刑事被害人救助实践的基础上，提出构建刑事被害人救助制度的设想。

一、研究目标与方法

我国由政府向遭受犯罪行为侵害而无法及时获得赔偿、生活特别困难的被害人及其家属提供一定经济帮助，或者在提供一定经济帮助的同时辅之以其他帮助的做法，有不同的名称，如“刑事被害人特困救助”“特困被害人救助”“刑事被害人救助”“刑事被害人救济”“刑事被害人补偿”等（以下统称为“特困刑事被害人救助”)。基本内容是：对于因遭受犯罪侵害，又无法及时从犯罪人那里获得赔偿，因而导致生活特别困难的被害人或与其共同生活的亲属，由政府或相关部门给予一定经济救济，或者以提供经济救济为主，辅之以其他帮助，以保障其得以正常生活。它是将社会救助理念引入刑事司法领域，并作为整个社会救助体系的一环。是国家基于对市民社会的管理和监护职能，而对社会弱势成员承担的一项体恤义务，具有救急性和临时性。

实践中，尽管有的地方将刑事被害人救助称为“刑事被害人补偿”，但与国外实行的刑事被害人补偿制度相比，在适用对象、范围及条件等方面有很大差别。后者作为具有普适性的制度，具有补偿目的的公益性、补偿关系的衍生性、补偿责任的替偿性、补偿额度的补充性及受偿主体的特定性等特征。② 它并不强调救急性与临时性，也不要求被害人及其家庭生活存在困难。刑事被害人救助也不同于对受害人的刑事赔偿，后者是办案人员违法行使职权，造成公民、法人或其他组织的合法权益受到损害而承担的一种国家赔偿责任。③ 此外，还需要区分刑事被害人救助与刑事被害人援助两个概念。刑事被害人援助含义广泛，它不仅包括对因遭受犯罪行为侵害而无法及时获得赔偿、生活确有困难的刑事被害人给予经济资助的活动，还包括被害人赔偿、支持团体、被害人和罪犯之间的调解与和解、

---

① 我国涉法涉诉上访形势严峻，其中被害方上访所占比例较大且呈逐年上升趋势。全国检察机关 2005 年受理本院管辖的不服法院生效刑事裁判申诉案件 3769 件，其中属于被害人申诉的 1234 件，占 32.9%；2006 年受理此类案件 4740 件，其中属于被害人申诉的 1772 件，占 37.38%。参见王斗斗、张庆申：《刑事被害人权利几被遗忘问题引起最高法最高检高度关注，救助刑事被害人“两高”合力破题》，载《法制日报》，2007-08-28。

② 陈彬：《由救助走向补偿——论刑事被害人救济路径的选择》，载《中国法学》，2009 (2)。

③ 《国家赔偿法》第 2 条规定：“国家机关和国家机关工作人员违法行使职权侵犯公民、法人和其他组织的合法权益造成损害的，受害人有依照本法取得国家赔偿的权利。”第 15、16 条明确规定了刑事赔偿的各种情形。

服务热线、危机介入、被害人咨询和治疗、紧急医疗服务、社会服务、陪同出庭、保护免遭二次被害等。[①]

资料显示，我国特困刑事被害人救助的实践大致经历了初步探索、逐步规范与地方立法等阶段。早在2004年2月，山东省淄博市政法委与淄博市中级人民法院联合出台《关于建立刑事被害人经济困难救助制度的实施意见》，在全国司法系统内首开刑事被害人救助之先河。同年11月，青岛市委政法委与市中级人民法院、市财政局联合制定《青岛市刑事案件受害人生活困难救济金管理办法》，将对刑事被害人的救助金纳入市级财政预算。随后，北京、上海、浙江、江苏、福建、广东、海南、江西、四川、河南、陕西、甘肃、重庆等地的一些法院、检察院单独或联合当地政法委、财政、民政、社保、教育、妇联、残联等有关部门相继开展了形式多样的刑事被害人救助工作。有的地区制定了特困刑事被害人救助的规范性文件。其中，既有省级机关制定的，[②] 也有地市级机关或县级机关制定的。[③] 在总结经验的基础上，有的地区就特困刑事被害人救助问题出台了专门的地方性立法。例如，无锡市人大常委会制定的《无锡市刑事被害人特困救助条例》经江苏省十一届人大常委会第九次会议批准，于2009年10月1日起施行，成为我国首部关于刑事被害人救助的地方性立法。[④]《宁夏回族自治区刑事被害人救助条例（草案）》经宁夏回族自治区十届人大常委会第十四次会议审议通过，于2010年1月1日起施行，是我国第一部

---

① 麻国安：《被害人援助论》，上海，上海财经大学出版社，2002，1页。

② 例如，北京市高级法院与市财政局联合发布的《解决执行难案件中困难人员生活救助问题的意见》；浙江省政法委与省财政厅联合发布的《浙江省司法救助专项资金使用管理办法（试行）》；浙江省检察院制定的《司法救助专项资金使用办法（试行）》；河南省高级法院制定的《关于刑事案件被害人特别困难救助的实施办法（试行）》；江西省委政法委、省高级法院、省检察院、省公安厅等八部门联合制定的《关于开展刑事被害人救助工作的实施办法（试行）》；山东省委政法委、省高级法院、省检察院、省公安厅等八部门联合制定的《山东省刑事被害人救助工作实施办法（试行）》；云南省委政法委、省高级法院、省检察院、省公安厅等八部门联合发布的《云南省开展刑事被害人救助工作实施办法（试行）》。

③ 例如，福州市中级法院制定的《关于对刑事案件被害人实施司法救助的若干规定（试行）》；商丘市检察院与市财政局、市民政局联合制定的《商丘市检察机关特困刑事案件被害人救助实施办法（试行）》；青岛市委政法委与中级法院、市财政局联合制定的《青岛市刑事被害人及执行案件特困申请人生活困难救助办法》；兰州市检察院发布的《检察救助基金管理办法》。很多县级机关也专门就此出台规范性文件。例如，江苏省昆山市检察院制定的《关于设立特困被害人救助专项基金的暂行办法》；山东省阳信县检察院、民政局、教育局、社保局、司法局、县团委、妇联、残联等联合制定的《刑事受害人司法救助实施办法》；临沂市河东区检察院制定的《河东区人民检察院关于实施"刑事被害人补偿金制度"具体办法（试行）》。

④ 《无锡市刑事被害人特困救助条例》共25条，内容包括适用范围、救助部门、救助对象、救助金来源与发放、救助程序、救助监督等。

关于刑事被害人救助的省级地方立法。[①]

各地关于特困刑事被害人救助的有益探索，在一定程度上弥补了立法对被害人权利保障的不足，对于化解社会矛盾、减少申诉上访、维护社会和谐与稳定具有积极意义。2005 年 12 月，中央政法委员会发布的《关于切实解决人民法院执行难问题的通知》中指出，要“探索建立特困群体案例执行的救助办法。各地可积极探索建立特困群体案件执行的救助基金，对于双方当事人均为特困群体的案件，如刑事附带民事赔偿，按一定程序给予申请执行人适当救助，解决其生活困难，维护社会和谐稳定。”2007 年 1 月，最高人民法院在部署法院工作时提出“研究建立刑事被害人国家救助制度”；最高人民检察院在《2007 年刑事申诉检察工作要点》中也提出“有条件的地方可以试点建立刑事被害人补偿机制”。2009 年 2 月，中央社会治安综合治理委员会将建立健全刑事被害人国家救助制度作为 2009 年全国社会治安综合治理工作六大要点的一个方面。2009 年 3 月，中央政法委、最高人民法院、最高人民检察院等八部门联合发布《关于开展刑事被害人救助工作的若干意见》，对刑事被害人救助工作的指导思想、总体要求、基本原则、救助的对象、范围、标准、资金保障、组织机构及职责分工、基本程序等主要问题作了比较明确的规定，为开展救助工作提供了有力的政策依据。2009 年 3 月，最高人民法院发布的《人民法院第三个五年改革纲要》中将对生活确有困难的刑事被害人实行救助作为未来五年内法院工作的重要内容。2009 年《最高人民法院工作报告》和《最高人民检察院工作报告》也都提出要建立刑事被害人救助制度。

对特困刑事被害人救助问题进行实证研究，旨在考察我国特困刑事被害人救助的实际运行状况，了解社会公众对这一做法的认知态度，评估其客观效果，总结实践经验，探讨建立刑事被害人救助制度的可行路径。

为实现以上研究目标，2008 年 6 月到 2009 年 11 月，我们对实践中的特困刑事被害人救助进行了实地调查和问卷调查。

第一，实地调查。对华中和华东地区的部分城市的市、区（县）两级检察机关进行了实地调查，包括 H 省 S 市、S 省 T 市、J 省 W 市和 KS 市。之所以选取这些地区，主要基于以下考虑：较早开展特困刑事被害人救助；被害人群体基数较大，且呈逐年上升趋势；[②] 四市或下辖区县均制定了专门的规范性文件；四市检察机关都在一定程度上进行探索，积累了

---

① 《宁夏回族自治区刑事被害人救助条例（草案）》共 19 条，对立法宗旨、救助范围、救助资金的保证、来源与管理，救助的申请、审查、审批程序，救助标准和救助资金的发放以及监督、法律责任等都做了具体规定。

② 以 J 省 KS 市检察院为例，该市连续三年刑事被害人总数超过千人，并且仍以年均 10%以上的速度递增。

一定经验；受地理位置、经济发展水平以及社会环境等综合因素影响，[①]四市检察机关的实践各有特点，便于从不同视角进行比较分析。调查的具体方法有：与办案人员进行个别访谈和集中座谈；查阅相关案卷材料；收集有关的规范性文件、典型案例；参与观察个案的救助过程。

第二，问卷调查。对司法工作人员和社会公众进行了问卷调查。内容涉及特困刑事被害人救助的社会知悉度、认可度、救助对象、救助方式、救助决定和执行机关、救助资金来源等。发放地区包括北京、河南、江苏、山东、辽宁、湖南、重庆、四川、内蒙古等省市自治区。还在国家法官学院、国家检察官学院、中国人民公安大学向来自全国各地的法官、检察官和警察进行了问卷调查。共发放问卷 2800 份，回收有效问卷 2460 份，回收率为 87.9%；其中司法工作人员问卷 1974 份（包括法官 177 份、检察官 1267 份、警察 530 份），社会公众问卷 486 份（包括公务员、工人、教师、农民和学生等）。在全部 2460 名调查对象中，性别分布为男性 1638 名、女性 822 名，分别占 66.6%和 33.7%；年龄结构为 20 到 30 周岁（含 30 周岁）的 612 名、占 24.9%，30 到 40 周岁（含 40 周岁）的 887 名、占 36.1%，40 周岁以上的 961 名、占 39.0%；文化程度为研究生学历的 185 名、占 7.5%，大学本科学历的 1579 名、占 64.2%，大学专科学历的 394 名、占 16.0%，其他学历的（高中、中专、初中、小学等）302 名、占 12.3%。（见表 1）

表 1　问卷调查对象的基本情况　　（单位：名）

		数量	百分比
1.1 职业	司法工作人员（法官、检察官、警察）	1974	80.2%
	社会公众（公务员、工人、教师、农民和学生等）	486	19.8%
1.2 性别	男	1638	66.6%
	女	822	33.7%
1.3 年龄	20～30 周岁（含 30 周岁）	612	24.9%
	30～40 周岁（含 40 周岁）	887	36.1%
	40 周岁以上	961	39.0%
1.4 学历	研究生	185	7.5%
	大学本科	1579	64.2%
	大学专科	394	16.0%
	其他（高中、中专、初中、小学等）	302	12.3%

① H 省 S 市地处东部发达地区和中西部欠发达地区的过渡地带，是华北地区重要的物流中心和商贸中心；S 省 T 市地处中国东部沿海经济带和环渤海经济区，是华东地区重要的交通枢纽和经济贸易中心；J 省 W 市和 KS 市均位于长江三角洲平原腹地，系全国经济较为发达的现代化工业城市。此外，四市在人口构成、历史文化、城市建设、社会治理等社会综合环境方面也有显著差别。

除了在实地调查中获取的规范性文件、典型案例、案件信息和访谈记录等材料之外，还收集到其他地区刑事被害人救助的规范性文件（见表2）、典型案例、新闻报道等。

表 2 部分地区刑事被害人救助的规范性文件

文件名称	制定机关	制定日期
《解决执行难案件中困难人员生活救助问题的意见》	北京市高级法院、市财政局	2006 年 6 月
《浙江省司法救助专项资金使用管理办法（试行）》	浙江省委政法委、省财政厅	2006 年 12 月
《司法救助专项资金使用办法（试行）》	浙江省检察院	2007 年
《关于开展刑事被害人救助工作的实施办法（试行）》	江西省委政法委、省高级法院、省检察院、省公安厅等	2009 年 11 月
《山东省刑事被害人救助工作实施办法（试行）》	山东省委政法委、省高级法院、省检察院、省公安厅等	2010 年 1 月 1 日施行
《云南省开展刑事被害人救助工作实施办法（试行）》	云南省委政法委、省高级法院、省检察院、省公安厅等	2010 年 3 月 19 日施行
《关于刑事案件被害人特别困难救助的实施办法（试行）》	河南省高级法院	2007 年 11 月
《宁夏回族自治区刑事被害人救助条例（草案）》	宁夏回族自治区人大常委会	2010 年 1 月 1 日施行
《信阳市人民检察院关于积极开展案后救助工作的通知》	河南省信阳市检察院	不详
《商丘市检察机关特困刑事案件被害人救助实施办法（试行）》	河南省商丘市检察院、市财政局、市民政局	2008 年 11 月
《关于对刑事被害人实施检察救助的暂行办法》	河南省桐柏县检察院	不详
《青岛市刑事被害人及执行案件特困申请人生活困难救助办法》	山东省青岛市委政法委、市中级法院、市财政局	2007 年 12 月
《特困刑事被害人救助办法》	山东省青岛市检察院	2009 年
《青岛市黄岛区人民检察院涉检案件救助基金管理办法》	山东省青岛市黄岛区检察院	2009 年 4 月
《河东区人民检察院关于实施“刑事被害人补偿金制度”具体办法（试行）》	山东省临沂市河东区检察院	2007 年 4 月
《无锡市刑事被害人特困救助条例》	江苏省无锡市人大常委会	2009 年 10 月 1 日施行

续表

文件名称	制定机关	制定日期
《关于设立特困被害人救助专项基金的暂行办法》	江苏省昆山市检察院	2007 年 3 月
《相城区涉法涉诉信访救助资金管理办法》	江苏省苏州市相城区委政法委、区财政局	2009 年 5 月
《关于建立刑事被害人救助机制的意见（试行）》	四川省成都市检察院、民政局、司法局、教育局、劳动和社会保障局、卫生局、市团委、妇联、残联	2007 年 11 月
《检察救助基金管理办法》	甘肃省兰州市检察院	2007 年 7 月
《刑事案件被害人救助基金管理办法》	甘肃省白银市中级法院	2007 年 9 月
《关于对刑事案件被害人实施司法救助的若干规定（试行）》	福建省福州市中级法院	2006 年 9 月
《对部分刑事案件被害人实施经济救助的若干规定（试行）》	广东省珠海市检察院	2007 年

二、实际运作情况调查

实地调查显示，四市检察机关开展特困刑事被害人救助的初衷有所不同。有的是基于化解当事人矛盾、切实保障被害人权利考虑；有的是为了解决被害人上访申诉问题。在实际操作中，四市或下辖区县均制定了相应的规范性文件，明确规定救助的原则、对象、条件、程序、资金来源等。这些规定的内容，既有共通之处，也有一些差别。在救助原则上，通常都包括紧急及时、公正公开、一次性救助原则。有的地区还将依法救助、适当救助等作为救助的原则。在救助对象上，均包括遭到犯罪侵害而生活特别困难的被害人或与其共同生活的亲属。有的地区规定因举报、作证、鉴定受到打击报复，造成严重生活困难且无法通过法律途径获得赔偿的举报人、证人和鉴定人，也可以给予救助。在救助条件上，各地掌握的标准不尽一致，有的侧重于被害事实条件，如犯罪种类、损害后果的类型及其程度等；有的侧重于被害人自身条件，如户籍地、经济情况、与犯罪人的关系、被害后的表现等。在救助程序上，包括依申请救助和依职权救助两种方式。在实践中，依申请救助的情形较为少见。① 依申请救助的，通常包

① 以J省S市为例，在两级检察机关救助的21名刑事被害人中，无1人主动申请救助，均为承办人在办案过程中自行发现的。

括申请、审查、决定和执行等步骤。在救助资金来源上，均规定救助资金由政府财政拨款，也接受来自社会或个人的捐赠。具体情况分述如下。

(一) H省S市

H省S市两级检察机关于2007年开始探索建立特困刑事被害人救助机制，主要是为了解决刑事被害人长期上访申诉问题。[①] 2008年11月18日，S市检察院与市财政局、市民政局联合制定《检察机关特困刑事案件被害人救助实施办法（试行）》（以下简称S市《办法》），明确规定了救助的原则、对象、条件、程序、金额以及救助金来源等内容。

第一，救助原则。S市《办法》第4条规定，特困刑事被害人救助应当遵循弘扬正义原则，便民适时原则，救急解困、适当救助原则，一次性救助原则以及经济救助辅以心理救助、安康救助原则。[②]

第二，救助对象与条件。救助对象主要是因犯罪行为遭受物质损失，生活陷入困境的被害人及其赡养、抚（扶）养的近亲属。根据S市《办法》，当被害人及其近亲属具备以下条件之一时，可以申请救助：被害人伤势严重急需医疗救治且被害人本人、家庭和单位无力支付医疗费用；被害人及其近亲属失去生活来源和保障，生活上极其困难，难以维持最低生活保障标准；被害人家庭失去主要经济来源，造成子女失学、辍学；被害人及其近亲属丧失住所；其他需要救助的情形。但是，被害人对遭受犯罪行为侵害有较大过错，或者被害人及其近亲属与犯罪行为人有直系亲属关系或婚姻关系等，则不予救助。

S市《办法》还规定，如果举报人、证人、鉴定人因举报、鉴定、作证而遭到打击报复，无法通过法律途径获得赔偿或者救助，且本人或者家庭生活严重困难的；或者检察机关在办理职务犯罪案件和其他执法过程中，存在一定的瑕疵或者过错，当事人根据法律、政策无法获得相应赔偿或者救助，且本人或者家庭生活非常困难的；或者信访人不服检察机关处理决定而长期上访，反映的问题有一定合理性，无法获得相应救助，本人或者家庭生活非常困难，且信访人愿意接受救助并息诉罢访的，可以对信访人给予适当救助。

第三，救助程序。被害人及其近亲属可以书面或口头提出救助申请，由案件承办人进行审查。既要审查申请理由是否成立以及是否属于应予救

① 2007年以来，H省S市两级检察机关共不立案或撤销案件18件/21人，不批捕635件/1073人，不起诉160件/203人。其中，部分刑事被害人上访。

② 心理救助是指对于受到精神损害的被害人，聘请或者指派专业人员为其提供心理治疗和辅导；安康救助是指对于生活无着、丧失住所的被害人或家属，联系社区、劳保、民政、福利、养老等部门，帮助解决基本就业、临时居住、康复治疗等问题。

助的范围，又要审查申请人是否符合救助条件。经审查符合救助条件的，由案件承办人提出救助方式和金额的初步意见，报救助工作领导小组审批。救助工作领导小组参照当地的经济发展水平、最低生活保障标准、收入标准、具体案情等确定救助金额。审批同意后，转交有关部门具体执行。

第四，救助金额。S市《办法》规定，确定救助金额，应当考虑被害人及其近亲属生活困难程度、犯罪行为给被害人造成的实际损失、被害人所在地的平均生活水平等因素。一般情况下，救助金额为1000元以上5000元以下。需要特殊救助的，由检察长或救助工作领导小组决定。

第五，救助资金来源。救助资金主要来源于政府财政拨款，也接受社会和个人捐助。

截至2009年7月，S市两级检察机关已向生活困难的刑事被害人提供救助金33万元，向生活困难的信访人提供救助金31万元。此外，对生活持续困难的刑事被害人或信访人，检察机关积极协调民政等有关部门，为21人办理了“低保”。被救助的被害人或信访人全部息诉罢访，有效维护了社会和谐、稳定。

（二）S省T市YD区

S省T市YD区检察院于2008年4月开始探索建立特困刑事被害人救助机制。为有效落实特困刑事被害人救助工作，YD区检察院制定了《刑事司法救助基金管理办法》（以下简称YD区《办法》），并成立以检察长为主任、分管副检察长为副主任、各部门负责人为成员的司法救助管理委员会，统一负责被害人救助工作。经过一年多的实践，通过与民政、公安、司法、教育、卫生、劳动保障等部门以及学校、企业联合，逐步形成以YD区检察院为救助主体，司法救助和社会救助相结合，法律服务和心理救助为补充的特困刑事被害人救助联动机制。

第一，救助原则。被害人救助应当遵循五项原则，包括依法救助原则、补充原则、及时高效原则、适当原则与一次性救助原则。

第二，救助对象与条件。根据规定，进行救助的对象主要是因犯罪行为导致人身损害并失去生活来源，在诉讼期间无法得到及时赔偿或其他社会救助，导致生活无着落的被害人或其家庭主要成员；或者是因被追究刑事责任，陷入赡养、扶（抚）养困难的犯罪嫌疑人父母、配偶和生活、学习困难的子女。此外，因举报、作证、鉴定受到打击报复，造成严重生活困难且无法通过法律途径获得赔偿的举报人、证人和鉴定人；或者因合法权益受到侵害后向检察机关提出控告申诉而生活困难的当事人，也可以给予适当救助。

第三，救助程序。在办案过程中，承办人发现可能符合救助条件的，应当及时告知被害人及其家属有权申请救助。书面提出申请的，承办人应当认真审查相关证明材料。承办人应当调查被害人是否获得犯罪人赔偿、是否获得其他社会救助，被害人的实际损失，被害人的家庭经济状况，犯罪人是否确实无力赔偿等情形。经调查符合救助条件的，承办人应当制作《刑事司法救助审批表》，经部门负责人审核同意，报请司法救助管理委员会批准。救助管委会同意救助，应当制作《司法救助决定书》，并书面告知救助对象。执行救助后，承办人应当及时将执行结果报告救助管委会。

第四，救助资金来源。救助资金来源于政府拨款。YD 区政府专项拨款 10 万元设立了检察救助基金，由司法救助管理委员会进行管理。

实践中，YD 区检察院通过整合现有司法资源，将刑事被害人救助与刑事和解、案件快速处理等机制相结合，成效显著。截至 2009 年 7 月，共救助刑事被害人 11 名，犯罪嫌疑人家属 1 名，[①] 发放救助金 2.1 万元。同时，提供法律援助 20 余人次，成功化解 3 起上访缠诉事件。

为了进一步规范和统一 S 省各地区开展刑事被害人救助的实践做法，S 省委政法委、省高级法院、省检察院、省公安厅等部门联合制定了《S 省刑事被害人救助工作实施办法（试行）》（以下简称 S 省《办法》），于 2010 年 1 月 1 日起实施。

根据 S 省《办法》规定，救助工作遵循生活紧迫急需、一次性救助、随案管辖的原则。由各级党委政法委设立专门机构，负责对办案机关提出的救助意见的审批，各级法院、检察院、公安机关设立或明确专门机构，负责本部门刑事被害人救助的审查、申报、救助金发放等具体工作。

救助对象与条件主要包括：因严重暴力犯罪造成严重伤残，无法通过诉讼及时获得赔偿的刑事被害人；或者刑事被害人因遭受严重暴力犯罪侵害已经死亡，与其共同生活或者依靠其收入作为重要生活来源，无法通过诉讼及时获得赔偿，生活困难的近亲属。因过失犯罪或不负刑事责任的人（如精神病人、不满刑事责任年龄的人）实施的刑事不法行为，导致严重伤残或死亡的刑事被害人，生活困难又无法通过诉讼获得赔偿的。

救助的提起方式为办案机关依职权提起和依当事人申请提起两种。其中刑事被害人或其近亲属申请救助的，应当向办案机关提交救助申请书、

---

① 张某涉嫌故意伤害案。在办案过程中，承办人了解到犯罪嫌疑人张某的妻子患有严重心脏病，常年看病就医，10 岁的儿子正在读小学，张某既无力支付被害人的损失，自身家庭也面临严重的生活困境。YD 区检察院启动救助程序，为张某发放救助金 1000 元，并联系民政部门为其家庭办理了“低保”。张某得知后，再三表示：“我犯了罪，检察院还能这么照顾我的家庭，我一定好好反省、好好改造。”

户籍证明、是否已获得民事赔偿的证明材料、与被害人的关系证明材料、当地民政部门或乡镇政府（街道办事处）出具的生活确有困难的证明等。

关于救助金额，应综合考虑犯罪行为给被害人或其近亲属造成的实际损失，被害人对案件发生的过错情况，犯罪嫌疑人、被告人及其他赔偿义务人实际民事赔偿情况，被害人丧失劳动能力程度及被害人或其近亲属生活实际困难等因素确定对刑事被害人或其近亲属的救助金额。具体救助金额以案件管辖地上一年度职工月平均工资为基准，一般在6个月至24个月的总额之间确定。特殊情况需要增加的，最高不得超过36个月的总额。

救助资金实行省、市、县（市、区）分级筹集，分级管理，分级发放，来源以财政拨款为主，社会筹集等为辅，实行多渠道筹集，专款专用。[①]

（三）J省W市

2007年11月，J省W市检察院向W市人大常委会提出了《W市刑事被害人特困救助条例》立法建议案。2008年6月27日，W市人大常委会将《W市刑事被害人特困救助条例》列入2008—2012年立法规划。同年11月1日，成立了由W市检察院牵头，市中级法院、市公安局、市司法局参加的起草工作小组。2009年5月20日，J省第十一届人大常委会第九次会议审议通过《W市刑事被害人特困救助条例》（以下简称W市《条例》），于2009年10月1日起正式实施。

第一，救助原则。W市《条例》第4条规定，开展刑事被害人特困救助，应当遵循与经济社会发展水平相适应、与社会保障和其他救助相结合、公正公开、救急便捷等原则。

第二，救助对象与条件。救助对象是进入刑事程序的被害人及死亡被害人的近亲属。[②] 根据W市《条例》，当同时具备下列条件时，被害人及死亡被害人的近亲属有权获得救助：被害人在本市行政区域内遭受犯罪行为侵害；案件属于本市管辖；犯罪行为侵害造成被害人人身重大伤害或者死亡；无法及时获得加害人赔偿、工伤赔偿、保险赔付；因被害人医疗救治等原因造成家庭生活陷入严重困境。但是，如果加害行为系因被害人的不法侵害所致，或者具有申请人隐瞒家庭财产、经济收入，或提供虚假材料申请救助等情形的，则不予救助。

第三，救助程序。符合条件的刑事被害人及其家属应当在诉讼期限

---

① 闫继勇：《山东省部门联合发布办法救助刑事被害人》，载中国法院网站，http://www.chinacourt.org/html/article/200912/31/388907.shtml。

② 某些区县检察院对受到犯罪侵害而没有进入检察环节的未成年人也予以救助。对于这些未成年人，除了经济救助以外，还包括其他方式的救助。例如，解决领养、教育问题（联系学校、免交学杂费），进行心理辅导等。

内，向有关国家机关提出救助申请；未提出申请的，有关国家机关也可以根据案情自行决定予以救助。救助申请通常采取书面形式，特殊情况下也可以口头提出。被害人及其家属应当提交救助申请书、有效的身份证明、被害人医疗救治或死亡证明材料、家庭财产和收入情况证明、家庭生活困难情况证明材料。接到救助申请之后，经初步审查认为属于本机关管辖的，且申请材料齐全、符合要求，应当受理；申请材料不齐全或不符合要求，应当告知申请人补正；已获得过救助或救助申请已由其他机关受理尚未办结的，不予受理。承办机关应当在受理申请之日起 10 个工作日内提出救助意见，并办理审批手续。决定救助的，应当在收到决定之日起 3 个工作日内一次性发放救助金。

第四，救助金额。救助金额一般不超过 1 万元，特殊情况下不超过本市上一年度职工年平均工资的 3 倍。

第五，救助资金来源。救助资金列入本级政府财政预算，设立刑事被害人特困救助专项资金，专款专用。同时，鼓励和支持基层组织、社会团体、企事业单位、其他组织和个人进行捐助。

截至 2009 年 7 月，W 市两级检察机关共受理救助申请 31 件，其中被害人申请 16 件，被害人遗属申请 15 件。符合救助条件的有 29 件/35 人，共发放救助金 19.6 万元。救助金额在 2000 元至 10000 元不等，人均 5600 元。涉及案由 6 种，分别是故意伤害 7 件/8 人、故意杀人 6 件/8 人、抢劫 4 件/4 人、放火 1 件/2 人、交通肇事 10 件/12 人、过失致人重伤 1 件/1 人。绝大多数的加害人、被害人非本辖区居民。在 31 名加害人中，有 26 人是外辖区居民，占 84%；在 35 名被害人中，只有 9 人是本辖区居民，占 26%，其余 29 人均为外辖区居民，占 74%（详见表 3）。

表 3　W 市刑事被害人救助基本信息

案件类型			加害人户籍地			被害人户籍地		
	件数	百分比		人数	百分比		人数	百分比
故意伤害	7	24.1%	本辖区	5	16%	本辖区	9	26%
故意杀人	6	20.7%						
抢劫	4	13.8%	外辖区	26	84%	外辖区	26	74%
交通肇事	10	34.5%						
其他①	2	6.9%						
总计	29	100%	总计	31	100%	总计	35	100%

① 其中一件为放火案，另一件为过失致人重伤案。

(四) J省KS市

J省KS市检察院于2007年年初开始探索特困刑事被害人救助的实践。2007年8月23日，KS市检察院颁布《关于设立特困被害人救助专项基金的暂行办法》(以下简称KS市《暂行办法》)，在具体机制上确保刑事被害人救助的实施效果。

第一，救助原则是救急不救贫。目的是为陷入医疗、生活困境的刑事被害人提供临时性救助，解决特定阶段的紧迫情形，使被害人得以维持正常生活，保障参与诉讼的基本权利。

第二，救助对象与条件。因他人犯罪行为遭受人身伤害或重大财产损失，并且无法得到及时赔偿和其他社会救助，导致生活、医疗救治陷入困境的被害人；或者被害人因他人犯罪行为致死，导致所赡养、扶养、抚养的家庭成员在刑事附带民事诉讼期间无法得到及时赔偿和其他社会救助，生活陷入困境的，均属于救助的对象。进行救助，必须符合以下条件：被害人因犯罪行为导致伤亡或遭受重大财产损失；家庭经济困难，生活无着落或无力承担基本医疗费用；不符合其他社会保险、救助条件，无法得到或无法及时得到相关资助和救济；赔偿义务人未履行赔偿责任，或者虽有履行赔偿责任，但不足以解决被害人困难。被害人在案件中有明显过错的，可以申请救助，检察机关应当根据实际情况作出处理。

第三，救助期限。申请救助必须在刑事诉讼期限内提出，即应当在立案后到法院判决前提出救助申请。刑事诉讼程序尚未开始或者已经结束的，不予受理。

第四，救助金额。救助金额一般在2000元至10000元之间，具体数额视案情而定。以一次性支付为原则。

第五，救助资金来源。主要来自财政拨款和干警捐助。KS市检察院全体干警捐款1.5万元，政府财政拨款30万元，作为专项基金。

截至2009年7月，KS市检察院已为14起案件的16名被害人提供了救助，共计发放救助款5.3万元，人均3312.5元。其中，故意伤害9件/11人，交通肇事3件/3人，聚众斗殴1件/1人，① 强奸、故意杀人1件/1人②

① 王某等人涉嫌聚众斗殴案。2007年8月9日晚，犯罪嫌疑人王某、陈某、沈某等人在某网吧持械殴打被害人宋某等人，致宋某重伤。在办案过程中，承办人发现宋某因看病已经花费近万元，且多为借债，生活极度困难。经KS市检察院批准，为宋某发放2000元救助金。

② 陈某涉嫌强奸、故意杀人案。2007年1月30日晚，犯罪嫌疑人陈某在KS市经济技术开发区黄浦江大桥东侧桥下采取暴力手段对被害人成某实施奸淫未遂，致成某死亡。在办案过程中，承办人员发现成某家庭生活困难，母亲因其遇害导致精神失常。经KS市检察院批准，为成某的母亲发放2000元救助金。

(参见表4)。在公诉环节提供救助13人，占78.6%，在批捕环节提供救助3人，占21.4%。从申请到发放救助金，最长历时14天，最短历时3天，平均历时6.71天。接受救助的16名被害人，均非本辖区居民。

表4 KS市刑事被害人救助基本信息 (单位：件)

案件类型	数量	百分比
故意伤害	9	64.3%
聚众斗殴	1	7.1%
交通肇事	3	21.4%
强奸、故意杀人	1	7.1%
总　计	14	99.9%①

(五) 实践效果

通过对四市(区)检察机关进行实地调查，特困刑事被害人救助的实践效果主要体现在以下方面。

首先，维持被害人及其家属的基本生活和保障公民的基本权利。获得物质帮助权是我国宪法规定的公民享有的一项基本权利。② 尽管刑事诉讼法规定受到犯罪侵害的人可以通过附带民事诉讼获得赔偿，但由于附带民事诉讼判决需要经过审判程序才能作出，之前案件要经过侦查、审查起诉等诉讼阶段，被害人遭受犯罪侵害后难以及时通过附带民事诉讼获得赔偿；加之实践中附带民事诉讼判决执行率很低，许多被害人无法从犯罪人那里获得赔偿，遭受犯罪行为侵害后生活陷入困境。对生活陷入困境的刑事被害人进行救助，可以帮助被害人及其家属摆脱生活上的困难，有利于对被害人与犯罪者权利保障的平衡。调查显示，四市(区)检察机关对特困刑事被害人或其家庭进行救助后，受救助被害人或家庭均得以维系正常生活。③

其次，化解加害人与被害人的矛盾、修复被破坏的社会关系。遭受犯罪行为侵害之后，被害人与加害人处于对立的状态。当加害人无法及时、

① 由于采取四舍五人，因而出现总计99.9%。

② 《宪法》第45条规定："中华人民共和国公民在年老、疾病或者丧失劳动能力的情况下，有从国家和社会获得物质帮助的权利。"

③ 葛某涉嫌交通肇事案。2007年9月11日，犯罪嫌疑人葛某驾驶摩托车在路口左转弯时与被害人冯某驾驶的电动自行车相撞，造成被害人冯某倒地头部受重伤。事发后，被害人冯某接受治疗花费12万余元，大部分系借款。被害人丈夫也辞去工作，专门照顾被害人，全家无经济来源、生活困难。犯罪嫌疑人葛某一直未进行赔偿。基于此，办案机关向被害人发放4000元的救助款，使被害人及其家属基本上得以维系其生活，并通过其他途径获得救济。

有效赔偿时，往往会加剧当事人间的对立。由国家向被害人及其家属提供一定的经济救助，可以抚慰被害人及其家属在物质上或精神上所遭受的创伤，有利于缓和被害人对加害人的仇恨，也有利于促使加害人产生罪责感和愧疚感，促使其真诚悔罪，从而可以缓和甚至化解加害人与被害人的矛盾，修复被犯罪破坏的社会关系。调查显示，以上地区实行特困被害人救助后，在一些案件中缓和了当事人之间的对立，使部分原本无法和解的案件的当事人达成了和解。① 此外，其他地区也有通过向被害人给予救助而达成和解的成功案例。②

再次，防止被害人的二次被害和向犯罪人的转变。被害人学研究表明，被害人与犯罪人在特定情况下可能会发生角色转化，生成被害人与犯罪人之间的新型冲突与对抗。实践中，被害人遭受犯罪行为侵害后却得不到有效赔偿，无异于二次被伤害，势必会增强被害人对加害人或整个社会的不满。有时会导致被害人心态失衡，采取一些非常规的手段来宣泄内心情绪，甚至实施报复性犯罪。对刑事被害人进行救助，可以防止被害人的二次被害和向犯罪人的转变，有利于预防和控制犯罪。调查显示，以上地区接受救助的被害人均未发现实施报复性犯罪的情况。③

最后，减少申诉上访，维护司法权威和社会的和谐稳定。当刑事被害人的合法权益因遭受犯罪行为侵害，得不到及时赔偿而生活陷入困境时，势必会造成被害人及其他社会成员对司法的不信任，损害司法权威。同时，被害人或已死亡被害人的近亲属在不能获得赔偿时，往往借助申诉上访等途径来宣泄不满。申诉上访现象的存在，必然影响到社会的和谐与稳定。对刑事被害人进行救助，可以有效减少申诉上访，增强国民对司法的信赖感，维护良好社会秩序。调查显示，特困被害人救助可以

---

① 高某涉嫌交通肇事案。犯罪嫌疑人高某驾驶无牌拖拉机与被害人纪某发生碰撞，致被害人纪某死亡。被害人父亲身患疾病，其祖母年迈体弱，居住条件非常差，生活困难。Y 县检察机关依照规定启动被害人救助程序，同时积极与犯罪嫌疑人及其家属进行沟通，成功促成当事人双方达成和解，由犯罪嫌疑人高某赔偿被害人家属 4.8 万元。

② 据报道，宁波市海曙区检察院成功地为一起故意伤害案的被害人申请了刑事救助，从而使双方当事人达成了和解协议，依法对犯罪嫌疑人范某作出相对不起诉处理。具体案情参见“浙江监察网”，网址：http：//www.zjjcy.gov.cn/jcdt/jccz/201006/t20100608 _ 366399.htm，2010-10-25。

③ 王某涉嫌交通肇事案。犯罪嫌疑人王某驾车致一死二伤，肇事后逃逸。事发后，犯罪嫌疑人王某投案自首，因某医院出具的患有急性传染性肝炎诊断书而不被看守所收押。据此，王某拒不向死者家属和被害人石柏某、石松某赔偿。死者家属和两名被害人均情绪激动，到处反映情况以宣泄不满。C 县检察机关依照规定对其实施救助，有效缓解了被害人或其家属的激动情绪。此外，在审查起诉过程中，办案人员查明该诊断书系伪造，遂批准逮捕犯罪嫌疑人王某，并赔偿被害人或其家属 8.5 万元。

有效解决申诉、上访问题。在被害人得到救助后，未出现申诉、上访的情况。①

二、公众态度调查

问卷调查显示，社会公众对特困刑事被害人救助的知悉程度并不高，却有着很高的认可度，因而具备深厚的社会基础；被害人救助的开展受当地经济发展水平的影响较为明显；普遍认为不宜以犯罪类型作为确定救助对象的标准，而应当在遵循救急原则的基础上，根据被害人的实际情况来确定是否给予救助；大多数被调查者对是否给予被害人精神性救助持肯定意见；被害人救助不应当只是国家参与，而且应当组织社会力量参与。具体情况分述如下。

1. 社会知悉度与认可度

数据表明，特困刑事被害人救助在实践中的探索已经取得一定成效，但总的来看，社会公众对特困刑事被害人救助具体内容的知悉程度普遍不高。在被调查的486名社会公众中，超过40%以上的被调查者（207人）表示完全没有听说过特困刑事被害人救助，更不清楚其具体内容为何。在279名听说过特困刑事被害人救助的被调查者中，只有73人对其有着较为全面的了解，约占全部被调查对象的15.0%；听说过特困刑事被害人救助，但不清楚具体内容的有206人，占到42.4%（参见表5）。

表5 刑事被害人救助的社会知悉度 （单位：人）

问题 / 回答	您以前是否知道特困刑事被害人救助制度？	
	社会公众（486）	
	数量	百分比
较为了解	73	15.0%
听说过，但不了解	206	42.4%
完全不知道	207	42.6%

调查显示，社会公众在年龄、知识结构、工作性质、获取信息的渠道等方面的差别，对于其是否知悉特困刑事被害人救助有着一定影响。在被

① 田某涉嫌故意伤害案。经YC县检察院依法审查之后，以事实不清、证据不足对犯罪嫌疑人田某作出不起诉决定。被害人李某以没有得到经济赔偿，应当追究犯罪嫌疑人田某的刑事责任为由，一直上访。2008年6月，YC县检察院根据被害人李某的受伤程度和生活困难等情况，协调有关部门给予其7万元救助金。李某感激地说“是检察院救了全家人的命”，明确表示不再上访。

调查的486名社会公众中，听说过特困被害人救助的主要是公务员、教师和法律专业的大学生，占到80%左右，且通常具有大学本科或以上学历，年龄集中在20—40岁之间。大部分的教师和法律专业的大学生，对刑事被害人救助的具体内容有所了解，有的公务员由于工作原因，对特困被害人救助也有一定了解。这可能与他们有获取信息的较多途径有密切联系。而完全不知道特困被害人救助的，主要集中在农民、工人和部分学生。因此，应当加强基层宣传工作，适当拓宽特困被害人救助的宣传渠道，以扩大在社会公众中的知悉程度。

尽管特困刑事被害人救助的社会知悉程度并不高，但绝大多数的被调查者都赞成和认可由国家对特困被害人进行救助这一做法。在被调查的486名社会公众中，有477人对此持肯定态度，认为由国家对生活确有困难的被害人进行救助是必要的或有一定意义，约占98.2%。不光是社会公众对特困被害人救助普遍持肯定意见，根据对司法工作人员的问卷调查，在被调查的1974名司法工作人员中，对特困被害人救助持肯定意见的有1923人，约占97.4%。在全部2460名被调查者中，认为这一做法是非常必要的或有一定意义，共2400人，约占97.6%；仅有不足2%的被调查者认为没有必要由国家进行救助。此外，还有13人未回答该问题，占到0.5%（参见表6）。由此可见，特困刑事被害人救助在我国具备很高的社会支持度。

表6 刑事被害人救助的社会认可度 （单位：人）

问题 / 回答	您认为由国家对特困刑事被害人进行救助是否有必要？					
	社会公众（486）		司法工作人员（1974）		共计（2460）	
	数量	百分比	数量	百分比	数量	百分比
非常有必要	259	53.3%	1295	65.6%	1554	63.2%
有一定意义	218	44.9%	628	31.8%	846	34.4%
无必要	9	1.8%	38	1.9%	47	1.9%
未回答	0	0	13	0.7%	13	0.5%

2. 确定救助对象依据的标准

我国特困刑事被害人救助尚处于探索阶段，考虑到经济发展水平等因素，现阶段不宜对所有的刑事被害人进行普遍救助，从而依据何种标准来确定救助对象的范围成为关键问题。在司法实践中，各地均将特困被害人救助的对象限定在一定范围之内。但是，由于在确定救助对象时所掌握的标准不一，导致实践中存在不少问题。基于此，我们在对司法工作人员的调查问卷中，设计了“您认为应当依照何种标准来确定特困刑事被害人救助对象的范围”这一问题。

数据表明，不宜以犯罪类型作为确定救助对象的标准，而应当在遵循救急原则的基础上，根据被害人的实际情况来确定是否给予救助。在被调查的1974名司法工作人员中，七成以上的被调查者（1451人，73.5%）认同救急原则，主张根据被害人的实际情况来确定救助对象。其中，法官群体对救急原则的认同尤为一致，在被调查的177名法官中，约占81.9%的法官认为应当按照救急原则，根据被害人的实际情况来确定救助对象。另外，有467名被调查者认为应当以犯罪类型作为确定救助对象的标准，约占23.7%。其中，又以检察人员所占的比例较高，占到2/3左右（311/467）。这从侧面表明，被调查者的职业差别对其在选择确定救助对象的标准时可能存在一定影响。当然，产生这种结果的原因可能是多方面的，仅仅依靠纯粹的统计数字，尚难以说明两者之间存在着必然联系。但是，至少为我们提供了一个看待问题的全新视角。此外，还有56人选择了其他标准，约占2.8%，但并未明确其他标准的具体内容（参见表7）。

表7 确定救助对象依据的标准 （单位：人）

问题 / 回答	您认为应当以什么标准来确定救助的对象？	
	司法工作人员（1974）	
	数量	百分比
以犯罪类型为标准	467	23.7%
按照救急原则，根据被害人实际情况确定	1451	73.5%
其他标准	56	2.8%

此外，调查还显示，大多数被调查者认为救助对象的范围不应当限定为那些明确被认定为因犯罪行为而造成损害的被害人或其亲属，即使某些案件最终未被认定为犯罪行为，但导致被害人或其亲属生活困难的事实状态，此种情形也应当给予一定的经济救助。在被调查的1974名司法工作人员中，有79.5%的人认为，应当将某些加害人的行为最终未被认定为犯罪（如酌定不起诉、紧急避险、未达到刑事责任年龄等情形）但被害人或其亲属却因此遭受损失的案件中的被害人或其亲属，也纳入到救助对象的范围。尽管被调查的司法工作人员普遍对这一问题持肯定态度，但不同职业群体之间在认识上仍有一定差别。其中，检察官对这一问题的认可度最高，达到84.9%（1076/1267）；警察的认可度次之，为72.5%（384/530）；法官的认可度最低，为61.6%（109/177）。

3. 救助条件

司法实践中，各地均规定对特困刑事被害人进行救助必须满足一定的条件。例如，被害人未能通过加害人赔偿或者其他途径获得救济，被害人对于犯罪的发生没有过错，被害人应当积极协助司法机关的追诉活动等。这一点在问卷调查的结果中也得到一定程度的认可。在被调查的1974名司法工作人员中，有871人选择"被害人对于犯罪的发生没有过错"作为进行救助的条件，约占44.1%；有310人选择"被害人与加害人之间没有亲属关系"作为进行救助的条件，约占15.7%；有640人选择"被害人积极协助司法机关对犯罪者进行追诉"作为进行救助的条件，约占32.4%；有1228人选择"被害人未能从加害人或者其他来源获得赔偿"作为进行救助的条件，约占62.2%；有1108人选择"被害人的经济条件决定对其进行救助具有必要性"作为进行救助的条件，约占56.1%（参见表8）。

表8 刑事被害人救助的条件 **（单位：人）**

问题 / 回答	您认为对特困刑事被害人进行救助应当符合哪些条件？（可多选）	
	司法工作人员（1974）	
	数量	百分比
被害人对于犯罪的发生没有过错	871	44.1%
被害人与加害人之间没有亲属关系	310	15.7%
被害人积极协助司法机关对犯罪者进行追诉	640	32.4%
被害人未能从加害人或者其他来源获得赔偿	1228	62.2%
被害人的经济条件决定对其进行救助具有必要性	1108	56.1%
其他条件	45	2.3%

4. 救助方式

特困刑事被害人救助主要是为了解决被害人或其亲属的生活困难问题，主要表现为对其提供一定的经济救济。数据表明，现金和实物是特困被害人救助的两种基本方式。其中，现金救助更为直接有效，便于被害人或其亲属自主支配。在全部2460名被调查者中，基本上都认为可以采用现金的方式进行救助。至于是一次性救助，还是分次救助，则看法不尽一致。其中有近六成的被调查者认为宜采取一次性救助的方式，也有超过四成的被调查者主张可以采取分次救助的方式进行救助。[①] 除了现金救助的方式以外，选择实物救助方式的共 913 人，占 37.1%。有 89 人选择以其他方式对被害人进行救助，占 3.6%，但并未明确其他方式的内容。此外，还有 33 人未回答该问题，占 1.3%。

从被调查者的群体特征来看，在社会公众问卷和司法工作人员问卷中，选择以一次性救助的被调查者所占比例基本持平，分别为 57.8%和 57.4%。由此说明，不管是社会公众，还是司法工作人员，大都能接受一次性现金的救助方式。这也为司法实践中各地普遍采取的一次性现金救助的做法，在认同度方面提供了基础。是否可以分次救助，社会公众问卷与司法工作人员所持意见略有差别，但仍然表现出程度上较为接近。在被调查的 1974 名司法工作人员中，近五成（47.2%）的人认为可以通过分次救助的方式进行救助；而在被调查的 486 名社会公众中，也有约四成（38.3%）的认为可以采用分次救助的方式。但是，在是否可以采用实物救助的问题上，社会公众和司法工作人员的认识则有较大分歧。在社会公众问卷中，只有 18.1%（88/486）的人认为可以采取实物救助的方式；而在司法工作人员问卷中，近 42%（825/1974）的人认为可以采取实物救助的方式。这种认识上的差别，要求在构建统一的刑事被害人救助制度时，应当注意协调两者之间的差别，作出适当设计（参见表 9）。

表 9　刑事被害人救助的方式　　　　（单位：人）

问题 / 回答	您认为对特困刑事被害人进行物质救助可以采用哪些方式？（可多选）					
	社会公众（486）		司法工作人员（1974）		共计（2460）	
	数量	百分比	数量	百分比	数量	百分比
一次现金救助	281	57.8%	1134	57.4%	1415	57.5%
分次现金救助	186	38.3%	932	47.2%	1118	45.5%
实物救助	88	18.1%	825	41.8%	913	37.1%
其他方式	14	2.9%	75	3.8%	89	3.6%
未回答	11	2.3%	22	1.1%	33	1.3%

调查还显示，不管是社会公众，还是司法工作人员，大多数的被调查者对是否给予被害人精神救助均持肯定态度。在全部 2460 名被调查者中，占到 2/3 以上（1718 人，69.8%）的被调查者认为对刑事被害人的救助不应限于物质性救助，还应该包括精神性救助。认为不应当对被害人给予精

① 部分被调查者既选择了一次性救助，也选择了分次救助。

神救助的共 700 人，仅占 28.5%。此外，有 42 人未回答该问题，约占 1.7%（参见表 10）。

表 10　是否需要进行精神救助　（单位：人）

问题 / 回答	您认为除了对刑事被害人进行物质救助外，是否还应当进行精神救助?					
	社会公众（486）		司法工作人员（1974）		共计（2460）	
	数量	百分比	数量	百分比	数量	百分比
应当	369	75.9%	1349	68.3%	1718	69.8%
不应当	104	21.4%	596	30.2%	700	28.5%
未回答	13	2.7%	29	1.5%	42	1.7%

此外，还有的被调查者建议应当将特困被害人救助与其他社会救济方式结合起来。将对被害人的经济救助与其他社会救济方式结合起来，符合我国刑事被害人救助的发展趋势。问卷调查的结果也充分支持这一主张。在司法实践中，一些检察机关在救助工作中，积极探索多种形式的救助方式，实际效果较好。例如，河北省检察机关采取经济救助、精神疏导、检察建议等相结合的救助帮扶方式，辽宁、山东、河南、安徽、天津等地的检察机关灵活运用生活帮助、法律援助、精神抚慰等多种救助方式。[①]

5. 救助资金来源

特困刑事被害人救助的开展受当地经济发展水平的影响较为明显。数据表明，不管是社会公众，还是司法工作人员，普遍认为政府财政拨款仍然是被害人救助的首要来源。在全部 2460 名被调查者中，有近八成（78.4%）的人选择财政拨款作为被害人救助资金的来源。这与人们对被害人救助的性质的认识有关，其强调的就是国家对社会弱势成员所承担的体恤责任。而且，与其他资金来源相比，财政拨款较为稳定，且可以根据经济的发展不断增加，足以保证被害人救助工作的持续开展。此外，在全部 2460 名被调查者中，有相当多的被调查者（1531 人）对公益捐赠也抱有较高期望，占到 62.2%。还有 7.6%的被调查者认为救助资金包括其他方面的来源，但并未明确其具体内容。这也说明，不应限于政府拨款的单一来源，有必要拓展筹集救助资金的渠道，积极探索政府预算与民间筹集相结合的多元资金来源（参见表 11）。

---

① 刘金林：《救助刑事被害人：一枝一叶总关情》，载《检察日报》，2010-03-05。

表 11 刑事被害人救助的资金来源 (单位：人)

问题/回答	您认为对特困刑事被害人进行救助的资金来源应当包括哪些方面？（可多选）					
	社会公众（486）		司法工作人员（1974）		共计（2460）	
	数量	百分比	数量	百分比	数量	百分比
财政拨款	393	80.9%	1535	77.8%	1928	78.4%
公益捐赠	194	39.9%	1337	67.7%	1531	62.2%
其他方面	34	6.7%	154	7.8%	188	7.6%

尽管大多数被调查者赞成公益捐赠作为救助资金的来源之一，但具体到社会公众和司法工作人员对这一问题的认识，则有所差别。在被调查的 486 名社会公众中，有 194 人认为救助资金的来源包括公益捐赠，约占 40%；而在被调查的 1974 名司法工作人员中，则有高达 67.7%的人认为救助资金来源包括公益捐赠。分析造成这种差别的原因，可能与被调查对象的工作性质、思维方式等因素有一定的联系。基于其法律工作性质，司法工作人员在对一些问题的思考和价值判断上往往能够从法律的角度作出选择；而社会公众人员由于其职业通常与法律无关，更多的是从日常思维和自身角度去考虑问题，从而造成两者在认识和判断问题上的差别。

6. 社会力量参与

数据表明，不管是社会公众，还是司法工作人员，普遍认为特困被害人救助不应当只是政府一方的参与，而且应当鼓励其他社会力量参与。在全部 2460 名被调查者中，约占 80%的人认为除了由国家对特困被害人进行救助外，应当组织社会力量参与救助。只有 19.6%的人认为不应当组织社会力量对被害人进行救助。从被调查者的群体特征来看，社会公众对社会力量参与救助的认可程度要稍高于司法工作人员，分别占到 85.8%和 77.6%。相应的，认为不应当组织社会力量参与救助的比例，分别是 12.3%和 21.4%。此外，不同的职业群体对是否应当组织社会力量参与救助的态度也不尽一致。以司法工作人员为例，检察官认可社会力量参与救助的比例最高，占到 83.7%（1061/1267）；法官和警察认可社会力量参与救助的比例差别不大，分别为 68.9%（122/177）和 65.8%（349/530）。此外，还有 29 人未回答该问题，占到 1.2%（参见表 12）。

表 12 社会力量是否参与刑事被害人救助 （单位：人）

回答＼问题	您认为除了由国家对特困刑事被害人进行救助外，是否应当组织社会力量对被害人进行救助？					
	社会公众（486）		司法工作人员（1974）		共计（2460）	
	数量	百分比	数量	百分比	数量	百分比
应当	417	85.8%	1532	77.6%	1949	79.2%
不应当	60	12.3%	422	21.4%	482	19.6%
未回答	9	1.9%	20	1.0%	29	1.2%

三、建议与设想

实践中，中央和地方出台的规范性文件，为探索特困刑事被害人救助实践提供了政策依据。由于尚未形成全国统一的、规范化的被害人救助制度，因而各地在实际操作中实施机构不统一，救助对象与条件、范围、标准不尽一致。救助程序不完善、救济资金缺乏保障等，一定程度上限制了其功能的发挥。因此，有必要制定统一的被害人救助法律，使刑事被害人救助的实践走向合性化和规范化，充分实现其制度价值。“在全国建立统一的刑事被害人救助制度，实现由自发的、零星的救助向规范的、统一的国家救助过渡，既符合当前和今后一段时期国家支持该项制度的能力，也基本上能够满足刑事被害人的心理预期，基本能够平衡刑事被害人与社会其他困难群体在社会保障体系中的利益关系。”① 我们认为，构建我国的刑事被害人救助制度，应当与我国经济社会发展水平相适应，以增进社会福利为出发点，以完善社会救济体系为目标。通过整合国家和社会资源，有效衔接被害人救助与其他救济方式。

1. 指导原则

司法实践中，各地在开展特困被害人救助时遵循的原则有所差别。例如，《山东省刑事被害人救助工作实施办法（试行）》规定了“生活紧迫急需、一次性救助、随案管辖”等原则；《云南省开展刑事被害人救助工作实施办法（试行）》规定了“救急解困，属地管理、分级负责，一次性救助，公正、便捷、及时”的原则；《无锡市刑事被害人特困救助条例》规定了“与经济社会发展水平相适应，与社会保障和其他救助相结合，公正公开，救急便捷”等原则。以上规定中，有的不是被害人救助的特有原则，如公正公开、便捷原则；有的可以说是被害人救助的目标，如与经济

① 陈彬：《刑事被害人救济制度研究》，北京，法律出版社，2009，63～64 页。

社会发展水平相适应；有的更像是具体的工作机制，如随案管辖或属地管理、分级负责，从而在立法时不宜规定为被害人救助的原则。

我们认为，刑事被害人救助的原则应当突出其紧急性和临时性的特点。基于此，一个根本的原则便是及时救助原则。救助不等于补偿，更不是赔偿。并非从根本上弥补被害人遭受的全部损失，而是基于被害人或其家属因犯罪侵害而丧失基本生活条件这一事实，由国家给予一定的经济救济。它强调救急性和临时性，要求国家提供救助必须迅速、及时，足以帮助被害人或其家属暂时渡过难关。对陷入困境的被害人或其家属，如果不能给予迅速而有效的救助，无疑会使他们的生活难以为继，加重他们的痛苦。因此，应当及时向被害人或其家属提供救助，以便维持基本生活和支付必要的医疗费用。

一次性救助也是刑事被害人救助的原则之一。尽管有超过四成的被调查者可以接受分次救助的方式，但仍应将一次性救助作为刑事被害人救助的原则，辅之以特定情况下的再次救助。刑事被害人救助不是“乐善好施”的慈善事业。对被害人或其家属进行救助，必须与我国的经济发展水平和社会承受能力相适应，并结合被害人的被害事实、家庭经济情况、与犯罪人的关系等因素综合考虑，量力而行。如果允许被害人或其亲属根据相同的事实和理由多次申请救助，显然是对有限的国家资源的一种浪费。据此，按照一次性救助原则，依法对被害人或其亲属进行救助后，同一刑事被害人或其家属一般不得以相同的事实和理由重复申请救助。如果被害人或其亲属基于不同的事实和理由，可以再次申请救助，至于是否给予救助，由救助机关根据案件情况而定。此外，司法实践中各地对刑事被害人救助的探索大都依附于刑事诉讼进程而由不同机关负责，如公安机关负责侦查阶段的被害人救助，检察机关负责审查起诉阶段的被害人救助，法院负责法庭审判和执行阶段的被害人救助。考虑到刑事诉讼的连续性和完整性，一次性救助原则还要求，不论救助申请是在刑事诉讼的哪个阶段提出，救助机关提供的经济救助应当足以维持被害人或其亲属在整个刑事诉讼期间的基本生活需要。当然，如果随着诉讼的进行出现了救助时没有预料到的情况，初次救助额度不足以维持被害人或其亲属在整个刑事诉讼期间的基本生活需要的，可以再次救助。

司法实践中，有的地区要求被害人或其家属必须穷尽其他救济途径仍然难以解决生活困难的，才能给予救助。我们认为，这种规定是不适当的。刑事被害人救助与其他救济途径并非排斥关系，而是相互补充的。如果通过加害人赔偿、个人保险、工伤赔偿、社会保障、医疗救助等其他途径，被害人获得了及时、有效地救济，就无须启动救助程序；如果通过其他途径获得了部分救济，仍然难以维持基本生活需要，可以给予适当救助；如果通过其他途径获得有效地救济较为缓慢，根据紧急救助原则，可以先向被害人提供一定的经济救助，以保障基本生活需要。实施救助之后，救助机关享有对加害人或其他赔偿义务人的追偿权。① 而且，对被害人给予一定救助，并不导致其损害赔偿请求权的丧失，被害人仍然可以通过附带民事诉讼或相关途径获得赔偿。

2. 救助对象与条件

在司法实践中，大多数地区将救助的对象限定为人身或财产遭到严重损害的被害人及其近亲属；也有的地区则不分是否造成严重损害，凡是生活陷入困境的被害人及其近亲属，均有权提出申请。

我们认为，对被害人进行救助，以国家具备相应的物力财力为根本支撑，考虑到我国的经济发展水平，现阶段不宜对所有的被害人进行救助。界定被害人救助对象的范围，应当遵守以下两个标准：一是考虑到我国经济发展水平和社会承载能力，应当按照犯罪所造成的损害程度限缩在一定范围之内。二是考虑到被害人救助作为社会救助体系的组成部分及救急原则，被害人救助的对象又不能仅限于被害人自身，而应当按照是否依赖于被害人来维持生活拓展至有关的亲属。基于此，救助对象的范围应当包括两类：一是因犯罪造成人身或财产严重损害而使生活陷入困境的刑事被害人；二是刑事被害人死亡的，与其共同生活或依靠其收入作为主要生活来源的亲属。当上述两类对象在遭受犯罪行为侵害之后，无法通过诉讼或者其他途径获得及时、有效地赔偿或救助，生活确有困难时，应当予以救助。被害人死亡，对其亲属救助的，可以参照我国继承法的相关规定。第二顺序的近亲属必须是依赖被害人扶（抚）养以维持生活的人。对救助对象作出如此界定，符合我国司法实践情况，与刑事被害人救助的目的相吻合，也符合联合国文件关于保障被害人权利规定的要求。②

即使被害人或其亲属符合救助对象的范围，也并非需要一律进行救助。被害人救助必须满足一定条件。主要包括：对于具备加害人或其他负有赔偿责任的人没有赔偿能力或者等待赔偿过于迟延、被害人没有从其他社会救济途径获得救济或者救济额度不足一解决其基本生活问题、被害人

---

① 例如，江西省《关于开展刑事被害人救助工作的实施办法（试行）》规定，刑事被害人或其近亲属获得救助后，有关机关一旦发现被告人或其他赔偿义务人有能力履行民事赔偿义务的，由原办案机关依法向被告人或其他赔偿义务人追偿。

② 联合国《为罪行和滥用权力行为受害人取得公理的基本原则宣言》第 12 条规定，当无法从罪犯或其他来源得到充分的补偿时，会员国应设法向下列人等提供金钱上的补偿：(a) 遭受严重罪行造成的重大身体伤害或身心健康损害的受害者；(b) 由于这种受害情况致使受害者死亡或身心残障，其家属、特别是受扶养人。

及其家庭无力承担被害人医疗费用、因被害人丧失劳动能力或死亡导致被害人的家庭生活水平低于当地最低生活保障标准等。当被害人或其亲属具备上述条件之一时，应当启动救助程序。此外，还可以规定不予救助或减少救助金的情形。例如，对于被害人与加害人有亲属关系，或者被害人对犯罪行为的发生有过错的，可以减少救助或不予救助；对于虚构被害事实、夸大损害程度、隐瞒家庭经济状况等骗取救助的，不予救助；已经救助的，应当返还救助金。

3. 救助范围与金额

刑事被害人救助的范围，应当限于因犯罪行为而遭受的人身伤害或物质损失。刑事被害人救助是主要为了解决被害人或其亲属因犯罪行为而造成的生活困难问题，表现为一定的金钱和实物帮助。对于生活并无困难而只是遭受精神损害的，可以辅之以心理咨询、辅导的方式进行救助，但不应以支付金钱和实物的方式进行救助。具体而言，救助的范围主要包括：对于造成被害人身体伤害的，应当包括医疗费及维持其基本生活所需的费用；造成被害人部分丧失劳动能力或全部丧失劳动能力的，应包括医疗费、护理费及其扶（抚）养的人的必要生活费；造成被害人死亡的，应包括丧葬费，对死者生前扶（抚）养的无劳动能力的人，还应当包括其在通过其他途径获得生活所需费用来源之前的生活费。

在具体的救助金额上，应当与国家经济发展水平相适应，不宜过高和过低。可以参照司法实践中大多数地区关于救助金额的规定，以案件管辖地上一年度职工月平均工资为基准，一般在 6 个月至 24 个月的工资总额之间确定。具有特殊情况的，最高不得超过 36 个月的工资总额。实际操作中，要综合考虑被害人或其亲属受侵害的程度，在被害过程中有无过错，犯罪嫌疑人、被告人及其他赔偿义务人的赔偿情况，被害人的家庭经济情况，被害人与犯罪人的关系，当地消费水平等因素来确定具体的救助金额。

4. 救助机关

刑事被害人救助机关包括救助的决定机关和执行机关。司法实践中，大多数地区往往不区分救助的决定机关和执行机关，一律由同一机关负责。例如，实践中检察机关开展被害人救助的通常做法是，承办人在办案过程中发现被害人或其亲属符合救助条件的，报请部门负责人同意，并经主管检察长批准后，自行予以救助。但是，这种“自我决定，自我执行”的模式屡遭质疑。怎样合理配置权力，才能保证被害人救助工作得到有效落实。2009 年 3 月中央政法委、最高人民法院、最高人民检察院等八部门联合发布的《关于开展刑事被害人救助工作的若干意见》中规定，开展刑事被害人救助工作，由受理刑事案件的办案机关负责提出救助意见，当地政法委负责对办案机关提出的救助意见进行审批，从而将被害人救助的决定权归于各地政法委。①

由哪个机关负责被害人救助的决定和执行是颇多争议和分歧的一个问题。有的认为由法院作为救助机关，有的认为由检察机关作为救助机关，有的认为由民政部门作为救助机关，有的认为设立专门机关来负责对救助的决定和执行。我们认为，确定救助机关应当明确以下两点：一来是否需要将救助的决定机关与执行机关分离开来，由不同的机关负责；二来是否需要设立专门机关负责对被害人救助的审查与决定。对于前者，从权力制约的角度而言，有必要区分被害人救助的决定机关和执行机关，分别由不同机关负责。对于后者，从长远来看，设立专门机关负责对被害人救助的审查与决定，既可以缓解办案机关的工作压力，也便于被害人救助工作的开展，是较为理想的选择。但同时也必须看到，被害人救助是在刑事诉讼过程中进行的，需要充分考虑其急迫性和可操作性。为此，可以考虑区分两种情况：一是对于被害人或其家属生活困难这一事实清楚的，本着救急原则，由公安机关、检察院和法院来负责各自环节上被害人救助的审查与决定，由负责救助经费管理的机构依据办案机关的决定支付救助金；二是对于影响救助的实事不清，需要进行必要调查的，可以由办案机关提出建议，由专门机构进行调查，再由办案机关根据专门机构的调查结果来决定是否进行救助。

5. 救助程序

关于刑事被害人救助的具体程序，可作如下制度设计。

第一，程序启动。被害人救助程序的启动，可以分为依申请启动和依职权启动两种方式。在刑事诉讼过程中，办案机关应当告知被害人有权申请救助。符合条件的被害人在法定期限内可向办案机关提出书面申请，如果被害人死亡或因重伤不能亲自申请时，他的亲属或委托代理人可以代为申请。申请人提交申请书应当附有相应的证明材料，如个人身份证明、家庭情况、扶养的近亲属情况、医疗诊断证明、基层组织或所在单位出具的家庭经济情况证明等材料。

被害人及其亲属没有提出救助申请，办案机关在诉讼过程中发现具备救助条件的，可以依职权启动救助程序。

第二，审查。办案机关收到申请之后，应当在 3 日内予以审查。主要审查以下内容：救助申请书，被害人的经济情况、加害人的经济情况以及被害人配合司法机关工作的情况；被害人的医疗情况和财产损失情况，包

---

① 此后陆续出台的江西省《关于开展刑事被害人救助工作的实施办法（试行）》、《山东省刑事被害人救助工作实施办法（试行）》、《云南省开展刑事被害人救助工作实施办法（试行）》等，均规定公检法机关拟对刑事被害人或其亲属进行救助的，应当报经当地政法委批准。

括受到伤害的部位及程度、实际支出的医疗费用、后续治疗费用、财产损失的数额；被害人是否从保险机构或其他社会救助机构获得经济赔偿或援助等。如果是在执行阶段提出救助申请的，办案机关还要审查该案件的刑事和附带民事审判的结果及执行情况等。经审查，发现申请人提交的证明材料不完整的，应当告知申请人在指定日期内予以补齐；逾期未予补齐的，视为放弃申请。

第三，听证。为确保被害人救助结果的客观公正，对于被害人或其家属是否生活困难事实不清或者有异议的申请，在办案机关作出救助决定前，可以引入听证程序。听证会由办案机关指定一至二名工作人员主持。主持人应当是承办本案的办案人员以外的第三人，且必须与本案无利害关系，否则应予回避。

第四，决定。根据审查或者听证结果，办案机关应当尽快作出是否对被害人进行救助的书面决定。对于符合申请救助条件的，应当作出予以救助的决定，并确定具体的救助金额；对于不符合申请救助条件的，应当作出不予救助的决定，在3日内将不予救助的书面决定送达申请人并说明理由。

第五，执行。办案机关作出救助决定的，应当立即将书面决定转交负责救助经费管理的机构予以执行。负责救助经费管理的机构应当在3日内将全部的救助金一次性支付给被害人或其亲属；除非存在特殊情形的，才可以分期支付。

第六，复议与复核。不服办案机关的救助决定，或办案机关在规定期限内未作出决定的，申请人可以在决定做出后或规定期限届满后7日内向同一机关申请复议。对同一机关的复议决定仍然不服，或者同一机关未在规定期限内作出复议决定的，申请人可以在规定期限内要求上一级机关进行复核。申请复议、复核以一次为限，复议、复核期间不妨碍救助决定的执行。

6. 救助资金

问卷调查显示，救助资金应当采取国家拨款和社会捐助的方式得到广泛认可。因此，救助资金的来源，可以考虑多种途径。其中，政府拨款是救助资金的基本来源。我国实行分级管理的财政体制，应当根据各地经济发展水平和财政收入状况，均衡中央拨款与地方拨款之间的比例。在经济发达地区，可以适当调高地方拨款的比例，甚至完全由地方拨款。在经济欠发达地区，可以适当调低地方拨款的比例，甚至完全由中央拨款。此外，还可以通过其他途径来扩大救助资金来源。例如，社会捐助、犯罪人的部分罚金和违法所得、监狱中罪犯的部分劳动所得等。救助资金，可以纳入本级政府预算，由财政部门负责管理，专款专用。也可以成立被害人救助基金，委托专门机构进行管理。

实务探讨

傅 锐 王 赟*

寻求良性互动：大众传媒在侦查活动中的应用

导 言

大众传媒在我们的生活中起着传播信息的作用，这种作用对人类生活的影响有积极的一面，也有消极的一面。它既可以充当教育大众、宣传优秀社会文化、倡导和谐社会风气的有利媒介，也可以成为宣扬社会歧视、阶层分化、不良倾向的始作俑者。对于这样一把双刃剑，长久以来侦查领域对其的涉足一直是亦步亦趋，慎之又慎。但随着大众传媒市场化运营模式的推行，侦查主体与大众传媒在现实中对立较为明显。然而矛盾的双方总是在对立统一中不断发展下去，矛盾双方的对立在某些情况下会转化为统一，侦查与大众传媒彼此之间也应当在某些情况下形成良性的互动。现实中，有些侦查部门与大众传媒合作，或利用媒体发布案情、收集案件线索、查找无名尸体身源等；或利用媒体揭露犯罪、教育群众、震慑犯罪，都取得了很好的社会效果，实现了媒体和侦查部门的“双赢”。基于此，笔者认为，有必要研究侦查中如何利用大众传媒，使传媒更好地为侦查服务，提高案件的侦破效率。

2009 年 10 月 17 日，呼和浩特第二监狱三监区正常组织罪犯劳动。4 名罪犯抢夺了当班民警徐某的警服，并将其捆绑，又将另一名当班民警兰某残忍杀害。之后，一名罪犯穿上抢来的警服，其他 3 名罪犯换上便服，用抢来的警察门卡通过了几道关卡，在最后出门时引起了值班民警的怀

* 傅锐，华东政法大学；王赟，江苏省宜兴市新建镇人民政府。

疑。这几名逃犯打伤值班民警，强行冲出大门，抢劫一辆出租车后驾车逃脱。案发后，公安部立即发出通缉令，在全国范围内通缉 4 名越狱在逃犯，内蒙古公安厅也向全区发出通缉令，并根据线索，请求公安部指令山西省公安机关协助查缉越狱逃犯。监狱机关、公安机关、武警部队迅速启动应急预案，全力组织追捕行动。内蒙古自治区政法委和司法厅成立了舆论报道小组，统一发布案情通报，以免造成恐慌和误会。2009 年 10 月 20 日 8 时 10 分，内蒙古呼和浩特市和林格尔县 110 指挥中心铃声大作。舍必崖乡台几村有村民向警方报告，发现 4 名可疑人员，怀疑是媒体上刚报道过的越狱逃犯。警方出动警力展开抓捕，最后 4 名逃犯一人遭警方毙命，3 人遭捕。4 名逃犯从监狱逃出到重新落入法网，总共过去 67 个小时。本次案件的成功，离不开大众传媒的协助。内蒙古自治区政法委和司法厅成立的舆论报道小组，不仅正清案情，防止小道消息谣传，避免了当地民众的恐慌，也起到了网罗线索的作用。舍必崖乡台几村的村民正是看到了该报道，才会及时报案，为抓捕工作提供了线索。由此我们可以看到，侦查部门若能很好地对大众传媒进行引导，在侦查手段中加入媒体因素，加强对大众传媒在侦查中正面职能的转化，就可能收到事半功倍的效果，加速侦查活动的进程，尽快侦破案件。

大众传媒，亦称大众传播媒介、大众媒介。指现代社会中传播者与受传者之间用以进行信息交流的传播工具或手段，是报纸、杂志、通讯社、广播、电视等各种媒体的总称。[①] 它与近代社会相伴而生，经数百年的演化特别是 20 世纪以来突飞猛进的发展，形成印刷媒介、电子媒介两大体系，近年来，以国际互联网（因特网）为代表的新媒介体系也加入其中。如此庞大的工具体系造就了大众传媒的广泛覆盖面，也因此使媒体监督成为了外部监督的主要力量之一。随着各种新闻媒体技术的发展，多元化的新闻媒体传播渠道，使得媒体能够深入到人们的生活之中，成为人们生活的一部分，它对于人们生活观念的影响更加深刻了，大众传媒对于人们意识的操纵更加得心应手了。

而现如今，我们可以看到大众传媒的触角已经逐步伸向以前“高不可攀”的侦查活动。为什么会出现如此情况呢？一是大众传媒的利益导向性。随着大众传媒业的市场化运营不断深入，竞争日趋激烈，许多媒体为了赚取收视率、点击率，一味追求抢先效果和轰动效应，而侦查活动能够很好满足人们的好奇渴求。二是侦查手段、方法的多元化促使了侦查主体

① 参见《大众传媒的解释》，载 http://define.cnki.net/WebForms/WebDefines.aspx?searchword=%E5%A4%A7%E4%BC%97%E4%BC%A0%E5%AA%92，2010-11-25。

主动地加入了大众传媒这一元素，利用大众传媒的信息传递，主动地控制或释放部分信息，让犯罪嫌疑人来破解侦查人员所设置的信息黑箱，使犯罪嫌疑人按照侦查主体为其设定的轨道发展，自行暴露其涉嫌的犯罪信息。而侦查主体则因势利导，利用新获取的涉嫌犯罪信息，加快侦查破案的进程。三是媒体监督的不断深化要求大众传媒对侦查环节进行监督，防止因秘密侦查而容易导致的刑讯逼供、暴力取证等情况。可以说，大众传媒与侦查正在进行逐步增强的碰撞，其中有良性的碰撞，当然也有不和谐的冲突。基于此，笔者认为有必要着眼于侦查与大众传媒的对立统一关系，研究一下大众传媒与侦查更深入合作的可行性，以及如何使得大众传媒服务于侦查活动。

一、侦查与大众传媒的冲突和互动

从案例中我们对于侦查与大众传媒之间的关系有了初步的、感性的认识，然后要真正搞清楚两者的关系，我们还需要进行理论探讨。从两者的特性和本质出发，分析两者的冲突与互动。

（一）侦查与大众传媒的冲突

一方面，侦查活动的保密性与传媒的公开性的冲突。侦查以保密为原则，也叫侦查秘密原则。侦查秘密原则是大陆法系国家长期以来一直坚持的一项规制侦查活动进行的原则，这里，“侦查秘密原则”有两层含义：一是对犯罪嫌疑人保密，即侦查机关不得以违反侦查目的的方式把侦查的情况向嫌疑人泄露；二是对社会成员保密（主要是对新闻媒体），即除法律另有规定或者权利人同意或者法官批准外，侦查机关及有关知情人不得对外泄露侦查情况以及侦查过程中了解到的情况。[①] 所以侦查机关一般拒绝媒体介入案件，以避免机密泄露造成损失或对侦查工作产生不必要的干扰。而另一方面，随着大众传媒市场化运营模式的推行，媒体具有很强的利益追逐性。公众对于侦查活动的好奇程度越是高，就越使侦查活动成为很好的新闻源。在巨大的经济效益的驱动下，传媒自然有介入侦查活动的倾向，对侦查活动具有天然的侵犯性。这样一来，传媒的公开性便与侦查活动的保密性产生了冲突。

另一方面，侦查活动严谨性与传媒的及时自由性的冲突。侦查活动本身是一个以主观认识客观，以已知探求未知的活动，具有很强的专业性；侦查活动关乎双方当事人权利之得失和义务之承担，因此必须是严密的、谨慎的和公正的。而媒体信息的采集是一个高度自由开放的过程，当事人

---

① 孙长永：《侦查程序与人权》，北京，中国方正出版社，2000，34页。

向媒体诉说有关案情不必经过对方当事人质证，夸大的成分在所难免。尽管相关法律明确规定新闻报道应尊重客观事实，但是这种限制是宽泛的，使得媒体报道中充斥了未经严格审查的有关案件信息。这些已报道的案件信息在庭审中得不到证实而最终被否定的情况在实践中屡见不鲜。此外，新闻的及时性原则要求传媒报道要及时，而侦查活动作为一个诉讼阶段，非常注重程序性，媒体一味追求及时、快速，可能对侦查程序产生消极影响，甚至是阻碍。①

在实践中，媒体对侦查活动的报道有时不能做到充分客观，一味追求抢先效果，常常只听取一面之词；有些报道和评论加入了新闻工作者的个人偏见，并且言辞偏激，在一定程度上对侦查工作造成了影响。而侦查机关对于新闻媒体也经常是一句“无可奉告”予以回应。双方产生了较强的对立。

（二）侦查与大众传媒的互动

矛盾的双方总是在对立统一中无限发展下去。尽管侦查与大众传媒的对立较为明显，但是矛盾双方的对立在某些情况下会转化为统一，而侦查与大众传媒彼此间也应当在某些情况下形成良性的互动。

首先，侦查需要传媒的力量为侦查的顺利进行服务。在现实生活中，侦查手段逐步多元化，侦查部门很多时候需要利用媒体发布案情、收集案件线索、查找无名尸体身源等。媒体对于信息的传播具有快捷性和普遍性，随着如今网络化进程的加速，沟通可谓无处不在，利用好传媒这一武器，无疑对于侦查工作的顺利开展有很大益处。全国联网的身份检索系统、通缉令发布系统等，都使得侦查工作事半功倍。适时、正确的舆论引导也能够在案件侦破过程中很好地消除误解，防止出现错误消息，混淆视听。警方在不断完善的新闻发言人制度也是利用传媒力量的一个好例子。

其次，传媒需要侦查机关提供素材、新闻源创造经济效益。大众传媒传播的一些侦查题材影视剧或者小说，特别是纪实性的作品，历年来都有很好的收视率，涌现出一批如《征服》、《刑警本色》、《永不瞑目》、《重案六组》等风格迥异、观众公认优秀的剧目。这些优秀的侦查影视剧都是因为有了公安机关的大力协助和配合，提供了宝贵的素材和材料，展现给我们一个个鲜活的形象；以侦查活动为背景法制类节目也都有较为不错的收视率，据法制节目网的报道，2008—2009 年度全国电视法制节目十佳栏目奖的获奖栏目中有 3 个是以侦查题材为主要素材的（天津电视台《真相》、江西电视台《目击者》、杭州电视台《警界 41》）。②

① 董坤：《大众传媒在侦查中的应用》，载《江苏警官学院学报》，2006 (1)。

② 法制节目网，《2007—2008 年度全国电视法制节目创优评析获奖名单》，载 http://www.law-tv.cn/news/huojiang/2009111701.htm，2010-12-15。

最后，媒体监督的深入实施要求侦查与传媒良性互动、加强合作。随着政府信息公开条例的颁行，政务公开的程度不断加深，这也要求侦查工作应该在不公开原则的基础上，适当地对部分工作予以公开。在现代刑事诉讼中，“侦查不公开”的含义应当限于部分不公开，并不意味着侦查信息都是秘密的。相反，封闭、隐秘的状态，会导致刑讯逼供、超期羁押、辩护难等问题出现。国际社会《关于媒体与司法独立关系的马德里准则》[①]指出，“媒体有职责和权利收集情况，向公众传达信息，并在不违反无罪推定原则之前提下，对司法活动进行评价，包括对庭审前、庭审中和庭审后的案件[②]。”所谓“庭审前”（cases before）就包括侦查过程，考虑到侦查程序的特殊性，第4条对侦查公开可能存在的例外作出了规定，“本基本原则不排除在犯罪调查期间甚至构成司法程序一部分的调查期间保密法的保留使用”，但“不应限制犯罪嫌疑人和被告人与记者交流有关调查的情况或被调查的情况”。[③]

基于此，笔者认为，后续研究的方向应该是侦查中利用大众传媒的可行性评价，以及如何使大众传媒为侦查服务，提高案件的侦破效率，同时也深化媒体监督在侦查阶段的展开，借助传媒宣传树立侦查机关的良好形象，以此来加强侦查与大众传媒的良性互动，达到双赢。

二、大众传媒应用于侦查的可行性分析

我们知道，媒体是一种传播信息的介质，通俗地说就是宣传的载体或平台，能为信息的传播提供平台。传媒包括个人与个人进行信息交流的中介物（如电话）和用于向社会公众进行公开，定期传播的工具（如报刊），

---

① *The Madrid Principles on the Relationship between the Media and Judicial Independence*，载www. unhchr. ch；*The Madrid Principles on the Relationship between the Media and Judicial Independence*，载 http：//www. unhchr. ch/Huridocda/Huridoca. nsf/0/ba4aa28729b3df71802567750 04ec1c4? Opendocument，2010-12-12。

② Freedom of expression / As defined by article 19 of the International Covenant on Civil and Political Rights（see annex II）. /（including freedom of the media）constitutes one of the essential foundations of every society which claims to be democratic. It is the function and right of the media to gather and convey information to the public and to comment on the administration of justice，including cases before，during and after trial，without violating the presumption of innocence.

③ The Basic Principle does not exclude the preservation by law of secrecy during the investigation of crime even where investigation forms part of the judicial process. It shall not restrict the right of any such person to communicate to the press information about the investigation or the circumstances being investigated. 载 www. unhchr. ch ，*The Madrid Principles on the Relationship between the Media and Judicial Independence*，载 http：//www. unhchr. ch/Huridocda/Huridoca. nsf/0/ba4aa28729b3df71802567750 04ec1c4？Opendocument，2010-12-12。

前者称为私人交流媒体，后者便是我们所说的大众传媒。[①] 作为面向广大受众以广播、电视、图书、报刊、音像制品等为载体的传播媒介，由于它直接面向广大民众，传播信息迅速及时、覆盖面大，能够接触到犯罪嫌疑人，接触到案件的其他线索等，从而可以为侦查所用，成为向犯罪嫌疑人、向社会传递信息，进而能以信息影响犯罪嫌疑人行为，获取线索，推动侦查顺利进行的有力武器。

（一）传媒具备服务于侦查的能力

大众传媒广泛的覆盖面保证了信息传递至犯罪嫌疑人和社会公众的稳固可靠性。大众传媒种类繁多，大致可分为印刷媒体（报纸杂志书籍）、电子媒体（广播电影电视）和新媒体（有线电视、电脑报刊、网络电视、卫星电视、手机短信等）。形式的多样化使大众传媒的传播范围极其广泛，其传播的范围已覆盖到社会的各个角落。犯罪嫌疑人作为社会的一员，他不可能脱离社会而独立存在，其有获取信息的需要，例如为了日常的获取知识、休闲娱乐、获取信息，准备、实行犯罪，逃避侦查等。大众传媒的特性保证了他可以随时随地获取信息。所以，犯罪嫌疑人被大众传媒所影响的可能性较大。

（二）犯罪嫌疑人对信息存在依赖性

现今大众传媒的发展进程很快，覆盖范围很广泛，虽可说已经到达“无孔不入”的境地，但是面对犯罪嫌疑人仍然是被动的，不可能主动寻找到受众对象对其进行信息的灌输，信息的传递仍然需要犯罪嫌疑人主动的摄取。然而犯罪嫌疑人想要预谋准备，想要犯罪，想要逃避侦查，甚至想要生活，就必须获取相当量的信息，所以他必然会主动去寻找有用的信息。那么大众传媒以其快捷性、广泛性、多元性必然会成为犯罪嫌疑人的首选。[②]

（三）侦查手段多元化的要求

侦查主体有利用传媒，使其服务侦查的人力、物力、财力。无论是与已有的媒体开展合作还是单独以警方名义设立发言人，都是可操作的实际措施。我们还可以借鉴学习西方先进的经验，实现跨越式的发展。这样的设置也不违反相关的法律法规，没有抵触侦查秘密原则和媒体监督的尺度。通过以上分析可以发现，传媒以其自身特点可能会成为一座桥梁，将传播者与犯罪嫌疑人连接起来，将各种信息传递给犯罪嫌疑人。如果侦查主体公开或秘密地承担传播者这一角色，便能与犯罪嫌疑人通过媒体形成

---

① 周庆山：《传播学概论》，北京，北京大学出版社，2004，116页。

② 刘晓红、卜卫：《大众传播心理研究》，北京，中国广播电视出版社，2001。

一个刺激与反应的信息沟通模式，影响其心理，调动其行为，待其暴露涉嫌犯罪信息，从而以逸待劳，加速推进侦查工作的进程，直至最终破案，侦查终结。

三、当前大众传媒介入侦查的非理性分析①

在已经确知大众传媒应用于侦查的可行性之后，我们接下来应该着眼于大众传媒在侦查中应用的制度构建。而在这之前，笔者认为很有必要分析一下当前大众传媒介入侦查的不当之处，对其中的弊端集中分析，然后再对症下药，只有这样才能治标又治本。

（一）大众传媒泄露侦查秘密干扰侦查工作

目前，媒体的抢先报道往往会泄露涉及侦查秘密的情况，如侦查方向、侦查进展、侦查线索、侦查手段等，干扰侦查工作的现象日益严重。这样的报道会给犯罪人提供一个了解侦查部门办案流程、模式、方法的机会，使其对自己的犯罪计划进行有针对性的调整，提高了反侦查水平，这无疑会给该案的侦查工作带来困难。而且大众传媒如此的非理性介入，往往暴露案件相关人的身份，侵犯当事人的人权。侦查部门在侦查过程中会视侦查活动的进展来决定是否向外界发布犯罪嫌疑人、被害人、证人的身份。但是，在其他情况下暴露这些信息却可能是不适当的，如刚刚纳入侦查而没有确凿证据的犯罪嫌疑人、性犯罪中的被害人、涉黑犯罪中的证人等。如果大众传媒非理性地泄露了案件相关人的身份，不仅会影响到当事人的名誉，还有可能给当事人带来巨大的压力和人身危险，甚至于打乱整个侦查部署。因为在刑事案件的侦查过程中，证人和相关涉案人员无论是在案件侦查终结前还是终结后都是需要一定程度的保密、保护的对象。如果大众传媒不经过侦查主体对于信息的保密审查，直接将诸如证人、举报人、检举人的资料对外公开，将使他们处于极为不利的境地。他们可能受到真正犯罪人或其亲属的干扰，可能受到威胁、恐吓、利诱和教唆，使其正常的生活、工作和学习受到影响。

（二）“有罪推定”报道严重侵犯犯罪嫌疑人人权

一个人只有经过审判才能被确定为有罪。刑事侦查只是对犯罪事实真相的了解和探索过程，并不能犯罪嫌疑人进行罪行的定性评价。其中被侦查部门列为犯罪嫌疑人的公民可能最后经过法院判决是无辜的。但媒体的习惯做法是只要嫌疑人被公安机关审查、羁押，就大肆宣传，在用语和语气上就认定该人有罪。而当该犯罪嫌疑人被检察院不予起诉或者法院判决

---

① 柴艳茹：《析刑事侦查与大众传媒的冲突》，载《北京人民警官学院学报》，2008（3）。

无罪的时候，却基本上没有媒体去关注。这种“有罪推定”的报道方式，严重侵犯了人权，将会给无辜人名誉造成损害，对其今后日常的生活、工作造成非常不利的影响。[①]

四、大众传媒在侦查中应用的制度构建

侦查中需要利用各方面的力量来加快工作进程，快速破案，而大众传媒作为一个有力的武器却一直为人们所忽略。经过笔者上述的论证，大众传媒可以被也应当被合理地应用于侦查。故笔者在下文将着重提出对策，使得大众传媒可以为侦查主体所用。

（一）从立法角度消除两者融合互动的障碍

要尽快建立健全两个方面的法律法规。一是尽快出台规范媒体的法律。从立法高度，建立一套完备可行的程序，从申请采访到最后定稿刊出，均应依法行事。在保障侦查工作不受媒体无端干扰的基础上，也应该尽可能保证媒体的舆论权利和自由。着力纠正现今模糊不清的报道界限，明确哪些内容可以完全公开，哪些内容需要特定主体公开，并应该如何公开，更要明确哪些内容属于国家秘密的范畴，不能公开。防止新闻媒体出现频频打擦边球的情况。二是要健全规范侦查部门的法律。现今的实践中，侦查活动可谓是“高不可攀”。但随着政府公开条例的颁行，政务公开的不断深入，侦查部门必须保证社会公众的知情权和大众传媒行使媒体监督的权利。从立法的高度规定侦查主体必须公开一定程度的侦查信息，以此满足社会公众的知情权。法律可以灵活地规定侦查主体公开信息的形式和途径，让侦查主体因地制宜，根据实际的治安状况和特定案件需要，采取切实可行的措施，公布案情。另一方面，也应该用立法推动侦查手段的多元化，侦查部门应该主动与大众传媒寻求配合，多用舆论控制的手段，加快案件侦破的进程，提高侦查效率。

（二）以队伍建设培养侦查主体与大众传媒的应用意识

光有法律的保障，少了切实有效的执行，也只能是纸上谈兵。必须加强媒体队伍和侦查队伍两支队伍的建设。对于大众传媒业者，首先要在思想上深化职业道德意识。要求每个大众传媒业者贯彻落实上述的法律法规，认真遵照执行，恪守职业道德。2009 年 10 月 9 日，国家主席胡锦涛在世界媒体峰会开幕式上为媒体的未来指明了方向：媒体要切实承担社会责任，促进新闻信息真实、准确、全面、客观传播。一个睿智且负责任的

---

① 张志英：《论有罪推定思想的具体表现及其转变路径——以刑事冤案的产生为切入点》，载《河南师范大学学报》，2009（3）。

媒体，总会体察民意、顺应潮流，总会善于把握社会脉搏、研判时局走势，总会提出关键命题、做出核心引领。有社会责任感的媒体，必然反映公众心声，代表公众良知，引领社会风尚，维护社会秩序，滋润社会关系，推动社会进步。对社会责任的担当，是媒体的生存之道，也是媒体长远发展之道。[①] 对于侦查队伍，更应该加强管理。要严把侦查队伍的“出入口”。在美国，警方新闻发言人一般由专人或者负责现场勘查的侦探长担任。我们可以借鉴美国的做法，根据我国的实际情况，并以我国警方建立新闻发言人制度为契机，培养侦查部门的新闻发言人。警方新闻发言人要定期通报治安状况，遇到重大案件，及时出面澄清，以防媒体胡乱打听，小道消息肆意横行，也以此消除市民的恐慌心理。另一方面，侦查主体应与大众传媒部门做好完备的沟通工作。建立长效机制，一旦出现案情，可以快速反应。在还没有建立起自己新闻发言人的情况下，寻求大众传媒的帮助，术业有专攻，可以收到事半功倍的效果。

（三）以科技强警手段化解大众传媒应用于侦查的技术问题

大众传媒经过不断地发展和创新，已经成为了科技含量较高的产业，侦查主体想要利用大众传媒服务于侦查必须提高自身的科技含量，就必须走信息化、高端化之路。一是要增加警察队伍的科技投入，做好侦查队伍经常性的教育培训工作，尤其是对警方新闻发言人队伍的培训。可以借鉴西方其他国家的做法，引进专门的传播学人才，也可以聘请一些资深的传播学学者教授担任顾问，对警方新闻发言人制度进行指导。组织侦查人员定期学习现代侦查手段和犯罪心理对策理论，注重对最新侦查技术的研究和分析，努力造就大批警方媒体人才，实现侦查手段的多元化，更好地发挥出大众传媒的正面、积极的功能。科学技术固然在公安工作中发挥着越来越重要的作用，实践证明，观念的落后是最根本的落后，只有改变观念、提高意识、勇于创新才能最终走向成功。所以在对大众传媒这支力量进行利用的时候，我们应当切忌走这条弯路。应当在侦查思维上进行优化，使得侦查人员有主动应用大众传媒服务侦查的意识。侦查思维的优化是侦查工作高效化的本质，因为侦查思维是侦查破案最重要的主管能源。[②] 必须让侦查主体了解大众传媒的特性，知晓大众传媒在侦查中的潜在价值，提高侦查人员对大众传媒的重视程度。收集一些国内外大众传媒介入侦查的成功案例，总结经验，消化吸收再加以综合创新，使得侦查主体不仅能主动应用大众传媒的力量，更能灵活合理地应用好。最后要把较大一

---

① 高薇、何晏：《中国媒体——社会责任的守望者》，载《半月谈》，2009（20）。

② 赵军：《树立科学发展观，提高侦查工作水平》，载《中国刑事警察》，2006（1）。

部分的精力放在网络这一新兴的传媒上。互联网虽然是信息化时代的新兴媒介，但随着互联网的高速发展，网络媒介渐渐有超越传统媒介之势，加之这一大众传媒有很大的特殊性，本身就可能滋生网络犯罪，所以网络这一大众传媒如何被应用、怎样被应用，是一个复杂而艰巨的课题。它将成为未来笔者的研究方向。现阶段侦查主体应该首先完善对网络的监控，面对当前网络已经被犯罪分子利用成为犯罪阵地的不利形势，尽快出台相关法律法规，完善网络管理制度（例如网络实名制的探索），掌握网络犯罪侦查、控制的方法，逆转网络这一大众传媒给侦查工作带来的不良冲击，堵截网络侦查的漏洞，将其变为侦查优势。把不利形势扭转以后，再图如何将其融合，服务于侦查工作。

刘涛　莫非　卫杰　王磊*

检察机关办理未成年人案件工作机制研究[①]

随着刑法个别化的不断发展，以及我国宽严相济刑事司法政策的贯彻和落实，对于未成年刑事犯罪的关注成为刑事司法的一个十分重要的领域。同时，当前未成年人犯罪呈现出新的发展趋势，这对未成年人检察工作提出了新的要求。近年来，适应社会发展和司法实践的需要，我国陆续出台了一系列的法律文件，对未成年案件的办理进行规范。其中既包括刑法适用、刑罚处遇等实体法内容，也包括程序设计、机制建设等程序方面的内容。同时，由于目前司法实践发展迅速，各地的改革探索也进展不一，导致各地未成年人案件办理的具体程序也纷繁复杂。因此，建立和完善具有规范化的未成年人刑事案件办理机制，是预防和减少未成年人违法犯罪，维护未成年人合法权益的重要保障，也是检察机关依法履行法律监督职能，推进“三项重点工作”的必然要求。笔者近期对北京市各级检察机关办理未成年案件的司法实践进行了深入的调研，并在此基础上分析了目前未成年案件办理机制存在的一些问题，并提出了进一步完善的路径，以期为促进未成年人案件办理机制的不断发展提供借鉴。

---

* 刘涛，北京市人民检察院公诉一处；莫非，北京市海淀区人民检察院；卫杰，北京市西城区人民检察院；王磊，北京市大兴区人民检察院。

① 本文为廖明主持的中国法学会2010年部级法学研究课题“未成年人犯罪案件侦查制度与程序研究”（项目号CLS－D1032）的阶段性成果之一以及廖明主持的北京师范大学2010年度自主科研基金资助项目“未成年人刑事司法职权优化配置研究”的阶段性成果之一。“中央高校基本科研业务费专项资金资助”（supported by “the Fundamental Research Funds for the Central Universities”）。

一、未成年检察制度的职能定位

未成年人检察制度是我国检察制度和未成年人司法制度中的重要组成部分，其以保护、教育、预防和综合治理为基本原则，以司法专业化、非刑化、个别化为特征，成为我国检察制度发展中的突出亮点。科学界定未成年检察制度的职能定位，明确检察机关在未成年人司法保护和犯罪预防工作中的地位和作用，是建构和完善我国未成年人检察制度的首要问题，也是实践中进一步开展未成年人检察工作的各项改革创新的首要问题。

（一）未成年检察制度的基本职能

1．未成年检察职能的基本理念和特殊原则

经过世界范围内不同国家、不同法系百余年的发展和完善，未成年人司法制度已经形成了“国家亲权”、“双向保护”、“少年宜教不宜罚”等一些通行的基本理念。其中，“国家亲权”理念，强调国家对于未成年人保护的责任与权力，要求未成年人司法应当是保护和教育性的，而不是惩罚性的；“未成年人需要特别保护”及“双向保护”理念，强调未成年人应当在普通刑事犯罪嫌疑人、被告人所享有的刑事程序保障基础上额外获得一些特别保障，并在惩处未成年人犯罪时追求“既保护青少年的成长，又维护社会的安宁与秩序，实现保护少年与保护社会的统一”；“少年宜教不宜罚”的主旨在于，对少年犯罪行为与不良行为，在采取惩罚手段上强调“最后性”与“替代性”，在体现人道主义精神的同时追求最佳的改造效果。

基于未成年人司法制度的基本理念，2006 年 12 月 28 日最高人民检察院修订后的《人民检察院办理未成年人刑事案件的规定》第一章即确立了检察机关在办理未成年人刑事案件中应当遵循的五项基本原则：“教育为主、惩罚为辅的原则”、“未成年人合法权益保护原则”、“注重犯罪预防原则”、“专业化原则”、“全面审查基础上的针对性教育原则”。在五项基本原则之外，在刑事诉讼程序中还形成了“一般不羁押原则”、“区别对待原则”、“迅速简约原则”等办理未成年人刑事案件中的具体原则，分别体现在各诉讼环节的具体工作制度中。

2．未成年检察职能的具体内容

未成年人司法制度的特殊理念以及未成年人刑事诉讼的特殊原则，决定了检察机关在未成年人刑事诉讼中应当发挥出与成年人不同的职能。有学者将这种特殊性形象地描述为，未成年检察机构和检察官应当淡化其追诉犯罪的“国家公诉人”角色，突出“国家监护人”这一保护者和教育者的角色，并指出，这种角色转化“不是淡化检察机关的职能，而是完善了其职能”[①]。

(1) 未成年检察职能的纵向内容。研究未成年人检察职能的具体内容无疑离不开对我国检察职能体系内容的解读和分析。未成年检察职能首先是我国检察职能体系中的组成部分，二者之间具有内在性质上的符合性，其次才是未成年检察职能因为自身的特殊性要求而呈现的独有特征。因此，按照刑事诉讼程序的不同阶段，我们一般将未成年检察职能概括为：审查批准逮捕职能、审查起诉职能和诉讼监督职能，对应检察机关各内设机构的具体职能，还可以概括为“批捕”、“起诉”、“监所”、“预防”四项职能。需要注意的是，这里的“预防”职能，主要是指特殊预防的职能，是针对于具体犯罪人，预防其再次犯罪的职能。

(2) 未成年检察职能的贯穿性内容。所谓未成年检察职能的贯穿性内容，是指贯穿所有未成年检察工作所有环节和各项内容的职能体系。在未成年司法过程中，存在着维权、教育、矫正、观护、预防等方面的功能，其功能的多样性，远比“成人司法”的报应、矫正功能更为复杂。[②] 鉴于未成年人司法过程中的上述多元化功能体系的要求，检察机关在未成年案件办理的审查批准逮捕、审查起诉、诉讼监督等各项工作中应当履行维权、教育、矫正、观护、预防等职能。

检察机关的维权职能，是指在各个诉讼环节中检察机关始终应坚持对涉案未成年人权益的全面保护。检察机关的维权职能的对象，不仅限于未成年犯罪嫌疑人和被告人，也包括对涉案未成年被害人和证人等诉讼参与人的权利保护；而且维权的内容不仅限于法律对一般诉讼参与人的权益保护内容，还特别强调对未成年人这一特定群体的权益保护。

检察机关的教育职能，是指在检察机关在整个刑事司法流程中负有的对未成年人犯罪嫌疑人和被告人的进行法律教育、思想道德教育和预防重新犯罪教育。“教育”是办理未成年人案件过程中首先遵循的方针和原则，无论是“寓教于审”还是“寓教于诉”的提法，都突出了未成年人案件办理过程中司法机关的“教育”职能。

检察机关的矫正职能，是指检察机关在各项工作中把未成年犯罪嫌疑人和被告人当成心理上、精神上有疾患的人，秉承人道主义和科学的精神，侧重进行心理矫正和行为矫正的工作职能。学者认为，未成年人司法活动中的“矫正”作为一种准医学模式已超出了品格和道德的教化功能。

检察机关的观护功能，是指在司法介入的情况下对未成年犯罪嫌疑人

① 姚建龙：《理解未成年人检察制度》，载《青少年犯罪问题》，2007 (2)。
② 皮艺军：《中国少年司法制度的一体化》，载《法学杂志》，2005 (3)。

的考察和监护，就是对未成年违法者免予刑事诉讼而由社区转处的一项职能。在检察机关做出是否起诉之前，对相关未成年嫌疑人的考察和监护，对于被管护者的教育、矫正和犯罪预防都具有重要意义。

检察机关的预防职能，即一般预防职能，是指在未成年检察的各个环节，针对未成年的违法犯罪行为应当在摒除报应和惩罚的基础上，积极履行预防其再次犯罪的职能。

需要特别指出的是，未成年检察职能的上述内容并非单独分立，而是共同渗透于未成年人刑事检察的所有环节和各项工作内容中的。

（二）未成年检察制度社会职能

未成年犯罪有着深刻而广泛的社会因素，未成年犯罪预防也是一项庞大的社会系统工程。未成年检察制度当在立足检察职能的基础上适度延伸社会职能，使检察工作与社会预防未成年人违法犯罪工作相衔接和配套。

1. 未成年检察制度延伸社会职能的合法性及必要性

首先，检察机关参与未成年人一般犯罪预防工作有着法理上和法律上的依据。犯罪预防权是检察机关检察权的衍生，积极行使犯罪预防权是其社会责任和公共意志的体现。[①] 我国的《未成年人保护法》、《预防未成年人犯罪法》以及两高三部联合颁行的《关于进一步建立和完善办理未成年人形式案件配套工作体系的若干意见》等规范性法律文件明确赋予了检察机关参与未成年人犯罪综合治理工作的职权。

其次，未成年犯罪的治理作为一项社会性参与干预的行为，使未成年检察制度与社会的联系也远比成年检察制度密切，适度延伸检察制度的社会职能、参与社会综合治理，也是未成年检察制度的内在要求。在我国未成年人犯罪预防体系的构建过程中，检察机关基于自身在诉讼中承前启后的特殊地位和国家法律监督机关的特殊性质，理应担当自己应有的角色、责无旁贷地履行相应的社会职能。而且，在我国目前预防未成年人违法犯罪的社会机构尚不健全的情况下，检察机关多承担一些社会化工作，有利于保证诉讼阶段所进行的教育感化和挽救工作的效果。[②]

2. 未成年检察制度社会职能延伸基本原则

明确未成年检察制度社会职能延伸的依法性和适度性原则，可以更为恰当地界定检察机关社会职能延伸的尺度和边界，使未成年检察制度在立足检察职能与延伸社会职能之间找到合理的平衡点。

---

① 皮勇、黄琰：《和谐社会语境下检察机关预防未成年人犯罪理论与实践研讨会会议综述》的相关观点，载《青少年犯罪问题》，2010（1）。

② 张相军、樊荣庆、吴燕：《未成年人检察制度的改革与立法完善》，载《青少年犯罪问题》，2007（4）。

（1）社会职能依法延伸原则。检察机关是国家法律监督机关，在性质上属于国家公权力机关，因此检察机关的任何一项职权都必须有法律明文授权，否则往往因为于法无据而遭到质疑。虽然检察机关在未成年人犯罪预防和综合治理工作中的社会职能延伸已有了法律的授权，但这种授权是概括性和笼统的。检察机关在开展具体社会预防工作的过程中，仍然应当坚持依法原则，审慎研究各项创新工作的合法性，任何突破现行法律规定的社会预防工作都是与检察机关法律监督者的角色背道而驰的。

（2）社会职能适度延伸原则。检察机关各项工作的社会职能延伸是以立足检察职能为前提的，背离检察职能的“延伸”会造成不当的自我放大效应，“大包大揽”、“伸手过长”的各种所谓“延伸”中饱受质疑的同时往往难以达到预期效果。所谓“适度”，就是要以检察职能为“圆心”来“画圆”，使各项延伸工作时刻保持一种内在的向心力，所有“延伸”都应当是围绕检察职能的，而非无限度的向外延伸。

此外，检察机关所处地地位和自身性质决定了其所能发挥的社会职能的边界，在未成年犯罪预防体系中，检察机关中作为“直接参与者”的同时，还承担了“监督者”的角色。[①] 坚持检察工作社会职能延伸的适度性，在各类社会综合治理工作中做到科学取舍，选择最符合检察机关性质的工作内容和工作方式，有效避免检察机关在社会预防体系的“缺位”和“越界”。例如，涉案未成年嫌疑人的“心理测量”和“心理矫正”等其他学科的专业领域，检察机关的职能边界应止步于“协调”、“联络”或“审查”，而非亲自参与；检察机关参与法制校长工作的具体方式也应以充分利用典型、类案分析等资源进行讲解，而非泛泛涉及其他与检察工作关联性较低的法律领域。

二、未成年人办案机构专门化设置

对未成年人给予特殊的司法保护是国际刑事司法的发展趋势，当前未成年人犯罪呈现出新的特点，这些都对未成年人检察工作提出了新的要求，传统的办案模式已经不能适应新形势对未成年人刑事检察工作的要求。建立和完善检察机关办理未成年人刑事案件的专门机构，实现未检工作的专业化、规范化，是预防和减少未成年人违法犯罪、维护未成年人合法权益的重要保障，也是检察机关依法履行法律监督职能、推进“三项重点工作”、实现社会管理创新的必然要求。

---

① 胡乩生：《关于未成年刑事检察工作的几点思考》，载《未成年人犯罪的理论与司法实践》，北京，法律出版社，2010，35页。

(一)实践中检察机关未成年人办案机构设立的四种类型

(1)在公诉部门、侦查监督部门内部指定专人办理未成年人刑事案件。制定专人办理是指在公诉部门、侦查监督内部指定有丰富办案经验、责任心强且熟悉未成年人特点的承办人专门负责办理未成年人刑事案件。例如:北京市人民检察院第一分院、第二分院均在公诉部门指定专人办理未成年人刑事案件。16个基层院中有13个实现了在侦查监督部门由专人办理未成年人审查逮捕案件,北京市人民检察院第一分院、第二分院,铁检院也实现了审查逮捕阶段的专人办理制度。

(2)在公诉部门内部设立未成年人专案组。这是北京市检察机关比较普遍采取的机制,例如,西城院在公诉处成立未成年人专案组,形成以主诉检察官为核心的6人工作团队。东城院、丰台院、石景山院、大兴院、通州院、顺义院、房山院、怀柔院、铁检院、延庆院目前也采用此种办案机制。

(3)在公诉部门内部设立未成年人刑事检察专门机构。例如,昌平院于2011年增设公诉三处,公诉二处则确定一名副处长、一名主诉检察官、两名书记员的未成年办案机构,全面负责未成年人刑事案件的审查起诉工作。

(4)设立"捕诉监防"一体化的独立未成年人刑事检察专门机构,即在检察机关内部设立独立职能部门承担未成年人刑事案件审查逮捕、审查起诉、法律监督、犯罪预防等工作。"捕诉监防"一体化机构源于上海市虹口区人民检察院1992年成立的少年刑事检察科,经过十余年的实践,全国已有多处基层检察院设立了独立建制的未检机构。海淀院于2010年9月成立了北京市检察机关第一个少年检察处,目前在编干警共11人,其中6人负责批捕、起诉工作,1人负责犯罪预防工作。朝阳院随后于2010年10月成立了未成年人刑事案件检察处,其职能定位是审查批捕、审查起诉、诉讼监督、犯罪的预防与控制、权利保护、不良未成年人的心理干预与行为矫治、犯罪理论与实务研究。

(二)"捕诉监防"一体化机构的利弊与取舍

1."捕诉监防"一体化机构的优势合理性

第一,法律、司法解释及内部工作规范提倡设立办理未成年人刑事案件的专门机构。

从法律和司法解释层面看。《中华人民共和国未成年人保护法》第55条规定,人民检察院办理未成年人刑事案件,可根据需要设立专门机构或者指定专人办理。《人民检察院办理未成年人刑事案件的规定》第5条规定:"人民检察院一般应当设立专门工作机构或者专门工作小组办理未成年人刑事案件，不具备条件的应当指定专人办理。”六部委《关于进一步建立和完善办理未成年人刑事案件工作体系的若干意见》第二条也有类似规定。

从检察机关内部工作规范层面看，专门机构也得到了检察机关内部运行规律的认可。《人民检察院办理〈未成年人刑事案件的规定〉的若干意见》第2条规定：“各级人民检察院侦查监督、公诉部门均应设立专门工作机构或者专门办案小组，负责办理未成年人刑事案件的审查批捕、审查起诉、诉讼监督以及对未成年人的教育挽救工作。”建立未成年人刑事案件专门机构是促进未成年人刑事检察工作规范化、专业化、制度化的优先选择；其次的选择才是成立专门工作小组；再次，如果条件确实不具备的，最低的标准应当是指定专人办理未成年人刑事案件。从法律、司法解释及检察机关内部规范对于办案机构形式的取舍可以看出，“捕诉监防一体化”办案机构是检察机关探索未成年人司法保护机制的方向。

第二，有利于未成年人刑事司法政策延续、稳定地贯彻执行。

在实践中，由于侦查监督部门、公诉部门所处的刑事诉讼阶段不同，办案人员、主管领导不同，对未成年人刑事司法政策掌握的尺度也有所不同。如果一名未成年人已经被批准逮捕，那么接下去其被作不起诉处理的可行性就大打折扣。相反，如果该未成年人在审查逮捕、审查起诉是由同一部门办理的，该部门对政策的掌握应当是一致的。因此，建立“捕诉监防”一体化机构有利于“教育为主、惩罚为辅”以及宽严相济的刑事司法政策在检察机关内部统一贯彻执行，防止侦查监督部门对犯罪嫌疑人适用的强制措施过多牵制公诉部门的案件处理结果。

第三，有利于适应未成年人案件办理的专业性。

未成年人刑事案件有其自身的特点，办案流程也有其特殊性，需要专门化的办案人员通过一段时间的积累方能掌握，而专门化机构无疑为办案人员的稳定性提供了保障。专业化的办案人员和机构能与时俱进地掌握未成年人犯罪的规律和特点，有利于制定出适合未成年人身心特点的告权形式、讯问方式、案件审查、帮教回访等工作制度，更好地发挥检察机关在预防未成年人犯罪、教育矫治未成年人方面发挥整体作用。

第四，符合“迅速简化”的未成年人刑事司法基本原则。

“迅速”原则是指在诉讼进行的每一个阶段，都应当尽可能地节省时间，迅速侦查、起诉和审判。捕、诉、监、防工作由一个部门负责，能够保证一名未成年人的案件由同一部门办理，可以使前一诉讼阶段掌握的案件信息迅速、直接地适用于下一个诉讼阶段，节省了诉讼时间成本，提高了诉讼效率，避免了司法资源浪费，使未成年人早日从刑事诉讼中解脱出来，符合“迅速简化”这一未成年人刑事司法基本原则。

第五，有利于公、法、司以及其他未成年人保护机构形成工作对接。

未成年人保护工作并非检察机关一家之力所能胜任，独立建制的办案机构为检察机关推动未成年人司法保护的改革提供了支点，也为检察机关与公安机关、人民法院、司法行政机关、未保会、共青团、教委、学校、公益机构等形成工作衔接提供了保障。

2.“捕诉监防”一体化机构的不足之处

对于是否应当建立“捕诉监防”一体化机构，理论和实践界一直存在分歧。“少年司法是向传统理论的一场挑战，具有开拓性、独创性，因此发展过程中充满了曲折和不同意见的争论。”① 诚然，“捕诉监防”一体化机构远非十全十美，它也存在着弊端，主要体现在两方面。

第一，“捕诉监防”一体化机构可能弱化案件的审查把关。刑事诉讼法关于立案、侦查、逮捕、起诉的证明标准是从低到高排列的，后一个诉讼阶段对前一个诉讼阶段的事实、证据有一个审查、把关的过程。如果审查逮捕、审查起诉等重要检察职能归于一个部门行使，来自于外部部门审查、把关环节无形中弱化。第二，“捕诉监防”一体化机构使得该机构或个人手中的权力较大，可能诱发司法腐败现象。

3.“捕诉监防”一体化机构探索和完善

“捕诉监防”一体化机构有利于未成年人刑事政策的贯彻执行，有利于办案资源的优化配置，有利于未成年人的权益保护，有利于办案效果的延伸。因此从发展方向来看，建立“捕诉监防”一体化机构符合刑事诉讼发展规律，是大势所趋。至于一体化机构的不足之处，则通过完善监督机制和管理机制来避免，从而保证未成年人检察工作步入科学化、制度化的轨道。

（1）积极推进“捕诉监防”一体化机构的建立。各级检察机关应当主动适应新形势的要求，立足于各地办案实际积极推进“捕诉监防”一体化机构的建立。市院、分院应积极成立“捕诉监防”一体化办案机构；各基层院在条件具备的情况下，应果断成立“捕诉监防”一体化机构，条件不成熟的，应当继续积累经验，为将来成立“捕诉监防”一体化机构创造条件。

关于未检机构是否应当办理未成年被害人刑事案件，各地可以根据实际情况稳步探索是否办理以及办理的案件类型。从长远看，未检机构应当办理未成年被害人刑事案件，毕竟未成年人被害人参与刑事诉讼的程序与未成年犯罪嫌疑人有相通之处，相对于未成年犯罪嫌疑人，未成年被害人无疑处于更加弱势地位，其权利更需要检察机关的专业化、制度化的保障。

（2）加强内部、外部监督，确保案件得到公正处理。第一，可以规定

① 徐建：《少年司法是向传统理论的挑战》，载《青少年犯罪问题》，2008（4）。

在未成年人刑事检察处内部，不同诉讼阶段由不同的案件承办人负责案件，实行内部分工，使其各司其职，达到相互制约的效果。第二，各院的纪检部门和案件管理部门应着重对未成年刑事案件进行定期、不定期的监督和检查。第三，市院主管部门可以有针对性地开展培训，提高承办人员的政治素质和业务素质，并加大对未成年人刑事案件的审查、指导力度。

三、未成年人检察工作的管理与业务指导

目前，各地对于未成年检察工作的业务指导规定不一。这种情况一方面是由于上级检察机关指导机构各不相同造成的；另一方面，也和各地未成年检察工作承担职能纷杂不一有很大关系。在北京市，未成年指导工作初期由市院侦查监督处统领负责，但由于侦监部门处于案件办理阶段的最初环节、办案时限短，往往无法全面了解案件及涉案人员情况、未成年人犯罪的整体情况，从而难以从全局上对未成年工作进行系统、全面的安排。此后，指导工作转移之公诉部门，但是仍然无法解决基层检察机关未成年办案机构职能众多，而市、分院未成年指导机构功能单一的矛盾。

因此，我们认为，应在市院层面成立专门的未检工作机构，对全市未成年检察工作进行统一的指导、部署。就目前过渡阶段，可先由市院公诉处牵头，联合侦监部门、监所部门，成立集侦监、公诉、监所、预防业务为一体的未成年人工作领导小组，通过召开联席会议等方式统一认识，共同开展未成年检察的业务管理、制度创新工作。

具体来说，指导可分为以下四类：（1）具体案件指导。包括审查批捕案件请示、审查起诉案件请示、上诉抗诉案件指导等。（2）案件质量管理。包括类案指导、诉讼监督工作指导等。（3）未检改革创新工作的规划、部署。我国未成年检察工作的改革创新一直是自下而上开展的，基层检察机关不懈的探索为未成年检察工作带来了生机和活力，但也历经了不少困难和挫折，走了不少弯路。市院未检工作机构成立以后，应对未检工作的改革创新工作给予统一的引导，可以试行先调研，再论证，然后试点，最后制度化并推开的方式，保证探索的合法性、可行性与稳妥性。（4）与其他机关、机构协作的统筹协调。一是为未成年事务与相关部门、人民团体和社会组织进行工作联系、会商提供途径；二是理顺未检部门与其他检察部门之间的关系；三是做好与高检院各业务厅的衔接工作。

四、办理未成年人案件的具体工作机制

（一）诉讼参与人诉讼权利保护机制

1. 法律援助

法律援助是刑事辩护制度的重要内容，联合国《公民权利和政治政治

权利国际公约》将刑事法律援助确定为公民应当享有的一项基本权利。未成年犯罪嫌疑人作为特殊的群体，生理和心理特点决定了其难以独立、充分地行使各项诉讼权利，因而对其进行法律援助显得尤为重要。《联合国少年司法最低限度标准规则》第15条规定："在整个诉讼程序中，少年应有权有一名法律顾问代表，或在提供义务法律援助的国家申请这种法律援助。"未成年人刑事法律援助的存在体现了法律的人文关怀，其发展程度是一个国家的人权状况与法制水平的重要标志。

(1) 检察机关的实践探索。根据我国《刑事诉讼法》及《法律援助条例》的规定，对于未成年犯罪嫌疑人的法律援助分为审判前阶段和审判阶段两部分。在审判前阶段，未成年人的法律援助制度与成年人并无二致，如果因经济困难没有委托律师，只能依一般程序向法律援助部门申请。在审判阶段，未成年被告人没有委托辩护人的，人民法院应当指定承担法律援助义务的律师为其提供辩护。

这些规定导致法律援助制度在实际运作中存在着一些问题：第一，关于侦查阶段、审查起诉阶段由谁联系法律援助、如何进行法律援助、经费如何承担并没有规定，导致有些侦查机关、检察机关没有把该项工作作为专门任务来抓，未成年人在审判前阶段得不到法律援助的现象大量存在。第二，犯罪嫌疑人的很多重要诉讼权利都集中在侦查阶段、审查起诉阶段，未成年人在此阶段如果没有律师的帮助，很难行使诸如申请变更强制措施、申请复议复核等诉讼权利。第三，审判阶段才介入的律师往往因时间原因对案件不能深入了解，使法律援助流于走过场。第四，侦查阶段律师的缺位可能导致犯罪嫌疑人的辩解、提出的无罪证据线索得不到办案机关的重视，使得潜在的问题积压到之后的诉讼阶段。

针对未成年人法律援助制度的不足之处，为保护未成年人的诉讼权益，北京市的检察机关并不囿于法律规定的义务，主动开展了一系列有益探索，其共同特点有。

第一，充分告知未成年人有申请法律援助的权利，告知的阶段有的院是在发告权书时，有的院是在讯问时。第二，与同级的司法局通过开联席会议、会签文件等形式，形成工作对接机制，由检察机关向司法局递交申请，解决了谁去申请、谁提供援助、何时开始援助的问题。第三，检察人员为法援律师的工作提供便利，积极听取律师意见，大大调动了律师的积极性，律师在审查起诉阶段即可出具辩护意见。

以北京市丰台区人民检察院为例，该区与司法局在2008年即签署了《办理未成年人法律援助工作办法》，从制度和规范性文件的层面确立了未成年人法律援助工作，对法律援助的申请、承办、后续发展均作出了具体规定，并要求以法律文书的形式予以固定和记载，并存档入卷，开展法律援助共计600人次。

另外，某些检察机关，例如丰台院还将未成年人被害人纳入工作范围，在受理案件后立即向被害人告知其享有获得法律援助的权利，并为被害人行使该项权利提供各项便利。

(2) 未成年人刑事法律援助的程序的完善。正因为未成年人刑事法律援助制度是如此重要，六部委《配套工作体系的若干意见》用五个条文详细规定了未成年人法律援助制度，具体包括：司法行政部门应当设立未成年人法律援助事务部门或指定专人办理；公安机关在第一次对未成年犯罪嫌疑人讯问时或自采取强制措施之日起，人民检察院在审查批捕和审查起诉阶段，均应当告知未成年人及其法定代理人如果经济困难，可以申请法律援助，并提供程序保障和帮助；未成年被告人没有委托辩护人的，人民法院应当指定律师为其提供辩护；法律援助机构应当优先审查未成年及其法定代理人的申请。

我们认为，目前全程化法律援助是未成年人司法保护体系的客观要求，已成为越来越广泛的共识，该项工作需要公、检、法、司、律理顺关系，完善制度，共同完成，其程序设计应包含以下几点。

第一，明确享有法律援助的条件，申请法律援助的未成年人必须具备“经济困难”及其他特定条件。

经济困难，是指未成年犯罪嫌疑人及其家庭经济收入低于居住地政府规定的基本生活标准，享受民政部门特殊困难补贴的。从程序上讲，申请人应当提供有关单位出具的受援人家庭经济状况的证明，例如低保证明、居委会证明。对于未成年人犯罪嫌疑人提出自己经济困难无法委托律师的，应当积极联系其法定代理人和户籍所在地相关部门出具经济困难的证明材料。如确实无法提供证明的，检察机关可视具体情况确定是否为其提交法律援助申请。

其他需要法律援助的情形，包括两种情形：其一，无法联系未成年人的法定代理人，无法对未成年人及其经济状况进行核实的。其二，未成年人的法定代理人虽不一定经济困难，但其怠于履行监护职责，明确拒绝为未成年人申请律师的。

从长远看，可以考虑进一步扩大法律援助的范围，将所有未成年人犯罪嫌疑人均纳入法律援助的范围，而不仅仅是限于“经济困难”。

第二，检察机关可以主动与公安机关、人民法院、司法行政机关沟通，共同制定关于相互之间协调配合的规范性文件，在每个诉讼阶段的未成年人法律援助的申请程序、申请资格方面达成共识，每一个诉讼阶段的法律援助开展工作状况必须以法律文书形式记录在案。就实践情况来看，未成年人刑事法律援助运行良好的地区，其共同特点是检察机关与司法行政机关有着顺畅的配合机制。

第三，细化检察机关的工作机制。首先，检察机关应当对侦查机关的法律援助开展工作进行监督，如发现侵犯未成年人诉讼权利的违法行为，依法予以纠正；其次，当案件从侦查机关移送到检察机关后，检察机关在向未成年犯罪嫌疑人告权时详细向其解释可以申请法律援助，并向其发放《未成年犯罪嫌疑人法律援助申请表》，由未成年犯罪嫌疑人当场填写并当场收回。申请表的内容包括：在侦查阶段是否申请法律援助；是否继续申请法律援助；申请法律援助的原因；是否希望原律师继续提供法律援助等，检察机关每周定期将申请表移交司法行政机关。

第四，切实采取措施保障并监督法律援助律师履行职责，将法律援助工作纳入检察机关的法律监督范围。具体包括：检察机关为法律援助律师会见、阅卷提供便利；要求律师在审查起诉阶段向检察机关提交对案件事实、证据的书面意见；在发现律师有违反职业道德，损害未成年人利益的行为时，及时告知司法行政机关。

2. 合适成年人参与制度

“合适成年人参与制度”，又称“适当成年人在场制度”或者“适当成年人介入制度”，其基本含义是指司法机关在讯问未成年犯罪嫌疑人时，必须有合适成年人（如监护人或者专设的合适成年人）在场的制度。合适成年人参与，主要是为未成年犯罪嫌疑人提供帮助，协助其与司法机关沟通，同时监督司法机关在讯问过程中是否有不当的行为，它是维护未成年人特殊诉讼权益的重要制度之一。

2010年颁行的《关于进一步建立和完善办理未成年人刑事案件配套工作体系的若干意见》中明确规定：“未成年犯罪嫌疑人、被告人在被讯问或者开庭审理时，应当通知其法定代理人到场……法定代理人无法或者不宜到场的，可以经未成年犯罪嫌疑人、被告人同意或按其意愿通知其他关系密切的亲属朋友、社会工作者、教师、律师等合适成年人到场。”这一规定明确将我国《刑事诉讼法》、《未成年人保护法》规定可以参与到刑事诉讼中的“合适成年人”的范围从“法定代理人、监护人”扩大至“亲友、社会工作者、律师和教师等其他合适成年人”，因此，我们对未成年人刑事案件中的成年人参与制度，分为法定代理人到场和合适成年人参与制度两项制度进行讨论。

（1）法定代理人到场与合适成年人参与制度的实践总结。就北京市的具体实践情况而言，首先，各级检察机关能够切实重视保障未成年人法定代理到场制度的重要意义，在未成年人的法定代理人能够到场的情况下，积极保障其到场旁听讯问，并充分利用未成年嫌疑人法定代理人参与到诉讼中来的机会，开展未成年人身份、年龄审查工作、针对未成年人的教育矫治工作等。部分检察院（市检一分院、大兴院等）还特别注重通过提前告知讯问时间（提前三至五天）为外省市籍的未成年人法定代理人预留在途时间，实现了较高法定代理人到场率。

实践中，就法定代理人到场制度存在如下两大问题，一是在审查逮捕阶段，很多院因为审查期限较短的原因，无法保证法定代理人到场；二是未成年人法定代理人进入看守所旁听讯问的问题，因为北京市各级检察院与看守所之间的入所手续的差异，部分院尚无法完全保障被羁押未成年人的法定代理人到场旁听讯问。其次，在法定代理人无法到场或者不宜到场的情形下，各级检察机关积极探索法定代理人以外的其他合适成年人参与制度，例如北京市检一分院、市检二分院、东城院、海淀院、西城院等。

针对实践中的相关探索，我们认为各院开展的合适成年人参与制度基本初衷相对较为一致，但在具体程序设计上主要存在如下问题：一是各院选择的参与到诉讼中来的合适成年人的范围并不相同，有联合司法局指派律师参与的（二分院、西城院），有委托教师、青少年社工、共青团员、居委会工作人员的（东城院），有允许法定代理人授权的单位或社会机构（一分院）参与到诉讼中来的，还有委托专业的司法社会担任合适成年人的角色的（海淀院）；二是参与诉讼的阶段不同，有在审查批准逮捕阶段即保证合适成年人参与的，还有仅在审查起诉阶段开展此项工作的；三是有在如何保障参与到诉讼中的合适成年人的相关权利和督促其履行义务的工作规程上并不一致，有待进一步统一。

(2) 法定代理人到场制度的进一步完善。作为我国法律最早确定可以参与到未成年人刑事诉讼程序中的广义合适成年人，未成年嫌疑人的法定代理人不仅最为关心案件的进程和结果，而且对于教育和矫正未成年人有着天然的优势和不可推卸的责任。我们认为，检察机关保障未成年嫌疑人法定代理人到场制度实践已经相对成熟，为进一步完善此项制度，应进一步注重如下几项工作。

一是，保障法定代理人到场旁听的优先序位。在法定代理人可以到场的情形下，检察机关应优先通知未成年犯罪嫌疑人的法定代理人到场，并告知其旁听讯问的注意事项和权利义务，保障讯问过程的顺利进行。二是，检察机关在通知未成年人法定代理人到场的情形下，应注意核对公安机关履行通知义务的情形，切实进行诉讼监督工作。尤其针对公安机关制度工作说明表示无法通知或者通知后法定代理人无法到场的。三是，针对被羁押的未成年犯罪嫌疑人，检察机关应积极与监管机关协调，保障未成年人的法定代理人能够顺利入所参与到讯问过程中。

（3）合适成年人在场制度。对法定代理人以外的合适成年人参与制度，我们认为，各级检察机关可以从参与条件、主体范围、合适成年人的作用、权利义务规定以及参与程序等各个方面，结合本区特点对《若干意见》的规定进一步细化和落实。

第一，适成年人在场制度的适用情形和适用条件。在未成年嫌疑人的法定代理人无法到场或者不适宜到场的情况下，可以适用合适成年人在场制度。这些情形主要包括：无法通知到未成年嫌疑人的法定代理人，未成年人本人拒绝法定代理人在场，法定代理人拒绝到场或者干扰讯问等。对于刑事诉讼中的被害人、证人，如果确实没有法定代理人到场旁听的，也应开展合适成年人参与制度的适用。

此外，检察机关应当充分尊重未成年人的意愿，向其解释合适成年人在场的作用和意义，通知合适成年人到场一般应征得其同意或者征求其意愿。

第二，担任"合适成年人"的具体条件和主体范围。除未成年人的法定代理人、监护人外，可以担任"合适成年人"的主体应当具备的条件可以概括为：有完全责任能力，品质优秀，热爱、关心青少年工作，有责任心、有一定社会阅历及工作经验，并充分考虑"有利工作、就近参与"的原则。

根据上述条件，一般"合适成年人"的范围包括教师、青少年保护工作者、教师、社会工作者、律师（担任"合适成年人"的律师不得再担任案件的法律援助律师）或者未成年嫌疑人的亲友等。在制度试点初期，如尚未形成稳定的"合适成年人"备选队伍，可根据各地区的不同实际情况探索适宜的主体范围。

第三，"合适成年人"应当发挥的作用。"合适成年人"在介入刑事诉讼、旁听讯问的过程中应当积极发挥如下作用：监督讯问活动中是否有违法或有损未成年人身心健康的行为；帮助告知、解释未成年嫌疑人依法享有的诉讼权利及应当履行的诉讼义务；帮助未成年人理解讯问等诉讼活动的含义；帮助未成年人理解其行为、语言的法律意义；协助未成年人与司法人员沟通；照顾未成年人身心健康的特殊需要，避免未成年人陷入焦虑、饥饿、孤独、恐惧等状态。

第四，"合适成年人"的基本权利和义务。"合适成年人"在参与诉讼、旁听讯问活动中享有的权利主要包括：享有介入未成年人案件不受非法干预的权利；享有对司法机关承办人违法或不适当行为提出纠正的权利。此外，其应当承担的义务包括：不得非法干涉检察机关的正当诉讼活动；不得泄露与案件有关的秘密；不得泄露未成年人姓名、隐私等信息。

第五，“合适成年人”在场制度的具体程序。通知及协调程序：检察机关在讯问未成年人五日之前，应当书面通知合适成年人参与诉讼的时间地点，电话通知的应当记录在案；对需进入看守所提讯的，检察机关工作人员应积极协调，帮助办理相关入所手续。

告权程序：合适成年人到场后，检察机关工作人员应先告知其所享有的权利和义务，合适成年人应在《合适成年人权利义务告知书》上签字，检察机关工作人员同时应向合适成年人简要介绍案情。

讯问在场：开始讯问后合适成年人在场旁听，并积极发挥作用。

在讯问笔录上签字：讯问结束后，合适成年人在检察机关制作的讯问笔录上签名，并填写《合适成年人在场书》，记录讯问人员是否有违法或损害未成年人身心健康的行为。

3. 未成年被害人权利保护机制

未成年被害人是刑事诉讼中一类特殊的当事人，他们作为被犯罪行为直接侵害的对象，在遭到侵犯后，往往由于生理和心理的特殊性不能正确认识和接受这一挫折，更缺乏利用法律自我保护的能力，他们极易因为刑事诉讼进程中的权利保障缺位而受到“二次伤害”，甚至在不良心理的支配和其他因素的推动下导致逆向变化，从被害人向加害人转化。[①] 2010 年颁行的《关于进一步建立和完善办理未成年人刑事案件配套工作体系的若干意见》中对被害人在刑事诉讼中的合法权益保护问题做出了特别规定。检察机关办理涉及未成年被害人的案件，应当逐步建立未成年被害人权利告知机制、意见听取机制、法律援助机制、合适成年人参与机制、隐私保护机制、心理疏导机制等各项权利保护机制。

我们注意到，目前北京市各级检察机关已经对刑事诉讼中的被害人保护给予了关注和重视，例如海淀、朝阳、西城、昌平、石景山等已经将未成年被害人的案件统一纳入未成年专业机构的办案范围，海淀院开展了未成年被害人的综合救助制度，主要包括法律援助、心理辅导、经济资助和生活指导等内容，部分院也积极通过不起诉、刑事和解等制度充分保证涉案未成年被害人的合法权益。然而，我们认为北京市检察机关开展被害人权益保护的工作，与《若干意见》的规定尚有一定距离，各级检察机关的做法有待进一步统一和规范。

---

① 黄素琴、方伏明：《浅议我国刑事被害人“二次被害”预防机制》，载《新乡学院学报》（社会科学版），2009（12）；王临平、赵露娜：《防止未成年被害人恶逆变》，载《青少年犯罪问题》，2001（3）。

(1) 未成年被害人权利告知和诉讼进程告知机制。检察机关除在法定期限内告知未成年被害人及其法定代理人诉讼权利义务之外，在不妨碍案件办理的情况下，应当及时告知案件进展情况、犯罪嫌疑人强制措施情况及强制措施变更情况、案件处理结果等。对于未成年被害人知情权的充分保障，是其在诉讼中各项权利得以实现的基础和前提。《若干意见》扩大了检察机关告知义务的范围，相应完善了未成年被害人在刑事诉讼诉讼中的知情权保障机制，这不仅仅体现了对未成年人被害人的特殊保护，也符合被害人权利保障的国际准则和发展趋势。我们认为，各级检察机关应当高度重视未成年被害人的诉讼权利及诉讼进程告知工作：一是探索针对未成年被害人的专门的告权书、变更强制措施通知书、案件处理结果告知书等法律文书样本；二是积极探索“不妨碍案件办理”这一条件的细化标准，在保证未成年被害人的同时保证诉讼顺利进行；三是在告知的同时应注意做好释法说理工作，及时化解矛盾，减少涉检上访风险。

(2) 意见听取机制。对于可能做出不批准逮捕、做不起诉处理的未成年刑事案件，检察机关在做出不批捕、不起诉决定之前，应当审查案件中未成年被害人所受损失是否得到赔偿、未成年嫌疑人的犯罪行为是否得到被害人的谅解等具体情况，同时应充分听取未成年被害人对案件处理结果的意见：一方面，保障其作为诉讼中的当事人发表意见的权利；另一方面，也有助于检察机关承办人全面了解案件情况，做出正确的恰当的处理决定。

(3) 隐私保护机制。对于被害人是未成年的案件，尤其是性犯罪案件，应当特别注意未成年被害人的隐私保护，防止在打击和惩治犯罪嫌疑人、被告人的过程中造成对被害人的进一步伤害。检察机关在刑事诉讼法律文书中应注意保护未成年被害人的名誉和尊重未成年被害人的人格尊严；在适用法律援助及合适成年人在场等工作机制时，应始终严格保护未成年被害人的隐私。此外，检察机关对未成年被害人的隐私保护负有法律监督职责，对于其他机构和司法机关未能保护未成年被害人隐私的情形应当适时通过《检察建议》等方式依法履行法律监督职能。

(4) 心理疏导机制。近年来，未成年被害人的“恶逆变”现象逐渐引起各方的关注和重视，如何加强司法程序中对未成年被害人的关心、爱护和教育成为当务之急。虽然检察机关并非是专业解决心理问题的医疗机构和矫正机构，但针对刑事诉讼中那些存在心理阴影、心理障碍、甚至心理疾病的未成年被害人，检察机关基于保护未成年合法权益的职能，应当积极开展工作，履行应有的职责。我们认为，检察机关对未成年被害人的心理支持和心理疏导工作可以从两个层面开展。

首先，是情感支持层面。检察机关办理未成年人案件，应当针对未成年被害人的心理特征，主动关心被害人，缓解其因为受到犯罪行为侵害而产生的恐惧、焦虑、抑郁、羞耻等心态，帮助其平复因犯罪而受到的精神创伤。[①] 对被害人的情感支持贯穿于案件办理的各个阶段，在受案告权、法律援助、询问被害人、听取被害人意见等各项工作中，检察机关案件承办人均应注重对被害人心理问题的关注和抚慰。

其次，是心理疏导和治疗机制。针对那些心理遭受较大创伤的未成年被害人，检察机关可在工作机制上进行探索，协调专业的心理机构为其及家人进行辅导和疏导，必要时求助于医疗机构进行治疗。当然，在此项工作中检察机关主要承担联络、协调职责，不宜全面负责或介入过深。对此，海淀区人民检察院以探索将受到人身伤害和性侵害的被害人纳入心理疏导机制的工作，积累了实践经验。

（二）社会调查制度

1. 实践中对社会调查制度的探索

社会调查制度，又称“全面审查制度”、“人格审查制度”、“品行调查制度”或者“判决前的调查制度”，指办案机关在处理未成年人案件时，不仅仅要查明案件本身的情况，还应对未成年犯罪嫌疑人、被告人的家庭背景、生活环境、教育经历、个人性格、心理特征等与犯罪案件处理有关的信息作全面、细致的调查。社会调查制度的理论基础是“刑罚个别化”，它是未成年刑事诉讼程序中的特有制度，该项制度不仅在未成年刑事诉讼的犯罪侦查、强制措施适用、不起诉裁量和定罪量刑等领域发挥着重要的信息支撑功能，而且还是进行有针对性的教育、矫治，开展特殊犯罪预防工作的基础。

我国现行《刑事诉讼法》中虽然没有明文规定社会调查制度，但在公安机关、检察机关和人民法院的司法解释中对于刑事诉讼中侦查、审查批准逮捕、审查起诉、审判等不同阶段应当全面调查涉案未成年人的学习环境、成长经历、性格特点等工作均做出了规定，其中，2006 年最高人民检察院颁行的《人民检察院办理刑事案件规定》第 12、14、16 条分别规定了检察机关在审查批准逮捕和审查起诉环节应当开展社会调查工作。在我国已经加入的国际公约《联合国少年司法最低限度标准规则》（北京规则）第 16 条规定：“所有案件除涉及轻微违法行为的案件外，在主观当局作出判决前的最后处理之前，应对少年生活的背景和环境或犯罪的条件进行适

---

① 董晓华：《论未成年被害人保护制度》，载《未成年人犯罪的理论与司法实践》，北京，法律出版社，2010（12）。

当的调查，以便主观当局对案件作出明智的判决。”

在具体的司法实践中，很多检察机关都积极开展了关于社会调查的探索。《若干意见》出台前的相当一段时间内，因为现行规定中对社会调查制度未作出具体、明确的规定，实践中存在不同的工作模式。仅就北京市检察机关开展社会调查工作的现状看，各级检察机关开展社会调查存在较大区别。一是从社会调查的主体看，有检察机关承办人亲自进行调查的，有检察机关委托或协同团组织、司法局或者律师协会开展的，还有委托专职司法社会调查；二是从社会调查的诉讼阶段看，有在审查批准逮捕和审查起诉阶段均开展社会调查工作的，也有均未开展的，还有单独在批捕阶段或单独在审查起诉阶段开展调查工作的；三是从被调查对象看，有针对所有未成年人均开展社会调查工作，还有仅针对在校生或者着重针对拟做不批捕或者不起诉决定的未成年人开展社会调查的；四是不同院对调查报告的使用存在较大差异，有的院仅作为自己办案的参考不向人民法院移送也不在开庭时提交，仅在发表量刑建议时引用，有的院将调查报告中起诉时一并移送人民法院，作为法院量刑时的参考。

2. 社会调查工作在实践中存在的问题

（1）法律文本之间存在空白。在我国生效的法律文件中，关于社会调查的规定存在着主体众多、程序不详、各机关职责不清、各诉讼阶段衔接不畅的问题，2010 年 8 月 14 日中央综治委预防青少年违法犯罪工作领导小组、最高人民法院、最高人民检察院、公安部、司法部、共青团中央颁行的《关于进一步建立和完善办理未成年人刑事案件配套工作体系的若干意见》（以下简称《若干意见》）中对社会调查制度涉及的诸多问题进行了明确和规范，但就社会调查报告的性质仍然与其他司法解释表述不一致。

（2）司法实践中各地区别较大。《若干意见》出台前的相当一段时间内，因为现行规定中对社会调查制度未作出具体、明确的规定，实践中存在不同的工作模式。仅就北京市检察机关开展社会调查工作的现状看，各级检察机关开展社会调查存在较大区别。

首先，调查主体不一致，导致调查缺位或者调查重复。例如在审查批准逮捕阶段开展的社会调查和审查起诉阶段的社会调查工作是何种关系，是否需要重复调查，两个阶段的调查材料如何移送；再如，由检察机关承办人开展的社会调查工作可以是承办人直接、充分地了解第一手材料，但是却往往受到公正性的质疑，而由一些社会工作者开展的调查工作往往因为主体身份引发合法性的问题。

其次，开展社会调查工作所针对的未成年人范围不一致，导致法律适用出现人为差别。在北京市开展社会调查工作各级检察机关中，大多数院会选择重点对部分未成年人（在校生、拟不批捕、拟不起诉）开展社会调查工作，使社会调查制度的初衷打了折扣。

再次，基于对社会调查报告性质不同认识，导致对调查报告的使用程序存在较大差别。关于社会调查报告的法律属性问题，在未成年人刑事司法理论和司法实践中都尚未统一认识，这对检察机社会调查工作中使用社会调查报告的具体程序影响较大。

3. 完善检察机关开展社会调查制度的建议

《若干意见》对社会调查制度规定是中总结此前各机关实践中的经验和问题的基础上进行的规范和统一，检察机关应当积极贯彻这一规定中的相关内容，探索新形势下检察机关在未成年社会调查工作中的职责和工作程序，并结合检察工作的具体情况对《若干意见》规定的内容进一步细化。

（1）社会调查的主体。

第一，司法行政机关社区矫正部门是社会调查工作的责任主体。《若干意见》中明确规定："司法行政机关社区矫正工作部门可联合相关部门开展社会调查，或委托共青团组织以及其他社会组织协助调查。"

事实上，由司法行政机关社区矫正部门来担任社会调查的责任主体具有合理性和可行性。司法行政机关具备专职矫治职能的国家公职人员，他们具有较强的纪律性和法制观念，也具备开展社会调查工作的专业技能。司法行政机关其作为社会调查工作的主体，不仅避免了司法机关亲自调查所带来的公正性质疑，而且避免了其他社会主体开展社会调查活动、出具社会调查报告的合法性缺陷，另外还将"社会调查"与"判决后的缓刑矫治"进行了良好的对接。

第二，其他可以参与到社会调查工作中的主体。考虑到社会调查工作的复杂性，《若干意见》将社会调查主体进行了适当的扩大，规定司法行政机关社区矫正部门可以联合其他相关部门开展工作，还可以委托共青团组织和其他社会组织协助调查。据此，司法行政机关作为责任主体可以选择联合开展工作的主体，也可以委托其他组织开展协助性调查工作。

第三，检察机关在社会调查工作中的定位。在《若干意见》正式颁行后，检察机关应当从原有的调查工作或者协调、委托工作中撤出，依法严格履行审查职能，在履行审查批准逮捕和审查起诉职能时，审查收到的社会调查机关制作的社会调查报告，作出是否提请批捕、移送起诉的决定，并作为开展教育矫治活动的参考。

除了作为对社会调查报告的审查主体，《若干意见》规定，司法行政机关社区矫正部门应当接受检察机关的委托承担社会调查工作。我们认为，根据对该规定条文原意的解释，公安机关是社会调查工作的主要委托主体，检察机关和人民法院仅在特殊的例外情形下担当委托主体。

第四，各机关中社会调查中配合和监督。司法行政机关是开展社会调查工作的主体，公安机关是委托主体，人民检察院和人民法院中作为社会调查报告的审查运用主体，特殊情况下可以成为委托主体；司法行政机关有义务接受委托开展工作、接受审查并应要求补充工作，其他机关有义务配合司法行政机关的工作，在刑事诉讼进程的不同阶段层层递进、不断完善和充实社会调查工作。

(2) 检察机关对社会调查报告的审查。检察机关在审查批准逮捕和审查起诉阶段，负有对社会调查报告及相关材料的审查义务，审查社会调查报告主体的资质，社会调查程序的合法性，以及调查过程中是否存在侵犯被调查人合法权益情形等事项。检察机关的审查形式应主要应包括书面审查、要求公安机关补充材料、委托司法行政机关补充调查等形式。

第一，检察机关对社会调查报告主体的审查。检察机关应当审查开展社会调查工作的主体是否适格，一方面其是否有法定的资质，例如是否是司法机关公职人员进行的调查或者参与调查的，在委托协助的调查情形下，受委托方是否有开展社会调查工作的相关资质等；另一方面是应注重审查调查主体是否具有不适宜调查的相关情形，例如，与被调查人存在利害关系应与回避情形等。

第二，检察机关对社会调查报告内容的审查。检察机关在审查批捕阶段对社会调查报告进行审查时，应当注意审查报告中是否包含如下具体内容：未成年犯罪嫌疑人的性格特点、家庭情况、社会交往、成长经历、是否具备有效监护条件或者社会帮教措施，以及涉嫌犯罪前后表现等；因犯罪嫌疑人不讲真实姓名、住址，身份不明，无法进行社会调查的，检察机关应审查社会调查机关是否出具了书面说明材料。除上述内容外，检察机关在审查起诉阶段应一并审查公安机关移送的未成年嫌疑人中办案期间的表现材料。

第三，检察机关对社会调查报告制作过程的审查。检察机关对社会调查制作过程的审查，主要审查调查主体制作社会调查报告的各项工作中是否存在侵犯未成年人合法权益的情形，例如，在开展社会调查工作中是否存在不当的工作方式导致被调查未成年人隐私权、名誉权受到侵犯等。

第四，检察机关审查社会调查报告的具体方式。首先，在审查批准逮捕阶段，检察机关应首先进行书面审查，发现公安机关未提交社会调查报告或者认为社会调查报告内容不够翔实、无法对嫌疑人羁押必要性作出判断的，可以要求公安机关补充材料，公安机关怠于补充的，检察机关可委托司法行政机关进行调查或者补充调查。

其次，在审查起诉阶段，检察机关应对社会调查报告和公安机关移送的嫌疑人在案件办理过程中的表现等材料进行书面审查，针对拟做出不起诉处理的案件，如认为需对相关内容补充调查的，可以要求公安机关补充，公安机关怠于工作的，检察机关可委托司法行政机关进行补充调查。

此外，如果司法行政机关向侦查机关提交了无法进行社会调查工作的书面说明材料，检察机关应当审查无法调查的理由是否成立或者是否持续存在；在整个刑事诉讼过程中，一旦导致无法调查的事项消失，检察机关应要求公安机关或司法行政机关及时开展调查工作并提供相应报告。

(3) 检察机关对社会调查报告的使用。针对有关社会调查报告的性质的争议，我们认为虽然社会调查报告与“品格证据”有着很多相同点，但从内容、适用目的、程序、作用等四个方面看，社会调查报告与品格证据都存在区别。虽然被调查未成年人的“品格”是社会调查报告的主要内容，但后者包含了更为丰富的内容，在未成年刑事案件的诉讼分流、特殊犯罪预防领域具有重要作用。检察机关对于社会调查的报告的使用是贯穿于审查批准逮捕、审查起诉及审判环节的。

在审查批准逮捕阶段，检察机关对社会调查报告的使用，主要是根据报告所评估的犯罪嫌疑人的人身危险性，判断是否具备羁押必要性，进而做出是否批准逮捕的决定。

在审查起诉阶段，检察机关对于社会调查报告的使用，主要是在审查犯罪嫌疑人具体犯罪行为的社会危害性的同时，通过对社会调查报告的审查综合评价其人身危险性、再犯可能性等因素，做出案件是否提起公诉的决定。尤其对拟做相对不起诉处理的案件，检察机关应高度重视社会调查报告中对嫌疑人再犯可能性的评估，并结合社会调查报告做好对犯罪嫌疑人不起诉前的教育矫治和不起诉后的跟踪回访工作。

在出庭支持公诉过程中，出庭公诉人应当在量刑程序过程中，将社会调查报告及办案期间表现材料作为有别于其他量刑证据的相关材料向法庭提交（在提交过程中应注意保护未成年被告人的隐私及名誉），并发表有针对性的量刑意见和教育意见。在庭审结束后，检察机关应将社会调查报告随案移送人民法院作为量刑参考。

最后，社会调查报告是对犯罪嫌疑人的各方面情况进行全面审查基础上形成的，因此是检察机关开展特殊预防工作重要信息来源，检察机关应注重从中找准“感化点”，在讯问、出庭等工作中对未成年犯罪人进行最适合于其自身情况的教育和帮教工作，从而实现个别预防。

（三）未成年犯罪嫌疑人年龄的查证与审核

1. 未成年人刑事责任年龄认定出现的主要问题及成因

(1) 部分未成年人的身份难以核实。实际办案中经常会遇到这样的情况：公安机关移送的案卷材料中有户籍证明以及公安人口信息网的个人信息表，但两份材料都没有照片，且犯罪嫌疑人在接受讯问时能说出被调取户籍证明者的个人信息，导致承办人难以判断在押的犯罪嫌疑人是否冒充了其身边熟悉的未成年人的身份。

此种现象的根本原因在于我国的户籍登记制度还不完善，公安机关的信息系统里在公民办理身份证件之前并不录入公民的照片，甚至有些公安机关在公民办理身份证后仍未录入公民的照片。很多未成年犯罪嫌疑人直至案发时都没办身份证，公安人口信息网、户籍系统里也没有其照片，导致承办人难以对其身份进行核实，成年人冒充未成年人身份的情况偶有发生。

（2）公历、农历混淆导致年龄认定出现偏差。现在犯罪的未成年人均出生在20世纪90年代初，当时我国相当一部分农村地区还是采用农历来记录事件，因此按照农历的出生日期为新生儿报户口的现场也广泛存在。如果不加细致审查就将未成年犯罪嫌疑人的农历生日认定是公历生日，就导致出生日期提前，在年龄涉及临界点的情况下，往往成为犯罪嫌疑人及其法定代理人要求获得从轻、减轻的理由。

（3）户籍证明与言辞证据不一致，导致相互矛盾。在保证准确性的前提下，户籍证明应当是证明犯罪嫌疑人年龄的最有力证据，但是导致户籍证明不准确的情况很多，例如，部分地区户籍登记混乱，派出所民警责任心不强，在将纸质户口档案录入人口管理信息系统时出现差错；犯罪嫌疑人并非在医院出生，父母对孩子的出生日期没有记录，按记忆申报户口；在户口登记时为了早打工、早结婚、早分地故意报大了年龄。

因此，在户籍证明显示犯罪嫌疑人已达到刑事责任年龄的情况下，犯罪嫌疑人或家属基于户籍年龄确实错误或基于想为犯罪嫌疑人减轻罪责而作伪证，对户籍年龄提出异议，导致证据之间相互矛盾。

（4）不讲真实姓名或从未上过户口。在犯罪嫌疑人不讲真实姓名的情况下，自然无法调取其户籍证明，也就无法直接证明犯罪嫌疑人的年龄。还有一些犯罪嫌疑人由于种种原因，从未上过户口，也无法调取户籍证明，在这种情况下，需要结合其他证据认定犯罪嫌疑人的年龄。

（5）骨龄鉴定的准确性和采信问题。骨龄鉴定具有科学、可靠的特点，但是骨龄鉴定的结论限定在一定的时间段内，而不是时间点，无法给出确切的年龄结论。另外，骨龄鉴定具有滞后性，只能鉴定出委托鉴定时的年龄范围，在案发时间和委托鉴定时间相隔较长的情况下，则对确定犯罪嫌疑人案发时的年龄作用受到限制。

2. 年龄的查证与审核的设计程序

从长远看，解决未成年犯罪嫌疑人的年龄认定问题离不开我国户籍制度的发展。从目前的检察工作的实际看，承办人可以通过严密办案方法、扩展办案途径来保证在案犯罪嫌疑人的年龄无误。

(1) 杜绝成年犯罪嫌疑人冒充他人未成年身份的情形。检察机关在受理案件后首先应当审查公安机关移送的案卷中是否有犯罪嫌疑人的户籍证明，如没有户籍证明，则审查是否有居民身份证、户口簿。在有户籍证明的情况下，还应审查户籍证明上是否载有犯罪嫌疑人的照片。

在向犯罪嫌疑人告权时，承办人要向其询问家里的电话或其父母的手机号码，通知其父母在之后的讯问时到场；加强与公安机关沟通，要求侦查人员补充其他旁证材料，如犯罪嫌疑人整个家庭的户籍信息表，从犯罪嫌疑人曾经上过的学校调取学籍表上的照片等证据；通过通知犯罪嫌疑人法定代理人在讯问时到场，核实法定代理人的身份证件及户口簿，审查身份证的户籍地址与犯罪嫌疑人的户籍地址是否相同；针对户籍证明无照片，且又称无法定代理人电话号码的犯罪嫌疑人，承办人立即向其自报的户籍地址发犯罪嫌疑人权利告知书，并向户籍地居委会、村委会、派出所询问犯罪嫌疑人的情况，并记录在案，必要时组织犯罪嫌疑人对其自称身份的法定代理人照片进行辨认等。

(2) 通过讯问认真听取犯罪嫌疑人的供述和辩解。对于侦查机关认定在犯罪嫌疑人年龄在 14 周岁至 20 周岁左右的案件，要提高警惕性。在进行讯问之前审查犯罪嫌疑人在侦查阶段关于年龄的供述是否一致，相互之间是否存在矛盾。

在对犯罪嫌疑人进行讯问时，要详细问明犯罪嫌疑人的出生时间，问明其供述的出生日期是否是身份证明上的日期，是农历还是阳历、犯罪嫌疑人的属相以及生活、学习经历，还要问明犯罪嫌疑人父母、兄弟姐妹的年龄，对于犯罪嫌疑人辩解自己未满 16 周岁或者 18 周岁的，不能疏忽大意，要给其充分辩解的机会，让其讲清提出异议的理由。在发现年龄疑点后，第一时间通知公安机关进行查证，以免失去发现犯罪嫌疑人年龄存在的错误的最好时机。

(3) 对户籍登记年龄提出异议并提供线索的，应当进行查证并综合审查。在犯罪嫌疑人或法定代理人对户籍年龄提出异议，并提供相应线索的，检察机关应当及时通知公安机关到犯罪嫌疑人原籍地进行查证，查证的如下主要内容。

第一，书证方面。应当到原籍地村、镇、县三级计生部门调取犯罪嫌疑人父母的计生档案；到犯罪嫌疑人就读的小学、初中以及当地教育局调取学籍档案，根据需要可以调取全班同学出生日期简表；到村、镇、县三级防疫部门调取新生儿接种记录。在犯罪嫌疑人父母育有多名子女的，查明各子女的出生间隔是否符合自然规律。

第二，人证方面。应当调取犯罪嫌疑人的父母、医生、接生员、老师、邻居、同龄人的证言。在向上述证人进行核查时要特别注意与犯罪嫌疑人辩解中的细节问题进行对照，如犯罪嫌疑人的属相，犯罪嫌疑人出生时的节气、农时、冷暖、与同龄人出生的先后顺序、出生前后的重大事件等。

在充分调查取证之后，应当对证据进行综合审查判断。如果其他证明犯罪嫌疑人真实年龄的证据形成完整的证据链条，足以推翻户籍证明时，应当采信其他证据；如果证据不能形成完整的证据链条，还是应当采信户籍证明。

（4）不讲真实姓名或无书面身份证明材料的，应当进行骨龄鉴定。如果犯罪嫌疑人不讲真实姓名，或者年龄证据仅有犯罪嫌疑人供述、证人证言的，应当委托具有鉴定资质的单位对犯罪嫌疑人进行骨龄鉴定。骨龄鉴定与犯罪嫌疑人自报年龄和证人证言基本吻合的，可以作为认定刑事责任年龄的依据；骨龄鉴定并不能准确确定被鉴定人犯罪行为时的年龄，并且在临界年龄上下的，应当作出有利于犯罪嫌疑人的认定。另外，单一的骨龄鉴定不足以确定犯罪嫌疑人的年龄，应当结合其他证据综合判断。

（5）一定程度的就低原则。在审查逮捕时，如发现年龄证据缺失或者不充分，犯罪嫌疑人或法定代理人基于相关证据提出异议，可能影响案件认定的，可要求公安机关补充相应证据，如公安机关不能提供，则不予批准逮捕，通知补充侦查。审查起诉阶段应当退回补充侦查或自行侦查，经过补充侦查仍不能证明犯罪嫌疑人在作案时已达到刑事责任年龄的，应作出有利于犯罪嫌疑人的认定和处理。例如，如果犯罪嫌疑人或法定代理人辩解其是以农历出生日期申报户口的，且涉及刑事责任临界点，又无其他证明身份的相关书证予以反证的，应当就低认定犯罪嫌疑人的年龄。

（四）羁押必要性审查制度

未成年人身心尚未成熟的性质与未成年人司法注重保护的特殊目的决定了与成年人相比，未成年犯罪嫌疑人应当在审前羁押的适用上，适用比成年人更高的要求，即有着严格于成年人的羁押必要性审查条件。目前，北京市各院未成年人审前羁押形势依然严峻。

据统计，[①] 2008—2010 年，全市未成年人平均逮捕率高达 83%，其中，逮捕率最高的院达到了 95%，与成年人逮捕率相差无几，且与未成年

① 根据西城院《办理未成年人刑事案件工作机制研》课题组 2010 年向北京市各区县院、分院发出调查问卷后回收的 16 份问卷统计而来。

人多为轻罪、多被判处三年以下有期徒刑的刑罚现状极为不符[①]。上述情况的造成与大多数院未能真正贯彻落实对于未成年人“可捕可不捕的不捕”的审查批捕原则、实行有别于成年人的羁押必要性审查机制有很大关系。我们认为，可以从明确羁押必要性审查内容、扩展羁押必要性审查程序、建立继续羁押必要性审查制度、完善非羁押性强制措施配套设施四方面入手，逐步降低未成年人审前羁押率。

1. 羁押必要性审查的内容

我们认为，羁押必要性审查的内容应主要为四部分：（1）对犯罪事实的审查。一是确定犯罪行为本身属于罪行较轻还是罪行较重；二是确定犯罪嫌疑人是否具有自首、立功、退赃赔偿等法定、酌定量刑情节。（2）对主观恶性的审查。即根据犯罪嫌疑人的平时表现、犯罪动机、犯罪手法、认罪悔罪态度等内容判断犯罪嫌疑人的主观恶性。（3）对监护与社会帮教条件的审查。即根据犯罪嫌疑人家人或者所属学校、单位、社区对其的态度、管教能力等，来判断犯罪嫌疑人是否具有被监护、被帮教条件。（4）对妨害诉讼可能性的审查。即根据证据的收集调取情况、同案犯的在案情况、犯罪嫌疑人自身的情况来判断犯罪嫌疑人是否有逃跑、自杀、被害、串供、隐匿证据、干扰证人作证等妨害诉讼的可能性。

2. 羁押必要性审查的具体程序

未成年犯罪嫌疑人是否具有羁押必要性特别是是否具有社会危险性通常很难直接体现在公安机关提供的卷宗证据中，而且相当部分情况是随着时间推移不断推进、不断变化的。因此，检察官在对未成年犯罪嫌疑人的羁押必要性审查过程中，一定要将“可捕可不捕的不捕”理念落实为行动，充分发挥主观能动性，变被动审查为主动审查。一方面保证羁押必要性审查、判断的正确；另一方面为未成年犯罪嫌疑人适用取保候审创造机会、条件。

（1）落实保证人监护措施，尽力为未成年犯罪嫌疑人找到适格保证人。

首先，适当扩展保证人选任范围，除了在京长期生活、工作的家人、亲友、老师、单位同事以外，对于罪行较轻、主观恶性较小、不会妨害诉讼进行的外地未成年犯罪嫌疑人，可批准由其原籍家人担任保证人，允许其回原籍等候审理。其次，尽力通过各种途径联系未成年犯罪嫌疑人家人，对于未成年犯罪嫌疑人提供不出家人电话，或家人长期在外很难联系的情况，不局限于公安机关提供的联系方式，应尽力寻找其他方式辗转找到其家人，避免

① 根据海淀检察院近三年统计，被判处三年以上有期徒刑的未成年人仅占被逮捕未成年人总数的10%左右。

未成年犯罪嫌疑人因联系不上家人而缺失监护条件。再次，加强对保证人履行监护职责的指导，在保证人提交保证资格证明时，根据个案情况指导保证人如何正确、恰当履行监护职责，确保诉讼顺利进行。

（2）充分听取法定代理人、律师、被害人意见，正确适用取保候审。

改变目前检察机关在审查批捕时的主宰现状，允许法定代理人、律师、被害人均参与到审查批捕的过程中。一是必须聆听法定代理人关于未成年犯罪嫌疑人是否具有主观恶性、是否具有良好监护、帮教条件的解释；二是必须听取律师关于未成年犯罪嫌疑人是否够罪、罪轻、罪重、有无社会危险性的意见；三是必须听取被害人关于未成年犯罪嫌疑人是否有可能实施打击报复等影响被害人安危的顾虑、想法。并在审查中予以充分考量，在作出处理结果时及时向上述人员回复并说明理由，保证审查的全面性、合理性，保证处理结果取得法律效果和社会效果的相统一。

（3）建立社会危险性评估机制，提高羁押必要性审查的科学性。

社会危险性评估是指对犯罪嫌疑人的各种信息进行量化评估后，得出的犯罪嫌疑人取保后是否会再次违法犯罪的可能性评估机制，评估结果分为高、中、低三等，作为羁押必要性审查时的重要参考依据。社会危险性评估将社会危险性的评判量化、科学化、具体化，降低了它的主观臆断性、不确定性，提高了可预测性。社会危险性评估内容一般应由四部分组成，一是对犯罪行为的评估；二是对行为人本身的评估；三是对家庭、社会环境影响因素的评估；四是对取保候审保障支持条件的评估。目前，北京市部分院已经开始尝试委托司法社工开展社会危险性评估工作。但是我们认为，由司法社工全权负责这项工作并不合适。第一部分犯罪行为的评估主要依据承办人对犯罪事实的了解；第二、三、四部分的评估则可以参照司法社工所做的社会调查。因此，在具体评估内容和分值经专家设计、论证并固定后，开展社会危险性评估的主体仍应为案件承办人本人，承办人应将四项评估内容的分值一并计算，综合评判。

3. 羁押必要性审查的延伸——继续羁押必要性审查

如上所述，随着诉讼进程的推进，未成年犯罪嫌疑人有无社会危险性、是否适于羁押很可能发生变化。检察机关应当根据新情况、新变化随时对未成年犯罪嫌疑人是否有必要继续羁押进行审查把关，[①] 即在审查起诉阶段，在未成年嫌疑人未提出变更强制措施的情况下，依职权主动对继续羁押是否必要进行审查。继续羁押必要性审查：一方面有利于降低未成

---

① 侯晓焱、刘秀仿：《未成年人审前羁押的实证分析及对策研究》，载《检察前沿与改革探索》，北京，中国检察出版社，2008。

年人的羁押率、切实维护未成年人的基本权利；另一方面也是对以往审查批捕工作的复查、监督，有利于及时纠正不当批捕决定。继续羁押必要性审查主要针对以下三种情况开展。一是逮捕时依据的条件发生了变化，如由于时间有限，未能在审查批捕期间及时找到保证人的未成年犯罪嫌疑人因不具备监护条件而被逮捕，在审查起诉阶段找到了保证人；二是羁押期间的具体表现发生了变化，如在审查批捕期间未成年犯罪嫌疑人认罪悔罪态度不好，社会危险性评估为高，但经过帮教后已能正确认罪悔罪，社会危险性评估已改为中或低；三是诉讼期间证据保全情况发生了变化，如在审查批捕期间因有同案犯在逃或证据未调取，担心妨害对同案犯的追捕和取证工作而对未成年犯罪嫌疑人进行逮捕，现同案犯已抓捕、证据也已充分调取、固定。

鉴于未成年人案件办理机构一体化后，批准逮捕的机构与变更逮捕决定的机构均为同一个机构，有可能引起误解，影响检察机关的公信力，[①] 建议变更强制措施后将变更的理由连同《决定释放通知书》同时送达公安机关和犯罪嫌疑人，并将变更决定及理由告知被害人，做好释法说理工作，避免不必要的申诉、上访。

4. 非羁押性强制措施配套设施的完善

降低未成年犯罪嫌疑人审前羁押率，除了进行全面、科学的羁押必要性审查外，还要有赖于非羁押性强制措施配套设施的完善，从而降低非羁押带来的风险。基于国家亲权的理论，国家是未成年人的监护人，有义务对未成年人进行保护和监管。因此，当未成年犯罪嫌疑人因法定代理人的缺失而不具备取保候审条件时，国家必须取而代之，弥补法定代理人的缺位，创造条件使未成年嫌疑人免受羁押；同时，国家也应在不羁押未成年犯罪嫌疑人的同时，继续履行国家监护的责任，保证未成年人按时出庭接受审判，不犯新罪。

（1）建立管护基地，落实外地来京未成年嫌疑人监护、帮教条件。

诚然，上文曾建议，对于罪行较轻、主观恶性较小、不会妨害诉讼进行的外地未成年犯罪嫌疑人，可批准由其原籍家人担任保证人，允许其回原籍等候审理。但在司法实践中，这种做法的确承担着一定的诉讼风险，并在一定程度上影响案件的快速审理。因此，从长远来看，我们可以考虑借鉴外地设立管护教育基地的做法，[②] 由检察机关牵头带动公安机关、

---

① 姚红秋、韩新华：《审查起诉环节继续羁押必要性审查机制的构建》，载《中国检察官》，2010（6）。

② 程晓璐、邵烟雨：《4＋1＋N模式下涉少犯罪案件审查批捕工作实证研究》，载北京市检察院内网。

司法局、法院等，动员社会力量，在符合条件的学校、社区、企业和社会福利机构等单位，建立涉罪外来人员管护教育基地，接收缺失监护条件但是符合取保候审其他条件的外地未成年犯罪嫌疑人，由管护教育基地为此类人员推荐合适保证人，在取保候审期间，为管护教育对象提供免费食宿、基本生活保障、文化法制教育、岗位技能培训、免费医疗和短期人身伤害意外险等，并联合基地所在地的社区矫正机构、取保候审执行机关、保证人等组成管护教育小组，对管护教育对象开展心理矫正、教育感化、法制宣传工作，组织参与社会公益活动。对于管护教育对象私自离开管护教育基地的，应当及时向办案机关报告。并就管护教育对象取保候审期间在管护教育基地的表现，由管护教育基地出具评定意见，作为办案机关对犯罪嫌疑人此后处理的考虑依据。

(2) 建立跟踪、监督机制，确保诉讼顺利进行，预防未成年犯罪嫌疑人再次犯罪。

我国法律规定，由公安机关负责取保候审的执行，监督被取保候审人履行取保候审义务，保证随传随到。但在实践中，由于公安机关还承担着治安管理等繁重的行政任务，没有时间和精力监管被取保候审人，经常“取而不保”，导致一部分未成年犯罪嫌疑人由于害怕、不懂法等原因而“脱保”。针对这种情况，北京市部分院采取了由司法社工跟踪、监督被取保候审未成年人的做法，适时通过电话、访谈等方式提醒、督促被取保候审未成年人在取保候审期间遵守法律、安排好学习生活。我们认为，目前来说，这种做法是可行的，但只是临时之举。根据建立、完善办理未成年人刑事案件相互配套工作体系的总体规划，对于被取保候审未成年人的跟踪监督应由其他社会机构配合公安机关共同实行。即在司法行政部门下设立专门针对被取保候审未成年人的监督和矫治机构，作为社区矫正的一部分，负责被取保候审未成年人的监督考察和教育矫治，达到监督与帮教的双重目的。

(五) 分案起诉制度

分案起诉制度是未成年人刑事诉讼制度的重要组成部分，它的基本含义是指检察机关在处理未成年人与成年人共同犯罪或者存在牵连关系的案件时，在不妨碍案件审理的情况下，分别对未成年被告人与成年被告人提起公诉，法院分别审理、分别判决。分案起诉制度体现了未成年人刑事司法制度中“分别处理”原则的内在要求，与分别关押制度、分别审判制度、分别执行制度一样，旨在实现对未成年被告人与成年被告人的区别对待，使未成年被告人能够真正享有一个和缓、关爱的诉讼环境与更多的诉讼权利；也使司法人员有条件对未成年被告人实行帮教，最终达到教育、感化、挽救未成年被告人的目的。

自2006年12月28日《人民检察院办理未成年人刑事案件的规定》颁布以来，分案起诉制度在全国范围内执行已有四年，在经历了和公安机关的协商、磨合后，北京市各院基本能按照《规定》要求，做到对大部分未成年人与成年人共同犯罪的案件分案起诉。但是，由于分案起诉制度本身规定的缺失，加上检察机关在实行分案起诉时未充分考虑由此带来的分案审判、分案判决中的种种问题，未与法院进行必要的沟通、协调。因此，实践中，各院对于分案起诉的把握、理解、做法均不尽相同。部分院无法顺畅地实行分案起诉，部分院则一味机械地实行分案起诉，忽视了案件办理的实际效果。

1. 分案起诉制度存在的问题

（1）分案适用标准不全面。如未规定未成年人与成年人具有亲属关系的可以不分案起诉。据统计，父母教唆子女犯罪或父母带领子女走上犯罪道路的共同犯罪案件不在少数。分案起诉的目的之一是在庭审时给未成年人营造更好的帮教方式及帮教氛围，将上述案件的父母与子女分庭审理，无疑剥夺了他们坦诚相见、互相倾听诉说的机会，相信父母在法庭上的表白、忏悔比法官、检察官的任何说教都更能打动、教育未成年人。再如未规定上游犯罪与下游犯罪联系紧密的案件可以不分案起诉。实践中，很多侵犯财产类案件与掩饰隐瞒犯罪所得类案件的犯罪主体分别为未成年人和成年人，且犯罪地分属于不同辖区，如果一律分案起诉，就必定存在着将一方移送管辖他区的问题，造成不必要的司法资源浪费。

（2）操作程序不明确。一是审批、监督程序不明确。一方面未规定在审查起诉阶段检察机关如何对需分案起诉的案件进行审批。如由谁提出建议分案起诉，是口头建议还是书面建议；在哪个阶段提出；谁有权决定是否分案起诉，是口头决定还是书面决定。另一方面未规定在审判阶段法院是否对分案起诉或未分案起诉的案件有监督制约的权利。如是否可以对应该分案而没分案的案件进行分案，是否可以对不应该分案而分案的案件并案；对此法院是仅有建议权还是有决定权……以上操作程序的缺失，导致分案起诉和并案起诉随意性很强。在北京市相当部分辖区，一个案件是否分案起诉实际由法院掌控，因为法院有立案权。出于减少工作量的考虑，法院少年庭通常不愿意多收案件，会授意立案庭“没有分案起诉的未成年人与成年人共同犯罪案件一律不收”。如果有必须并案起诉的案件，需由检察院公诉部门与法院少年庭协商好后，再由少年庭告知立案庭收案。由于没有审批制度，是否分案起诉完全由承办人说了算，再加上为了避免与法院过多的交涉，大多数检察院在起诉时不会考虑分案是否影响案件审查或者帮教效果，一律分案起诉。

二是审判程序不明确。目前，最高人民检察院、北京市公安局已分别就在移送审查起诉阶段、审查起诉阶段如何处理分案起诉的案件作出了规定，唯独法院系统还未有任何规定出台。审判阶段规定的缺失，致使案件分案起诉到法院后一系列程序的不明确，例如，是在同一庭审理还是由不同的庭分别审理？如果是同一庭，是由少年庭还是由刑庭审理？如果分别由少年庭和刑庭审理，是否应在同一天审理？证人应该如何出庭作证？分别审理后两个庭是否需要沟通？并案起诉的案件由哪个庭审理？分案后的两案被告人是否可以聘请同一律师等。目前，在大多数法院，分案后的两个案件分别交由少年庭及普通刑庭审理。这样做的目的在于减少少年庭的工作量，使少年庭法官有更多的精力对未成年人罪犯进行帮教。这种做法不可避免的导致两个合议庭对于案件的定性、法定情节的认定以及量刑幅度的掌握出现差异，出现“同案不同罪”的现象，而这种现象不仅有损法律的尊严、不利于刑法的统一适用，而且会使检察院实行分案起诉时产生顾虑。①

三是上诉、抗诉程序不明确。关于分案起诉案件判决后，检察机关提起抗诉或有被告人上诉时，整个诉讼程序应当如何进行，现有规定还未涉及。具体可分为以下三种情况：①分案起诉判决后，检察机关提起抗诉或一案被告人上诉，上级法院是只受理该案还是应同时受理与此相关的另一案。②上级法院受理后，对未提起上诉或抗诉一案的判决是否应当执行。③如果未被提起上诉或抗诉的案件被告人，折抵先前的羁押期限，在十天上诉期限内刑罚即执行完毕，是否应当予以释放。②

2. 分案起诉制度的完善

（1）适用标准的完善。明确补充下列三种情况可以不分案起诉：第一种，上游犯罪与下游犯罪联系紧密的案件。如侵犯财产罪案件与掩饰隐瞒犯罪所得类案件。此类案件本不属于共同犯罪，但是由于一个案子的破获通常是由另外一个案子所引发的，因此经常会被公安机关一起侦查终结后移送至检察机关。考虑到此类案件中各个案子的犯罪嫌疑人之间没有必然联系，一般不会出现未成年人受成年人控制、胁迫而在同一庭上不敢如实供述的情况，且并案起诉有利于对犯罪事实的指控和案件管辖，故可以对这类案件并案起诉。第二种，必要的共同犯罪案件，即属于法定的必须由

① 目前，随着量刑建议的普遍展开，情况已有所好转。检察机关可以通过发表相对确定的量刑建议，使合议庭在评议案件时充分考虑公诉方的意见，从而制约不同合议庭在法律适用问题和自由裁量权标准把握上意见不一的情况，最终起到有效防止成年人、未成年人量刑差别过大的作用。

② 周小萍、曾宁：《略论未成年人刑事诉讼中的分案起诉制度》，载《青少年犯罪问题》，2000（5）。

两人以上共同实施的犯罪。这类共同犯罪全案整体性极强，如聚众斗殴罪中，每个参与聚众斗殴人员的具体行为一般情况下难以查清，甚至连受伤者的直接致伤人都难以确定，此时，个体的主观恶性、社会危害性，乃至行为可罚性往往是通过全案整体事实、情节确定的，如果对这类共同犯罪案件进行分案起诉，极有可能造成被分诉的未成年嫌疑人其犯罪事实、情节以及量刑幅度的轻重难以确定。因此，对于此类案件如果分案起诉可能妨碍案件审理的，不宜分案。第三种，未成年犯罪嫌疑人与成年犯罪嫌疑人具有近亲属关系的案件。此类案件合并审理不仅不会影响到对未成年人权益的保护，还可以通过这次难得的“法庭相聚”，使未成年人和家人坦诚相见、敞开心扉，消除他们之间长久以来积聚的隔阂、矛盾；法官、检察官对未成年人家人的教育工作也能间接地对未成年人进行更为全面的帮教①。

（2）操作规则的完善。

第一，明确检察机关审查、审批程序。检察机关具有分案起诉建议权，是分案起诉的源头。因此要切实保障分案起诉制度的实施，必须从源头起，严格依法分案，确立明确的审查、审批程序。对此应规定：公安机关移送审查起诉的未成年人与成年人共同犯罪案件交由一名承办人审查。承办人在及时阅读卷宗、对犯罪嫌疑人进行讯问后，综合认定事实、证据及刑事责任，确定案件是否符合分案标准，并在审查报告尾部专设一项对此进行论述分析，在审结该案时报主诉检察官审批。主诉检察官审批后，根据不同情况，采取不同的处置方式：承办人提出分案建议的，可以由主诉检察官决定；承办人提出并案建议的，则应当报请处长、主管检察长逐级审批。

第二，明确检察机关并案建议程序。分案起诉须以不妨碍案件事实的查明为前提，但是由于事物的复杂性及判断者认识的局限性，在决定分案时，对是否符合分案条件的认识与判断并非总是准确无误，有些不宜分案的案件可能被分案起诉。因此，在明确分案起诉审批程序的同时，有必要明确并案建议程序，以应对不宜或不适当分案的需要。② 并案建议分为两种情况。一种是分案后的部分案件已经进入审判阶段，另一部分案件则尚未起诉。此时，检察机关若发现有不宜分案的情况，可以通过追加起诉建议法院将两部分案件并案审理。另一种情况是分案后的案件均已进入审判阶段，此时检察

---

① 周丹：《对未成年犯罪分案起诉适用标准的几点探讨》，载《天津市政法管理干部学院学报》，2008 年增刊。

② 曾康：《未成年人刑事审判程序研究》，载 http：//10.11.204.41/kns50/detail.aspx?QueryID=4&CurRec=3。

机关应撤回全部已经起诉的案件，将撤回的案件合并后重新起诉。

第三，明确法院一庭审理模式。实践中，分案起诉的案件通常由少年法庭和刑庭分别审理，这种做法为“不同合议庭不同判决”造成了隐患，而且极大地耗费了诉讼资源，增加了诉讼成本。因此，为避免上述情况发生，应规定分案后的案件均由少年法庭审理。并且建议应尽可能在同一天内审理分案起诉的案件，一是可以使证人免于来回往返法院；二是方便庭审时需要分案的被告人出庭作证；[①] 三是减少了检察官、法官的工作量，使他们无需对相隔很长时间开庭的分诉案件再次进行阅卷等准备工作；四是有助于法官及时、全面地掌握整个案情；五是可以尽量保证分诉案件同一时间判决，避免一部分案件抗诉上诉时另一部分案件已开始执行或已执行完毕的情况。

第四，建立法庭沟通机制。对于很多地区来说，就目前的少年法庭人员配备现状，很难完成分案起诉后所有案件的审理工作。因此，在无法保证少年法庭统一管辖的情况下，应建立分案起诉案件法庭沟通机制，从而保证全案事实、性质认定以及量刑把握的统一、和谐。具体包括以下几点内容：①普通刑庭和少年法庭应及时将本方审理时出现的新证据等状况告知对方；②双方判决前应就基本事实认定交换意见，当意见无法达成一致时及时报请领导协调；③先做出判决的一方应及时将判决结果告知另一方，作为另一方定性、量刑的参考。

第五，建立不分案未成年被告人保护制度。对于并案起诉的案件，为充分保护未成年被告人的合法权益，仍应将案件统一交由少年法庭审理，以保证整体上适用未成年人案件审判程序。在此基础上，还应借鉴国外相关立法，建立不分案未成年被告人保护制度。如日本适用的“恰当发言制止制度”，[②] 再如德国、俄罗斯适用的“未成年人暂时回避制度”。[③]

第六，建立上诉、抗诉案件全面审查制度。分案起诉案件判决后，若

① 徐美君：《未成年人刑事诉讼特别程序研究》，北京，法律出版社，2007，174页。

② 《日本少年审判规则》第31条规定：“如认为公正审判需要，可以采取制止发言等恰当的措施。”参阅陆志谦、胡家福：《当代中国未成年人违法犯罪问题研究》，北京，中国人民公安大学出版社，2005，451页。

③ 《德意志联邦共和国少年法院法》第51条规定：“审理过程中进行辩论时，如果审判长认为可能不利于少年教育，应命令其暂时回避。”《俄罗斯刑事诉讼法典》第429条规定：“在审查核实可能对未成年受审人产生不良影响的情况时，法院有权根据一方的申请或者主动地做出决定，让未成年受审人退出审判庭。在未成年受审人回到审判庭后，审判长应以必要的形式向他宣布在他退庭期间法庭审理的必要内容，并让未成年受审人有可能向在他退庭期间受到询问的人提出问题。”分别参阅孙云晓、张美英：《当代中国未成年人法律译丛》（德国卷），北京，中国检察出版社，2005，188页；黄秀道译：《俄罗斯联邦刑事诉讼法典》，北京，中国政法大学出版社，2003，290页。

部分案件的被告人提起上诉或检察机关提起抗诉，上级法院应全面受理、审查整个案件，并对未被提起上诉或抗诉的案件中止执行判决。这是因为分案起诉的案件实质上是一个案件，分诉的两个案子存在着千丝万缕的联系，如果只审理部分案件，很难对案情有全面的把握；另外如果不中止执行部分案件，则无法应对上级法院对上诉或抗诉案件改判后的情况。

（六）社区矫正监督机制

社区矫正是与监禁矫正相对的行刑方式，是指将符合社区矫正条件的罪犯置于社区内，由专门的国家机关在相关社会团体和民间组织以及社会志愿者的协助下，在判决、裁定和决定确定的期限内，矫正其犯罪心理和行为恶习，并促进顺利回归社会的非监禁刑罚执行活动。检察机关作为国家专门的法律监督机关，依法对社区矫正的开展负有监督职责。

1. 未成年人社区矫正监督的现状及发展趋势

由于社区矫正在我国起步较晚，目前，北京市大多数基层院都在实践探索过程中，一般均在监所检察部门设置一到二名干警全权负责社区矫正工作，没有专人对未成年人社区矫正工作进行专门监督，也没有针对未成年人社区矫正工作的特殊监督方式。个别院的监所部门会和公诉部门配合，共同落实犯罪地、户籍地均在本辖区内的未成年犯的缓刑执行情况，进行宣判后的初次谈话。

2011 年 3 月，《刑法修正案》（八）出台，在总则中将社区矫正确定为法定的行刑方式。中央综治委与最高法、最高检、公安部、司法部、共青团中央于 2010 年 8 月共同签发的《进一步建立和完善办理未成年人刑事案件配套工作体系的若干意见》中多次提到，“司法行政机关社区矫正工作部门一般应当设立专门小组或指定专人负责未成年人的社区矫正工作”；“对未成年社区服刑人员应坚持教育矫正为主，并与成年人分开进行”；“人民检察院依法对社区矫正活动实行监督”；“人民检察院应当加强对未成年人刑事案件侦查、审判、监管和刑罚执行活动的法律监督，建立长效监督机制，切实防止和纠正违法办案、侵害未成年人合法权益的行为”。这些法律、法规明确了社区矫正在刑罚执行活动中的地位，明确了未成年人社区矫正应与成年人社区矫正有所区别，亦明确了检察机关应当建立与其他未成年人刑事诉讼程序监督机制等同的有别于成年人的未成年人社区矫正监督机制。

2. 未成年人社区矫正监督的特殊职能

除了监督社区矫正实施过程中的违法行为、打击社区矫正工作的渎职行为、贪污行为等常规监督工作，检察机关对于未成年人社区矫正工作的监督还应着重于以下四个方面。

(1) 着重事前监督，充分发挥检察机关在审判阶段的社区矫正建议权，保证社区矫正适用对象和社区矫正禁止性措施运用的正确。《刑法修正案》(八) 第72条明确规定，不满18周岁的人，只要犯罪情节较轻、有悔罪表现、没有再犯罪的危险、宣告缓刑对所居住社区没有重大不良影响，就“应当”宣告缓刑，此条规定的修正改变了以往“可以”宣告缓刑的规定，加大了法院判处未成年人缓刑的力度，扩大了未成年人适用缓刑的范围。我们可以预测，在未来一段时间内未成年人缓刑犯的数量将大大增加。因此，检察机关有必要在源头上加强监督，利用量刑建议严把未成年缓刑犯的适用条件，保证未成年缓刑犯这一未成年社区矫正对象的最主要部分适用正确。防止法院对应当适用监禁刑的未成年人适用缓刑，或对应当适用缓刑的未成年人适用监禁刑。另外，《刑法修正案》(八) 赋予了法院在判决中禁止管制犯、缓刑犯从事特定活动、进入特定区域、场所、接触特定人的权利。因此，与之相对应，检察机关需要在发表社区矫正建议时，根据之前对未成年犯的了解和社会调查，对是否要对未成年犯实行禁止性规定以及禁止性规定的具体内容发表建议，以减少法官在发布禁止令时的随意性，促进社区矫正内容的正确适用。

(2) 着重对矫正效果的监督，引导、督促有关部门纠正、改进工作方式、方法，建立符合未成年人特点的社区矫正措施和项目。传统的社区矫正监督主要集中于对矫正过程合法性的监督，对矫正效果的关注较少。我们认为，检察机关应把对未成年人矫正效果当做监督的重点，增强监督的针对性和实效性。目前，我国社区矫正模式主要以成人为范本，基本没有考虑未成年的特性，不能充分发挥社区矫正对未成年犯的作用。对此，检察机关可以通过参加联席会议、发检察建议等方式引导、督促有关部门纠正、改进工作内容，建立符合未成年人特点的社区矫正项目，重点落实帮教措施。如对每位未成年犯作出社区矫正可行性评估，并据此量身定做有针对性的矫正计划和实施方案；再如推行实施“社会服务令”，判令未成年犯到社区中进行一段时间的无偿劳动，促进未成年犯与社区之间的融合。总之，检察机关要充分发挥监督职能，推动未成年犯社区矫正工作的完善，使未成年犯能够积极投入社区矫正活动中去，取得良好的矫正效果。

(3) 着重对解除矫正、刑罚变更执行两个环节的监督，坚持未成年人与成年人区别对待原则。一是监督相关机关是否提高收监执行的门槛，对未成年犯在社区矫正过程中违反监督管理规定，发生破坏社会秩序的违法越轨行为的，应该比照成年犯的收监执行条件，适当提高收监门槛，不轻易收监执行。[①] 二是监督相关机关是否放宽报请减刑、假释的条件，在考虑对未成年犯办理减刑、假释手续时，应比照成年人适当放宽条件。

（4）基于监督职能、参与社区矫正，协助、配合社区矫正工作部门教育、改造未成年犯。检察机关参与社区矫正是检察机关参与社会治安综合治理的表现形式之一，是检察机关在刑罚执行监督工作中行使犯罪预防权的体现。检察机关结合自身检察业务，运用在检察工作中积累的经验、素材，亲身参与到社区矫正中去，可以达到更好教育、矫治未成年犯的目的，从而预防未成年犯再次犯罪。主要途径可以通过协助、配合相关部门，承担一定宣传教育工作，优化社区矫正环境，扩大法律监督工作社会效果。

（七）检察机关犯罪预防工作

未成年犯罪预防工作是未成年人检察工作体系中的重要组成部分，检察机关办理未成年刑事案件，在依法履行审查批准逮捕、审查起诉等职能的同时，必须贯彻“教育、感化、挽救”涉案未成年人的基本方针，将预防涉案未成年重新犯罪作为各项检察工作的出发点和落脚点。检察机关作为预防青少年犯罪体系的重要组成部分，除了依法开展特殊预防工作外，还应以办案为依托开展一般预防工作，积极探索参与社会创新社会管理的途径。

1. 检察机关开展犯罪预防工作的实践总结

根据犯罪预防工作所针对对象和预防目的不同，一般而言，检察机关开展未成年犯罪预防工作可以分为一般犯罪预防和特殊犯罪预防两大领域。

（1）检察机关开展特殊犯罪预防工作的相关情况。多年来，北京市检察机关通过依法办理未成年人刑事案件、积极探索和创新未成年人犯罪工作机制等工作，体现未成年人刑事诉讼特色、落实对诉讼中对未成年犯罪嫌疑人的教育矫治工作，从而达到特殊犯罪预防的目的。

一方面，北京市各级检察机关依法办理未成年刑事案件，坚持宽严相济的刑事政策，对未成年犯罪案件在依法从轻、总体上宽缓的大前提下，根据其所犯罪行的社会危害性和人身危险性在法律框架内做出最为恰当的处理（起诉或者不起诉）。可以说，宽严有度、罚当其罪的处理，通过刑事诉讼的刚性发挥教育、改造的作用，从而实现特殊预防的目的。另一方面，基于未成年生理和心理上的特殊性，北京市检察机关在案件办理的不

① 樊荣庆：《未成年人刑事检察工作运用“宽严相济”刑事司法政策研究》，载《青少年犯罪问题研究》，2008（4）。

同阶段最大限度的挽救和教育涉案未成年人，通过“合适未成年人参与”、“慎捕慎诉”、“诉中考察”、“非诉化处理未成年人回访”等措施来为涉案未成年人回归社会预留通道，在刑事惩罚中结合未成年司法特有的柔性、而并非单纯依赖刑罚的威慑作用来达成特殊犯罪预防的目的。

应当承认，北京市各级检察机关对涉案未成年人的特殊犯罪预防工作进行的上述探索具有积极意义，但现阶段主要存在的是各地区发展不平衡，全市范围内工作机制建构情况不统一的问题。

(2) 检察机关开展一般犯罪预防工作的相关情况。检察机关开展的一般犯罪预防工作，是通过积极协同其他部门、相关组织或者个人，通过开展各种各样的教育活动、倡导良好的社会风气、改善宏观社会环境和家庭、学校等微观环境，为未成年人的健康成长创造良好的社会外部环境。一般预防的对象不是涉案未成年嫌疑人，而是尚未犯罪的未成年人，其目的是防患于未然，一般犯罪预防工作在未成年刑事司法中具有特殊的价值。

多年以来，北京市检察机关积极拓展未成年犯罪预防工作的空间，依托法制校长制度、未成年犯罪预警机制等制度化的社会预防工作为工作平台；同时做到“以点带面”，通过“法制宣讲”、“家长法制课堂”、“流动人口社区法制课堂”、“法制教育基地”等专项活动，积极与全社会所有未成年犯罪预防的工作主体协同作战，带动家庭、学校、社会“三位一体”的社会预防网络的构建。当然，目前检察机关参与社会预防工作的相关实践也存在一些困惑和问题，例如，如何在找准检察机关职能定位的基础上将法制校长工作落到实处，杜绝工作浮于表面的问题；在现有教育系统考核体系下，如何进一步完善未成年在校生犯罪预警机制；如何在立足检察工作的基础上实现社会预防工作的最佳效果等。

2. 检察机关进一步开展犯罪预防工作的相关建议

我们认为，本文对各项办理未成年人犯罪案件工作机制的集中调研，对检察机关今后开展特殊犯罪预防工作具有积极的促进作用；此外，应还继续强化各级未成年检察官对涉案未成年人的开展特殊预防工作的意识，将特殊犯罪预防内化于检察机关刑事案件办理的各项工作中。

在此主要在梳理检察机关开展一般犯罪预防工作的相关制度的同时提出进一步开展工作的建议和原则。

(1) 法制校长制度。法制校长制度，最初称“法制副校长制度”，是一项社会力量参与学校学生教育的辅助制度，此项制度是我国目前中小学德育教育中的重要内容之一。目前，各地法制校长工作均由公安、检察、法院、司法行政等政法部门的工作人员兼职担任。根据 2003 年中央综治委、最高院、最高检、公安部、教育部、司法部联合发布的《关于规范兼职法制校长职责和选聘管理工作的意见》，兼职法制校长有责任协助学校开展法制教育课程落实有针对性的法制教育工作；有责任协助学校加强内部安全防范工作；有责任了解学校周边治安形势并提出相应的建议；有责任配合妥善处理在校师生违法犯罪案件，维护学校正常的教学和生活秩序；有责任协助学校沟通与社区、家庭及社会有关方面的联系，促进学校、家庭、社区"三位一体"法制教育机制的完善。

从法制校长工作的管理体系和工作方式来看，法制校长工作主要由区未成年人保护委员会和区社会治安综合治理委员会进行组织管理，办公室设在团区委，由团区委负责协调组织开展工作。检察机关作为法制校长工作的成员单位，一般通过选任一定数量的工作人员担任法制校长并具体开展各项工作。

实践中，检察机关开展法制校长并工作积累了不少有益经验，但也存在有待改进和完善之处。首先，各基层检察机关内部的法制校长管理工作的归口部门设置并不相同。实践中，法制校长工作有归政治处或者办公室统一管理的，也有归口职务犯罪预防处管理的，还有归未成年办案部门统一管理的。我们认为，在已经完成未成年"捕、诉、防"一体化机制建构的情况下，法制校长工作作为未成年犯罪预防工作的重要组成部分，理应归口一体化的未成年检察部门管理；如尚处于未成年专业化机构设置的过渡阶段，则应尽量避免出现法制校长远离未成年案件办理一线的情况，无论由哪一部门归口管理法制校长工作，该负责部门都应做好与未成年案件办理部门的沟通和联络，便于法制校长们能够及时掌握未成年犯罪的新情况和新问题，有针对性的开展工作。其次，在检察机关开展法制校长工作的具体环节上，应当做好人员选任、法制校长培训、工作内容统计及考核、工作激励机制等各个环节的工作，保证具体工作落到实处。

（2）在校生犯罪预警制度。所谓在校生犯罪预警制度，是指检察机关通过对辖区内在校生犯罪情况的统计和分析，对于一段时间内发案较多或者涉案人数较多的学校，发出带有预警性质的《检察建议书》，提示相关学校在犯罪预防工作中存在的问题，并督促其整改，同时检察机关可派员参与法制教育的工作机制；必要时检察机关可将《检察建议书》抄送学校所在地的教育委员会、未成年人保护委员会或者综合治理办公室等相关部门。创设此项工作制度的目的在于实现未成年案件办理与学校预防之间的良性互动，积极帮助辖区内学校掌握未成年犯罪的最新动向，并向需要加强法制教育工作的相关单位提供有针对性的法制宣教资源。

在校生犯罪预警机制是检察机关在履行检察职能的基础上，通过与发案单位的信息联动、资源共享等工作机制，积极延伸社会职能的工作探索。针对实践中出现发案学校对此项制度不理解、不配合的问题，我们认为，在现有教育体系和学校考核体系下，为防止此项制度由“预警”异化为“惩处”机制，检察机关在发出《检察建议书》时，应注意措辞、并具体提供建设性的改进方案，除非发案学校怠于整改或者拒绝开展深入法制教育工作，否则一般不考虑《检察建议书》的抄送程序。

(3) 其他犯罪预防工作。在法制校长、犯罪预警机制等制度性的犯罪预防工作之外，检察机关参与未成年犯罪预防的相关社会化工作，应注重如下原则，积极为营造未成年人的健康成长的社会、法治环境做出贡献。

首先，立足本职，找准检察机关参与社会预防工作的切入点。检察机关应及时总结案件办理过程中的未成年犯罪特点、成因和新趋势、新问题，有针对性地介入未成年人犯罪预防的综合治理工作。恰当的切入点，不仅能够最大限度地发挥检察机关的信息优势和法制资源优势、顺利达成犯罪预防工作的具体目标，而且有助于提升检察机关在未成年犯罪预防体系中的地位和形象。例如，北京市各级检察机关在总结办案情况的基础上开展的“未成年犯罪教育警示基地”、“入校法制讲座”、“流动人口法制课堂”等各项活动，均是在总结检察机关办案情况、类案特点、发案趋势等资料的基础上开展的，均收到良好的社会效果。

其次，与时俱进，探索符合当代未成年身心特点的工作方式。检察机关开展未成年人犯罪预防工作的对象是当代社会的未成年人，作为成长于信息化、多元化社会环境中的新生代，他们有着与以往未成年人不同的心理特点、思维方式和行为习惯。因此，检察机关开展犯罪预防工作绝不能十几年或者几年思路不变，而应做到与时俱进，积极寻求未成年人喜闻乐见的法制宣传方式和宣传途径。实践中，西城区人民检察院开展的“西检杯”法律知识竞赛，在题目形式和试题内容上力求反映时代特色、符合当代未成年人特点，通过不懈努力将“知识竞赛”这一相对传统的形式打造成具有一定影响力的未成年法制教育的品牌；东城区人民检察院创建“检察官与孩子们”的未成年博客，举办“牵手博客小写手”的主题活动，通过新时期网络传媒的影响力，打造了全方位、一体化的法制宣传教育平台和活动基地，体现了检察机关开展社会预防工作的时代特色，也受到参与未成年人的好评。

陈 杰 朱 明*

问题与出路：刑事诉讼中禁止重复追究研究

2003年7月，河北省高院就一起九年来被告人四次被一审法院判处死刑，三次被省高院发回重审的抢劫案，组成合议庭进行第四次审理。这个案例具有一定的极端性，但正因为其极端，才能将其存在的问题凸显出来。这涉及“一事不再理”原则在我国刑事诉讼的立法与司法实践中贯彻实施的问题。《公民权利与政治权利国际公约》第14条第7款规定：“任何人已依一国的法律及刑事程序被最后定罪或宣告无罪者，不得就同一罪名再予审判或惩罚。”考虑到公约的普适性和最低程度的保障性，公约采取了近似于大陆法系“一事不再理”原则的表述方式，强调其效力仅及于已经生效判决处理的案件。而我国政府已于1998年10月5日签署了该公约。那么，我国是否仅局限于上述公约所确定的最低标准推进刑事司法的有关改革呢？按这一最低标准构建的制度能否解决我国刑事诉讼中的一些弊端呢？这些都是目前需要予以深入研究的重要问题。因此，笔者认为仅依公约的最低标准并不能解决我国刑事诉讼中存在的一些弊端，“不求有功，但求无过”的改革思路是短视的，我们应遵守公约的最低标准但不局限于公约的规定来构建我国刑事诉讼中的相关制度。

一、我国刑事诉讼中重复追究的认定标准

（一）重复追究的对象标准：公诉事实同一

结合我国的司法实际及刑事实体法的相关规定，在“同一事”的标准

* 陈杰、朱明，武汉市人民检察院。

界定上采用大陆法系国家的“公诉事实同一说”更为切合实际。

在我国，以犯罪构成为标准区分一罪与数罪是一种通说，[①] 行为符合一个犯罪构成的就是一罪，行为符合数个犯罪构成的就是数罪，并且除了单纯的一罪外，我国刑法对复杂的一罪也作出了相应规定，有实质之一罪、法定之一罪和处断之一罪的区分，因此，起诉的罪名具有确定性，而不是像美国和英国一样，将行为可能涉及的所有罪名都予以罗列作为审判的对象，相较而言，采用公诉事实同一说来确定何为一罪在我国显得更为合适。另外，采用这一标准也与我国刑事诉讼法的有关规定相适应。我国《刑事诉讼法》第 150 条规定，要求“起诉书中有明确的指控犯罪事实”，但这一犯罪事实只是给予法院一个审判的线索，该法第 158 条规定：“法庭审理过程中，合议庭对证据有疑问的，可以宣布休庭，对证据进行调查核实，”这给了法院调查事实的空间，法院的审理由起诉书指控的事实出发但不受这一事实的拘束，法院可以发挥其职权探究，这一点能保证采用公诉事实同一说后，法院对案件事实认定的正确性。

公诉事实的同一，是指公诉事实既是单一的，也是同一的，公诉事实的单一性，是指犯罪人单一并且罪数单一，公诉事实同一，是指同一的犯人、同一的犯罪。[②]

对犯罪人单一和犯罪人同一比较好区分，主要是针对共同犯罪而言的，对不同犯罪人就同一犯罪事实的追诉不构成重复追诉。问题的难点主要是对犯罪同一的确定。笔者认为采用事实上的同一说更能保护被告人的权利，因为事实上的同一可以避免因起诉部门对事实法律性质的不同认识而不断地起诉，使被告人处在反复的危险中。具体而言，对单纯的一罪，以犯罪事实为判断标准，即使几次起诉对事实发生的时间、地点及有关细节不同也不影响事实的同一，构成重复追诉；对于复杂的一罪，因为实质的一罪如继续犯等，其实质是行为人只实施了一个行为，适用此标准基本上和单纯的一罪相同。对于法定的一罪和处断的一罪而言，实质上是数个行为，但这数个行为或因法律的规定或因处断上的习惯被视为一罪，在追诉时这数个行为并不可分，因此对这数个行为的分别追诉构成重复追诉，也应受到禁止。

当然，对这一标准的确立也不能过于理想化，完全与现实脱节的理论是没有实际意义的。鉴于我国重视实体真实、注重国家安全的传统及我国现阶段刑事诉讼技术手段和司法人员素质都有待提高的现实状况，我们可

---

① 张明楷：《刑法学》第二版，北京，法律出版社，2003，361 页。

② 谢佑平：《刑事诉讼国际准则研究》，北京，法律出版社，2002，544 页。

以在对同一事的认定上确立一个“新事实、新证据”的例外，即出现有重大影响的新事实或确凿的新证据后，可以允许对犯罪行为再次追究，以加强对犯罪的追究和对社会秩序的维护。当然，这一例外不能是毫无限制的，它也应当受到一定条件如发现新事实、新证据的时间、提起诉讼次数等方面的限制。

（二）重复追究的程度标准：一审庭审结束

是采用英美法系国家的“禁止双重危险”原则将审判开始后的再次追究即认为是重复追究，还是借鉴大陆法系国家的“一事不再理原则”将重复追究的起点设置为生效判决的确定，是一个艰难的价值选择过程。前者有利于被告人人权的保障但在追究犯罪方面显得力不从心，而后者正好与之相反。笔者认为有关学者提出的将一审庭审结束，对案件事实认定的完成作为重复追究的起点，是一种较为理想的设计。①

我国现行刑事诉讼法虽然引进了“控辩式”的庭审方式，但侦查模式仍采用“纠问式”方式，使控辩双方在侦查阶段并不能真正平等地对抗；②在庭前审查中因并未实行彻底的“起诉书一本主义”不能完全排除审前预断的形成；审判过程中也普遍存在证人出庭难的问题使得对抗的因素大大降低，在这些现状的制约下，我国刑事诉讼的第一审程序在事实的认定上并不一定能达到很高的水准。就我国实际情况来看，审级高的法官素质一般较低层的法院高并且办案条件也相对较好，并且二审在空间上离案发地较远，可以避免人情案、关系案的出现，这样二审的正确性更有保证，因此，在我国现有环境下，二审对案件的事实和法律进行全面审理有着更为现实的意义。

但对现实的承认并不妨碍我们对理论的探讨，理论必须来源于现实也必须能经受得住现实的考验，但它不一定要屈从于现实，承认理论的指导意义就必须承认理论在一定程度上可以稍高于现实。对重复追究问题的探讨也是这样，从禁止重复追究保障人权的价值理念来看，不仅仅在于保障被告人不被重复定罪，也在于保障被告人不受重复定罪的危险，因为一旦进入刑事诉讼程序，被告人的人身权利可能受到限制，其名誉将会受到一定的影响，其经济上的利益也可能遭受损失，即使最终并未被定罪，这一过程也足以对被告人造成侵害。尽量减少这种危险，是从源头上对被告人权利的保障，而这种危险最直接的来源即是对案件事实的认定，因此，减

① 转引自秦宗文：《比较与借鉴：我国刑事重复追诉问题之求解》，载《刑事法判解》，北京，法律出版社，2004，97页。

② 孙长永：《略论〈刑事诉讼法〉的再修改》，载《诉讼法论丛》，北京，法律出版社，2004，4页。

少被重复定罪的危险也就是要减少对事实的重复认定。将一审庭审结束，对案件事实认定的完成作为重复追究的起点，具有一定的合理性。因为这一设计能较好地体现对国家权力的限制和对被告人人权的保障。

一方面，这并不会妨碍国家对犯罪的追究，控方拥有强大的力量和专业的人员，并经过了侦查、审查起诉诸阶段，对案件事实应有充分地了解，其举证应该具有强大的说服力，一般情况下在一审中即能对案件事实作出较为客观地再现。并且这样设计还有利于加强控方收集证据的意识和强化其出庭支持公诉的效果，因为其对事实的证明只有一次机会，“机不可失，失不再来”。

另一方面，有利于保障被告人的人权。对被告人威胁最大的其实是对事实的认定，这直接影响到其刑事责任的有无，而庭审结束，案件事实经控辩双方的举证、质证、辩论，基本已成定局，将这一阶段作为一次完整追诉的结束禁止控方再次就事实要求审理，是对国家权力最好的制约，能在最大限度上保证被告人不受重复追诉。当然，被告人应有权提起上诉要求对事实再次审理，因为这是他的权利。基于“天平向弱者倾斜”的思想，对国家权力进行限制而对被告人权利进行保护应是基本的原则。

二、我国刑事诉讼中重复追究的现状及成因

（一）一审中的重复追究问题

1. 一审中人民检察院在法庭审理结束后的撤诉和再次起诉

对于一审中检察院的撤诉，现行刑事诉讼法并未作出规定，但由于诉讼法中规定了“法定不起诉”、“酌定不起诉”和“存疑不起诉”等情形，表明了我国公诉制度采取了起诉便宜主义，而起诉便宜主义与起诉变更主义有必然的联系。[①] 因此，对一部分案件允许检察机关撤回起诉，是起诉便宜主义向审判阶段的合理延伸，最高人民检察院和最高人民法院也以司法解释对此予以了肯定。

根据最高人民检察院的司法解释，撤回起诉主要发生在两种情形下：第一，法庭审理过程中，发现事实不清、证据不足，或者遗漏罪行、遗漏同案犯罪嫌疑人，需要补充侦查的，公诉人可以要求延期审理。补充侦查期限内可以撤回起诉。第二，在人民法院宣告判决前，人民检察院发现不存在犯罪事实、犯罪事实并非被告人所为或者不应当追究被告人刑事责任的，可以要求撤回起诉。[②] 最高人民法院也有相应的规定，要求对检察院

---

① 陈光中：《中华法学大辞典·诉讼法学卷》，北京，中国检察出版社，1997，412页。

② 参见《人民检察院刑事诉讼规则》第349条、第351条。

在补充侦查期限内没有提请人民法院恢复法院审理的按检察院撤诉处理，而对判决宣告前检察院要求撤诉的，对其撤诉的理由进行审查，并作出是否准许的裁定。这些规定共同构成了刑事诉讼中的撤诉制度。

对第一种情况下即法庭审理阶段的撤诉，应该是允许的，这时候还处在对事实的认定中，一个完整的追诉过程并没有结束，公诉机关撤回起诉是其公诉权的具体应用。

但第二种情况下的撤诉则应该被禁止，因为法庭审理结束后，控辩双方对案件事实的证明均告结束，法官对案件事实的认定也基本完成，这个阶段允许检察院撤回公诉，使所有已经进行的诉讼活动归于无效，无疑是对法院审判权的干预。并且这种撤回起诉的原因是“不存在犯罪事实、犯罪事实并非被告人所为或者不应当追究被告人刑事责任”，这说明检察机关的追究是错误的，这种情况下应当由法院直接作出无罪判决，而不是允许检察机关撤回起诉，检察机关在这种情况下的撤诉实质是对其错误追究可能承担之责任的一种推脱。

根据最高人民检察院《人民检察院刑事诉讼规则》第 353 条规定，“撤回起诉后，没有新的事实或新的证据不得再行起诉”，这实质是规定了只要有新的事实或新的证据，在追诉时效内，检察院可以对同一案件随时再次起诉，并且没有次数的限制。按照马克思主义认识论的观点，人的认识是一个逐渐深入的过程，对案件事实的认识也是如此，发现新的事实或是新的证据实有可能。一旦有了新的事实或证据就再次起诉，在起诉可能失败的情况下马上撤诉，待重新发现了新的事实或证据又可以再次起诉，在这种反复地追究中，被告人的身份始终得不到确定，处在随时可能被起诉的境地而惶惶不可终日，这是对其权利的侵犯。

2. 人民检察院对证据不足、指控的犯罪事实不能成立之无罪判决的重新起诉

根据司法解释，人民法院作出证据不足、指控的犯罪事实不能成立的无罪判决后，人民检察院依据新的事实、证据材料重新起诉的，人民法院应当受理。[①] 这一规定其实构成了一种重复追究，一方面对起诉指控的事实已经审理完毕，一次完整的追诉活动已经完成，国家刑罚权至此应该结束，而不能反复的行使；另一方面，一个因证据不足作出的无罪判决，与依据法律认定被告无罪的判决一样，都是法院对犯罪指控的最终认定，这种认定不能因判决理由上的差别而在效力上有所不同。

刑事诉讼法修改时之所以规定了“证据不足、指控的犯罪事实不能成

---

① 参见《最高人民法院关于执行〈刑事诉讼法〉若干问题的解释》第 117 条第 3 项。

立的”无罪判决这一形式，目的在于解决之前普遍存在的“疑罪从挂”，使被告人身份长期难以确认，严重损害被告人权利的现象。这一判决形式是对不正常现象的特别回应，以期被告人权利能得以充分的保护，而非表明无罪判决的效力有何差别。只要是法院作出的有效判决，就必然要产生效果，非经法定途径不能更改，检察机关不能再次起诉。而根据这一司法解释，再次起诉的时间和次数都没有限制，一有新的事实或新的证据就可以起诉，被告人将无从解脱犯罪的嫌疑，并且将永远处在一种不确定的、焦虑的状态中，因为在检察院的“不懈追求”中不断发现“新的证据”，被告人将不断地被提起公诉，这不但有害于被告人的人权保障，而且也破坏了法的安定性。与其他判决发生错误时适用的监督程序相比，这类案件的重新提起更具有随意性，对被告人的权益危害更大。

一审程序中的另一个问题是，审判法院自行改变罪名是否属于重复追究？根据最高人民法院的司法解释，就起诉指控的事实清楚，证据确实，充分，指控的罪名与人民法院审理认定的罪名不一致的，应当作出有罪判决。[①] 这种法院在判决时自行改变罪名的作法有损于法院的中立地位，侵害了被告人的防御权，理当禁止，但是否属于重复追究，则值得商榷。法院自行改变罪名，针对的是同一诉讼，只有一次起诉并只进行了一次审判，应该不构成重复追究。

（二）二审中的重复追究问题

1. 二审法院对案件的全面审查

我国的二审程序采取的是全面审查的模式，第二审人民法院应当就第一审判决认定的事实和适用的法律进行全面审查，不受上诉和抗诉的范围限制。二审主要是对当事人的一种救济程序，根据不告不理原则，法院作为中立的裁判机构，不能自行设定审判对象。并且，正如前面的分析所指出的，对重复追究的认定应以对事实的重复认定为标准，二审法院对案件重新审理构成了对被告人的重复追究。

在二审中，对案件的全面审查，既是对“不告不理”原则的违背，也是对法院认定事实的自我否定，还大大增加了被告人被定罪的风险，不利于被告人的人权保护，构成重复追究。虽然控制犯罪也是我们的目的，但这一目的的实现不能以侵犯被告人的人权为代价，这是基本的价值选择。

2. 二审法院因事实不清、证据不足发回重审

对事实不清、证据不足的案件发回重审，将必然导致对事实的再次认定，增加被告人被定罪的风险，构成了重复追究。并且这种发回重审的危

---

① 参见《最高人民法院关于执行〈刑事诉讼法〉若干问题的解释》第176条。

害也是明显的，具体而言有以下三个方面：一是案件事实不清、证据不足，说明控方没有合理履行证明责任，发回重审使控方有机会重新再次进行指控，这是对控方不尽职行为在制度上的变相鼓励。二是发回重审的理由并不确定，刑事诉讼法只是规定对事实不清或证据不足的案件可以发回重审，这导致实践中发回重审比较普遍，使案件进行到二审阶段后又回转到一审甚至是侦查程序，否定了先前所经过的所有诉讼程序。三是现行刑事诉讼法对发回重审没有次数的限制，很可能导致一个案件历经好几年仍没有确定的判决，被告人一直处于被羁押的状态，这将导致对被告人权利的严重侵犯。

二审作为一种普通救济程序，应使程序持续向前，而不能周而复始。发回重审这种推动程序逆行的作法使被告人处于十分危险的境地，每发回重审一次，控方就可从一审到二审重新指控，被告人就一次又一次的面临被定罪的危险。实践中一个案件多次发回重审的例子屡见不鲜，“四次死刑判决，四次刀下留人”就是比较极端的一个，而媒体上关于“某案几年几审仍没有结果”的报道也是屡见不鲜，这给被告人带来了多重危险。因而，事实不清、证据不足而发回重审的制度应予以废除。

（三）再审程序中的重复追究问题

我国的再审程序在近段时间受到的诘难颇多，学者们从各个方面对这一程序进行了分析，但最终的落脚点仍是这一程序实质是对被告人的重复追究，应该是“一事不再理”或“避免双重危险”原则的例外，是一种非常态而不是常态，如果这种非常态变得不受限制而大量出现的话，则与原则的基本精神背道而驰，是对原则所体现之价值的违背。

根据现行刑事诉讼法，发动刑事再审的法定途径有两个：一是法院自行提起“审判监督程序”；二是检察机关提起再审抗诉。其中，法院提起再审的情况又有三种：一是任何一级法院的院长可以将本院的已决案件“提交审判委员会处理”；二是最高人民法院可以对各级法院的已决案件提审或者指令再审；三是上级法院对下级法院的已决案件可以提审或者指令再审。与法院主动提起再审相对应的是，最高人民检察院对各级法院的已决案件可以提起抗诉，上级检察机关对下级法院的已决案件也可以提起抗诉。这种再审抗诉一经提起，法院就必须开始再审程序。

需要注意的是，无论是法院自行提起的再审，还是检察机关以抗诉方式引发的再审，都没有明确的理由限制，而只笼统地要求“在认定事实上或者在适用法律上确有错误”，这就使得再审的发动带有较大的任意性和随机性。另一方面，再审的提起没有进行是否有利于被告人的区分，法院和检察机关都可以发动有利于被告人的再审，也可以发动不利于被告人的再审。也就是说，那种以变无罪判决为有罪判决、变罪轻判决为罪重判决为目的的再审，既可以由法院主动发动，也可以由检察机关以抗诉的方式发动。还有，最高人民法院在其司法解释中规定：对事实清楚、证据充分，但判处的刑罚畸轻，或者应当适用附加刑而没有适用的案件，不得撤销第一审判决，直接加重被告人的刑罚或者适用附加刑，也不得以事实不清或者证据不足发回第一审人民法院重新审理。必须依法改判的，应当在第二审判决、裁定生效后，按照审判监督程序重新审判，[①]"上诉不加刑"这一为保障被告人利益而设立的原则，居然通过最高人民的法院的司法解释得以规避。

姑且不论法院主动发起再审的正当性，法院、检察院通过"审判监督程序"发动对被告人不利的再审，本身就是一种典型的重复追究。如果再审是为了被告人的利益，不会给被告人带来新的、更为严重的危险，可以视为是国家权力的自我节制，从而能被接受的话，那么，对被告人不利的再审则是对被告人同一犯罪行为的再次追究，应当受到禁止，更何况这种追究没有时间限制，也没有次数的限制，可以一而再，再而三的对被告人的同一犯罪行为进行追究。

(四) 我国禁止重复追究现状的成因

1. 历史角度的分析

因社会生活条件的历史延续性，决定了法律具有继承性。人类社会每一个新的历史阶段开始时，它不可避免地要从过去的历史阶段中继承下来许多既定的成分，反映这些成分的法律规则将或多或少地被吸纳到新的法律中去。[②] 同时，传统文化和传统观念因其历时久远，根深蒂固，也会对现实的法律产生重要的影响，正如有学者指出的那样："人的理性思维、道德判断、价值观念和理想追求，无不根植于他们所处的文化传统，不存在任何超越和独立于传统的关于理性和道德的绝对、客观标准，没有了传统或者脱离了传统，我们便没有可能进行思考和对事物赋予意义。"[③]

中国刑事诉讼重复追诉问题的成因，从历史的因素出发进行考虑，可以找到一些根源。主要表现在两个方面：一是从法律思想上看，伦理化的古代社会缺乏个人权利的概念，使得人权保障的意识在我国十分淡薄；二是从法律制度上看，对实体正义的追求，导致诉讼的程序化程度低。

---

① 参见《最高人民法院关于执行〈中华人民共和国刑事诉讼法〉若干问题的解释》第257条第5项。

② 张文显：《法理学》，北京，高等教育出版社、北京大学出版社，1999，158页。

③ 陈弘毅：《中国文化传统与现代人权观念》，载《法治、启蒙与现代法的精神》，北京，中国政法大学出版社，1998，142页。

（1）传统文化的伦理性导致权利观念的缺失。传统的中国文明被作为国家意识形态的儒家思想统治了近两千年，这种文化的道德结构的核心是家庭伦理。人性的实现是完成与个人担任的社会角色相联系的道德的问题，不存在纯粹的个人概念，而只有君臣、父子、夫妻朋友等社会关系。[①]在这种家庭伦理的指导下，追求秩序，淡漠权利为基本的价值取向，强调的是“君为臣纲、父为子纲、夫为妻纲”，强调的是“君要臣死，臣不得不死”，注重的是一种权威、服从和依附，缺乏一种权利的概念。这种文化反映在司法上，即是“引礼入法”，法以礼为内容，法服务于礼，礼这种强调等级、身份、特权的价值观深深地融入法中。在行为的价值取向上，强调个体的义务与责任，而甚少及于权利。[②]

这些与以权利为本，以平等、自由为归依的人权保障意识相去甚远，甚至可以说是背道而驰。在此种文化传统的影响下，统治秩序、社会整体利益被放到了首要的位置，要求“立公去私”，个人权利的概念无从产生。

（2）对实体正义的过分追求导致诉讼的低程序化。另外，传统文化更多的将法视为统治的工具，“法即为刑”，强调法的惩罚和威慑作用，在这种观念的指导下，对实体正义的追求是最终的且最为重要的目标，而没有程序终局性的意识，司法官的任务是查清真相而非拘于程序，因此中国古代审判可以因司法官的不同而形势各异。[③] 另外，为了彰显实体正义，可以对任何案件进行不加限制的重新审理，传统文化中的拦轿喊冤意图借助更高级别的“青天大老爷”来平冤的情结即是对这一现象最好的注解，而这种情形往往能够起到一定的效果。与这种思想相适应的，是中国古代在法律制度上即专门规定了相关的复审、复核制度，以保证审判结果的公正，如从西周时就有了“乞鞫”制度，用以对已作出的判决要求重新审理，到唐朝开始的“取囚服辩”制度，也是对生效判决申请重新理的一种方式。除了这种当事人申请重新审理的制度外，中国古代也有官吏自上而下主动查纠民间冤情的制度，如御史监察制度和录囚制度。[④]

2. 现实的原因：“有错必纠”——一个并不实事求是的刑事政策

历史的影响是显然的并是深远的，但最重要的因素仍是现实的选择，历史毕竟只是过去，只是一种借鉴，现实的选择才是最重要的。

“有错必纠”是我党一再强调的思想路线，作为一种指导思想，有错必纠体现了宽阔的胸襟、勇于承担错误的勇气和实事求是的态度。这一指导思

---

① 陈弘毅：《权利的兴起：对几种文明的比较研究》，周叶谦译，载《外国法译评》，1996（4）。

② 白冬：《人权保障：现代刑事诉讼之灵魂》，载《人大复印资料》，2003（4）。

③ 宋英辉：《刑事诉讼原理导读》，北京，法律出版社，2003，39页。

④ 陈卫东：《刑事审判监督程序研究》，北京，法律出版社，2001，36～41页。

想在我国的刑事诉讼中也当然产生了重大的影响。在刑事诉讼中则具体表现为不管发生了什么错误也不管错误出现在什么时候，一旦发现就要予以纠正，追求客观上的真实。这对于惩罚那些真正有罪的人、保障国家利益和社会公共利益有着一定的积极意义。但是，作为一种沉重的代价，“有错必纠”必然导致国家刑罚权的滥用和司法权威的丧失，也会影响公众对于法律的信任，并将会因对国家利益的过度保护而侵犯被告人的人权。

有错必纠一直与实事求是放在一起进行论述，然而有错必纠真的是实事求是的对刑事诉讼规律的反映吗？

对于实事求是的含义，毛泽东同志曾有过经典论述，通俗地讲就是要探求事物的客观规律，按规律办事。从认识论上讲，刑事诉讼是一个对过去发生事件的回溯过程，虽然按马克思主义经典理论，人的认识能力是无限的，但这个无限是从人类总体上和认识手段的无限上来看的，而刑事诉讼要受到多方面的限制，譬如关于诉讼期间的规定决定了刑事诉讼只能在有限的时间进行，而办案工具和办案人员的素质也将影响对案件事实的回溯性认识等。因此刑事诉讼过程中出现错误难以避免，“纠错”的过程可能是一个永无止境的过程，有错必纠难以实现。从价值选择的角度来看，刑事诉讼的过程是一个多元价值并存的过程，并且有些价值根本无法调和，而体现出一种二律背反，比如就惩罚犯罪和保障无辜者来说，有学者就作出了精辟的论述：“一方面，社会希望减少刑事犯罪，另一方面，又希望维持社会公民的最大程度的法律安全，这两者是矛盾的。目的在于保护无辜者的规章必然会被犯罪分子滥用。因此，人们必然在有效地减少犯罪行为和广泛保护个人之间作出选择。不管人们是选择前者还是选择后者，有一个结论是不可避免的，那就是这种选择要求付出不愉快的代价。”① 因此，对这些价值必然要有所舍取，但也仅是价值选择的问题，而不纯粹是单纯的对错的判断，从这方面来看，有错必纠缺乏存在的必要。

总之，有错必纠在刑事诉讼中并不是一个实事求是的政策，相反“只不过是一种表象和神话罢了，它们以一种哲学完美主义的名义，掩盖了国家刑事追诉权的恣意行使，导致法院司法权威的丧失和程序正义的牺牲。”②

三、我国在刑事诉讼中禁止重复追究的根据与意义

重复追究基于对犯罪的追究而产生，先有追究，再有重复追究。犯罪在本质上是对国家所保护的合法权益的侵犯，是对国家秩序的破坏，

① 转引自龙宗智：《刑事司法的利益机制与刑事司法模式》，载《相对合理主义》，北京，中国政法大学出版社，1999，37页。

② 陈瑞华：《刑事诉讼中的重复追诉问题》，载《中国政法大学学报》，2002（5）。

国家对犯罪的追究是必然的，也是正当的。但国家犯罪追究的权力不能毫无制约，对犯罪追究的过程应在国家利益和公民权利间寻求平衡，应对实体真实和法律真实作出合理的舍取，应协调好犯罪的普遍性和司法资源有限性的矛盾，因此，对被追究者的同一犯罪行为不能进行重复追究。

（一）禁止重复追究原则概述

禁止重复追究，顾名思义，是对重复追究的禁止。对犯罪的追究依国家对犯罪的刑罚权而产生，是正当的，禁止重复追究所禁止的是对被追究者的同一犯罪行为的再次或多次追究。

犯罪是一种复杂的社会现象，它与国家和法律的存在是紧密相连的。在原始社会，物质生活条件很差，不存在一部分人对另一部分人的统治，当时虽然也有个人对他人的侵害，但并不认为是犯罪，而用同态复仇或赔偿损害的办法来解决。① 只有在社会生产力发展到一定阶段，出现私有制、产生了阶级并在阶级的对立和冲突中产生了国家后，掌握国家政权的阶级为了维护自己的统治，才将那些反对统治关系的行为宣布为犯罪。因此，犯罪在本质上是对国家所保护的合法权益的侵犯，是对国家统治秩序的破坏。

既然犯罪是对国家统治秩序的破坏，国家必然会对犯罪行为采取一定的措施，这一措施即是国家通过刑罚权的行使来追究犯罪人的刑事责任。刑罚权是国家基于统治权依法对实施犯罪行为的人实行刑罚惩罚的权力。②尽管对刑罚权产生的依据有着不同的学说，如契约说认为人们为了保护自己的自由而割让出部分自由，这部分自由即形成刑罚权；功利说认为刑罚权是依据维护幸福的实在利益而产生的；社会防卫说则认为刑罚权是为防卫社会免受犯罪的侵害而设立。但这些学说存在着如下几个共同点：一是刑罚权的行使是正当的；二是刑罚权与犯罪相连，没有犯罪，刑罚权即没有行使的必要；三是刑罚权由国家所拥有，以国家对犯罪人进行追究，使其承担相应的刑事责任的方式得以实现。基于刑罚权的以上特点，国家对犯罪的追究是正当的，也是必然的。

追究犯罪是对已发生事实的回溯性认识，这一过程往往并不是轻而易举的，因为对犯罪的追究最终还是由“人”来实现，而由于人的认识能力和认识手段的有限性，错误追究在所难免，这种错误既可能是放纵了犯罪，也可能是冤枉了无辜，这样就产生了重复追究的可能。对是否准许重

① 马克昌：《犯罪通论》，武汉，武汉大学出版社，2003，11页。

② 马克昌：《刑罚通论》，武汉，武汉大学出版社，2002，16页。

复追究，在不同的历史时期有着不同的态度。在早期的奴隶社会，国家对惩罚犯罪并未表现出足够的重视，更多的是当作一种私人纠纷，实行私人追诉主义，并且对事实的认定取决于宣誓、决斗或神判。在这样的背景下，重复追究并没有很大的意义，因为神的意志不可违背，是最高权威。当社会发展到中央集权的封建专制时代，随着犯罪的加剧，统治者逐渐认识到犯罪对统治秩序的破坏性，为了更有效地追究犯罪，维护专制统治，开始采用“纠问式”的刑事诉讼模式，将追究犯罪的权力收归国家行使，刑事诉讼的目的就是在查明案件真相的基础上惩罚犯罪和控制犯罪。同时，对事实认定的宗教色彩褪却，逐渐向法定裁断过渡，这时权威也需要转移至裁断人。为了维护对犯罪追究的权威性和高效性，开始出现对重复追究进行限制的思想。如公元6世纪的查士丁尼《学说汇编》中即有“长官不应当允许同一个人因其一项本人已被判决的行为再次受到刑事指控”的表述，在随后兴起的教会法中，也有“上帝不因人的同一犯罪而两次惩罚人”的箴言。①

17至18世纪，资产阶级开始了反对封建专制和封建特权的资产阶级革命，“这不仅是一场伟大的政治变革，更是一场巨大的思想革命。思想的解放、权利意识的张扬，彻底摒弃了封建社会压抑个性、排斥权利的桎梏，提出了民主、自由、人权的口号。”② 刑事诉讼因其将对公民的人身权利、财产权利甚至是生命权产生巨大影响，在人权保障方面有着十分重要的地位，受这些思想的冲击也尤为明显。刑事诉讼不仅被认为是惩罚犯罪实现社会正义的程序，还应在这一程序中体现对人权的尊重和保障，体现出程序本身的价值，即“正义不仅应当得到实现，还应以看得见的方式得到实现”。在这些观念的影响下，对犯罪人的重复追究被看做是对被告人权利的侵犯，是国家权力的滥用，因此，在很多国家都受到禁止。

当然，因为文化背景及司法制度的不同，对重复追究的禁止在不同国家有着不同的操作模式，总的来说，在大陆法系国家通过“一事不再理”原则对重复追究进行限制，而在英美法系国家则采用的是“禁止双重危险”的原则。

（二）禁止重复追究规制的对象

对犯罪追究的目的在于对犯罪人予以刑罚处罚，并通过刑罚处罚同时起到安抚被害人和预防犯罪的作用，这些目的的实现都基于对犯罪人刑事责任的确认，而这一确认主要通过刑事审判来实现。不管是在大陆法系国

① 转引自张毅：《刑事诉讼中的禁止双重危险规则论》，北京，中国人民公安大学出版社，2004，39页。

② 白冬：《人权保障：现代刑事诉讼之灵魂》，载《人大复印资料》，2003（4）。

家还是英美法系国家，刑事诉讼都奉行裁判中心主义，审判是刑事诉讼的中心环节，此前的所有诉讼活动均是为这一阶段做准备，而审判权都由法院所专属享有的。因此，禁止重复追诉所规制的对象主要是法院，禁止法院重复审判、重复处罚。

在现代社会，法院中立是刑事审判最基本的要求，普遍奉行不告不理、控审分离的原则是十分必要的，因为如果控诉者和裁判者同为一方的话，被追诉者被定罪的风险将大大增加。而一旦控诉权从审判权中分离出来，将对中立的审判权产生一定的制约，依不告不理的原则，一方面审判必须以起诉为前提；另一方面审判的范围受起诉的限制。这样一来，禁止重复追究规制的对象也包含了起诉权。如德国有学者认为："不论是有罪判决还是无罪判决，作出产生法律效力的判决后不允许对同一行为再启动新的程序。"① 这包括了对重复起诉的禁止。在美国，也有类似的观点，"该权利旨在防止国家因源于同一事项的犯罪反复把一个人置于被起诉的地位。"②

在现代刑事诉讼中，起诉存在着公诉和自诉之分，自诉人重复提起自诉也有可能使被告人受到重复追究，但基于国家对犯罪危害性认识的提高及私人追究犯罪的固有缺陷，如私人力量不够导致追诉难以成功，又如自诉人可能为个人利益与犯罪妥协而放纵犯罪等，国家公诉已成为最重要的犯罪追诉方式，自诉被禁止或仅作为公诉的补充而存在。③ 因此，对起诉权的规制主要是对公诉权的规制，本文的分析将以公诉案件为蓝本。

（三）禁止重复刑事追究对民事诉讼程序的影响

由于调整对象的部分重合性，刑法与民法中的侵权行为法可能出现法条竞合，即行为人的一个违法行为既构成犯罪又构成侵权，在这种情况下，对行为人刑事责任的追究是否产生阻却其民事责任认定的效力呢？

笔者认为，虽然刑事责任和民事责任的设定从本质来讲都是为了实现社会正义、维护社会秩序，但它们仍然有着巨大的差异。刑事责任是国家对犯罪追究的结果，是犯罪人对国家所承担的一种责任，是最为严厉的责任，强调惩罚及通过惩罚实现预防；而民事责任则主要是对公民私权利侵害的后果，更多的是行为人对被侵犯人个人所负的责任，强调补偿或赔偿，注重的是权利的平衡。因此，对犯罪的追究并不能阻止在民事诉讼中就同一违法行为的民事责任进行认定。刑事诉讼中的有罪或无罪判决将对

---

① ［德］约阿希姆·赫尔曼：《〈德国刑事诉讼法典〉中译本引言》，载李昌珂译：《德国刑事诉讼法典》，北京，中国政法大学出版社，1999，15页。

② 转引自张毅：《刑事诉讼中的禁止双重危险规则论》，北京，中国人民公安大学出版社，2004，30页。

③ 傅平：《公诉权制约之比较法研究》，载《国家检察院官学院学报》，2003（4）。

民事诉讼程序产生不同的影响。如果刑事判决是有罪判决，民事法庭不得作出与之相矛盾的判决，例如，刑事法庭判决被告人犯故意伤害罪，则民事法庭不得判决被告人不构成侵权。① 但刑事诉讼中的无罪判决对民事诉讼并无约束力，因为从实体上看，犯罪是对合法权益的严重侵害，如果达不到严重的标准，则不构成犯罪，但有可能构成民事侵权。另外，从程序上看，两个诉讼对案件事实的证明标准是不同的，刑事诉讼需要“排除合理怀疑”，而民事诉讼只需要达到“高度盖然性”标准即可，刑事诉讼的标准高于民事诉讼，在刑事上无罪，在民事上不一定不承担责任。同理，对民事责任的认定也不能阻却对刑事责任的认定。

（四）禁止重复追究的价值取向

在对刑事诉讼中的重复追究进行控制的具体制度方面，两大法系虽然体现出一定的差异，形成各具特色的“一事不再理”原则和“禁止双重危险”原则，但其核心是一致的，都是禁止对同一犯罪人的同一犯罪行为进行重复追究，只是在禁止的程序和对象上有所区别罢了，它们体现出一些共同的价值取向。

1. 人权保障：在国家利益与公民个人权利间寻求平衡

犯罪行为导致了国家秩序的破坏，国家对犯罪的追究有利于惩罚犯罪、恢复被犯罪破坏的社会秩序，也有助于预防犯罪人的再犯和其他人犯罪，符合国家利益。但在维护国家利益的时候，不仅不能漠视公民个人的权利，相反，应对个人权利显示出足够的尊重，因为国家归根到底是由单个的个人组合的，忽视个人权利，即是侵蚀国家存在的根基。

对犯罪的追究是一种国家与被告人之间的对抗，往往伴随着被告人的人身自由受限、财产甚至生命被剥夺的严重后果。这一过程体现出国家对被告人的法律控制，而“在对任何人实施法律控制时，必须使承担义务者保持其人格尊严，只有这样，才能将每个社会成员看做一种目的，而不仅被当作专横意志的对象和实现他人目的的手段”。② 在这种公理性的看法支配下，被告人不再被视为刑事诉讼的客体与国家借以威慑及安抚效果以维持社会秩序的工具，而成为诉讼的主体。但尽管这样，在刑事诉讼中，国家与被告人之间的较量仍然力量悬殊，国家刑罚权的强制性及追诉机关在人力、物力、财力等各种资源上的绝对优势，使被告人处于十分危险的境地。因此，不能允许拥有优势资源和强大权力的政府对一个已被指控的罪行再度追究。否则，必将使被告人陷入精神上的窘迫，时间、精力、金钱

---

① 谢佑平、万毅：《刑事诉讼一事不再理原则重述》，载《国家检察官学院学报》，2001 (2)。

② ［美］E. 博登海默：《法理学——法哲学及其方法》，邓正来译，北京，中国政法大学出版社，2004，167 页。

上的耗费以及人格上的折磨，使其处于持续的忧虑与危险中。这样，即使无辜者也极有可能被定罪。[①] 在一个由强大的国家司法机关发动的诉讼程序终结后，即使被告人被判无罪，他的名誉、精神、时间、金钱也将受到影响，因为他在已经经过的程序中需要耗费精力和金钱，需要忍受被怀疑有罪的压力，此时若国家因同一事实可再次对其进行起诉和审判，被告人的自由、人格尊严将再次受到打击。为了防止刑罚权的滥用，就必须对重复追诉进行控制，这就要求对一个犯罪行为只能追究一次，不得再次针对该罪行重新起诉和审判。

只有在人权保障的基础下，对犯罪追究的正当性才能得到更为充分的体现，才能得到更为广泛的支持。

2. 司法权威：客观真实与法律真实的合理舍取

权威是人类社会生活中不可或缺的，是社会秩序的最大保护者，没有各种类型的权威，社会将会处于无组织无秩序的混乱状态。[②] 同理，对犯罪的追究也要具有权威性，丧失了权威性，失去了威慑力和公信力，将使惩罚犯罪和预防犯罪的目的难以实现。这一权威首先来自于判决本身的正当性，而判决的正当性又取决于对案件事实的认定。但对案件事实的认定过程是“一个认识过程，但又不仅仅是一个认识的过程”，[③] 要涉及一系列价值的舍取，其本身也具有独立的价值。根据合法的程序，依合法的证据规则得出的案件事实即应视为真实，尽管它可能与客观真实存在着差距，但也应受到尊重。

而对犯罪行为的重复追究即是对司法权威的自我否定，因为权威首先来自于其终局性和确定性。法谚有云：“诉讼应当有结果，这是共同的福祉。”在解决社会纠纷的各种方法中，司法是最后一道防线，对犯罪的追究最终通过刑事判决的确立和对判决的执行得以实现，而最重要的还是判决的确立，因此法院的裁判应该具有权威性。而要具有这种权威，一个重要的条件即裁判要有终局性。当法院对一个人作出了生效的有罪或无罪的判决时，不论是被宣判的人还是公众对法院这一判决的效力都深信不疑，坚信这一案件已经得到了彻底地解决而不能再随意变更的时候，权威才能树立起来。刑罚的目的，不论是报应还是预防，也能通过这一权威得以实现。即使无罪判决是国家对其错误追究的承认，也不妨碍刑罚权权威的树立，因为对错误的坚守往往是对权威最大的伤害。从这个角度来看，赋予无罪判决以较强的效力也是不无道理的。因此，禁止重复追究不仅不会出

① 转引自杨宇冠：《论禁止双重危险规则》，载《北京市政法管理干部学校学报》，2000（3）。

② 贺日开：《司法权威论纲》，载《江苏社会科学》，2002（6）。

③ 陈瑞华：《刑事诉讼前沿问题》，北京，中国人民大学出版社，2000，268页。

现社会秩序的紊乱，反而会树立司法的权威，加强打击和预防犯罪的效果，并且在打击和预防犯罪的同时，注重了对被告人的人权保障。

3. 诉讼效率：犯罪普遍性与司法资源有限性的协调

对犯罪的追究，绝非一个单纯的法律推理活动，而是伴随着大量的经济消耗，因此，从诉讼经济的角度看，能通过付出相对较小的诉讼成本，及时、有效、准确地终结诉讼的制度才是科学、合理的制度。

效率，从经济学的角度讲，是指投入和产出之比，要提高效率有两个途径：一是通过减少投入而得到相同的产出；二是在投入一定的情况下增大产出。通过对重复追诉进行控制，在这两个途径上都有积极的效果。一方面，控制重复追究可以减小司法资源的投入。实现诉讼效率的重要途径是保持程序的经济性，台湾学者陈朴生教授曾就此提出了两项规则：一为不“过剩”，即减少不必要的程序；二为不“重复”，即已经起诉的同一案件在同一法院或不同法院起诉者，应“谕知不受理之判决，以终结其诉讼关系”。[①] 反复地对一个案件进行追诉，是一种重复，将司法投入扩大，同时又没有证据表明后面的追诉一定会比前面的准确，如在前文所举的案例中，被告人历经了七次审判，仅二审就进行了三次，但仍没有确定的结果，即可以说明重复的审判并不一定能使事实越审越明。这样，投入增加而产出没有提高，就降低了诉讼效率。另一方面，对重复追究的控制将增加刑事诉讼的产出。刑事诉讼的结果尽管不产生直接的经济效益，但从伦理的或非经济的角度来分析，其获得的收益是巨大的，包括因纠纷的解决和冲突的消除而带来的社会秩序的稳定，国家和公民个人合法权益的保护，国家法律尊严和权威的回复与肯定，法律正义的伸张和社会公德的倡导以及对社会冲突行为的预防和抑制等。[②] 对重复追诉进行控制，将因纠纷尽快得到有效的解决而有利于社会的稳定，将使国家司法机关的权威受到尊重，同时因判决的及时而导致刑罚的惩罚和预防效果大大加强，这样，在减少投入的前提下大大提高了产出，从而提高了刑事诉讼的效率。

四、我国刑事诉讼中禁止重复追究制度的构建

（一）对一审重复追究问题的完善

1. 取消检察院庭审结束后的撤回起诉权

对庭审过程中撤诉的案件没有新证据的，禁止再次起诉。庭审结束后，检察院撤诉后再起诉，实质上造成了对被告人犯罪事实的再次认定，

---

① 转引自陈瑞华：《刑事审判原理论》，北京，北京大学出版社，1997，94～95页。

② 李文健：《刑事诉讼效率论》，北京，中国政法大学出版社，1999，82页。

增加了被告人被定罪的风险，因而对这一规定需要进行改革。

在法庭审理结束前，公诉机关可以撤回起诉或变更起诉，因为这时候一次完整的追诉活动并未结束。在法院宣告前，检察院也可以变更或追加起诉，因为针对的是新的事件，属于起诉便宜主义在审判阶段的合理延伸。但在庭审结束后，不应允许检察机关撤回起诉，庭审结束，检察机关就犯罪事实的举证已经完成，对事实的认定基本定型。如果检察机关以事实不清、证据不足为由撤回起诉，就意味着一个本来应当由法院按照无罪推定的原则判决被告人无罪的案件，无法获得权威的法律裁决，从而使被告人的地位、命运、前途一直处于不确定的状态。检察机关在对案件事实的认定完成后，撤回起诉并将案件退回补充侦查，意味着针对被告人的刑事追诉活动从法庭审理阶段退回到审查起诉甚至侦查阶段，又开始了一次新追究。

检察机关在事实认定完成前，因补充侦查仍达不到起诉标准而要求撤诉的，法院对理由进行审查后可以允许。但就已经撤诉的案件重新提起公诉，无论是以原来的罪名提起，还是以变更后的新罪名提起，都意味着检察机关就被告人的同一行为发动了重复追诉，应该受到禁止。当然，这种禁止也需要设定一些例外，作为对惩罚犯罪需要的一种平衡，即如果有新的事实出现或发现新的证据，可以再次起诉，这一规定在德国和法国刑事诉讼法中都有体现。作为一种例外，这种新的事实应该是对犯罪构成有重大影响的事实，新的证据应该是确凿的能对案件事实的判断产生重要作用的证据，而不是对案件事实细节的修补。并且控方应证明新的证据是因控方在之前的诉讼中客观上不能取得的证据，否则由被告人来承受控方工作疏忽带来的后果，有失公正。

2. 对证据不足、指控的犯罪事实不成立的无罪判决的再次起诉要受到严格的限制

我国现行刑事诉讼法新增加了一种一审判决的类型，即“证据不足、指控的犯罪不能成立的无罪判决”，不可否认，这是对疑罪从有、疑罪从挂这一不正常现象的回应，是一个历史的进步。但最高人民法院以司法解释的形式规定人民检察院依据新的事实、证据材料重新起诉的，人民法院应当受理，使得这种无罪判决的效力极不稳定，与国际上将保护被判无罪的人作为禁止重复追究的最主要之内容的思想相违背。

笔者认为可以从以下几个角度着手进行改革。第一，坚持“证据不足的无罪判决”的效力，即使这种判决生效以后，发现了新的证据，也不能重新起诉、重新判决，不能用检察机关的起诉状否定人民法院的生效判决；第二，这种无罪判决生效后，发现了新情况、新证据，变更与纠正的

办法只能按照再审程序依法进行，并且要受到一定的限制，如犯罪的性质、提起的次数、诉讼时效等。这将在对再审的改革中详细论述。另外，关于提起的期间，也要受到一定的限制，一方面要限制在刑法规定的追究刑事责任的时效期内；另一方面考虑到判决的权威性、稳定性和证据的保存能力，对这种无罪判决的提起再审要限定在判决生效后的一定时期内，可以借鉴我国民事诉讼法的有关规定，将这一期限规定为两年。

（二）对二审重复追究的改变

对二审的改革是一个颇为艰难的价值选择过程，从保障人权的角度出发，在二审中应禁止控方提出对事实再次认定的请求，以免再一次增加被告人被定罪的风险；而从惩罚犯罪维护国家安全及实现实体正义的角度出发，在二审中对事实再次认定也有一定的必要性。英美法系国家之所以禁止控方在二审中对事实认定提出上诉，主要是基于他们的陪审团制度，一个案件只能由一个陪审团进行认定；同时，这也与他们实行的完全的当事人主义之诉讼模式有关，在这一模式下，控辩双方在侦查、起诉和审判阶段都有着平等的地位，在审判中控辩双方进行激烈地对抗，使得对案件真相把握的可能性大为增加。而这些条件在我国并不具备，改革必须要结合“本土资源”，要有一定的现实可行性。受司法观念及司法现状的制约，在我国禁止检察院提出对事实认定的抗诉而有着很大的难度，作为一种妥协，在检察院有确凿的证据认为一审对事实的认定确有错误的时候可以提起抗诉。但妥协也只能是一定限度内的妥协，在对抗诉放宽标准的同时，对审判权要进行一定的制约，否则被告人的利益无从保障。

刑事诉讼归根到底是一个追究犯罪人刑事责任的过程，是过程就要遵循一定的时间序列。“从诉的提起开始，经过争点在法律意义上的形成，证明和辩论以及上诉阶段到判决的确定，具体案件的处理可以视之为一个‘法的空间’的形成过程。”① 这种时空性是程序法与实体法的重要区别，我们应当承认它们各自相对独立的价值。如果说实体法主要追求的是正义的实现，那么将程序法的价值取向定位于以正义的方式来实现正义便是顺理成章了。在这一正义实现的方式中，法官的中立和程序的安定是最基本的要求，对二审的改革也要从这两个方面出发。

一是对于抗诉或有具体理由的上诉，禁止法院进行全面审查，只能在抗诉或被告人的上诉范围内进行审理，如被告人没有提出上诉的具体理由，可以全面审查，但必须贯彻“上诉不加刑”的原则；如果检察院提起抗诉同时被告人又提出没有具体理由的上诉，则只能在检察院抗诉的范围

---

① 梁治平：《法律解释问题》，北京，法律出版社，1998，155页。

内审查对被告人的处罚。对此范围外的，即使一审判决确有错误也不能加重对被告人的处罚。

二是取消二审法院将“事实不清或者证据不足”的案件发回重审的规定。对案件发回重审，导致被告人又处于再一次被定罪的危险中，并且随着程序的回转，其不确定的状态也要随之延长，是对被告人人权的侵犯。基于无罪推定的原则，既然指控的案件事实不清、证据不足，二审法院应当作出无罪判决。并且，取消发回重审而改之为直接作出无罪判决，也可以与一审中对事实不清、证据不足的案件作出无罪判决的规定相协调。当然，发回重审也有存在的必要，即当一审法院并没有管辖权而作出判决时，应发回有管辖的法院进行重审，这并不是对禁止重复追究的违反，因为一审法院并没有管辖权，第一次追究并不是真正的追究，也就谈不上重复追究。

（三）对再审程序的完善

对审判监督程序的改革可能是最为必要的，因为这一程序设立的本身更多的是为了实体正义的实现，因而允许了在特定情况下对程序终局性的破坏。但这种破坏应该只是一种非常态，而不是一种常态，对再审进行严格地控制是禁止重复追究的最重要的控制手段。

对制度的革新首先是要进行观念的革新，没有新的观念，所有的制度将仅仅是制度，而难以实现制度设置的目的。我国现行刑事再审制度的目的侧重于查明真相，纠正错误。诚然，追求实体真实无可厚非，但是这种追求不能建立在损害被告人的权利基础上。刑事诉讼的目的不仅要惩治犯罪，维护社会秩序，而且要注重保障被告人的权利。长期以来，我国司法界普遍将程序作为实现裁判结果的工具或手段，重实体而轻程序，为追求实体真实而漠视程序公正。[①] 其实，离开了程序上的公正，实体公正难以得到实现，即使得到了实现也难以为人们所信服，因为程序是确定的，是人们能够“看得见”的，而案件事实的真相往往并不是人们所知悉的，如果人们看得见的这部分都不能体现出公正，那对于看不见的实体真实中的正义又如何去体会呢？在刑事诉讼中，只有法官依据科学的程序公正地对案件进行审理，依一定的证据规则认定案件事实，依一定的逻辑法则适用法律，得出的结果才能得到人们的尊重，也必然能得到人们的尊重。“对同一个案件能反复提起诉讼的程序，是不能称之为程序的”，[②] 没有限制的反复再审是对程序终局性的破坏，是对法律权威的挑战，是对人权的漠

① 王敏远：《刑事司法理论与实践检讨》，北京，中国政法大学出版社，1999，29页。

② 陈瑞华：《刑事诉讼前沿问题》，北京，中国人民大学出版社，2000，342页。

视，因此，再审应该受到严格的限制。当然，人的认识是一个渐进的过程，由于人的认识能力和认识手段的有限性，在认识的过程中出现错误在所难免，刑事诉讼也是这样。为了判决的权威而拒绝承认或者拒不改正错误，也不是一个科学的态度，对错误的坚守往往是对权威最大的损害，将使人丧失对公正的信赖和期待，在这个意义上，再审制度有其存在的必要性。再审的扩大化和全面否定再审都是不可行的，需要在这两者之间应该寻求平衡。

将再审的指导思想定位于人权保障下的追求实体真实，比单纯地侧重实体真实而引申出来的“有错必纠”有着一定的进步意义，这既符合历史的潮流也有着现实的可行性。在这一指导思想下，对再审制度具体的改革将从以下几个方面着手。

1. 区分有利于和不利于被告人的再审

从前面介绍的有关国家对重复追究例外情况的规定来看，大多是为了保障被告人的权利而设置，以救济为第一要义，因被告人申请而引发的再审程序较为普遍，由国家直接提起的旨在对被告人不利的再审较为少见。虽然德国规定了不利于被告人的再审，但对其进行了严格的限制，提起的理由大都是因被告人的行为而对法院判决产生了不当影响。

而我国的刑事再审既可以有利于被告人，也可以对被告人不利，既可以对被告人减轻处罚，也可以对被告人加重处罚。如果再审是为了被告人的利益，不会给被告人带来新的、更为严重的危险，可以视为是国家权力的自我节制，从而能被接受的话，那么，对被告人不利的再审则是对被告人同一犯罪行为的重复追究。当然，只允许提起有利于被告人的再审，而不允许提起对被告人不利的再审，会导致对一部分犯罪分子的放纵，不利于维护社会秩序，也难以实现刑事诉讼打击犯罪的目的，在这个意义上来看，也实现不了保障人权的目的。适当地设立一些例外，允许发动部分对不利于被告人的再审也是十分必要的。有利于被告人的再审和不利于被告人的再审，在提起的区别上主要表现在以下几个方面。

（1）有利于被告人的再审不受案件性质的限制，不利于被告的再审仅限于严重犯罪对被告人不利的再审实质上是程序正义与实体正义的平衡，是个案与社会整体利益的平衡，因此，对被告人不利的再审必须经过仔细的权衡建立一个合适的尺度。犯罪的危害性即是尺度之一。对于严重危害社会的犯罪，可以侧重于对实体真实的追求，这样，不管是惩罚还是预防的效果都是明显的；而对于轻微的犯罪，则以侧重程序的安定性为宜。对何为严重犯罪，可以考虑以5年以上有期徒刑为分界点。这样划分的依据主要在于我国司法实践的定罪情况，我国1999年判处5年以上有期徒刑、无期徒刑和死刑（包括死刑缓期 2 年执行）的 157462 人，占判处罪犯总数的 25.89％；[①] 2000 年判处 5 年以上有期徒刑、无期徒刑和死刑（包括死刑缓期 2 年执行）的 163422 人，占判处罪犯总数的 25.28％；[②] 2001 年判处 5 年以上有期徒刑、无期徒刑和死刑（包括死刑缓期 2 年执行）的 150913 人，占判处罪犯总数的 31.38％。[③] 根据这些数据可知以 5 年为标准，可以将 1/3 的案件排除在外，在最大限度上维持判决的权威，又可以保证有足够的司法资源来高效、准确地打击严重犯罪。

（2）有利于被告人的再审不受时效和次数的限制，不利于被告人的再审则应受到限制。对于有利于被告人的再审，不论是要求将有罪改判为无罪还是要求将重罪改判为轻罪，都旨在对被告人名誉的恢复和其他权益的保障，因此，对这种再审不应设定限制，不仅可以在刑罚执行过程中提起，也可以在刑罚执行完毕后提起。但对于不利于被告人的再审，因是对犯罪的再次追究，应受到严格的限制。首先是期限的限制，为了保持判决的稳定，应规定一定的期限，在追诉时效界满前，可以允许提起对被告人不利的再审，超过这一期限取予禁止。具体而言，可以借鉴德国刑事诉讼法的有关规定和我国民事诉讼法的有关规定，将这一期限规定为两年，并且这一时效从第一次终审判决的确定时开始起算，并不得中止和中断，以体现出被告人权利的保护。其次是对不利于被告的再审次数进行限制，应以一次为限，而不能反复的再审，这样既可以保护被告人的权利又可以实现实体正义。

（3）再审提起的理由需体现两者的区别。对有利于被告的再审，可以适当放宽提起的标准，出现了足以影响对事实认定的新证据或是适用法律确有错误或是严重违反诉讼程序的案件，即可以提起再审。而不利于被告的再审，则应限于因被告人的故意行为导致判决出现错误的情况，具体有以下几种：被告人的供述是虚假的；被告人及其近亲属唆使、胁迫、收买证人提供有利于被告人的虚假证言的；被告人及其近亲属贿赂审判人员的。之所以在上述三种情况下可以提起对被告人不利的再审，是因为被告人对审判施加了不当的影响并实质上影响了审判的结果，其并没有受到真正的影响其实体权利的追诉，或者说，没有真正的受到第一次追究，因此，对这类案件的再审应该被允许。

2. 明确提起再审的主体

人民法院作为保障社会正义的最后一道防线，在诉讼中应始终处于中

---

① 《中国法律年鉴》，北京，中国法律年鉴出版社，2000，121 页。

② 《中国法律年鉴》，北京，中国法律年鉴出版社，2001，155 页。

③ 《中国法律年鉴》，北京，中国法律年鉴出版社，2002，145 页。

立、超然的地位，是被动的，而不能主动的介入诉讼。控审分离和不告不理是现代诉讼应该遵循的基本原则，法院主动启动再审程序，是对这些原则的违背，使法官先入为主和主观臆断成为可能，法官居中裁判的中立性受到影响。这种由法院主动提起的重复追究，往往对会给被告人带来极为严重的危险，从前文介绍的有关国家的再审制度看，基本上没有法院依职权提起再审的。因此不管是从程序正义的角度来看还是从与国际接轨考虑，都有必要取消人民法院依职权提起再审的规定。

与法院可以主动提起再审相对应，我国现行刑事诉讼法却忽视了被告人及其法定代理人申请再审的权利，只是赋予了当事人及其法定代理人申诉的权利，这种申诉只是再审的材料来源，法律并没有规定司法机关对申诉的处理程序和规则，使当事人申请再审的权利难以实现。该法又规定对检察院的再审、抗诉，人民法院应当组成合议庭重新审理，虽然从理论上讲检察院是专门的法律监督，其对案件的处理应当抱着客观的态度，也可以维护被告人的利益。但基于检察院控方的地位，往往更倾向于提起不利于被告人的再审，这使得对被告人的重复追究极易发动，而对有利于被告人之再审的启动却极为艰难，与将再审主要作为维护被告人利益的救济手段的趋势相背。因此一方面要对不利于被告的再审设置障碍，另一方面有必要将事人及其法定代理人、近亲属作为提起再审的主体，并明确规定对再审申请的处理程序及救济制度，以贯彻在人权保障基础上追求实体真实的思想。

3．调整再审的管辖法院

现行刑事诉讼法规定，再审可以由原审法院管辖，但由于再审是以纠错为目的，是为了推翻原审法院作出的生效裁判，将会对案件的承办法官甚至是原审法院产生不利的影响。因此，虽然再审要另行组成合议庭，但由于各种因素的影响，要原审法院改变自己原来所作出的判决往往面临着一定的阻力。这样，再审程序的救济功能就很难实现。而如果由原审人民法院的上一级人民法院管辖，不仅有利于上级人民法院对下级人民法院的审判工作进行监督，而且上级人民法院可以避免原审人民法院受到的主、客观方面的影响，使再审结果更加客观、公正。

另外，根据我国刑事诉讼法的规定，原来是第一审案件，再审时依第一审程序进行审判，所作的判决、裁定可以上诉、抗诉；原来是第二审案件或上级人民法院提审的案件，则依第二审程序进行审判，所作的判决、裁定是终审的判决、裁定，是不能上诉的。从规定中可以看出，我国刑事再审适用的程序是由原审案件在普通程序中的审级来确定的。原来在普通程序中未进入二审程序的案件的当事人再审后拥有上诉权，而原来在普通程序中经过了二审程序或再审时是由上级人民法院提审的案件的当事人再审后则不享有上诉权。这是一种很不合理的现象。刑事再审程序作为独立于普通程序之外的特别程序，旨在对生效裁判进行救济。一审生效裁判和二审生效裁判均是生效的裁判，在本质上是没有区别的，不能因为当事人或检察机关在一审时未上诉或抗诉引发二审程序，就在再审程序中对他们进行补偿，让他们在再审程序中获得一次上诉或抗诉的机会，毕竟再审程序有其自身的特殊性。正如有学者指出："再审程序关注的是案件经普通程序审理的结果，即生效裁判是否确有错误（如果确有错误，则开启再审程序），而并不关心普通程序的过程即不过问普通程序中的具体审级，因为它仅与普通程序的结局有关，而与程序无涉。"[①] 因此再审程序不应该由再审案件在普通程序中的审级来确定，而应该实行一审终审制。因为再审程序的提起有严格的限制，在提起时人民法院已经进行了审查，且又是由法学理论及办案能力相对较强的上一级人民法院审理，能够在最大限度上保证案件再审的质量，无须设置上诉程序。并且对被告人不利的再审本身就是一种重复追究，是在维护国家利益的前提下对保障被告人人权作出的一种牺牲，这种牺牲应该在一定限度内，允许对不利于被告的再审再次抗诉，将被告人置于极为危险的境地，应该受到禁止。

① 虞政平：《我国再审制度的渊源、弊端及完善建议》，载《政法论坛》，2003（2）。

金　华*

滥用追诉权的经济学思考

一、刑事追诉活动的经济学模型

刑事追诉活动是国家行使刑罚权的活动，国家作为一个抽象的存在，无法自己亲自去实施刑事追诉活动，这种活动只能通过侦查机关、检察机关和审判机关等国家机关来实现。当然，具体活动的完成任务最终落在侦查人员、公诉人员和法官身上。于是，国家与侦查人员、公诉人员、法官之间就形成了典型的经济学意义上的“委托—代理模型”①。国家作为委托人，将刑事追诉活动中的侦查、起诉、审判活动分别委托给侦查人员、公诉人员和法官。于是，这些接受国家委托的国家机关工作人员就是代理人，他们代表国家机关行使被授予的权力，包括拘留、批捕、逮捕、起诉、审判等。

如果国家工作人员没有按照国家的意愿、朝着国家刑事追诉的目标去行使被授予的权力，就很有可能损害国家利益。国家工作人员的这种行为往往表现为权力的滥用。刑事诉讼中的权力滥用，一般只能针对两类人，一类是事实上无辜的人，另一类是事实上有罪的人。② 而权力滥用的行为一般表现为两种，一种是加重处罚，即对其进行的惩罚比实际罪行应当受到的处罚更重，这种处罚不一定是指定罪之后的决定判处的刑罚，泛指在刑事追诉过程中对被追诉人实施的任何不利于他/她的利益的行为。举例

* 金华，湘潭大学法学院。

① ［美］A. 米切尔·波林斯基：《法和经济学导论》，郑戈译，北京，法律出版社，2009，125页。

② 对行为模式进行分析时，这里考虑的有罪、无罪仅从事实上而言，无论最终他们是否被法院判定为有罪。简单地说，就是实际实施了犯罪行为和实际没有实施犯罪行为的人。

来说，对实施了犯罪行为但是不够法定逮捕条件的人实施逮捕，这是加重处罚。另外一种权力滥用的行为是减轻处罚或者不处罚，比如应当追究的犯罪行为，侦查人员收取取保候审的保证金后将行为人释放，这是减轻处罚；直接将其释放，这是不处罚。划分这三种行为模式的目的是为了分析这三种权力滥用的行为都将导致社会整体福利的下降。由此论证，从福利经济学的角度分析，这些行为是损害国家利益的行为。

第一，对事实上无罪的人进行处罚。

"恶意追诉"是典型的对无罪的人进行处罚的行为。"恶意追诉"指侦查人员启动刑事追诉程序对某个公民进行追究，其目的不是为了正确执行法律、维护国家利益，而是为了个人私利：打击报复、谋求不当的经济利益，甚至仅仅是为了显示个人的权威等。首先，被追诉的公民没有任何违法行为，如果不对他/她进行恶意追诉，他/她可以参加到正常的社会生产活动中，对社会整体福利的增加贡献一份力量。可是对他/她进行追诉、暂时剥夺其人身自由之后，社会整体福利则会受到影响。其次，追诉活动需要使用国家资源，需要耗费人力、物力和财力，国家花费这些资源，是为了让国家机关工作人员追诉真实的犯罪活动，可是国家工作人员却消耗这部分资源去做对社会无益反而有害的事情，这是对国家资源的浪费。与此同时，由于这部分时间、精力、人力、物力和财力都投入到虚假的刑事案件追诉之中，使得真正的刑事案件得不到及时、有效的处理，这样就会对社会秩序、其他人的安全造成影响，从而减少社会整体福利。再次，被追诉人受到冤枉，对他/她的心理产生负面影响。他/她会感到自己的遵纪守法却得不到相应的回报，这就会影响他/她遵守法律规定的激励效果。[①]人们遵守法律是为了能使自己免受处罚，假如社会能够做到正确处理每一起案件，就会使得守法之人不受处罚、违法之人受到相应的处罚，这样就会激励大家遵守法律，在这种情况下激励效果（incentive effects）能够达到最大。但是，遵守法律之人最终受到处罚，同时由于国家执法、司法资源浪费在虚假的案件上，使得违法之人得不到处罚，最终的结果是严重影响整个社会遵守法律规定的激励效果。从而人们会认为，违反法律规定也没有关系，只要能够想办法让国家机关工作人员不追究责任就行。反过来，遵纪守法的人会觉得自己很吃亏，因为其他人不遵守法律也没有受到惩罚，而他/她自己严格按照法律规定行事，结果由于各种各样的原因反而有可能受到处罚，这将大大降低他们遵纪守法的动机。于是，整个社会守法的激励效果被削弱，影响国家正常的法律秩序，损害社会的整体福利。

---

① 张维迎：《博弈论与信息经济学》，上海，上海三联书店、上海人民出版社，2004，248页。

第二，对事实上有罪的人加重处罚。

对事实上有罪的人加重处罚同样也会有损于社会福利。再举个例子来分析。某乙实施犯罪行为，虽然法律规定要对其进行追诉，但是其行为达不到法律规定的逮捕条件，不应当对其实施逮捕，不知出于什么原因，侦查人员申请批捕，而检察机关的工作人员批准了逮捕的申请。于是某乙被公安机关执行逮捕，并遭受侦查人员的殴打。首先，与第一种行为模式相似，乙的犯罪达不到逮捕的条件，说明社会危害性轻微，不剥夺其人身自由不至于对社会造成危害，如果不把乙关押起来，乙可以进行其他正常的活动，为社会整体福利的增长做出一些贡献。这里不应当考虑乙再进行犯罪活动的可能，因为如果有这种可能性存在的话，在理想模式下应当把乙与社会隔离。因此在本案中只考虑乙进行其他正常社会活动的可能性。可是，国家工作人员把乙关押起来，使得他/她不能为社会整体创造福利，从而阻碍了社会福利的增加。其次，在这种情况下，办理乙的案件中需要国家工作人员进行这一系列行动，包括申请批捕、批准逮捕、进行抓捕行动、将乙关押在看守所等，都是国家资源的消耗，也是国家处理这一案件所支付的成本，但是这些活动的收益几乎为零，这也是社会福利的减少。与此同时，国家工作人员本可以用这些国家资源办理其他的刑事案件，但是因为要处理这个案件，不能同时处理其他案件，使得这一部分的机会成本增加。在更大的程度上给社会整体福利造成负面影响。再次，乙认为自己遭受了不公平的待遇，自己的守法程度与受到处罚的程度不一致，即乙认为自己在守法方面支出的成本大于收益，因此也削弱了乙的守法动机。

从实质上而言，第二种行为模式与第一种行为模式比较接近，存在的区别是体现在程度上。一般而言，第一种行为模式对社会福利的负面影响更大。

第三，对事实上有罪的人减轻处罚或者不处罚。

对事实上有罪的人减轻处罚或者不处罚同样会减少社会整体福利。假设警察抓到一个犯罪嫌疑人丁，这起案子是个很普通的刑事案件，比如盗窃，也没有什么大的社会影响。办案警察认为，当年刑侦队的破案任务已经完成，把丁关押起来对自己也没有什么好处，还不如以“取保候审”的名义放了他，保证金还可以落在自己兜里，于是收 2 万元钱后放人。对丁来说，这可是个好消息，不会继续受到刑事追究，当然也不会留下案底，而且重获自由，这样的收益可不算小。与此同时，心理上的满足感也是相当强。可见，对于丁来说，在这件事情上的成本是以货币形式支付了保证金 2 万元，收益包括重获自由、不再受追究、心理满足、还可以继续“工作”。作为一个理性的人，丁一定会觉得在这件事情上收益大于成本。因为如果他觉得 2 万元的成本太高，就不会接受这个交换条件，除非遭到办案人员以加重处罚相威胁，不过，这种情形不属于这里讨论的“减轻处罚或者不处罚”的行为模式，相关情况可以参见第二种行为模式。丁会觉得实施违法行为也不会受到相应的处罚，总体而言还是收益大于成本，于是警察的这种做法加强了丁违法的动机。如果丁继续实施犯罪行为，则会对社会整体福利造成负面影响。

二、滥用刑事追诉权的外部性

对事实上有罪的人减轻处罚或者不处罚的行为与前两类行为的方向是相反的，不过这三类行为都有一个共同点，就是罪与罚不相适用。犯罪行为会带来负的外部性。外部性是一个主体的活动对另一个主体所产生的有害或有益的影响，有害的影响是负的外部性，有益的影响是正的外部性。[①] 举例来说，有两家餐馆并排开着，它们都没有临街的，而且从街道到这两家餐馆去要下一个陡坡，陡坡上没有台阶，路很不好走，于是两家店的生意都不太好。其中一家店为了改善状态，就自己掏钱在陡坡上开凿了台阶，铺上石板，交通状况得到了改善。于是两家店的生意都好了起来。出钱修台阶的餐馆的行为给另一家餐馆带来了外部性，这是正的外部性。来看另外两个例子，某个歌舞厅开设在居民楼的一层，由于没有采取有效的隔音措施，导致整幢楼的邻居都无法入睡，给邻居的生活造成影响，这就是歌舞厅的行为的外部性，是负的外部性。再比如，某丙为了测试自己从黑市买来的手枪是否好用，对准在公园散步的老人开了一枪，将其打死，这是丙的行为的外部性，也是负的外部性。

负的外部性是行为人强加给别人的成本（不利），解决外部性的问题通常是要将外部性内部化，换言之，让行为人自己承担这一成本。经济学上的外部性概念与法律有着很大的关系。侵权法和刑法就是使外部性内部化的两种手段。[②]

接着上面的例子来看。歌舞厅的行为扰民，是它强加给他人的成本。如何将这一成本内部化呢？让它承担侵权责任，比如支付赔偿、迁离居民楼等，这是通过侵权法使得负的外部性被内部化。丙为了测试枪好不好用，把老人打死，是他强加给老人的成本。将这一成本内部化的方法就是把丙处死，或者剥夺他的人身自由，并且支付老人家属赔偿金。这

---

①② ［美］罗伯特·考特、托马斯·尤伦：《法和经济学》第五版，上海，格致出版社、上海三联书店、上海人民出版社，2010，301 页。

是通过刑法和民事侵权法共同实现的负的外部性的内部化。

再回到前面列举的三种行为模式。通过分析这三种行为模式，我们可以看出，国家工作人员正确行使国家授予的刑事追诉权，才能促进社会福利、维护国家利益，产生正的外部性。如果国家工作人员滥用手中的权力，必然导致社会福利的损失和国家利益的损害，造成负的外部性。

三、信息不对称下的出路何在

刚才的分析表明，国家和国家工作人员之间存在信息不对称，导致国家工作人员存在进行权力寻租活动的道德风险。国家工作人员进行权力寻租的活动时，就会不当使用国家授予的刑事追诉权，通过三种模式滥用追诉权的行为将减少社会整体福利，同时给国家或者被追诉人[①]造成负的外部性。找到了问题的所在，才能够找到解决的办法。既然国家和国家工作人员之间存在信息不对称，那么要解决国家工作人员滥用权力的问题，可以通过消除他们之间的信息不对称达到目的。通常人们使用的消除信息不对称的方法是强制信息披露，比如上市公司就有强制信息披露的制度，以便让股东全面了解上市公司的经营状况。对于国家工作人员也可以采取类似的方式，比如说，为了预防讯问过程中发生刑讯逼供这样的滥用权力的现象，可以采取“全程自动录像”，这些录像资料由对侦查行为进行监督的主管部门定期查看，使国家得以全面掌握讯问过程中的信息。一般情况下，强制信息披露制度中，不能由代理人自己制作待披露的信息，在条件允许的情况下由第三方来制作会起到更好的监督作用。比如刚才举的这个例子，录像应当是“全程”录制，以保证信息的完整性，还应当是“自动”录制，以保证信息的真实性。如果国家认为，这样的录像披露给律师或者公众会给办案人员造成巨大的压力，由此影响办案人员打击犯罪的工作积极性，那么国家自己或者说中央机关、主管部门自己应当掌握这些信息，否则，如果出了错案，会对国家造成巨大的损失，包括经济上的损失和政治上的损失。

无论如何，这种“全程自动录像”手段也只能运用于讯问或者其他方便适用的阶段，无法对整个刑事追诉过程进行监控，因此，即便采取这样的措施，仍然不能形成信息的完全对称。在这种情况下，经济学上还通过激励机制来解决这个问题。委托人想使代理人按照委托人的利益来选择行为，但是委托人不能直接观测到代理人选择了什么样的行动，能观测到的

① 对被追诉人造成负的外部性的例子可以参考“恶意追诉”。

只是另一些变量，这些变量由代理人的行动和其他的外生的随机因素共同决定，因而充其量只是代理人行动的不完全信息。委托人的问题是如何根据这些观测到的信息来奖惩代理人，以激励其选择对委托人最有利的行动方式。[①] 因此，国家在无法做到消除代理人的信息优势的情况下，可以根据能够获取的信息，对国家工作人员的行为进行奖惩，以激励国家工作人员按照最有利于国家利益的方案来行动。

① 张维迎：《博弈论与信息经济学》，上海，上海三联书店、上海人民出版社，2004，239 页。

婺源县检察院课题组*

公诉案件中人民法院行使逮捕权的利弊分析

刑事诉讼强制措施是一种预防性措施，其适用目的是为了防止犯罪嫌疑人、被告人和现行犯、重大犯罪嫌疑分子逃避侦查、起诉和审判，保证刑事诉讼活动的顺利进行。其适用条件是犯罪嫌疑人、被告人有社会危险性或者可能实施妨害刑事诉讼的行为。① 我国《刑事诉讼法》第 59 条规定：逮捕犯罪嫌疑人、被告人，必须经过人民检察院批准或者人民法院决定，由公安机关执行。该条明确具有逮捕权的机关是人民检察院和人民法院。人民法院逮捕权分为两个部分：一是公诉案件逮捕权；二是自诉案件逮捕权。公诉案件逮捕权起诉前由检察院行使，起诉后由人民法院行使。这种分权机制实际效果如何呢？本文从基层司法实践出发，探讨人民法院公诉案件逮捕权在实践中的效果，以反思该制度设计的基本问题。

一、数据统计

本文以 2007—2009 年某县刑事案件逮捕情况为实证分析对象。在该县，这三年刑事案件数量在 140～200 件之间浮动，起诉到法院的案件中取保候审的案件约占 1/3（见表 1）。

表 1　2007—2009 年起诉案件取保候审比率表

	2007 年	2008 年	2009 年
案件数量	142 件	193 件	141 件
取保候审数量	42 件	72 件	61 件
比　率	29.5%	37.3%	43.2%

* 课题组成员：郑良军、张永安、王慈生、晏杰、詹文成、王洪华（北京市朝阳区人民法院）。

① 胡小斌：《刑事诉讼强制措施能否被间断适用》，载中国法院网，2010-06-25。

将取保候审的案件移送至法院后，法院受案后，会对取保候审的被告人重新办理强制措施手续，此时可能会变更强制措施，决定逮捕被告人（见表 2）。

表 2　2007—2009 年法院逮捕被告人比率表

	2007 年	2008 年	2009 年
取保候审案件数量	42 件	72 件	61 件
法院逮捕被告人案件数量	7 件	28 件	25 件
比　率	16.6%	38.8%	40.9%

从表 2 可以看出，移送起诉时取保候审的被告人被法院逮捕的情况占四成。《刑事诉讼法》第 60 条规定：对有证据证明有犯罪事实，可能判处有期徒刑以上刑罚的犯罪嫌疑人、被告人，采取取保候审、监视居住等方法，尚不足以防止发生社会危险性，而有逮捕必要的，应即依法逮捕。这是刑诉法对逮捕条件的规定，人民检察院和人民法院逮捕犯罪嫌疑人、被告人均应遵循这一条件。那么，法院在近半数的案件中逮捕已被取保候审的被告人，说明存在几个可能：第一，许多案件在移送起诉后案件情况发生变化，被告人具有社会危险性，需要逮捕；第二，检察院未适当把握逮捕条件，被告人具有社会危险性，应当逮捕而检察院未逮捕；第三，法院未适当把握逮捕条件，被告人不必逮捕而法院逮捕。以上三种情况，必有其一，才会出现检察院与法院在是否逮捕已起诉的被告人上有较大分歧的情况。那么，究竟是哪种情况呢？我们从被告人被逮捕后的判决结果来看。

表 3　法院逮捕被告人之案件判决情况表①

	2007 年	2008 年	2009 年
总　数	7 件	28 件	25 件
判处轻刑	7 件	25 件	19 件
判处徒刑	0 件	3 件	6 件
轻刑比率	100%	89.2%	76%

从表 3 可以看出，法院逮捕被告人后，最终判决拘役、管制、罚金、

① 表 3 中判处轻刑的案件指判处拘役、管制、单处罚金、缓刑的案件。判处徒刑的案件指判处有期徒刑以上刑罚的案件。

缓刑等情况居绝大多数。也就是说，这些案件的被告人罪行较轻，还可能具有自首、赔偿、未成年人等从轻、减轻情节，没有逮捕必要。

可以看出，法院未适当把握逮捕条件，扩大了逮捕的适用范围，使不必逮捕的被告人受到逮捕，是司法实践中客观存在的现象。

二、利弊分析

逮捕是对人身自由的完全剥夺，对于尚未接受法律宣判的犯罪嫌疑人而言，这是最具有强制力的权利剥夺措施，因此在适用中必须慎重，既要防止无辜的人被非法限制人身自由，又要防止原本无须被羁押的人丧失人身自由。法院作为国家的审判机关，其职责在于听取控辩双方的意见，采信双方的证据进行居中裁判，其行使逮捕权更需慎而又慎，特别是在其主动适用逮捕权时，要尽量防止滥用。同时法院逮捕权作为刑事诉讼强制措施，只能为法院审判职能服务。但人民法院具有逮捕权，与其审判职能相冲突，并有诸多弊端。

第一，人民法院逮捕权有碍于司法中立的精神，也与控辩式的庭审模式背道而驰。任何人不经法院判决，都不得确定其有罪，这是法律的基本原则。检察院将刑事案件起诉到法院后，法院逮捕被告人之前，必定会了解案情，把握被告人的罪名、罪行轻重、量刑情节等情况，否则法院无法判断被告人有无逮捕必要。而一旦法官在阅卷后认为被告人有逮捕必要，此时法官已经在内心处根据公诉机关移送的案卷材料形成先入为主的判断，即被告人肯定有罪，而且罪行不轻。这无疑使法院承担了部分控诉职能，使其置身于与检察机关共同追究犯罪的境地。在开庭审理的过程中，法官也会基于此有罪判断自觉不自觉地偏向于公诉机关的意见。这与人民法院中立性的要求相违背。这种先判后审的思维进阶，与任何人不经法院判决都不得确定其有罪的基本原则也是冲突的。

第二，人民法院逮捕权有碍于程序正义的实现。我国司法部门现在实行的是错案追究制，对于错捕错判的决定机关需要承担国家赔偿责任，具体承办人员也需要承担相应责任。对于取保候审的被告人由法院决定逮捕的案件，意味着如果判处无罪，那么法院和法官将承担相应的责任追究，法院的逮捕决定与其判决有着密切的利害关系，这种既扮演裁判员又扮演运动员的行为，无疑打击了被告人及其律师进行辩护，尤其是进行无罪辩护的信心，此时纵然法院在最终判决上作出了实体公正的判决，但在程序上的不足却打击了法院在被告人心目中的中立、权威形象。程序上的正义才是看得见的正义。

第三，人民法院逮捕权妨碍司法统一性与权威性。从实践上分析，有碍于司法的统一性和权威性。不论是侦查机关提请逮捕，人民检察院批准或决定逮捕，还是人民法院决定逮捕，其适用原则都是《刑事诉讼法》第60条规定的标准。作为法律职业者，公检法的办案人员对逮捕必要性的把握标准应该是统一的；作为国家机关，公检法三部门对同一事实的判断也应该是统一的。在现实中，检察机关决定取保候审的案件，说明检察机关综合考察了犯罪嫌疑人的社会危害性，认为无须逮捕羁押，而从上文表2统计数据来看，法院约在32%的案件中对检察机关的这一事实认定予以否定，认为需要逮捕，特别是在相当案件中法院先将检察机关的取保候审强制措施变更为逮捕，后又再次变更为取保候审。这使得国家司法机关之间，乃至国家机关内部的政令不一，使得法律的权威性受到了极大的挑战。

第四，人民法院逮捕权直接冲击逮捕的实质性要件。逮捕作为最严厉的强制措施，其剥夺被告人人身自由的刑罚特点决定了逮捕只适用于罪行较重的被告人，这是适用逮捕的实质性要件。而人民法院受案后，只收到随案移送的证人名单、证据目录、主要证据复印件，只能对案件进行形式审查，无法深入了解案件情况，不足以准确判断被告人是否罪行较重，是否确实需要逮捕。因此人民法院在开庭前逮捕被告人就明显不符合逮捕对象是罪行较重的人这一逮捕的实质性要件，变相扩大了逮捕适用范围。从上文表3统计数据可以看出，法院逮捕被告人的案件中平均有88%的案件被告人被判处拘役、缓刑等较轻刑罚，这与刑事诉讼法要求对决定逮捕的被告人是可能判处有期徒刑以上刑罚的精神相去甚远。实际上，法院适用逮捕权违反了逮捕的实质性要件，以是否可能妨碍诉讼活动的顺利进行作为是否决定逮捕的主要标准。

第五，人民法院逮捕权不利于保护被告人的人权和贯彻宽严相济的精神。逮捕权是最严厉的强制措施，而法院却往往使用在最轻判决的被告人身上，这是和宽严相济的精神相冲突的。刑事诉讼法是犯罪嫌疑人、被告人的权利保障书，法律对逮捕权的限制就是对犯罪嫌疑人、被告人权利的保障。在被检察机关认为不符合逮捕条件的情况下，法院先对其逮捕而最终判处轻刑，说明了法院实施逮捕权的轻率。这使得原本不必接受羁禁刑的被告人却独因法院的诉讼保障措施在监管场所失去人身自由，这不利于保护被告人的人权，也与新刑事诉讼法的人权保障精神相违背。

三、原因分析

显然赋予人民法院逮捕权有诸多弊端，那么是什么原因使它具有弊端呢？

第一，职能之冲突。人民法院的审判职能要求中立、公正，而逮捕权是一种积极主动的判断职能，逮捕权与审判权之冲突实质上是主动性与中立性之冲突，无可调和。两者集于人民法院一身时，不可避免会相互影响，从而产生职能矛盾与弊端。职能的冲突，是人民法院逮捕权产生弊端的根本原因。

第二，制度之缺陷。由于社会危险性是一个较为模糊的概念，很难有统一的标准去把握，因此把握是否适当要看具体情况。除了社会危险性，还应当有其他实际约束条件来促进决定逮捕机关正确适用逮捕权。实际上，人民检察院与人民法院决定逮捕权所受到的制约实际上是不一样的。人民检察院审查逮捕是侦查监督部门，该部门人员审查逮捕后，尚需公诉部门人员审查是否起诉，起诉后还需法官审判是否有罪，如果作不起诉决定或判决无罪，则说明批准逮捕决定是错误的，侦查监督部门便要承担工作失误的责任。[①] 因此人民检察院决定逮捕权从制度层面来说是有限制的权力，而人民法院不一样。《刑事诉讼法》第68、69、70条对人民检察院的决定逮捕权作出了限制规定，但并未对人民法院决定逮捕权作限制规定。以某县为例，在司法实践中人民法院决定逮捕的部门便是刑庭及其分管领导，由于刑庭既有决定逮捕权，又负责审判该案，因此不用担心逮捕后被判无罪等问题。也就是说，人民法院决定逮捕权并没有相应的监督，自己捕自己判。缺乏限制的权力一定会被滥用，无逮捕必要的被告人被逮捕也就不稀奇了。制度的缺陷使权力缺乏监督，是人民法院逮捕权产生弊端的重要原因。

第三，便利之需要。逮捕权本是考虑到被告人在审判阶段可能会出现社会危险性而赋予人民法院的权力。但在司法实践中，法院动辄以保证被告人到案、保障刑事诉讼活动顺利进行为由，在并未准确把握被告人是否真正具有社会危险性时，容易为便宜自身工作之需要，在受案后即逮捕被告人。由于人民法院逮捕权缺少监督，这种制度被变通的做法便能一贯行之，渐渐成为惯例。在工作中形成惯例，是人民法院逮捕权产生弊端的现实原因。

四、立法建议

在修改刑事诉讼法过程中，可取消人民法院公诉案件逮捕权。既然在公诉案件中人民法院逮捕权具有诸多弊端，这些弊端产生原因又是职能冲突和制度缺陷导致的，那么不妨取消人民法院在这方面的逮捕权，以清除这些弊端。

---

① 李志雄、张兆松：《检察机关逮捕制约机制的反思与重构》，载《河北法学》，2009（12）。

我们认为，在自诉案件中，由于被告人在审判阶段之前未经任何机关审查是否需要逮捕，因此在查实被告人确有犯罪行为的基础上，应保留人民法院对自诉案件被告人的逮捕权，以弥补司法机关在自诉案件中无法逮捕被告人的漏洞。现在的问题是，如果取消公诉案件人民法院逮捕权，但在审判阶段确实发现被告人有社会危险性，并有逃跑、串供、再次犯罪可能，该如何处理呢？若被告人只是具有逃跑、串供、再次犯罪的可能，并未实施该行为，则不应以此为由逮捕被告人。所谓可能，即还未发生，将来也许不会发生。法律只追究已发生的现实，人民法院以可能发生为由，剥夺他人的自由不符合法的精神。若发生被告人逃跑的情形，法院应当裁定中止审理。若发生被告人串供和再次犯罪的情形，则应依法追究相关人员的责任。构成刑事犯罪的，依法追究刑事责任。

臧德胜　崔光同*

刑事一审案件“隐性”超审限问题及规制

目前，对刑事案件审限制度进行论述的学术文章为数不少，但“隐性”超审限这一司法现象却没有引起学者足够的注意。本文以一个基层法院的审限内结案工作为切入点，采用理论研究与实证分析相结合的方法，尝试探讨解决这一问题的途径。

刑事审限制度的目的在于通过对审理期限做出明确规定，防止诉讼拖延，保证刑事审判活动的司法效率，使被告人在法定期限内获得公正审判，真正实现刑事诉讼的公正与效率双重价值。通过及时结案，体现了罪与罚之间因果报应关系，彰显了刑罚的威慑力，实现了刑罚特殊预防与一般预防的功利追求，更为重要的是保障了被告人的人权，避免出现超期羁押的现象。目前，随着社会对审限问题的关注以及审限内结案工作的启动，显性超审限的现象已经基本得到遏制，但是随之而来的是棘手的“隐性”超审限问题。由于“隐性”超审限问题的客观存在，导致案件审理期限过长，这一现象容易引发人民群众的不满，成为涉诉信访的重要原因。这已经成为人民法院亟待解决的问题。本文试图对此问题进行透视，并提出对策。

一、立法与实践：我国刑事一审审限之制度考察

刑事一审审限是人民法院审理一审刑事案件从立案到结案的法定期限。从立法情况来看，刑事一审审限分为固定审限和审限变更两种

* 臧德胜、崔光同，北京市朝阳区人民法院。

情形。固定审限是指法律明确规定审理案件所需时间，具体包括：在普通程序下，公诉案件、被告人被羁押的自诉案件审理期限均为一个半月，被告人未被羁押的自诉案件审理期限为六个月；适用简易程序审理的刑事案件，审理期限为二十天。[①] 审限变更是指在一定条件下，将固定审理期限予以变更的法定情形，包括延期审理、中止审理、变更适用程序、变更管辖以及在四种情形下省级法院批准延期审理等。由此可见，我国刑事一审审限制度采取原则性和灵活性相结合的方式，其具体应用具有一定的弹性。

从实践情况来看，随着国家对超审限及超期羁押现象的日益关注，强化执行审限制度的法律文件不断出台，各级法院多次开展“纠超”、“清超”专项治理活动。有些法院还制定了审限流程管理制度，约束法官审限运用的权力，[②] 使得这种直接违反固定审限的现象大幅减少，取而代之的是通过滥用审限变更而出现的“隐性”超审限。这种“隐性”超审限是法官通过滥用审限变更的自由裁量权，对不具备变更审限条件的案件予以审限变更，使得案件表面上符合审限内结案要求的“违法”审判现象。因此，超审限的问题已经从“显性”发展到“隐性”。以A法院为例，根据案件公共查询系统显示：2009年A法院受理刑事案件3364件，2008年旧存57件，共审结3366件，结案率[③] 98.4%。平均审理时间为30天，其中系统中显示的超审限案件仅1件。在法定审限内结案3086件[④]，法定审限内结案率为90.2%。在法定审限内审结的案件中，固定审限内结案2722件，简易转普通程序结案数为166件，扣除审限案件为198件；在“延长审限”[⑤] 情况下结案279件，占结案总数的8.28%；在审结的3366件案件中，适用简易程序审结案件为2116件，适用普通程序结案的数量为1250件；在案件类型上，自诉案件为9件，均在固定审限内审结。综上，在固定审限内结案2722件，占结案总数的80.9%；审限变更情况下结案644件，占结案数的19.1%。具体结案情况见下表。

---

① 参见《中华人民共和国刑事诉讼法》第168条、178条及《最高人民法院关于执行〈中华人民共和国刑事诉讼法〉若干问题的解释》（以下简称《刑事诉讼法解释》）第109条。

② 如《北京市高级人民法院关于加强案件审限管理的规定（试行）》。

③ 年结案率＝年结案数/（当年新受理案件＋上年度旧存案件）

④ 法定审限内结案量的统计包含固定审限内结案数和因延期审理、精神病鉴定等情形扣除审限的案件以及变更程序后审结的案件。比如，简易程序转为普通程序后在一个半月内审结的，属于法定审限内结案。

⑤ 本文所指的“延长审限”具有特定意义，是指因案件疑难、复杂等，需要请示汇报的，或者需要调查取证等原因内部延长审限并报请院长或者上级部门审批、备案的情况。

A 法院 2009 年结案情况表

<table>
<tr><th colspan="3">案件情形</th><th>结案数</th><th colspan="2">占年结案数（3366）的比率</th></tr>
<tr><td rowspan="4">法定审限内结案</td><td>固定审限内结案</td><td>自立案到结案没有出现审限变更情况</td><td>2722 件</td><td colspan="2">80.9%</td></tr>
<tr><td>变更适用程序结案</td><td>只包含简易程序转为普通程序审理的结案情况</td><td>166 件</td><td>4.9%</td><td rowspan="5">19.1%</td></tr>
<tr><td rowspan="2">扣除审限结案</td><td>因延期审理扣除审限</td><td rowspan="2">198 件</td><td rowspan="2">5.9%</td></tr>
<tr><td>因进行精神病鉴定扣除审限</td></tr>
<tr><td rowspan="3">超审限案件</td><td rowspan="2">“延长审限”结案</td><td>因案件疑难、复杂需要请示、汇报的</td><td rowspan="2">279 件</td><td rowspan="2">8.3%</td></tr>
<tr><td>因需要调查取证报请批准延长审限</td></tr>
<tr><td>系统显示超审限案件</td><td>超审限并且系统中没有审限变更材料</td><td>1 件</td><td colspan="2"></td></tr>
</table>

由上面表格中 A 法院的结案情况可以看出，案件系统中只有 1 件超审限案件。而其他案件则具有“正当”超期审理的事由，如变更适用程序、延期审理等。就连“延长审限”结案的案件也因履行了呈批手续而顺利结案，不在系统中超审限之列。因此，可以得出显性超审限已经基本得到控制的结论。但是，审限制度的灵活性却为“隐性”超审限留下了隐患。[①]由于审限变更制度适用条件的多样性、法官司法裁量的自由性使得审限变更已经成为目前“隐性”超审限的重要载体。

二、类型与方法：“隐性”超审限之现象透视

刑事审限制度所具有的弹性，使法官可以通过“技术处理”，使案件表面上符合审限内结案要求。但是案件的审理期限实质上已经超审限。实践中，“隐性”超审限问题主要集中在以下方面。

（一）简易转普通程序

《刑事诉讼法》第 178 条明确规定，适用简易程序审理的刑事案件，应当自受理后 20 日内审结。这一刚性要求决定了简易程序案件必须在 20 天内结案，否则为超审限案件。对于简易程序的适用范围，《刑事诉讼法》第 174 条规定，人民法院对于下列案件，可以适用简易程序：（1）对依法

① 固定审限内审结的案件不存在超审限问题，但是通过审限变更，在审限内结案的案件却可能存在“隐性”超审限的问题。

可能判处3年以下有期徒刑、拘役、管制、单处罚金的公诉案件，事实清楚、证据充分，人民检察院建议或者同意适用简易程序的；（2）告诉才处理的案件；（3）被害人起诉的有证据证明的轻微刑事案件。因此，只要被告人符合可能判处三年以下刑罚的罪量要求，并且该案事实清楚、证据充分，法院都应在20天内审结。[①] 但是《最高人民法院、最高人民检察院、司法部关于适用简易程序审理公诉案件的若干意见》（以下简称《简易程序意见》）指出，对于比较复杂的共同犯罪案件、被告人及辩护人作无罪辩护的案件、被告人系盲、聋、哑人的案件以及具有其他不宜适用简易程序审理情形案件，不得适用简易程序审理。可以看出，《简易程序意见》中前三类案件是对适用简易程序提出了更严格的要求，是通过司法解释的形式对法律规定的进一步细化。而第四类案件与前三类案件并不是并列关系，严格来说，它是“兜底条款”，包括实践中不适宜简易程序审理的“若干”案件，这就为法官在审限紧张的情况下，选择适用普通程序提供了空间。因为，“不宜适用简易程序审理”的情况由法官判断，自由裁量空间必滋生随意性，使得本应在20天内结案的案件却在65天内审结。[②]

尽管有些法院要求具备简易转普通程序呈批手续，但这种呈批是内部审核，一般是庭领导签字即可。基于审限内结案的考虑，为了避免审限临近的案件出现超审限现象，对于转程序的理由审查也是流于形式。而且，简易转普通程序对外缺乏法律手续，监督机制严重缺失。《刑事诉讼法解释》规定，对于公诉案件，人民检察院移送起诉时没有建议适用简易程序的，人民法院拟适用简易程序审理的，应当书面征求人民检察院的意见。因此，检察机关对于是否适用简易程序具有监督权。但是，在检察院建议适用简易程序审理，人民法院在同意适用简易程序审理过程中，出现决定转为普通程序审理的，法律却没有规定需要征求检察机关的意见。《简易程序意见》指出：“人民法院认为依法不应当适用简易程序的，应当书面通知人民检察院。”因此，法院行使着简易转普通程序的决定权，检察机关只是享有被告知权，[③] 因而难以行使监督权。

（二）延期审理

延期审理是审限变更的一种方式，是实践中“隐性”超审限的一大

---

① 基于诉讼效率的考虑，对于符合适用简易程序审理要求的案件，公诉机关都会建议适用该程序，因此，除非又出现了不适用简易程序审理的事由，法院应当按照公诉机关的建议20天内审结案件。

② 这种情况下，审判法官会穷尽简易程序20天的审限，然后决定转为普通程序审理，加上普通程序的45天，共65天。

③ 这种被告知权在实践中有些是书面通知，而很大一部分是来源于法院在开庭前的出庭通知，即通知检察院出庭支持公诉。

隐患。法律及司法解释规定，存在以下情形，可以延期审理：（1）需要通知新的证人到庭，调取新的物证、重新鉴定或者勘验的；（2）检察人员发现提起公诉的案件需要补充侦查，提出建议的；（3）由于当事人申请回避而不能进行审判的；（4）被告人当庭拒绝辩护人为其辩护，或者辩护人当庭拒绝为被告人辩护的；（5）人民检察院变更、追加起诉需要给辩护人必要的准备辩护时间的。上述第（3）、（4）、（5）三种情形对延期审理的条件规定的较为明确，实践中，办案人员进行“技术处理”的可能性较小。较为突出的是第（1）及第（2）种情形。由于这两种情形是以控辩双方的申请、建议而启动，以法院决定为结果。而控辩双方申请、建议的法律内容是否确实，理由是否充分，完全由法官进行审查，除此之外，没有任何审核、监督程序。因此，司法实践中出现了法官在审限内不能结案的情况下，向辩护人、公诉人“讨要”《延期审理申请书》或《延期审理建议书》的情况。而这两种法律文书格式固定，内容形式化，根本没有明确、具体的法律内容。[①] 另外，在决定延期审理后，对申请或建议内容的落实情况、结果更是不得而知。于是，这种审限变更就可能成为法官的司法任性。

（三）中止审理

中止审理的法定情形包括：在审判过程中，自诉人或者被告人患精神病或其他严重疾病，致使案件在较长时间内无法继续审理的；案件起诉到人民法院后被告人脱逃，致使案件在较长时间内无法继续审理的；适用简易程序审理的案件，在审理过程中发现有不宜适用简易程序情形的；由于其他不能抗拒的原因，致使案件无法继续审理的。

实践中，在中止审理这一程序中，容易导致“隐性”超审限的现象，集中表现在两个方面：第一，自诉人或者被告人患有严重疾病，致使案件无法继续审理，法院作出中止审理决定后何时恢复审理取决于法官自身。如果法官在自诉人或者被告人适合案件审理时，不主动获取这一信息并决定恢复庭审，那么这实质上就是超审限；第二，法律对于导致中止审理的“其他不能抗拒的原因”，没有明文规定，实践中由法官自己掌握。而中止审理是没有期限的，容易被滥用。

（四）高院批准延长审限

《刑事诉讼法》规定，一审公诉案件的审限为一个半月，具有《刑事诉讼法》第126条规定情形之一的，经省、自治区、直辖市高级人民法院

① 如检察院的《延期审理建议书》的内容是：“我院以××号××书向你院提起××的被告人××一案，根据《中华人民共和国刑事诉讼法》第××条的规定，建议你院对该案延期审理。”

批准或决定，可以再延长一个月。[①] 除此之外，高级人民法院不得批准下级法院延长审限。

但是法律规定在实践中却被无视。基层法院经常以四种情形之外的原因，如案件疑难、复杂等理由向高院申请延长审限。只要下级法院呈报，高级法院基本没有拒批的情形。在报延理由超出法定的情况下，案件事实上超审限，但这种现象却没有得到禁止。

三、无奈与规避："隐性"超审限之原因分析

"隐性"超审限现象的存在，在一定程度上反映了人民法院对审限问题的重视。外部压力和内部审限管理制度的双重约束，使法官滥用了灵活、富有弹性的审限制度，将超审限从"显性"转移到"地下"。而导致这一问题的原因，除了部分司法人员程序意识不强外，真正因素源于审判工作中的深层次矛盾。主要体现在以下方面。

（一）案多人少

目前，法院案件数量大与办案人员少之间的矛盾已经成为影响审判质量的重要因素。"隐性"超审限成为法官缓解结案压力的"泄洪口"。以A法院为例，该院2009年全年新收刑事案件3364件，旧存57件，共审结3366件，而办案法官仅15人，人均结案量220件以上。在这样繁重的审判压力下，能否审结案件是第一任务，至于审限问题则被放在其次了。

（二）内部阻碍

一是"行政化管理模式"的汇报制度。基于对定罪量刑的慎重，法院对刑事案件都有汇报制度。[②] 但是需要汇报的案件的性质、范围、程序以及不同汇报对象的区分等问题都缺乏清晰的界定。汇报制度的不规范，使很多法院自行其是，汇报范围有扩大化的嫌疑。[③] 而这些汇报制度需要领导到场，但这些领导忙于行政管理事务，在时间上往往难以满足及时结案的需要，排队等待或反复讨论占用了大量的办案时间。以A法院的取保候审被告人判处缓刑汇报制度为例，在宣判前不仅需要向庭长汇报，而且需要填写《刑事案件呈请批示表》，由庭长签字。据统计，该院2006—2009四年间判处此类缓刑案件2700余件3800多人，耗费了审判人员大量的时

---

① 包括四种情形：(1) 交通十分不便的边远地区的重大复杂案件；(2) 重大的犯罪集团案件；(3) 流窜作案的重大复杂案件；(4) 犯罪涉及面广，取证困难的重大复杂案件。

② 这种汇报制度包括以本院庭长、院长、审委会为汇报对象的院内汇报和以中院、高院、政法委为对象的院外汇报两种形式。

③ 如有的法院规定，判处3年以下有期徒刑、拘役、管制的案件由合议庭决定，3年以上7年以下、数罪并罚处7年以下有期徒刑的由主管副院长决定，其余的案件以及单处罚金、缓刑案件、有疑难的、有社会影响的案件都要报审委会。参见张振军：《刑事案件超审限的原因及其对策》，载《河北科技大学人民警察学院学报》，2001 (1)。

间和精力，但是这种汇报的必要性值得商榷[①]。二是审判环节衔接欠佳。刑事案件的审理涉及立案、排庭、赃证物提取、约请陪审员等环节，而这些工作由相关职能部门承担。如果部门之间缺乏配合，审理流程不够顺畅，将会影响结案工作。如A法院刑事排庭程序先由各办案人员与法警队沟通，根据每天的提押人数确定能否排庭。一般情况下，每半天提押人数不能超过20人。而由于该院年均结案量在3300件左右，除了周末、法定节假日，每天开庭案件在14件左右，而由于大量共同犯罪案件的存在，因此每天正常开庭受审的被告人在20人以上。这使得案件要在一周，甚至两周以后才能开庭。还有该法院规定请陪审员参加庭审的案件，需要提前7天通知院办公室，由院办公室负责约请陪审员。由于开庭是在庭前准备工作就绪的情况下才能进行，而何时开庭并不完全取决于法官，如法院发现被告人可能有前科被判刑的，在向其他法院调取判决书时，需要等待其他法院邮寄材料。而具备开庭条件时，却不能排庭或请不到陪审，诸如此类的事务性工作都对审限内结案工作造成冲击。

（三）外部制约

影响审限内结案的外部因素突出表现在两个方面。

1．侦查、检察机关方面的原因

集中体现在案件证据材料不完整，立功材料没有及时核实及起诉书存在瑕疵，赃证物移送不及时四个方面。

首先，有些案件的证据提取缺乏及时性、全面性，证据比较粗糙，降低了办案效率。如A法院审理的余某盗窃案中，检察院指控了六起，但是作为主要证据使用的指纹鉴定存在瑕疵，辩护人当庭指出：第二起案件中，现场勘验、勘查笔录与鉴定书的指纹承受体不一致，笔录记载是在现场抽屉上提取指纹，而鉴定书指出指纹是在纸盒上提取的。检察机关就此又补充了有关的工作记录、情况说明和同案（分案处理）的现场勘查等材料。于是法院又安排第二次开庭，而这时已经超过了一个半月的期限，于是检察人员向法庭补交了延期审理建议书，才使得案件在两个半月内审结。

其次，追诉机关注重对犯罪事实、罪重情节的查明，而对于对被告人有利的立功情节有时缺乏调查，使法官不得不自己去核实，[②] 这同样耗费

① 法院阶段取保候审被告人有95%以上，在侦查阶段和检察阶段被两次取保候审，这是因为犯罪嫌疑人情节较轻，社会危害性及人身危险性较小，适用取保候审不致发生社会危险。所以法官可根据犯罪事实及被告人的认罪态度等直接决定适用缓刑。只有少数案件，法官认为不适合判处缓刑的，才有必要汇报。

② 尽管《刑诉法解释》第159条规定："合议庭在案件审理过程中，发现被告人可能有自首、立功等法定量刑情节，而起诉和移送的证据材料中没有这方面的证据材料的，应当建议人民检察院补充侦查。"但这种建议权对检察院缺乏约束力。实践中，法官往往在通知检察机关没有结果时，自己去联系侦查机关收集立功材料。

了办案时间。如A法院审理的蔡某、丁某、张某贩卖淫秽物品牟利一案中，侦查机关出具了三人的抓获经过，证实公安机关先是在音像店抓获了蔡某和丁某，后又抓获了张某。但是对蔡某、丁某与张某被抓之间的联系没有任何记载。经过讯问，办案法官发现，蔡某将张某约至车站，带领侦查人员将其抓获。于是，联系到了办案民警，重新出具了张某的被抓经过，证实了蔡某的立功表现。但是这个过程花费了近十天的时间。

再次，检察机关更换起诉书，占用了一定的审限。实践中，起诉书因为被告人姓名写错、法条适用错误、犯罪数额计算错误等原因，检察机关决定更换起诉书，这需要时间进行修改、更换。更有甚者，起诉书已经送达被告人、辩护人，并进行了开庭、请陪审等庭前准备工作，结果发现起诉书存在需要更换的事由，于是撤庭、取消陪审的预约，并在检察院更换后，重新送达、排庭等，占用了大量的审限，对结案特别是简易程序案件造成很大的冲击。[①] 据统计，A法院每年更换起诉书的刑事案件在100件以上，这对审限内结案工作带来了不利影响。

最后，涉案赃证物的移送不及时，影响了开庭和结案。实践中，由于有些涉案赃证物需要当庭出示，而涉案物品的移送却与案件移送不同步，导致了推迟开庭的现象。

2. 重新鉴定

刑诉法规定，申请重新鉴定的，可以延期审理。但是延期审理的期限是一个月，而重新鉴定的结果的出具取决于鉴定机构。很多情况下鉴定时间超过一个月，甚至几个月。这也是“隐性”超审限的一个原因。

四、规制与路径：“隐性”超审限之治理对策

“隐性”超审限问题是摆在我们面前的一道难题。其产生的原因既有内在的，又有外在的；既有客观的，又有主观的。解决这一问题的思路是理顺内外工作机制，建立严格、可控、可行的审限管理制度，提高审判工作效率，通过制度性治理，从根本上控制、预防“隐性”超审限现象的发生。

（一）理顺内外工作机制

一是在对外工作上，与侦查机关、检察机关建立定期会议制度。对证据的收集、犯罪嫌疑人自首、立功情节的查证、赃证物的移送以及起诉书的质量问题进行讨论，确保移送起诉的案件质量；[②] 与鉴定机构就鉴定期

---

① 由于重新排庭涉及与公诉人、辩护人、陪审员及法警队的协调，当原来的庭审时间被打乱后，在多方之间重新确定一个开庭时间并非易事，只能将时间向后推迟。

② 目前，A法院在与区公安分局、区检察院交流涉案款物移送问题的基础上，已经制定了《三机关涉案款物移送办法》，对移送的对象、范围及移送时间、交接部门予以明确规定，实现了涉案赃证物与案件的同步移送。

限、鉴定程序及材料交接制定规范性文件，规范鉴定工作，督促鉴定机构及时出具鉴定意见。二是理顺内部工作机制。立案、刑事排期、约请陪审员、案款移送等都是审判辅助工作，这些工作能够提高效率，就会大大节省办案时间。要改革烦琐、不畅的审判保障制度，实现审判服务工作的高效化。如针对A法院的约请陪审制度，可以把陪审员区分两类，一类是兼职陪审员，另一类是专职陪审员（已退休）。兼职陪审员因为还有别的工作，因此要提前联系，确定开庭时间；对于在短时间内安排开庭的案件可以安排专职陪审员参与庭审。

（二）规范汇报制度和限制批准延审案件（高院审批程序）

刑事案件汇报制度的优势在于可以集思广益，保证定罪的准确性和量刑的适当性，这种制度应予保留。但是要限制汇报案件的范围，不宜规定过宽，否则容易分割法官的独立审判权和挤占审限。同时，对于“可以汇报”与“应予汇报”、“向庭领导汇报”与“向院长、审委会汇报”、“院内汇报”与“院外汇报”等不同情形予以界定，使汇报制度发挥应有的作用并趋于规范和高效。对于此问题，最佳的方案是由省、自治区、直辖市的高级人民法院统一规定。如果省级法院还未出台此规定，各院也可制定相应的操作性文件。如A法院在今年年初取消了取保候审被告人判处缓刑需要汇报制度，同时出台《关于刑事案件汇报制度的规定》，以规范本院的案件汇报工作。

对具有《刑事诉讼法》第126条规定情形的，报请省级法院批准延审的案件只限于法定的四种情形。不能以案件疑难、复杂或者需要调查取证等原因向高院“报延”，更不能在本院内部审批同意后，仅向高院备案就随意延长审限。高院对此也要严格控制，除法定报批延审的案件外，一律不予批准延长审限。

（三）优化人员组合，实行刑事案件类型化审理制度和分流制度

针对案多人少的矛盾，尝试从以下方面提高工作效率。

第一，优化人员组合。目前，法院行政编制人员的指标是有限的。在这种情况下，可以扩大聘任制书记员的数量，借鉴北京市某区人民法院“1＋2”办案组合，即一个法官带一个法官助理及一个聘任制书记员。其中，聘任制书记员专职诉讼程序性事务，如送达诉讼材料、排庭、安排律师阅卷等；法官助理都是还未成为法官的，具有本科以上学历的法律人才，他们可以分担法官的部分工作，如可以从事刑事附带民事及自诉案件的调解工作，进行判后答疑，接待涉诉信访，帮助校核裁判文书等。这样，使法官可以专心审理案件和制作裁判文书，在一定程度上缓解了审判工作压力。

第二，实行类型化案件审理制度。可在一段时间内，将某一类型案件、简易程序案件交由专人负责审理。类型化案件审理可以积累审判人员的审理经验，利于及时审结案件；成立“简易程序审理小组”可以集中排庭，由法警部门集中提押，迅速结案。

第三，推行“轻刑快审”机制。目前，很多法院在试点轻微刑事案件“快审、快结”制度。大大节省了司法资源，节约了审限，有利于审限内结案工作的开展。如A法院与区公安分局、区检察院出台了《关于依法快速办理轻微刑事案件的意见》，对轻微刑事案件的范围、适用条件、办理流程等予以规定，在法律规定的范围内简化工作流程，大大节省了司法资源。

（四）建立、完善审限管理制度

目前，很多法院都出台了诸如审限管理、案件流程管理之类的规定，以推进审限内结案工作。但是这些制度的实施暴露出很多问题。[①] 针对“隐性”超审限问题，建议从以下方面建立、完善审限管理制度。

一是审限提示、通报制度。除了法官、书记员每天查看案件审限情况外，各审判庭内勤要及时关注审限问题，及时通知办案人员案件审限情况；审判监督庭或研究室等部门要在每月、每季度、半年和全年案件报结时，统计各承办庭室审限内结案情况并进行通报。

二是严格审核“审限变更”申请。对于拟变更适用程序、延期审理、报高院延长审理期限的，庭长、主管院长要认真审核，要求法官说明理由，查清是否具备审限变更的实质条件。同时，对于审限变更后的审理情况予以跟踪，避免审限变更的随意性。

三是改革审限内结案考核指标。随着显性超审限现象逐渐得到控制，法院在注重“审限内结案”的同时，开始关注“法定审限内结案”。但是由于“法定审限”包含转程序、延期审理等“隐性”超审限现象，因此，更要关注“固定审限”结案情况，这才是考核刑事案件结案情况的硬指标。

四是将审限结案情况纳入案件质量考核、个人业绩考核指标。将审限内结案与案件质量、个人工作业绩联系起来，提高及时结案的积极性。不仅是法官，庭领导、主管院长也要纳入审限内结案的考核中，庭领导要对全庭，主管院长要对主管部门审限结案情况负责。

五是通过硬件、软件建设，为审限管理提供便利。目前，很多法院都

---

① 一是制度设计的初衷主要是控制显性超审限案件，不能对“隐性”超审限现象进行有效规制；二是这些规定的指导性较强，缺乏具体操作性；三是为解决超审限问题投入的人力过大，程序过于繁杂，不便捷，难实施；四是缺乏具体、可落实的责任追究机制。

通过网络建设，建立了审判业务管理系统，但是这些系统存在管理功能缺失。如A法院使用的是《北京法院审判业务管理系统》，办案人员可以直接对“延期审理”、“中止审理”、“检察院补充侦查”、“延长审限”等项进行操作，不用经过报批，尽管该院规定应当经过审批，但是即使出现人为操作，系统却难以监控。而且在审判监督庭等职能部门对审限问题进行调查时，却只有“法定审限内”和“延长审限结案数”两项数据。对于转程序案件、延期审理案件等案件系统难以统计，并且系统内不能显示变更审限的理由和结果，因此，难以实现监管目标。因此，应当更新审判管理系统，使系统变更审限权集中到庭领导，杜绝人为操作。系统内可以统计各种审限变更情况，并能查看变更理由，追踪变更结果，便于职能部门的监督。

六是落实责任追究机制。根据超审限情况的严重程度，制定明确、具体的责任追究制度，并严格实施。这样才会提高办案人员的责任意识。

（五）加强审限问题的外部监督

审限问题不仅需要完善的内部监督，还需要加强外部监督。要通过制度建设，建立人大、政法委、检察机关、人民群众的监督机制。如配合检察机关对法院结案工作进行法律监督，并通过有效配合促进审限内结案工作的良性发展。目前，A法院与A区检察院出台了《关于进一步加强案件审限流程管理的规定（试行）》，由区检察院对审限问题实施法律监督，对发现可能超审限的案件要求法院说明理由，并进行核查，通过内外配合，有效避免超审限问题。此外，还应认真接受当事人及家属的监督，对当事人及家属对审限提出的异议，要及时答复，建立一个平等对话的平台。对于延期审理、变更适用程序等事由，应通知当事人和诉讼参与人。特别是涉诉信访案件中涉及超审限问题的，要予以重视，认真核查，说明理由。

五、结语

许多西方国家不存在审限制度，其法官依靠集中审理原则、案件分流制度等，本着对“公平、效率”价值的追求，可以及时审结案件。而我国法官队伍的整体素质还有待提高，审限意识需要进一步增强，在这种现实情况下，审限制度作为结案的时限要求有其存在的必要性。

但是，“隐性”超审限的问题已经凸显。对此，要从超审限的深层次原因出发，通过案件分流、审判队伍搭配等制度，减少审判压力，同时着眼于内部问题，减少审判阻力，加强审限管理，控制审限变更的随意性。只有内外结合，多管齐下，“隐性”超审限问题才会得以控制。

青年法苑

黄玲林[*]

论社区矫正主体立法化与刑事诉讼法的修改

我国自2003年进行社区矫正试点以来，虽已初见成效，但与西方发达国家相比，我国的社区矫正制度才刚刚起步，在立法层面、制度构建等方面都存在诸多不尽如人意的地方，特别是试点过程中存在的社区矫正的“双重主体”的情况，不仅在合法性存在质疑，而且在一定程度上导致职责不清、效率不高的问题，最终妨碍了社区矫正的正常发展。

2011年2月25日，十一届全国人大常委会第十九次会议表决通过了《刑法修正案（八）》，其中规定，对判处管制、宣告缓刑或者裁定假释的犯罪分子，依法实行社区矫正，这意味着，“社区矫正”这一概念被首次写入刑法，不仅在一定程度上缓解了司法行政机关作为社区矫正主体的合法性危机，扫除了社区矫正主体立法化的刑法障碍，而且还促进了社区矫正主体立法化，但社区矫正主体的立法化仍将遇到法律障碍，而其中最大的障碍就是现行《刑事诉讼法》的规定。

一、关于社区矫正主体的相关规定及法律冲突

在《刑法修正案（八）》通过之前，我国的法律中没有规定“社区矫正”这几个字，但是存在与社区矫正相关的非监禁刑及执行措施的法律规定。这些规定主要体现在《刑法》、《刑事诉讼法》、《监狱法》等刑事法律中，这些法律对当时正在进行的社区矫正试点中的管制、缓刑、暂予监外执行、假释

---

* 本部分的写作，商浩文、黄伟平在资料和信息上有所助益，特此感谢。黄玲林：北京师范大学刑事法律科学研究院。

和剥夺政治权利5种刑罚及执行方式[①]有相应的规定，2003年试点启动后，中央有关部门先后颁布了四个相关的试点文件，对社区矫正进行了规定，2011年2月25日，十一届全国人大常委会第十九次会议表决通过了《刑法修正案（八）》，其中规定对判处管制、宣告缓刑或者裁定假释的犯罪分子，依法实行社区矫正，“社区矫正”这一概念被首次写入刑法。

对于上述五种罪犯的执行主体，刑事诉讼法与《刑法修正案（八）》之间，刑事诉讼法与试点文件之间的规定不尽一致。

（一）关于社区矫正主体的相关规定

1. 法律规定

（1）《刑法》的相关规定。《刑法修正案（八）》通过之前，《刑法》第38条第二款规定：“被判处管制的犯罪分子，由公安机关执行。”第76条规定：“被宣告缓刑的犯罪分子，在缓刑考验期限内，由公安机关考察，所在单位或者基层组织予以配合。”第85条规定：“被假释的犯罪分子，在假释考验期限内，由公安机关予以监督。”第58条第二款规定：“被剥夺政治权利的犯罪分子，在执行期间，应当遵守法律、行政法规和国务院公安部门有关监督管理的规定，服从监督。”《刑法修正案（八）》通过之后，将管制、缓刑、假释由过去的由公安机关执行、考察、监督修改为“依法实行社区矫正”。

（2）《刑事诉讼法》中的相关规定。作为程序法，《刑事诉讼法》对上述5种刑罚及执行方式进行了规定，其中第214条规定：“对于暂予监外执行的罪犯，由居住地公安机关执行，执行机关应当对其严格管理监督，基层组织或者罪犯的原所在单位协助进行监督。”第217条规定：“对于被判处徒刑缓刑的罪犯，由公安机关交所在单位或者基层组织予以考察。对于被假释的罪犯，在假释考验期限内，由公安机关予以监督。”第218条规定：“对于被判处管制、剥夺政治权利的罪犯，由公安机关执行。”

（3）《监狱法》的相关规定。《监狱法》第27条规定：“暂予监外执行的罪犯，由居住地公安机关执行。”第33条规定：“被假释的罪犯由公安机关予以监督。”

2. 社区矫正试点文件

（1）2003年7月10日最高人民法院、最高人民检察院、公安部和司法部联合发布《关于开展社区矫正试点工作的通知》（司发［2003］12号）

---

① 2003年7月10日最高人民法院、最高人民检察院、公安部和司法部联合发布《关于开展社区矫正试点工作的通知》（司发［2003］12号）规定社区矫正的适用范围主要包括下列5种罪犯：管制、缓刑、暂予监外执行、假释、剥夺政治权利。当然此次《刑法修正案（八）》只将管制、缓刑、假释明文纳入社区矫正的范围，本文为了论述的完整性，仍然对以前的暂予监外执行、剥夺政治权利予以论述。

(以下简称 2003 年两院两部《通知》),这份通知是《刑法修正案(八)》通过之前进行社区矫正试点最高规格的部门规章,也是社区矫正试点工作的主要依据之一。该通知共四项内容,其中第三项内容规定:"司法行政机关要牵头组织有关单位和社区基层组织开展社区矫正试点工作,会同公安机关搞好对社区服刑人员的监督考察,组织协调对社区服刑人员的教育改造和帮助工作,街道、乡镇司法所要具体承担社区矫正的日常管理工作……公安机关要配合司法行政机关依法加强对社区服刑人员的监督考察,依法履行有关法律程序。对违反监督、考察规定的社区服刑人员,根据具体情况依法采取必要的措施;对重新犯罪的社区服刑人员,及时依法处理。"这项规定实际上间接明确了司法行政机关的实际工作主体的地位,而公安机关在社区矫正中的作用主要是承担监督、重新收监执行等功能,成为配合监督考察的机关。

(2) 司法部 2004 年 5 月 9 日发布并于 2004 年 7 月 1 日实施的《司法行政机关社区矫正工作暂行办法》(司发通[2004]88 号),该办法在第 9 条对司法所在社区矫正试点工作中的职责作出了明确具体的规定,使司法所在原有的 8 项职能基础上,增加了开展社区矫正工作这项重要职能。

(3) 2005 年 1 月 20 日,最高人民法院、最高人民检察院、公安部、司法部发布《关于扩大社区矫正试点范围的通知》(司发[2005]3 号),提出"坚持党委、政府领导,司法行政机关负责组织实施,法院、检察、公安、司法行政等相关部门紧密配合"的领导原则。

(4) 最高人民法院、最高人民检察院、公安部、司法部 2009 年 9 月 2 日发布《关于在全国试行社区矫正工作的意见》(司发通[2009]169 号)提出"坚持党委、政府统一领导,司法行政部门牵头组织,相关部门协调配合,司法所具体实施,社会力量广泛参与的社区矫正工作领导体制和工作机制",进一步要求"司法行政机关要切实履行指导管理社区矫正工作的职责,牵头组织有关单位和社区基层组织开展社区矫正工作"。

(二)《刑事诉讼法》关于社区矫正主体问题的法律冲突

1.《刑事诉讼法》与《刑法修正案(八)》关于社区矫正主体的规定不尽一致

(1)《刑法修正案(八)》间接解决了社区矫正的主体问题。《刑法修正案(八)》将管制、缓刑、假释由过去的由公安机关执行、考察、监督修改为"依法实行社区矫正",从条文上看,修正案并没有明确规定社区矫正的主体,但是与草案比较,我们发现,条文增加了"依法"两个字,那么"依法"的中"法"是指哪个法呢?笔者认为这个"法"有两层含义:一是指未来将制定的有关社区矫正的法律、法规;另一层意思则是指社区矫正试点期间发布的规范性文件,之所以这样认为,有三个方面的原因:第一,社区矫正概念本身是个舶来品，我国在2003年启动社区矫正改革试点前并没有明确关于社区矫正的规范性文件，而启动试点后，这些规范性文件实际上起到了规范社区矫正的作用，在事实上起到了“法”作用，因此目前所谓的“依法”，依照的只能是试点期间颁布的有关规范性文件；第二，在《刑法修正案（八）》通过之后到有关社区矫正法律、法规出台前，这些规范性文件依然将起到调整和规范社区矫正的作用，成为贯彻执行刑法“依法实行社区矫正”条文的具体规范；第三，社区矫正试点在制度建设方面取得比较大的成就，可以预见大部分规范将为未来社区矫正法的制定提供有益的借鉴和参考，甚至直接纳入未来的社区矫正法中。

既然“依法实行社区矫正”中的“法”在目前指的是试点期间的规范性文件，实际上是承认了司法行政机关作为社区矫正的主体地位（严格来讲，目前还只能称为“工作主体”），至少使司法机关的工作主体地位不再与刑法规定相冲突，也为将来司法行政机关正式成为社区矫正的执行主体扫除了刑法上的障碍。同时，《刑法修正案（八）》删除了管制、缓刑、假释由公安机关执行考察监督的条款，这一明显具有倾向性的修改，事实上在某种程度改变了公安机关对管制、缓刑、假释的执行主体地位。正如全国人大常委会法工委副主任郎胜在新闻发布会上所说“《刑法修正案（八）》对有些刑罚的执行方式进行了调整，对管制、缓刑和假释的罪犯规定实行社区矫正，改变了过去由公安机关执行或者监督、考查的规定。”① 实际上意味着我国行刑权的重新配置，司法行政机关实质上取代了公安机关成为社区矫正的主体。

（2）《刑事诉讼法》的规定与《刑法修正案（八）》关于社区矫正主体的规定不尽一致。尽管《刑法修正案（八）》将管制、缓刑、假释由过去的由公安机关执行、考察、监督修改为“依法实行社区矫正”，间接解决了社区矫正的主体地位，但现行《刑事诉讼法》依然明确规定对管制、假释、剥夺政治权利、暂予监外执行的罪犯均由公安机关执行或监督，对缓刑则规定由公安机关交所在单位或者基层组织予以考察②，很显然，《刑法修正案（八）》关于社区矫正主体规定与《刑事诉讼法》的规定是相冲突的。笔者以为这也是此次《刑法修正案（八）》没有明确规定社区矫正主体的重要原因，因为虽然《刑法》与《刑事诉讼法》都属于基本法律，按照新法优于旧法的

---

① 《社区矫正五一后全国推行》，载 http：//www.npc.gov.cn/huiyi/cwh/1119/2011－02/28/content_1627363.htm，2011-03-11。

② 严格分析，在《刑法修正案（八）》通过之前，我国《刑法》与《刑事诉讼法》对缓刑考察机关的规定也是不完全一致的，《刑法》第76条规定：“被宣告缓刑的犯罪分子，在缓刑考验期限内，由公安机关考察，所在单位或者基层组织予以配合。”而《刑事诉讼法》第217条规定：“对于被判处徒刑缓刑的罪犯，由公安机关交所在单位或者基层组织予以考察。”显然，两者规定存在出入。

原则，此次刑法修正案明确规定社区矫正的主体在法理上并不存在问题，但因为此次修正案涉及变更主体的问题，而且变更的地方比较多，影响也比较大，直接变更主体所造成的与《刑事诉讼法》的实际冲突可能会产生较大的负面影响，所以此次修正案采取迂回的办法，不直接规定社区矫正的主体。正如全国人大常委会法工委副主任郎胜在新闻发布会上说："对这项改革措施，有关方面是非常慎重的。社区矫正已经试点了多年，从最早少数省、市，到多数省、市，再到现在在全国推开试行。这次修改将试点基础上取得的经验以法律形式固定下来。当然，各地社会管理条件不完全一样，在实践中可能存在各地发展不平衡、执行不一样的情形。为了解决好这个问题，有关方面召集中央司法各有关部门共同研究，提出要加强各有关部门的衔接，保证这个制度在全国统一推行。修正案专门在执行时间上进行了比较宽的规定，在5月1日之前，各地方司法机关应当为执行做好准备。"①

2. 刑事诉讼法与试点文件关于社区矫正主体的冲突

刑事诉讼法规定对管制、假释、剥夺政治权利、暂予监外执行的罪犯均由公安机关执行或监督，对缓刑则规定由公安机关交所在单位或者基层组织予以考察。

而根据2003年两院两部《通知》和其他三个试点文件的规定，社区矫正的主体不仅包括公安机关，也包括司法行政机关，而且司法行政机关是社区矫正工作的"牵头组织"，街道、乡镇司法所"具体承担社区矫正的日常管理工作"，而原来法律上规定的非监禁刑的监督考察的唯一主体的公安机关，其职能变成了"配合司法行政机关依法加强对社区服刑人员的监督考察"，此规定一方面赋予了司法行政机关新的执行权力；同时也使公安机关由监督考察主体变成了配合主体，实际上造成了所谓"执法主体"（或者"法律主体"）与"工作主体"的分立问题，可以说，试点文件对社区矫正主体的规定与我国刑事诉讼法的规定是相冲突的，而按照法律的位阶，刑事诉讼法属于国家基本法律，而2003年两院两部《通知》充其量可以是部门规章或司法解释②，属于下位法，效力低于《刑事诉讼法》，在目前《刑法修正案（八）》没有明确规定社区矫正主体的情况下，其关于社区矫正主体的规定的合法性依然是值得质疑的。

---

① 《社区矫正五一后全国推行》，载 http：//www.npc.gov.cn/huiyi/cwh/1119/2011－02/28/content_1627363.htm，2011-03-11。

② 关于2003年两院两部《通知》，究竟属于什么性质的文件或者规定、规范，人们有不同的看法。如果说该文件属于司法解释，公安部和司法部作为发文机关不符合要求；如果说是行政规章，那么最高人民法院和最高人民检察院不是行政机关，也不符合要求。

二、司法行政机关是社区矫正的应然主体

目前试点过程出现的“双重主体”的现实，在实践中也引发了许多现实问题，有学者曾经指出“两个主体”的存在与活动，不仅有违现行法律的规定，而且造成任务不明、职责不清，长期下去必然会产生相互扯皮、工作不力等问题。[①] 一方面，司法机关作为“工作主体”，却没有执法的权力，而公安机关作为“执行主体”，享有执行的权力，却不承担社区矫正的主要工作，不仅破坏了国家行刑制度的统一性，造成监管工作的脱节和真空，而且导致刑事执行权力资源配置失衡，出现公安机关权力资源过剩，而承担社区矫正主要工作的司法行政机关权力资源匮乏，无法发挥行刑权的最佳效益。因此这种“双重主体”情况只能是试点期间的权宜之计，不可能长期运行下去。而在目前社区矫正起步较晚的情况下，在公安机关或司法行政部门之外单独设立一个社区矫正机构，既无必要，也不具有现实可行性，因此现在最大的争议是公安机关和司法行政机关哪个机关更适合担任社区矫正的主体，笔者认为司法行政机关是社区矫正的应然主体。

1. 从法理上看，司法机关担任矫正的职能符合分权制衡的现代法治原则

刑罚权作为一种国家公权力，也必须受到权力的制约。德国刑法学家M. E. 迈耶曾经提出了“分配理论”，认为在法律上的问题即“刑罚的本质是什么”应该根据报应刑论来解决；刑事政策上的问题即“如何进行处罚”应根据预防刑论来解决。在实际操作上，处罚犯人的国家机关是立法者，法官和执行刑罚的机关，立法机关所确定的处罚（即法定刑）的实现是通过警告、量刑、行刑这三个阶段来实现的，因此，在理论上所说的各种各样的刑罚目的便也应根据不同的阶段而进行分配。[②] 根据这一原则，目前理论上的共识是侦查权、起诉权、审判权和执行权应当分别由不同机关来行使，而公安机关在国家刑罚体系中享有侦查追诉权，从法理上讲不应该享有行刑权，而司法行政机关没有参与侦查、起诉和审判活动，因此可以担任矫正的职能。

2. 从角色定位和社区矫正的性质来看，司法行政机关的角色定位更有利于实现矫正目的

社区矫正并非单纯地对社区服刑人员的监督考察，而是在监督考察的

① 吴宗宪：《论社区矫正立法与刑法修正案》，载《中国司法》，2009（3）。

② ［日］木村龟二：《刑法学入门》，东京，有斐阁，1957，198～199页，转引自马克昌：《近代西方刑法学说史略》，北京，中国检察出版社，1996，233～234页。

基础上，有针对性地对他们进行教育矫正和改造，以促使他们更好地回归社会，最终“以促进其过守法生活”[①]，因此社区矫正是一项专业性很强的综合性工作，需要专门的具有丰富经验的机构来承担。公安机关担负着保卫社会安全，行使刑事侦查的职能，让公安机关承担刑罚执行主体工作，本身就与公安机关的角色定位相冲突，因为公安机关的主要职能是侦查打击犯罪、维护社会治安，与犯罪人的关系可以形象地称为“猫”和“鼠”的关系，这种对立关系必然使矫正主体和矫正对象之间存在严重的心理障碍，很难实现矫正的目的。而我国的司法行政部门并不承担侦查的职能，与犯罪人的关系并不存在非常对立的关系，这种相对缓和的关系有利于拉近矫正对象与矫正主体之间的关系，从而有利于矫正目的的实现；而且从1983年后，我国的司法行政部门一直以来是我国监禁刑执行的主管机关，在罪犯改造方面积累了丰富的经验，社区矫正是可以加以借鉴的，“虽然非监禁刑与监禁刑在很多方面存在区别，但是在罪犯的教育矫正方面却具有很多的共通性。将司法行政机关作为社区矫正的执行主体，可以充分利用这一机关在矫正领域的经验优势，促进我国社区矫正制度的发展。”[②] 不仅如此，将监禁刑和非监禁刑统一起来，也有利于对服刑人员不间断的持续的教育改造，实现矫治的连续性。

3. 从行刑的实践效果来看，司法行政机关完全有能力承担社区矫正的工作

由于公安机关业务繁重，无力承担专业性极强的矫正工作，从以往公安机关对非监禁刑的执行情况来看，行刑效果很差，往往连基本的监督管理也捉襟见肘，更不用说教育矫正了，这种监管上的真空状态使民众尤其是被害人不满，也客观上影响了法院对非监禁的刑罚措施的适用；我国司法行政机构经过多年发展，已形成了较为健全的组织体系，遍及基层，深入社区，社区矫正试点7年来，实际上司法行政机关担任了主要的工作，在社区矫正方面取得良好的效益，从司法部社区矫正管理局网站上获悉，全国已有24个省（市）司法厅（局）、189个地（市）司法局和1135个县（市、区）司法局设立了社区矫正工作机构，截至2010年年底，全国31个省（区、市）和新疆生产建设兵团已全面开展社区矫正工作，已开展社区矫正工作的304个地（市）、2053个县（市、区）和26676个乡镇（街道）分别占全国地（市）、县（市、区）、乡镇（街道）建制数的91%、72%、65%。其中，北京、上海、江苏、内蒙古等13个省、区、市已经在全辖区

---

① 吴宗宪：《刑事执行法学》，北京，中国人民大学出版社，2007，323页。

② 陈和华：《论我国社区矫正的组织制度》，载《法学论坛》，2006（4）。

开展社区矫正工作。截至2010年年底，全国累计接收社区矫正对象59.8万人，累计解除矫正32万人，现有社区矫正对象27.8万人，社区矫正对象矫正期间的再犯罪率为0.22%。[①] 可以看出，试点7年来，社区矫正覆盖面的不断扩大，收到了良好效果，为维护社会稳定发挥了应有作用。实践也证明了社区矫正的主体由司法行政机关来担任是合适的。

4. 从世界大多数国家的情况来看，社区矫正是由专司司法行政职能的司法部门管理

1955年在日内瓦举行的第一届联合国防止犯罪和罪犯待遇大会通过的《囚犯待遇最低限度标准规则》第60条第2款规定："刑期完毕以前，宜采取必要步骤，确使囚犯逐渐纳入社会生活。按个别情形，可以在同一监所或另一适当机构内订定出狱前的办法，亦可在某种监督下实行假释，来达到此项目的；但监督不可委之于警察，而应该结合有效的社会援助。"同时，国外多数国家都设有专门的或者相应的机构负责社区矫正工作，这些机构尽管称谓不同，但多数是由专司司法行政职能的司法部门管理，在隶属关系上属于司法行政部门下设的专门机构，例如加拿大联邦社区矫正工作由联邦内政部下设的矫正管理局管理，[②] 澳大利亚在州政府部门下设矫正服务局，负责监狱和社区矫正工作的管理工作，[③] 美国对假释犯的监督是由监狱管理机构、假释委员会和其他独立机构负责，而监狱管理机构、假释委员会都是美国司法部下属的机构；在法国，缓刑、假释、监外执行等工作是由司法部专门设计的考验监督委员会负责；[④] 英国，遍布全国的缓刑局是专门负责社区刑罚的执行机构。[⑤] 日本则在法务省内设置了"矫正局"，负责全国的矫正工作和对所有矫正设施的管理（包括对监禁和非监禁的管理）。[⑥] 由上文可见，世界上许多国家是将监禁刑与非监禁刑执行机构放在一起进行管理，不仅有利于资源共享，而且还有利于两者之间的有效衔接和配合，而在我国，社区矫正起步较晚，没有必要单独设立一个行政管理机构，直接由司法行政机关负责就完全可以了。

---

① 《改革促进公正廉洁司法·动态》，载 http://www.legalinfo.gov.cn/moj/sqjzbgs/content/2011－02/28/content_2491489.htm? node＝24071，2011-03-11。

② 王增铎、兰洁、涂浚刚、杨诚：《中加矫正制度比较研究》，北京，法律出版社，2001，119～142页。

③ 李豫黔：《澳大利亚司法体制及监狱、社区矫正制度考察见闻》，载《犯罪与改造研究》，2005（5）。

④ 司法部社区矫正制度研究课题组：《改革和完善我国社区矫正制度之比较》，载《中国司法》，2003（5）（6）。

⑤ 郭建安、郑霞泽：《社区矫正通论》，北京，法律出版社，2004，55页。

⑥ 郭建安：《西方监狱制度概论》，北京，法律出版社，2003，26～27页。

三、《刑事诉讼法》成为社区矫正主体立法化的法律障碍

《刑法修正案（八）》通过之后，不仅使司法机关的工作主体地位不再与刑法规定相冲突，从而扫除了社区矫正主体立法化的刑法障碍，而且在某种程度上还促进了社区矫正主体立法化，此次通过的刑法修正案与草案相比增加了“依法”两个字，一个重要原因就是考虑到与未来的《社区矫正法》相衔接的问题。这是因为一方面，社区矫正工作是一项综合性、复杂性和专业性比较强的工作，其内容远非《刑法》、《刑事诉讼法》所能涵盖，必须制定一部专门的法律；同时，就我国目前刑事执行的实际情况看，由于已经制定了一部《监狱法》，所以制定统一的刑事执行法的条件尚不成熟，所以此次《刑法修正案（八）》通过之后，最有可能制定的就是《社区矫正法》。全国人大常委会在审议《刑法修正案（八）》草案一审稿规定的对判处管制、缓刑以及假释的罪犯“实行社区矫正”时，有的常委会委员、部门和地方提出，社区矫正工作也正在各地进行试点，但进展不够平衡，还需要在总结经验的基础上进行规范。同时，有关方面正在抓紧起草社区矫正法，草案应当为社区矫正提供法律依据，并与将出台的社区矫正法相衔接。经研究，这次常委会会议审议的草案二审稿修改了相关条款，将“实行社区矫正”修改为“依法实行社区矫正”。[①] 因此，此次刑法修正案实质上是促使了社区矫正法的出台，而即将制定的社区矫正法应当是与《监狱法》的地位相当，作为社区矫正方面的专门性法律，当然应当就社区矫正的主体作出明确的规定，这是毫无疑问的。

但在制定《社区矫正法》之前，仍将遇到现行法律障碍问题，其中最大的障碍就是现行《刑事诉讼法》的规定。现行《刑事诉讼法》明确规定管制、缓刑、假释由公安机关监督考察，按照《立法法》第 7 条的规定：“全国人民代表大会制定和修改刑事、民事、国家机构的和其他的基本法律。全国人民代表大会常务委员会制定和修改除应当由全国人民代表大会制定的法律以外的其他法律。”《刑事诉讼法》与《刑法》在法律层级上均属于基本法律，而将来要制定的《社区矫正法》则很可能属于“其他法律”，从法理上看，《刑事诉讼法》的法律层级高于《社区矫正法》，因此在目前《刑法修正案（八）》没有明确规定社区矫正主体的情况下，如要制定《社区矫正法》并在其中明确社区矫正的主体，就必须首先对《刑事诉讼法》的有关规定作出修改。

---

① 《刑法修正案（八）草案为社区矫正立法预留衔接空间》，载 http：//www.npc.gov.cn/huiyi/cwh/1118/2010－12/21/content_1610189.htm，2011-03-11。

四、刑事诉讼法的修改与社区矫正主体的立法前景

社区矫正主体的立法化，虽然受到现行《刑事诉讼法》的影响和制约，但是，社区主体的立法化是个不可回避的问题，而司法行政机关成为社区矫正主体也是一个具有极大可能的趋势，司法行政机关正式在法律上明确成为社区矫正的唯一主体为期不远。关于社区矫正主体的立法前景，笔者认为必须本着立足现实影响因素，分步实施的原则，由于目前《刑法修正案（八）》已经走出了“三步走”[①] 设想的重要一步，而现行《刑事诉讼法》的规定是制约社区矫正主体立法化的最大障碍，那么接下来社区矫正主体的立法笔者设想按以下三步。

第一步是对《刑事诉讼法》作出相应修改，考虑到《刑事诉讼法》基本法律地位，不可能对社区矫正作详细而明确的规定，因此可以考虑两种方案，第一种方案是借鉴《刑法修正案（八）》的模式，在刑事诉讼法修正案中将管制、缓刑、假释由公安机关监督考察的规定修改为管制、缓刑、假释“依法实行社区矫正”，这样，就把直接规定社区矫正主体的任务交给了《社区矫正法》；第二种方案是在在刑事诉讼法修正案中直接明确规定社区矫正的主体，可以考虑修改为“依法由某机关实行社区矫正”，而这里的某机关最大的可能就是司法行政机关。

第二步是制定《社区矫正法》，作为一项专门对社区矫正予以规范的法律，必然要直接规定社区矫正的主体，而未来制定的《社区矫正法》的法律层级应当是与《监狱法》的地位相当，因此如果要在《社区矫正法》中规定司法行政机关为社区矫正的主体，就必须在基本法律《刑事诉讼法》修改之后才能规定，否则就可能产生普通法律与基本法律相冲突的问题，在修改刑法和刑诉法后，明确规定社区矫正法律主体也就有了法律的保障。

第三步是制定《刑事执行法》，制定统一的《刑事执行法》是历史的必然，未来制定的《刑事执行法》将是《监狱法》与《社区矫正法》的整合，当然会涉及社区矫正的主体问题，当然，这是社区矫正主体立法的最后步骤了。

---

① 在《刑法修正案（八）》之前，曾有学者提出社区矫正立法“三步走”的建议，提出首先在刑事诉讼法修正案中对社区矫正作出最简单的规定，然后准备一个关于社区矫正的专门的刑法修正案；最后制定专门的社区矫正法和刑事执行法。参见吴宗宪：《论社区矫正立法与刑法修正案》，载《中国司法》，2009（3）。

刘小沫*

两种模式的比较：“人民陪审团”试点的性质定位

长期以来，我国学术界对刑事陪审团中国化的研究，普遍缺乏实践样本。陕西省高院、河南省高院主导的“人民陪审团”试点是我国近些年来司法改革中一个“绝好”的分析样本，是一个研究陪审团的历史时机。长期以来，我国许多学者认为，陪审制和参审制之间性质不同。那么，它们之间真是有着不可跨越的“鸿沟”吗？其实，二者之间的共性是大于差异的，在本质上都属于平民参与裁判权的体现。从当前世界主要国家实施的陪审制、参审制来看，平民与法官在权力结构上的内在区分已经不是事实问题和法律问题这一简单的“切割式”了，而是体现了相互交叉、制约的权力格局。陕西省高院、河南省高院主导的“人民陪审团”试点与我国人民陪审员制度以及域外陪审制、参审制等的核心差异在于：它将自己的性质定位于评议权，而非裁判权。如何评价“人民陪审团”试点的性质定位？这一性质定位是否有助于实现“人民陪审团”试点的预设功能？

一、“人民陪审团”的性质定位：评议权模式

在“人民陪审团”试点中，其直接否定了裁判权的性质定位。我们注意到，河南省高级人民法院张立勇院长作出了如下描述：“在试行过程中，我们借鉴了陪审团制度在选任上的广泛性、平民性，但放弃了陪审团制度中由陪审团对事实问题的绝对裁断权。”对此，应该如何准确理解？

一般而言，裁判权也罢，张立勇院长称的裁断权也罢，其本质是一种对案件事实和法律问题的具有法律强制效力的判断权。“人民陪审团”享

* 刘小沫，中国政法大学刑事司法学院。

有的权利是否是这样一种具有法律强制效力的判断权呢？解构一种权利的内部构成是分析一种权利性质的重要方法。从试点方案中，我们可以清晰地勾勒“人民陪审团”在庭审中具有以下最基本的几项权利：（1）参加庭审的权利；（2）向被告人间接发问的权利：出具书面问题，交由审判长发问；（3）评议案件的权利：对定罪量刑、证据等均可进行评议；（4）获得补贴的权利。

案例：王某故意伤害案中“人民陪审团”的评议模式地点：河南省K市中级人民法院。

案情：被告人王某与被害人孙某打架，孙某被打伤，送至医院后抢救无效死亡。畏罪潜逃5年后，王某被公安机关抓捕归案。

评议：11名陪审团成员在庭审结束后集体讨论15分钟。陪审团团长丁某宣布陪审团意见：“王某犯故意伤害罪罪名成立，考虑到认罪态度好，事出有因，而且具有初犯情节，可从轻处罚；但其在案发后潜逃5年，逃避法律制裁，是从重处罚的考虑因素。综合以上情节，陪审团建议刑期应为11年至13年有期徒刑。”①

裁判：法庭当庭宣判：王某犯故意伤害罪，判处有期徒刑12年。王某当庭表示不上诉。法庭同意评议意见。

通过案例，可见“人民陪审团”的基本权利可以界定为一种评议性的权利，并且具有以下三个特点：（1）全面性。“人民陪审团”评议意见的内容，包括定罪量刑、证据等，不限于案件事实的范围。（2）参考性。法官须将“人民陪审团”评议意见作为重要参考，但非唯一参考或者必然依据。也就是说，法官的裁决可以采纳，也可以不采纳该意见。从这可见，“人民陪审团”的评议意见不具有法律强制效力，不是裁判权。（3）约束性。针对评议意见，当“人民陪审团”评议意见与法官、合议庭意见出现重大分歧或相反时，需要上报审委会决定，甚至可能请示上级法院。为突出“人民陪审团”评议意见的公开性，有的还要求当庭宣读评议意见、将评议意见记录在合议笔录。

表1 “人民陪审团”与法官在评议权和裁判权上的区分规则

	“人民陪审团”	法官或合议庭	审判委员会或上级法院
一致场合	评议权	裁判权	
冲突场合	评议权	裁判权	终极裁判权

① 王春胜等：《河南法院全面试行人民陪审团制度》，载《河南商报》，2010-03-26。

“人民陪审团”评议意见所承载的评议性权利，可以称为评议权。它不同于一般的发表意见或者看法，也不同于法官具有法律强制效力的判断权。如何分析和评价其功能，我们可以通过与域外相关制度的比较去寻找答案。

二、域外相关制度的性质定位：裁判权模式

在域外，与“人民陪审团”最为相关的制度性问题是平民参与刑事审判问题。在比较法研究中，长期以来，我国学术界根据权利配置在平民参与裁判权上区别陪审制和参审制：前者是陪审员决定事实问题，职业法官决定法律问题；后者是陪审员和职业法官一同决定事实问题和法律问题。“陪审制和参审制之间性质不同”也是一个被认为是“常识”的判断。那么，它们二者之间真是有着如此重大的差别或者不可跨越的“鸿沟”吗？我们究竟选择哪种制度与“人民陪审团”进行相关性比较呢？

我们注意到，在当前时代，域外陪审制和参审制之间的共性得到了越来越多人的重视。站在政治民主的立场，虽然它们在功能和结构等方面存在诸多差别，但在性质上具有不能抹杀的共性——它们都属于平民参与裁判权的体现，是司法民主化的体现。[①] 我们可以从世界主要国家域外陪审制、参审制的立法例上加以比较分析。

从当前世界主要国家实施的陪审制、参审制来看，它们均是平民与法官共享裁判权的具体形式，只是参与裁判权的范围和程度有所差别。在性质定位上，它们可以称为“裁判权模式”，进而与“人民陪审团”的“评议权模式”相互比较。需要注意的一个前提是，在“裁判权模式”中，陪审制、参审制在权力结构上的内在区分已经不是仅仅区分事实问题和法律问题这么简单了。确切地说平民参与裁判权的权力结构不再是简单的“切割式”，而是体现了交叉、制约的格局。具体表现在表 2、表 3 中所包括的以下内容：(1) 在英国和美国，陪审团的专职确实是审议事实问题，而且具有较大的自主权，但并非所有事实问题都由陪审团实际裁决。也就是说，除了解决法律问题外，法官还可能直接或间接地解决部分事实问题。(2) 在俄罗斯，陪审团专职也是审议事实问题，但自主权本身受到“问题列表”的限制；而且陪审团做出的无罪裁决的效力还可能基于防止放纵犯

① 有人进一步指出：陪审制和参审制存在结构差异和功能差异，但共性更为卓著，主要体现在以民主代表性为核心的遴选制、以有限司法资源为条件的适用范围限制、以程序公正为保障制设计、以“谨慎量刑”为主旨的裁决机制。施鹏鹏：《消除误解与跨越对立——陪审制与参审制的比较研究》，载《学海》，2007 (5)。

罪等因素受到阻却。(3) 在西班牙，陪审团在裁决事实的自主权上也受到了“事实列表”的限制，这与俄罗斯有较大的类似性；同时，法官通过预先解散陪审团、合意解散陪审团、免职解散陪审团等方式直接或间接解决了许多事实问题的裁决。与英国、美国、俄罗斯等国家不同的是，西班牙的陪审员并不专职事实问题，还具有对罪责、量刑问题具有初步裁决权。当然，这种初步裁决权受到法官的审查并由法官作出最终裁决。(4) 在实施参审制的法国和德国，作为平民的参审员的权力比较全面，能与法官共同裁决事实问题、法律问题。日本的裁判员也被赋予了这样的权利。但是，在什么是裁决法律问题上，是否区分实体法问题和程序法问题则有所差异。德国，参审员与法官共同决定重大程序问题，而在日本，裁判员不能参与有关诉讼程序事项的判断。

表 2　英、美、俄、西：平民与法官在裁判权上的内在结构

	陪审团	法　官
英国	原则上负责事实问题，① 并在法庭上直接做出肯定性或否定性裁决： 1. 依据实体法，辩护方及控诉所形成的所有对这一事实能否成立的可能性与真实性问题； 2. 针对争议案件事实的证据的证明力问题。②	原则上负责法律问题；但是，有以下例外： 1. 在无辩可答的情况下，法官可能直接指示陪审团做出无罪裁决，无须合议以及表决程序； 2. 陪审团对事实裁决时需要理解认定被告人所犯之罪需要的法律概念； 3. 法官在证据可采性上作出否定性裁决，陪审团无须考虑该证据。
美国	1. 在庭上直接宣告：有罪裁决或者无罪裁决； 2. 针对裁决结果，法官不得提出异议。	1. 在控诉方举证后，如果辩护方认为指控证据不足，可要求法官直接做出无罪判决； 2. 法官对陪审团作出法律指示，包括法律知识和相关职责、义务。

① Peter Murphy: *Murphry on Evidence*, sireh Edition , Blackstone Press Limited 1997, p. 65.

② 施鹏鹏：《消除误解与跨越对立——陪审制与参审制的比较研究》，载《学海》，2007 (5)。

续表

	陪审团	法官
俄罗斯	不是简单作出有罪或无罪裁决，需要回答问题列表三个基本问题：(1) 行为的发生是否已经获得了证明；(2) 该行为是由被告人所实施的是否获得了证明；(3) 被告人对行为的实施是否存在罪过；① 对三个基本问题，如果多数票作肯定回答，则为有罪裁决； 对其中任何一个基本问题，不少于6名陪审员作了否定性回答，则为无罪判决。②	1. 审判长指示陪审团：指控内容、相关刑事法、证据、双方立场、基本的证据规则和诉讼原则、陪审员职责和义务； 2. 审判长在陪审团裁决的基础上分别判处被告人无罪、有罪并科以刑罚、有罪但不处刑罚等； 3. 如果审判长认为陪审团是对无罪的人做出了有罪判决，并且由于没有查实犯罪或者没有查实被告人参与实施犯罪而有足够的依据作出无罪判决，则可以解散陪审团、重新组织陪审团审理案件。③
西班牙	1. 陪审团不是简单作出有罪或无罪裁决，需要回答事实列表中包含的各个问题（区分有利于被告人的事实和不利于被告人的事实），才裁决被告人是否有罪； 2. 对有条件减刑、罪责豁免问题等做出裁决。	1. 指挥庭审，解决庭审中程序问题； 2. 法官可基于控诉证据不足作出无罪判决进而预先解散陪审团、在不超过6年监禁刑案件可基于双方合意事实作出量刑判决进而合意解散陪审团、可基于检察官撤回指控作出无罪判决进而解散陪审团； 3. 审判长依据陪审团在有罪裁决中的减刑裁决、罪责裁决基础上做出最终的量刑裁决。

表3 法、德、日：平民与法官在裁判权上的内在结构

	平民	法官
法国	1. 事实问题的法官； 2. 法律问题的法官。	1. 对事实问题、法律问题裁决权； 2. 指导裁判进程、维护法庭秩序； 3. 裁量权较大，可以凭借自己的良心和荣誉，采取有助于查明真相的措施，但近年来受到一定限制。④

① 《俄罗斯刑事诉讼法典》339条。参见黄道秀译：《俄罗斯联邦刑事诉讼法典》，北京，中国政法大学出版社，2002。

② 同上，343条。

③ 《俄罗斯刑事诉讼法典》240条。参见陈光中、郑旭：《追求刑事诉讼价值的平衡——英俄近年刑事司法改革述评》，载《中国刑事法杂志》，2003 (1)。

④ 《法国刑事诉讼法典》310条。参见罗结珍译：《法国刑事诉讼法典》，北京，中国法制出版社，2006。

续表

	平 民	法 官
德国	参审员与法官共同决定重大程序问题、罪责问题、刑罚问题。	除了对事实问题、法律问题具有裁决权之外，还需说明判决理由。
日本	裁判员与法官一同认定事实、适用法律。	对事实问题、法律问题裁决权之外，其他职责： 1. 对法律进行解释的问题； 2. 判断有关诉讼程序事项； 3. 其他不适合由裁判员作出判断的事项。①

通过上文比较发现，评价权与裁判权反映了两种不同的性质定位，这自然影响到其法律功能的实现。在功能实现状况的影响因素上，有从主体到客体多个方面。但其中的价值权衡是最为关键的。

三、功能实现的比较：价值权衡

在有关平民参与裁判权的价值梳理中，我们在各种比较研究中，看到了各种表述。如“自由的堡垒”、“民主的学校”、“自由的守护神”、“人民主权的重要载体”、“社会与司法的桥梁”、“达致司法真实的有效机制”等。当然，我们也要注意，陪审制、参审制在运行中的“正”与“反”的价值之争，汗牛充栋，但反映了价值权衡的日趋成熟。是否拥有对事实问题的垄断性的裁决权以及垄断程度如何，是平民参与裁判权内部的一个核心问题，也集中体现了各国立法决策者的价值权衡，尤其是在实行陪审制的国家，其价值冲突和争论也最为激烈。

（一）裁判权模式的价值权衡

针对陪审制，域外常见的争议在于诉讼效率的质疑、陪审团受到干扰、种族歧视等问题。它们都被认为在不同程度上削弱或抵消了陪审制的正当性。但是，随着研究的深入，大家意识到，有关诉讼效率的质疑，不一定公道。这是因为，有关效率的衡量标准不仅仅是诉讼时间、诉讼花费如此简单，还应考虑其内在的政治与法律意义，以及在实现司法真实上的特殊价值。一些有关陪审团是否受到干扰、种族歧视问题的研究，很多是基于一定范围的个案，结论有限。我们注意到，域外许多国家在回避等技术性措施以及问题列表、事实列表等方面的改革，正在缓解陪审制在这些

① 日本《关于裁判员参加刑事裁判的法律》。参见田口守一、张凌：《日本裁判员制度的创设与证据法的变动》，载《证据科学》，2008（5）。

方面的忧虑。当然，来自文化方面的因素是很难把握的。譬如，在特定历史时期或者在特定的宗教文化下，社会公众可能变得“心慈手软”或者带有一定“偏见”，这可能影响陪审团“无罪判决”的几率。在1997年，有统计表明，俄罗斯刑事陪审团判决的无罪案件达到20%。许多人对此表示不理解。时任总统的普京也不得不出来发表责难：“陪审团宣告众多杀人凶手无罪，让陪审制在俄罗斯民众心目中名声扫地。”[①] 这也促进了俄罗斯后续对陪审团的改革。在西班牙，陪审团作出无罪判决，在一些场合也曾激怒民众。[②] 在日本等东方社会，由于长期存在的等级文化，普通民众总认为法官是比较威严的，在他们之前表达观点时往往不自然。有的甚至害怕担心报复，对参与裁判明显缺乏自信。[③] 这里需要强调的是，许多国家通过案件范围限制了陪审制的适用范围，或者控制了陪审制的适用条件，经过类似的调整，降低了一国适用陪审制的总体成本，减少了在陪审制中发生冤狱的几率。俄罗斯、西班牙等国家在陪审制上的反复修正，实际上揭示了陪审制在不同法律价值之间的不断调适，最终达到社会所需求的平衡状态。这也就是，为什么在许多国家废止陪审制的声音此起彼伏，但实际上加以彻底废除的并不多见。其中，我们也发现，陪审制之所以不能被“灰飞烟灭”，还在于它对于政治民主、司法民主的独特魅力。法国思想家托克维尔认为，陪审制不仅是让人民本身治国的一种最有效的方法，还是教导人民治国方策的一种最好办法。陪审制不仅作为一种司法制度而存在，更是作为一种政治制度而存在。[④] 在制度变迁意义上，域外实行陪审制基本上采取了温和的“调适”方法——在精髓上“严防死守”，在技术上“逐步修正”。由此，促进了陪审制在价值目标上的平衡性，对社会环境的适应性。从这可以说，域外陪审制其实并没有走上消灭，而是走向一种更加成熟的道路。

并不是每个人都按照文化特征实施行为，但是，以社会学上的证据为基础对中国人的行为模式进行分析将是一个有效的工具。从美国“辛普森”等案件来看，陪审团运行需要一些社会条件加以保障，才能使人们平

---

① 俞飞：《陪审团制度的历史变迁》，载《法制日报周末版》，2009-08-04。

② 西班牙 Mikel Otegi 案。Mikel Otegi，一个年轻的巴斯克民族主义者，被指控谋杀了两名巴斯克警察，1997年3月7日被陪审团宣告无罪。本案的无罪判决震惊了西班牙，许多人要求修改或废除西班牙相关法律，至少在巴斯克地区取消它。参见《大陆法国家陪审团制度》，载 http：//tanyudan1988. blog. 163. com/blog/static/17726867201010100886 4/，2011-04-01。

③ 美国学者普雷契特表示：“作为一个等级森严的社会，日本民众不敢在威严的法官面前表达个人观点。”文化因素或许是主要原因。日本人也担心遭到打击报复，对自身参与审判的能力缺乏足够自信。俞飞：《陪审团制度的历史变迁》，载《法制日报周末版》，2009-08-24。

④ ［法］托克维尔：《论美国的民主》，董果良译，北京，商务印书馆，2002，311～316页。

静地接受陪审团的裁决。很重要的是，在美国民众广泛存在这些理念因素：一是独立和平等的观念，每一个陪审员都将表达他的个人观点；二是公开的观念，陪审员要内部公开辩论评议，应认真对待他们自己的观点，并可以被合理的证据说服；三是陪审员不受不合理的压力的影响。这些不合理的压力包括对多数人意见的盲从以及受到某些证据的消极影响。虽然这些理念并非在每起陪审团审判案件中都表现完美，甚至在很多案例中恰恰是出丑的地方，但是，它作为一种公民文化，深入到了陪审制的基本精神中。我们也注意到，尽管许多日本国民参与陪审基于等级、害羞、性格孱弱等因素，有盲从其他人意见的可能，但是从社会学上看，它们日渐具备了陪审制运行的一些必要条件：第一，社会在种族、文化、语言和宗教等方面同一性较高；第二，社会成员的教育程度足于理解陪审员的责任并放弃他们的个人偏见；第三，社会成员普遍赞同法律，并且愿意执行它。

（二）评议权模式的价值权衡

那么，在中国，为何“人民陪审团”选择的是评议权模式而非裁判权模式呢？本文认为，通过与之相关的试点方案、宣传报道等“舆情”资料可以看出，这也是一系列价值权衡的现实结果。

1. 形式创新还是破坏法制

根据“人民陪审团”试点，其改革的依据究竟如何？对此，社会各界主要有两种观点：一是违反我国《宪法》、《刑事诉讼法》以及有关人民陪审员的司法解释等；二是没有违反法律，仅是司法层面的形式创新。在改革的法律依据上，河南省高院陈述自己是依据宪法规定的公民建议权——根据《中华人民共和国宪法》第 41 条规定：“中华人民共和国公民对于任何国家机关和国家工作人员，有提出批评和建议的权利……”该条文除了建议权外，还涵括批评权、申诉权、检举权和控告权等公民基本权利。在宪政体系中，它们均可纳入广义的公民监督的范畴，而且与言论自由之间有着密切联系。

一方面，“人民陪审团”行使的权利就是建议权吗？非也。关于公民建议权，我国有“孙志刚事件之法学家上书”、“跨省追捕案”等案例。公民在什么范畴内享有该权利，如何保障该权利的有效行使，这些在我国还有许多争议之处。“人民陪审团”的一个重要创新在于，它赋予了“人民陪审团”评析权这一更为含义广阔的权利：这一权利不是简单的建议权；它在外延上涵括了程序参与权（如参与庭审、间接提问）、发表建议权，还包含了监督权的内容。因为，“人民陪审团”的评析意见如与法官的不一致，有上报审委会等进行终局裁决的可能。

另一方面，“人民陪审团”试点究竟是基于公民权利而进行的形式创新，还是以此为名实施的破坏法制行为呢？本文认为，现有“人民陪审团”试点的本质特征不是规范意义上的裁判权，也就是说，没有实质分割法官和人民陪审员的裁判权。因此，提出其直接违反法律和司法解释的观点有所偏颇。当然，“人民陪审团”试点还是在宪法的范畴内进行了一定限度的“突破”：它让很多宪法明确规定赋予公民的基本权利在司法审判这一环节静悄悄地进行了一次“尝试”。因此，称之为“司法造法”，有过分夸张的味道；但称之为“基于司法创新的一场权利回归”不为过。

2. 真实民意还是主观猜测

为何“人民陪审团”试点单位在规划方案时不模仿英国、美国、俄罗斯、西班牙等国，建构“裁判权模式”下的陪审团？除了强调改革不突破法律的因素外，更为重要的是我国社会各界，尤其是法院系统，在陪审团问题上民意支持度的认识。

在河南试点中，张立勇院长认为：“因为这种陪审团对案件事实的绝对裁断权，在我国缺乏群众基础和民意支持，不会得到多数民众的支持和认可。”对此，笔者从河南法院网以及“百度”等搜索工具上，试图查询有无相关的数据统计以及实证研究支撑，不仅张立勇院长没有提供后续论据，即使在既有的博士论文中，也少见相关的实证调查数据。仅凭思辨研究或者价值预设，就否定一项法律制度的可移植性，其中不乏盲目性。如何评价一域外法律制度移植国内的可行性，有必要分析一些相关而必要的测量指标。

那么，裁判权模式为何“缺乏群众基础和民意支持”呢；凭什么说“不会得到多数民众的支持和认可”呢？张立勇院长解释道：“如果完全由陪审团几个人说了算，可能多数老百姓都不会理解和赞同。越过这一步，可能就超越了中国老百姓的历史文化认知和心理接受限度，就会行不通了。”从研究的方法论角度，我们怎么能判断“中国老百姓的历史文化认知和心理接受限度”呢？① 更为有意思的是，张立勇院长认为：“在一个缺乏陪审团传统的国家，如果实行由民众对案件事实的完全裁断，实际上也是危险的。”② “在一个缺乏陪审团传统的国家”能否成为一个论据呢？“缺乏传统”是否一个任意反对法律移植的“大口袋”呢？而且，对于“如果实行由民众对案件事实的完全裁断”究竟有多危险，我们不得而知。显然，我们发现该论者没有提供相关而必要的测量指标。

与张立勇院长的“猜测”有所不同的是，从“人民陪审团”试点的报

①② 王在华、乔良、孙照君：《河南省高院院长张立勇解读人民陪审团制度》，载《东方今报》，2010-03-26。

道上，我们看到了参与庭审的陪审员对自身的满意度均较高，他们通过参与程序看见了“正义”。① 应该说，这种满意度，显然不仅仅针对试点的形式，还有他们对司法过程的参与权利。这说明，对于是否移植裁判权的民意支持度，还有待更为细致的调查和准确的判断。

3. 民智未开还是画地为牢

不少人认为，中国远远未达到实行陪审制的指标要求。典型的论据就是，中国民智未开；域外陪审制的运行有一系列“必要条件”和“理念因素”，从模式化的角度，必须满足这些经典模型才能在中国“开花结果”。

就法官而言，他们对于移植陪审团，到底有什么担忧的呢？笔者对14名法官进行了调查。(参见表4)

表4 观点调查——14名Y省法官对移植陪审团时担忧社会公众的因素②

担忧社会公众的因素	支持人数	人数排名
综合素质低，直接裁决案件会降低案件事实的发现	8	1
担心打击报复，不愿意涉及他人案件事实	5	4
忙碌于挣钱，不愿意浪费时间在别人纠纷中	5	4
容易被人收买，进而影响裁决结果	3	5
担心所在单位、企业方面给自己带来不利的后果	7	2
容易盲从于司法机关意见，听任他们的判断结论	6	3
容易迎合多数人意见或者受到辩护技巧的消极影响	2	6

本文认为，法律实施并非在真空中做化学实验。在是否移植陪审制问题上，对“民智”等问题的理解不能刻板、机械。

在法官的忧虑中，以我国公民“综合素质低”，尤其平均受教育程度低，进而反对设立陪审团的观点，是值得商榷的。③ 从全体国民的受教育程度的“平均值”而言，我国不占优势，这是事实。但是，在非经济落后地区，随着教育体系的发展、社区建设的完善，其实已经提供了许多可以信任的“智力资源”。更为关键的是，在我国许多人头脑中存在这样根深蒂固的观念——平民参与裁判权本身是知识精英的平台。其实不然。人是

① 王春胜等：《河南法院全面试行人民陪审团制度》，载《河南商报》，2010-03-26。

② 本次调查涉及14名法官：Y省高级法院2名；Y省L市级中院的7名；L市Q区基层法院5名。

③ 可能有人质疑，让我国农民去参与陪审团是对被告人和法律的犯罪，果真如此吗？还是恰恰相反？大字不识的农民通过参与解决他们周围的纠纷，他能和你温柔地谈起正当法律程序？我们不能因为别人所谓“愚笨”而不给人机会，恰恰给了“愚笨”的人机会，他才能走出“愚笨”。

环境下的动物，正如城市里的知识精英可能不懂“田垄纠纷”一样，让具有一定诉讼能力的基层社会公民参与陪审，裁决其熟悉的案件，何尝不可？陪审团已经在西方国家走过了数百年的历史，其一个重要的基点，是让民众受到法治和民主的熏陶，而不是等待民众均称为知识精英才予以准入。针对“文化程度不高，不懂法律条文”的农民加入“人民陪审团”，张立勇院长持支持态度。他指出，这些陪审团成员的司法水平并不需要很高，因为道德是最初的法律，法官在作出裁判时要切合人民群众的常识性认知。[①]

在法官的忧虑中，包括“担心打击报复，不愿意涉及他人案件事实”、“忙碌于挣钱，不愿意浪费时间在别人纠纷中”、“容易被人收买，进而影响裁决结果”、“担心所在单位、企业方面给自己带来不利的后果”、“容易盲从于司法机关意见，听任他们的判断结论”、“容易迎合多数人意见或者受到辩护技巧的消极影响”等因素，实质是反映了他们对我国公民诉讼参与能力的质疑。在我国，不可否认，封建因素、等级文化及转型时期衍生的庸俗文化等，可能长期存在。在参与诉讼的意愿性、真诚性等方面，可能存在不足。但是，应该看到，许多公民恰恰具有强烈的参与诉讼、监督司法的欲望和能力。我国在人民监督员、人民陪审员等方面的制度实践即是例证。而且，从经济学和人口学上，还可提供一现实论据：我国市场经济获得深入发展，社会也渐渐进入老年社会，社会人群的成熟度和理性度也在提升。这说明，究竟是否让人民评审团参与裁判权，不能“画地为牢”，偏执地假定绝大多数社会民众尚“停留在司法文明的对立面”。

（三）“裁判权模式”在中国的真实障碍

如果细心观察蜻蜓，你会发现，平时飞的蜻蜓和下雨前飞的蜻蜓，以及躲避雨滴落的蜻蜓，飞翔的高度、速度、方向是有差别的。一般而言，越是风雨来临，它们飞得更低，更快，更慌不择路。为什么呢？在风雨来临时，在风雨中可以更好地看出蜻蜓的飞行持续能力，处理障碍能力，而不是平日的嬉戏起舞能力。

法官们对人民陪审团“裁判权”的“拒绝”，与其说是他们怀疑普遍社会公众的综合素质以及诉讼参与能力，不如说关键在于他们对自身主导的诉讼结构的一种坚持。

我国在1996年修改刑事诉讼法时，吸纳对抗制，弱化职权性，进行控

---

① 在开庭前，试点法院会把与案件相关的法律和司法解释资料发给他们，“让他们提前预习功课”。王在华、乔良、孙照君：《河南省高院院长张立勇解读人民陪审团制度》，载《东方今报》，2010-03-26。

辩式庭审改革，这是迈向正当法律程序的重要一步。但是，这次改革是不彻底的，犯罪控制模式和实体真实主义的色彩还很浓厚。

一方面，在现有的诉讼结构下，在职业法官的主持和人民陪审员的参与下，形成了职权主义有余、民主性不足的氛围：人民陪审员一般要求“获得大学专科以上文化程度”；对他们的遴选和名额问题基本上由基层法院自身决定；在裁决上，往往受制于业务庭室、审委会等；在考核和任期上与法官存在很大的类似性，等等。在这种状况下，我国许多人民陪审员“依附”于职业法官，甚至成为“半职业法官”。这是在实践中人民陪审员参与裁判不足，对法官的监督功能有限的重要原因。毋庸置疑，这种权力相对垄断的状况可以使得法院比较“自由”地在案件处理中实现自己的“政治效果、法律效果和社会效果的统一”。

另一方面，法院和检察机关、公安机关之间依旧是一种相对封闭的职权主义诉讼结构：三机关之间通过“分工负责、互相配合、互相制约”原则以及共同的法制理念等因素强化内部统一性；尽管辩护制度获得了一定发展，但辩护权的行使受到诸多限制，犯罪嫌疑人、被告人在诉讼中处于较为弱势的诉讼地位；公安机关、检察机关具有较为强大的与追诉职能相匹配的权力，而且在程序违法的制裁方面受到的限制较少；控辩之间的不平衡状态往往使得法院相对倾向于控方证据……曾有人将这一诉讼结构比喻为“做饭”、“送饭”、“吃饭”① 一旦引入陪审团，势必打破公安机关、检察机关既有的优势地位，而且让其与辩护方在陪审团面前“平等对抗”。显然，在诉讼机构未作出大幅调整的情况下，我国许多公安机关、检察机关似乎没有做好心理准备……反抗也就成了必然。

这导致，一些刑事司法机关为了捍卫自己占据主导地位的诉讼结构，可能夸大移植陪审团在查明事实真相、实现司法公正上的风险。有时，这种“傲慢”会通过“盲目的国情论”表现出来。譬如，在许多人看来，以正当法律程序为代表的西方法治经验已经在走“下坡路”，如同“夕阳”，移植其代表性的陪审团制度过来解决我国现有刑事诉讼具体问题未必真正符合我国国情，其效果可能大打折扣，因此可以坐观其变。其实不然。西方国家的陪审团并非“明日黄花”，而是在改革变化中更为稳妥和成熟。其在案件范围上的变化，在内部机制上的修改，并没有削弱其民主性基础和本质。这种“边界模糊”，“对象不精确”的否定论，可能延缓法律的进步。

---

① 郝宏奎：《警察出庭作证若干基本问题探讨》，载《浙江公安高等专科学校学报》，2004（2）。

法学随笔

雷小政*

繁荣中的荒芜：梁启超之问与中国少年司法

有三岁之翁，有百岁之童。

一、百年前梁启超先生的遗憾

若我少年者前程浩浩，后顾茫茫，中国而为牛、为马、为奴、为隶，则烹脔鞭棰之惨酷，惟我少年当之；中国如称霸宇内、主盟地球，则指挥顾盼之尊荣，惟我少年享之。于彼气息奄奄、与鬼为邻者何与焉？

阅读到这段文字时，我正在江南一个叫“太平”的地方，等待着第二天的黄山之行。不过，这几天阴雨连绵。我心里反复思量“留守儿童涉罪问题及其矫正系统”问题，不求甚解。梁启超先生的《少年中国说》恰逢心境。行文之间，不仅知会情感的释放，更察觉智慧的光芒。用“仙人指路”形容当时情境，不为过。

1900年，面对内忧外患的时局，27岁的梁启超先生，满怀深情写就《少年中国说》不仅反思了“老年中国”的劣根所在，而且呼吁“少年中国”的崛起。令人感动的，不是他的愤怒，而是他的忧伤，以及隐藏其中罕见的情怀。可以说，他在著述这篇文字的时候，倡导“宠辱无惊”、“价值无涉”的“老子模式”，或者寻求“种豆南山”、“翼翼归鸟”的“陶氏理想”都很难实现。面对一个顷刻即倒，却做最后挣扎的天朝，面对一个破败不堪、生死茫然的“后变法时代”，作为一个“文弱书生”，用文字表现出了雄厚的思考力和穿越古今的责任感。

在《少年中国说》中，有人说，他是在抒发戊戌变法失败后的苦闷，

---

* 雷小政，北京师范大学刑事法律科学研究院。

借机讽刺时政；有人说，他是在逃亡的间隙，告诉人们他依旧保留着强大的内心，以及报国、治国的热情。他不是一个雄踞体制内的技术专家，更不是一个浸淫游戏规则的政客。如果没有猜错，他反复探寻、求解的，是如何准确把握当时中国的脉息：老年中国向何处去，少年中国如何可能。而且，他隐约描绘了一幅这样的图景——“取道礼法、尊老恤幼”。这恰是我苦苦寻觅的——中国少年司法纵深发展的“短板”所在。不过，当时他的语境是特殊的。他在更加宏观的层面看到了问题，而且选择了铿锵呐喊的姿态。

1. “老年中国”向何处去

他极力反对日本和西方列强称当时清朝为“老大帝国”，但是，又清醒地意识到了这个帝国陷入了一种前所未有的颓废境地。他和那个时代的少年都见证了：曾经有着辉煌战史的旗营、绿营已成明日黄花；不到两万人的外国军队，视数十倍的中国军队为透明物，横冲直撞；数天之内，皇帝居住的紫禁城，“天朝”所在地即被攻陷。这个帝国最骁勇的精锐之师——武卫军被人打得落花流水，名将聂士成未及展相顷刻凋谢……

梁启超先生清醒地意识到：“造成今日之老大中国者，则中国老朽之冤业也”，“普天下灰心短气之事，未有甚于老大者”。可是，“老年中国”究竟向何处去，他在“保皇”与“革命”之间进退两难，很是彷徨，很是疑惑。孙中山先生批评他在“保皇”上“狭隘”、“盈满”。他却辩驳道，现有说的“革命”，将有如此多的恶果，内部必至自生分裂，彼此争权，乱无已时。所不幸的是，民国早年军阀混战、政局纷乱等都被他言中了。“老年中国”的劣根性，在争权夺利的地盘之争中，表现得淋漓尽致。

很多人以为，“老年中国”的祸根在于“皇上”及其代表的皇权秩序、“积其数十年之八股”。其实，先生的敏感和特别之处在于，他认为，“老年中国”的病根在于长久以来积习中国人身上的一种充斥老朽因素的惰性、专制和傲慢。浸淫封建性的“老年”权威不习惯也不愿意与“少年”沟通和协商，武断地阻碍民主进程，甚至压抑着新的人才、新的制度。梁启超先生少年得志，意气风发，敢于直面问题，而且进行了具有相当深度的辛辣的“批判”。这使得他一下子就“攫取”了在那个时代“士子”心目中的位置。

2. “少年中国”如何可能

可是，究竟如何发展“少年中国”，梁启超先生遭遇了巨大的难题。在他所处的时代，“老年中国”饱受欺凌，许多“少年”在一种失落的氛围里自卑地生长——“时局图”留给少年的集体茫然无处不在。

他意识到，那个时代给予了少年太多杀戮、暴力、酷刑、叛变的印记。原先通过科举及第、入宫为妃、净身入宫等这些的通道已经被封死。相对名门贵族而言，许多出生于平民家庭的“少年”将战场枭雄作为实现自己和家人梦想的方式。教会学校、帮派组织、青楼妓院等的“繁荣”恰恰是当时社会安身立命难、阶层流动难的征兆。他也注意到了，他要建立理想型的资产阶级共和国是如此困难。

那时的法律体系依旧是残酷的。梁启超先生没有像其他人一样去查证和控诉“少年”的非人道、非尊严处遇问题。当时，也很少有人会动机不纯的利用这些来吸引人眼球、赚取人眼泪或者进行曲线上的救国。他认为，“少年中国”的精、气、神才是一种希望。我们要在传统和现代之间完成一种精神和气质的传承。

千年传承的“礼法”，纵然有糟粕，并不时为老朽操纵，但依旧是“老年中国”维系社会安定的最基本的工具。他自豪地抒发对5000年来精髓文化的崇拜：“立乎今日以指畴昔，唐虞三代，若何之郅治；秦皇汉武，若何之雄杰；汉唐来之文学，若何之隆盛；康乾间之武功，若何之烜赫。”梁启超先生充分意识到了敬畏、怜悯、恻隐在一个时代的意义。过分破坏社会安定的“革命”，似乎捣毁了旧的秩序，但最可怕的不能及时重建带来的混乱和恐惧。有时甚至是恰恰“革命”掉了我们的内核，使我们失去了灵魂长期依傍的东西。他扮演的是“最后的贵族”的角色，而且隐藏了一个基本的立场：虽然他讨厌“老年中国”，但不能与它决裂，反而应该吸允其乳汁，重视其希望。这是一种内在中庸，但不失进取的立场和方法。

没有精、气、神的少年，最终会葬送一个民族的未来。梁启超先生之所以这样想，是因为他笃信那个时代的少年有一种根基——“吾心目中有一少年中国在”。那就是一个通过“族规”、“家训”等方式传承古老习惯的道德训诫系统。尽管在这个系统里，干涉婚姻、动用私刑等并非传闻。但对于少年而言，蕴含着许多特殊的心智矫治方法：在治恶方面，教导少年社会公德、家庭道德、从政官德、经商道德，在扬善方面，强调以孝事亲，以诚待人，以信为本，以忍处世；伴随一些轻重不等的处罚规则，这些道理可以现实而有效的传递给少年，促使成为他们为人处世的基准。

梁启超先生要表达的精髓是：要聚集全国之力哺育和扶持中国少年，而且只有在一个相对安定、而非过分动荡的秩序中，通过礼法的有机传承，才能慢慢浸淫、熏陶少年的心智。数典忘祖往往阻塞幼小，阻塞幼小可能又反过来数典忘祖。一旦这些坏习惯被传承下去，会发生连锁的反应，毁坏一个民族。可惜的是，先生命短，壮年即逝。百年以来，有关时局的发展，社会的变革，已经远远超越了先生的预料。他没有一个时间段或者试验田，来验证他在“取道礼法、尊老恤幼”中的基本主张。连他自己都时而追问，他坚守的“礼”和“法”，到底能否拯救这么一个老朽的帝国。

梁启超先生的忘年交，秉承“知君别有拳拳意，不独文章艳少年”的张之洞，也给了他另外一种思路：可否在“老朽之冤业”和“西夷之科技”之间，通过实业建设哺育和扶持出生机活泼的“中国少年”。

现实地说，在先生之后的百年，“西夷之科技”和西方法律制度成为“中国少年”主要学习、模仿的对象。那么究竟我们在传承这门功课上做得如何呢？

二、在历史传承中走过的弯路

故今日之责任，不在他人，而全在我少年。少年智则国智，少年富则国富；少年强则国强，少年独立则国独立；少年自由则国自由，少年进步则国进步；少年胜于欧洲则国胜于欧洲，少年雄于地球则国雄于地球。

梁启超先生同情“浔阳江头琵琶妇”，但他反对过分沉溺过去，甚至无法自拔。因为这样会销蚀少年的精、气、神。问题的关键是，究竟什么代表“过去”。显然，“洛阳春花秋月佳趣”、“开元天宝间遗事”也是一部分。还有什么呢？

梁启超先生虽然年少才高，但这四个字不足以承载他在历史方面的敏感和嗅觉。根据他的假设，唯有尊老恤幼，才有少年中国的崛起。这是一个在自然不过的传承问题。但是，为什么会在很多环节发生断裂呢？

不可忽视的一个方面就是，我们很多人持有一种褊狭的“以物为本”的历史观。写下这段文字的时候，我正在婺源一个叫李坑的地方。感慨的是，那里的古宅保存得相当完整，有“梦里老家”的感觉；遗憾的是，沿途“家家经商”、“户户吆喝”，已然旅游产品的批发市场……很多人文古迹开发的失败在于，很多人以为集合宠辱、爱恨、尊卑的文化基因留存在“牌坊”题字、“古樟”刀痕、博物馆档案中；投入资源，固定并挽救了它们，就传承了文化基因。很少人有梁启超先生的卓见：我们要在心灵脉络中传承文化。我认为，这种文化史观的意义在于，要求我们关注人的问题。文化基因最重要的载体是一个又一个的年轻的心灵。随着他们慢慢变老，死去。有的东西转移到了下一代，有的东西已经灰飞烟灭，等待后一代人继续创造。心灵的压抑和困顿越强，文化传承的遗忘和偏差越大。

在梁启超先生之后的百年，尤其是到了当代社会，在很大程度上，我们驱除了“老年中国”的老朽气息，并建立了一个个前所未有的“少年中国”模式。在这一过程中，我们走过了许多弯路。有些基于礼法不可想象的事情就确实发生了。纵然有诸多历史因素，但是，国人日益意识到，我们需要在反思中进步。在特殊时期，许多少年出现了无意识的盲动和非理性的疯狂。许多关于礼法的旧秩序以及与之相关的文具器皿、经书轴卷、佛堂庙宇等，或被砸碎，或被付炬。可能最令梁启超先生在地下扼腕痛惜的是，张之洞，被责以“洋奴”开棺倾尸、暴于野外，直至41年后被找到……极端事件不足代表历史。更为显著的问题是，我们在传统道德规范和现实社会发展之间的权衡和抉择。有时候，历史会像钟摆一样摇晃。在相当长一段时间内，相比“在旧城之外另辟新城”，“烟囱林立”占据了主导。很多基于传统习惯的礼法因素及其载体遭遇了“寒流”。但是，改革开放以来，非物质文化遗产保护和孔子学院的发展在很大程度上又显示了我们在“尊老”上的理性回归；义务教育改革和以教育为主、惩罚为辅的少年司法体系，也显示了我们这个时代对于“恤幼”的自我反思。

可是，真正的效果如何呢？梁启超先生的《少年中国说》提供了一种反思问题的方法和视角：与经济问题相比，如果我们的资源、技术、心力没有向少年心智作出必要的倾斜，或者说，在聚集全国之力哺育和扶持少年上做得太少，这是不利于“少年中国”的发展的。更为重要的是，在旧的礼法因素被否定，新的道德规范未完全确立的情况下，迷茫的少年往往容易滋生盲目的反抗或者失范的行为。用通俗的话说：这笔账，一旦欠下，是要还的。

在少年司法中，我们看到了理想与现实的差距。在少年司法的制度层面上：作为一般性的规则，我们加入了国际条约中承诺了给予少年犯非羁押、非监禁为主的待遇；我们在尝试改革，希望在立案讯问时提供给少年犯合适的成年人的帮助，希望减少少年犯因羁押、监禁环境带来的压力；有许多律师、企业家、心理咨询师、社工等，也加入了其中的帮教、矫治工作。应该说，这些显著的进步需要的是呵护，而不是指摘。可是，更多的是问题。梁启超先生没有预见也不可能预见：百年之后的中国会有如此大规模的劳动人口流动，而且伴生了5800万的留守儿童。在这里的留守之痛在于，他们没有可以依偎的言传身教，也没有配套齐全的监护体系。他们基本上感受不到族谱传承、祠堂宗法的训诫，更不懂“头上三尺有神灵”。

更令我们措手不及的是，很多人认为，现代性的经济发展已经减少了少年的自卑感和忧虑感。可是，恰恰相反，在城市里，涌现越来越多的试图游离于主流价值观外的问题少年。他们习惯于网络空间，在既有规则和秩序之外，希望摆脱来自身份的焦虑。来自毒品、暴力、色情等的诱惑，使他们越陷越深。无论农村，还是城市，许多地方都感慨，在处理少年的非羁押、非监禁问题上有“捉襟见肘”之感，在帮助少年回归社会、预防重新犯罪上，有“力不从心”之惑。真正的问题，也即中国少年司法的“短板”在哪？

有一发达地区基层司法所的矫正人员有一个尴尬的“见证”：他们司法所共四个人，两个正式编制，两个聘用社工，但在门口挂着6块牌子。其中，来自维稳的工作量非常大。相形之下，少年犯的矫治，主要依据“思想教育”方式，引导其人生观、世界观、价值观的改造。有心理咨询抱怨单一矫治少年不能解决根本问题，而且效果甚微。那是因为，在许多少年案件中，首要“矫治”的应该是他的父母、老师，甚至我们的社会，是我们的自私、逐利、贪婪的诸多“恶性”影响或传导了他们。许多少年犯认为，游离于他们生活的那套说教方式，很难帮助他们解决具体问题，更无法走进他们心灵深处。个别地区的改革纯粹是撩拨他们的希望，让他们看到了曙光。但是，当他们想融入正常生活时，还有着诸多无形的禁忌、看不见的手在歧视或排斥着他们。“一失足成千古恨，回头已是百年人”。在公共安全和宽容精神之间，很多人怀疑我们的刑事司法制度有没有付诸有效的心力去矫治好这些少年犯——我们也缺乏有效的评估，告诉国人他们已经不是公共安全的威胁。

症结在于，在梁启超先生时代，可以依据宗祠、族谱等代表的礼法因素及其道德体系训导、矫治问题少年。但是，现在很多人认为，那些方法被认为是老朽而落后的，我们必须信奉现代诉讼程序的正义和现代心理科学的发达。我们在有关少年法律体系的数量、在办理少年案件经费的投入上，可能超越了先生当时的想象。可是，“中国少年”的精、气、神究竟是进步了多少？少年司法的处境是否得到了根本性的提高？我们发现，理直气壮地回答这一问题，有些艰难。年轻锐气的姚建龙教授，认真研究改革开放以来少年司法的30年历史。他发现，我们所进行的研究，基本上是一种未超越现实社会条件的思辨性研究，缺乏实证研究以及重大的原创性成果——这只是一场远离辉煌的繁荣：多数文章结构窠臼化（“原因、特点、对策”），论述枯燥化（“家庭、学校、社会”），结论大都是“正确的废话”（“加强、提高、重视”）。

有意思的是，究竟如何理解少年司法在非羁押、非监禁问题上的失灵？许多学者都在孜孜不倦地论证：如何建立现代化的针对少年的涉罪处理程序和社区模式。很多人告诉我们，在信奉“福利保障”、“专门程序”的国家，少年的生存和发展状况非常好。为此，我们一直在抱怨立法上的不足，并将重心放在少年法院、未检科，甚至少年探组等机制建设以及毒品测试、心理矫治、社会调查等程序完善上。真正的问题在于，我们没有充分意识到，如果割裂、排斥传统习惯，忽视心理科学与人际环境的融合，我们处理少年问题就缺乏了一种实质性的依托。无论在诉讼内，还是在诉讼外，对于那些再犯、累犯的少年，我们可以发现，缺乏一个真正有效的、规范的、成熟的教导他们如何敬畏人、如何怜悯人、如何恻隐人的道德课程，这是他们再次危害社会的主要原因。

通过梁启超先生的《少年中国说》，同时参照这些年针对少年司法的实证观察，我的结论是：针对一个问题少年的矫治，在根本上，不能仅仅依据正当法律程序和人权的保障，也不能过分强调现代化的科技设备和技术手段，它需要人根据少年的心灵特质精雕细琢，渐行浸淫、熏陶，使其恢复到健全的人格。徒具其表的改革创新、蜻蜓点水的思想教育，无益于中国少年。苟且的忽悠，不过尔尔。

三、“举全村之力”如何可能

红日初升，其道大光；河出伏流，一泻汪洋；潜龙腾渊，鳞爪飞扬；乳虎啸谷，百兽震惶；鹰隼试翼，风尘吸张；奇花初胎，矞矞皇皇；干将发硎，有作其芒；天戴其苍，地履其黄；纵有千古，横有八荒；前途似海，来日方长。

如果说，梁启超先生开具的药方“在理”，“在情”，甚至“在法”，它在中国少年司法中是否有效呢？此前，费孝通先生给我们画过一张图景：在熟人社会里，关系、舆论和面子等，能够引导人们的行为方式。其中，自然包括少年的帮教和扶持。很多社会学家又逐步解构了这张图景，认为，现在已然是陌生人社会或者无主体的熟人社会，传统习惯很难契入到少年问题的解决中。要解决中国少年的问题，西方法律制度和社会保障体系值得借鉴和学习，果真如此吗？

家家有本难念的经。至少，在我的阅读范围内，还没有发现有哪个国家轻言妥当解决了少年问题。在不同国度、不同种族、不同阶层，少年都是主流社会和非主流社会不同力量竞争的资源。少年问题与种族歧视、宗教冲突、贫富加剧、毒品泛滥一样，基本上世界主要国家的“顽疾”。

有人说，在梁启超先生时代的中国少年是最悲惨的。未必为真。即使到现在，仍然共有超过25万名童兵分布在全球十余个冲突地区。期待他们回归温馨的课堂还是人权主义者的梦想。有谁比他们惨淡？1980年出生在塞拉利昂的伊斯梅尔比亚用自己的童兵经历写了一本书——《长路漫漫》，并于2007年荣获《纽约时报》、《华盛顿邮报》及亚马逊书店的年度最佳书籍。他告诉人们：各方势力为了能扩张兵源，不惜强迫未成年人参军，又让他们染上毒瘾以便控制，之后便是驱赶着这群茫然的孩童走上沙场。从一个喜欢说唱乐的邻家男孩蜕变为嗜血狂暴的刽子手可能只需要一场短短的战斗。在战争结束后，他们往往很难适应正常的社会生活……由于进入主流社会困难重重，在意大利黑手党中，很多接班的少年认为，这本身是游戏规则的一部分，因为他们填补了警察失灵的秩序空间。他们还可以据此从底层的生活中突围并获得荣华富贵的机会。在纽约，当地的警官告诉我，这里移民文化浓厚，在黑人聚居、西班牙人聚居、华人聚居的社区里，问题少年比较容易形成相对固定的"问题群"。他们中间，很多少年来自移民家庭。与我国留守少年一样，他们比其他少年感到更加孤独，愤怒，悲伤，容易产生躯体化反应和更多犯罪行为。依靠现有的刑事司法制度，只能作为一个救火员的职责。

西方国家所做的，主要是设置对于少年的特殊程序和待遇，同时强调政府特别监护责任和社会福利重点支持。其中，针对少年犯，除了迫不得已的监禁外，还实施了特定家庭监护计划、就业培训计划、持续学习计划、邻居监护计划、中间制裁措施等，给予了少年更多专业、持续的关爱。然而，我们看到，要准确评估这些计划的效果是很难的，许多少年离开监禁场所后在现实社会中依旧感到被歧视、被遗忘，进而再次犯罪。许多研究者批评道，只有更多的行之有效的心理干预和行为矫治，才能保障法律适用的效果。

可是，究竟什么才是"行之有效的心理干预和行为矫正"呢？随着希拉里出版《举全村之力》，她呼吁全世界努力，联合起来，共同关爱各国少年。它对传统矫治观念的冲击是，人们开始反思：对问题少年的矫治，是否必须依赖正当法律程序和现代心理科学、社会保障体系？希拉里提供了两个绝佳的例子。一个是来自非洲村落的感慨。"举全村之力"来自于非洲的一句谚语：它讲述了是在部落中，养育一个孩子需举全村之力，才能成功。其中，村落在养育孩子中发挥了重要作用：他们会把上一代的智慧无私地传递给下一代；部落的习惯法会监督他们的成长，使得他们保持勤劳的本色和坚强的体魄。一个是来自她自己家庭的经验。她担心孩子因为特权而骄傲，也担心为金钱而变坏。希拉里的父亲总是教导自己的女儿："你能给孩子的最好工具是一把铁锹，这次你会怎样为自己挖出一条出路呢?"在希拉里那里，她把这把"铁锹"传给了自己的女儿——其实质其是适应美国社会生存和发展的一系列技能和方法。希拉里认为，在全世界，很多少年之所以犯罪，不仅与缺乏祖父母、父母的沟通有关，更重要的是，他们手上没有这样一把"铁锹"！这把"铁锹"在《少年中国说》中似曾相识……

四、用心的方法都是相通的

美哉，我少年中国，与天不老！壮哉，我中国少年，与国无疆！

站在芜湖的东梁山，眺望对面的西梁山，心中油然而生一种感觉：纵然你有“中断楚江”的傲气，但是，无论如何，你无法阻挡纵横千里的长江……我们总能找到一条符合中国少年心脉规律的发展之路。无论外在的经济环境多么优越，司法制度多么先进，少年问题的预防和解决，在根本上，必须倾注上一代人的心血，教导他们一种不仅活下去，而且可以持续发展的方法。梁启超先生从中华文化出发，强调“取道礼法、尊老恤幼”，何尝不是这么一种方法的传承？希拉里以地球村为基点，强调举全村之力、给孩子一把铁锹，何尝不是一种方法的矫治？他们的共同点都是：用心。用心的方法都是相通的。

我曾经在一次访谈中见证一位用心的基层司法所长。他的方法是将接受社区矫正的少年犯当做自己的孩子对待，实施矫治。有的迄今为止都一直叫他“爸爸”。我问他与孩子之间最好的沟通方式是什么？他说，不是每周的“思想汇报”，而是亲自走进他们的生活，了解他们的习惯。他去过一些孩子打工租住的小小“蜗居”，也去拜访过一些他们靠低保生活的父母……在他下乡插队时劳动的地方，他告诉小孩们上一代人的艰难。当然，他也困扰自己的力量不足。他说，他的一个矫治对象一直想考取大学学绘画。他知道，维系和发展一种美感对一个少年犯多么重要。可是，他没有办法帮助这个资质非凡的孩子实现这个梦想……

每个人都有心。在法国电影《蝴蝶》里，8岁的莉莎与搜集各种美丽花蝴蝶的爷爷偶然相遇。他们寻找到了全欧洲最稀有的，最美丽的蝴蝶“伊莎贝拉”。其实，“伊莎贝拉”象征着一份纯正的童心。莉莎有，爷爷也有。我们每个人内心都有一只“伊莎贝拉”，只是我们常常忘记。有的人，三岁成翁。有的人，百岁驻童。我少年中国，究竟多些三岁翁，还是多些百岁童？如梁启超先生健在，当以笑答：“我有疑事，君榷君商。”

肖仕卫*

实证方法的移植在中国是否可能

当前刑事诉讼法学中的一个突出现象，就是实证研究得到越来越多的学者重视和采用。实证研究已经成为刑事诉讼法学的时髦语词，如果你是研习刑事诉讼的，倘若不知道、不会那么一点点实证研究，那只能说明你“out”了。实证研究有诸多优势，它会让人觉得贴近现实，让人觉得有中国气息，它的批评不是那种毫不了解实情的外在挑刺，建构也不是片面的拿来主义。因此在总体上，它是一个非常值得提倡和鼓励的趋势，尤其相对于以往的研究范式而言更是如此。或许正因为此，刑事诉讼的实证研究逐渐流行和普及，大量论著开始数字化、表格化、模块化，以至于似乎没有实证调查、没有数据、没有柱、饼、条状图就不算真正的研究一般。

从时间来看，刑事诉讼的实证研究当是极为晚近的事物。据我的有限观察（可能并不全面），法学实证研究方法的应用轨迹大致为：先是苏力教授等在法律社会学中加以鼓吹和提倡，然后北大的刑法学教授白建军独树一帜的自建数据库并在刑法领域予以应用，接着是王亚新教授等的民事诉讼运作调查，继而是左卫民教授主持的较大规模的刑事诉讼运作机制实证研究，最后是法学界特别是刑事诉讼学界冲击涨停板式的全力追捧。而且进一步追根溯源，还可以发现从苏力教授肇始的法学实证研究，又是从其他社会科学、从国外交叉研究的经验中借鉴而来的。因此，刑事诉讼的实证研究方法，相对于传统刑事诉讼法学而言，总体上是外来的，是一种方法论的借鉴和移植。

---

* 肖仕卫，成都电子科技大学。

说到移植，难免让人想起曾经发生的那场轰轰烈烈的关于“法律移植”的大讨论。众所周知，在中国法制建设的初期阶段，法律移植曾经是最为高效、最受欢迎的法制建设途径乃至法学研究方法。然而之后，一场关于法制本土化的讨论差点将法律移植论砸到跌停板（法学实证研究方法就是在这个背景下成长起来的）。法律移植论的不足被一一揭露出来，淮南橘淮北枳、地方性知识等论述一再得势，法律移植所带来的那种不适感被学术化地标识出来，法律移植论所具有的学术空洞感也被充分的揭示，过往动辄“国外如何完美——（比较之后）中国存在何种问题——（借鉴之后）中国如何改革”的思维模式和研究方法备受批评并基本销声匿迹。简单说，这场讨论成果是明显的，它使我们在狂热之后趋于理性，并大大推动了法学研究的深入，法学研究的本土化逐步得到重视。

刑事诉讼的实证研究，从当前的热度来看，大有赶超当年法律移植论的趋势。那么，同样作为一种移植而来的产物，我们是否应该对其保持一定的谨慎呢？有人也许会说，两者根本就不是一码事，因为一则法律移植是内容上的移植，而刑事诉讼实证研究则是方法上的移植；二则法律移植是从国外移植到国内，而刑事诉讼实证研究的方法则不仅是从国外借鉴而来，也是从其他学科如社会学、人类学、经济学等借用而来。但是在我看来，无论是内容移植还是方法论移植，无论是跨法域的方法移植还是学科之间的方法移植，同样都有一个适用条件的问题。正是这个适用条件问题，使得我们必须对当前刑事诉讼的实证研究及其结论保持一定的谨慎。

当然，这里说的是谨慎，不是砸跌停板，更不是全盘否定。换言之，不是说刑事诉讼实证研究不好，而是说在中国进行刑事诉讼的实证研究，开展研究的条件可能并不完全具备，研究效果可能并不是很好。其实，人们鼓吹刑事诉讼实证研究的依据主要在于它更能发现中国自己的问题，从而有助于刑事诉讼研究的本土化。在下面的分析中，我将简单的阐明，由于条件的不具备尤其是中国政法系统固有的封闭性和刑事诉讼实证研究的非规范化，在国外、在其他学科如社会学、经济学等领域如鱼得水的实证研究，在刑事诉讼法领域却似乎运作不良，以至于不少所谓刑事诉讼的实证研究，或者几乎成了官样材料的展示，或者仅仅多了一些可靠性存疑的数据而已，并不能发现所谓中国问题，也难以促进刑事诉讼研究的本土化。

实证研究的生命在于经验素材（个案或数据等）。只有能够较为便利的获取经验素材，而且获取的经验素材的真实性得到保证，实证研究才有意义，才经得起时间检验。而这两点的满足却并非无条件的，首先，它需要开放社会的支持，需要信息的公开透明，因为没有开放社会，或者说在秘密社会，用以实证研究的经验素材极难获取，那么所谓刑事诉讼的实证研究也就成了无源之水；其次，它需要一整套确保文牍档案真实性的制度，需要实证研究的规范化和精密化机制来支撑。因为没有确保文牍档案真实性的制度和实证研究的规范化，通过官方材料获得的素材可能不可靠，通过学者自己实证调研（如统计、访谈等）获得的素材则极易被学术道德法庭审判和怀疑，从而导致刑事诉讼实证研究的合法性流失。

从我有限的经验来看，在中国刑事诉讼领域，上述条件基本都不具备。一方面，中国政法系统极为封闭。做过实证研究的学者都清楚，要在中国的政法系统获得数据绝非易事，其难度可以同向上市公司打探内幕消息比肩。其结果，学者要开展实证研究，要么通过私人关系进入这个封闭系统、要么与政法部门合作获取信息。然而，这两种途径获得的信息也是有限的。因为通过私人关系进入这个系统，你得遵循这个系统的规则，许多不让你看的你就不能看，不让你写的你就不能写（比如，法院的内卷是不能调阅的），否则你就只能做一锤子买卖，以后就进不去了。而通过与政法部门合作，则更是容易被捆住手脚，不仅主题受限（合作的主题可能没多大学术价值），而且开会（比如座谈会）也并不是获取经验素材的有效方式。

另一方面，中国的政法系统缺乏一套确保文牍档案真实性的制度，实证研究者通过政法系统获得的数据，其真实性很难保证，因为这些数据往往与内部外部的各种考核相关，甚至与政治因素相关，公检法机关有充分的动力美化这些数据（想想更为权威的国家统计局的数据）。当然，如果不相信官方数据，想做实证研究的人可以亲自去调研。然而，除了政法机关不是菜市场你想进就进之外，更重要的是，谁来确保公检法工作人员说的是真话？谁来保证实证研究者获得的材料就一定是真实的？有太多的诱惑（简单地说，对学者而言，你要是实证了，文章就好发些!）让人粗陋调研、让人按照自己的经验猜度实践甚至造假，而直到现在还没有任何刑事诉讼实证研究的规范来防范和检验人们是否如此行为（据说《法学研究》曾经不发表实证研究的文章，部分原因就是因为这一点）。做过实证研究的人心中大概都清楚，类似的行为在所谓刑事诉讼的实证研究中绝非个案，开一次座谈会就算实证调研的现象绝非个别，而用自己的经验猜度实践、想象数据的做法亦并不罕见。

正是因为上述现实情况使我认为，应该对中国刑事诉讼实证研究的流行和普及保持谨慎。之所以如此，不仅因为在这样的有限条件下，难以想象刑事诉讼的实证研究能够流行和普及得起来；更因为在这样的条件下，难以想象刑事诉讼实证研究能够展示其优势，真正的发现中国问题，促进刑事诉讼法学研究的本土化。对于后者，这里想多说几句。刑事诉讼学界有一个共识，就是刑事诉讼研究一定要本土化，而本土化的前提就是发现和研究中国问题。人们当前似乎认为，发现中国问题的最好方法就是实证研究。但是，如前所述，在中国搞刑事诉讼的实证研究，一方面政法系统太封闭，材料太难获取，如此怎么发现中国问题？另一方面即便通过各种方式进入了政法系统，政法机关提供的素材并不可靠，而学者则可能由于缺乏实证研究的规范而粗陋调研（如座谈即算实证）、根据经验猜度现实甚至想象数据，如此又如何保证发现的所谓中国问题的真实效度？

也许，我对中国刑事诉讼实证研究过于悲观了。有人也许会说，国外的刑事诉讼实证研究不是搞得风生水起吗？经济学、社会学的实证研究不是成效显著吗？是的，确实如此。但是问题在于，在中国刑事诉讼领域搞实证研究，它明显的不同于在国外搞，也不同于经济学、社会学的实证研究。总体上讲，无论是国外的刑事诉讼实证研究还是国内的社会学、经济学实证研究，一方面，其信息源基本是开放的而非封闭的，而中国刑事诉讼实证研究的信息源则具有相当的封闭性；另一方面，其规范化程度相当高，有一套机制确保实证研究的可靠性，而刑事诉讼实证研究还太初级、太粗糙、太缺保证机制。面向未来，我的观点是，即便社会经济生活逐步开放（因此社会学、经济学开展实证研究将更为容易），由于政法系统在中国国家与社会结构中的独特地位，其封闭性特点短期内估计很难改变，其组织化的考核机制所带来的数据美化效应短期内也将很难改变。因此刑事诉讼实证研究仍将较长期的面临信息瓶颈问题。唯一能让人乐观点儿的是，随着刑事诉讼实证研究的逐步深入，它将步入规范化、精细化发展的轨道，从而也许可以增加人们对它的信心。

刘敬娟*

醉驾：定罪量刑几多愁

自醉驾正式入刑以来，关于这个主题的各种争论就没有停歇过。全国公安交警部门就严查酒驾，各地纷纷掀起抓醉驾第一人的热潮。河南的侯光辉案、云南的黄清红案、北京的高晓松案等相信大家都不陌生。各大媒体、报刊也都对他们的案情及审执情况进行了报道和刊载。“醉驾是否一律入刑”等方面的争议久居舆情排行榜。在处理醉酒驾驶的案件中，一律刑事立案、一律提起公诉，以及“快查、快拘、快审”做法，不免让人生疑：一些案件从案发到一审判决不到 4 天，如此“看得见的正义”，确实“大快人心”，但这究竟是程序正义的实现，还是“从重从快”的又一次复苏？

要达到“永不酒驾”的实体理想，除了需要“重典”之外，必须遵循正当的程序。忽视法定的程序、规范的证据，打击醉驾可能“昙花一现”，“永不酒驾”也容易沦为“天下无贼”式的乌托邦。

一、醉驾认定标准是否唯一

醉酒驾驶追究的是刑事责任，也即，犯罪嫌疑人受到的是最严厉的惩罚手段——刑罚的威胁，因此，证据的搜取要非常的严密、完备、客观。然而，在我国现有阶段下，由于主客观方面因素的制约，达到上述标准并非易事，很容易影响程序的正当性。

应当明确的是，酒驾不等于醉驾。根据国家质量监督检验检疫总局 2004 年 5 月 31 日发布的《车辆驾驶人员血液、呼气酒精含量阈值与检验》

* 刘敬娟，北京师范大学刑事法律科学研究院。

国家标准（GB19522－2004），100毫升血液中酒精含量达到20～80毫克的驾驶员即为酒后驾车，80毫克（包括80毫克）以上认定为醉酒驾车。这一规定无疑明确给定了醉酒的标准，即血液中的酒精含量大于或者等于80mg/100ml。如果发现驾驶员有饮酒嫌疑，交警就会对之采取相应的措施以检定其是否达到醉驾的标准。就目前状况而言，用来检验血液中酒精含量的方法主要有呼吸式酒精检测仪、抽血检验、唾液测试纸等。相关资料显示，交警可以使用呼吸式酒精检测仪进行现场检验，由检测仪打出结果，被检人当场签字。如果拒签，只要有两名交警在场，检验结果便可生效。疑问不问而生，两名交警在场与否与检验结果有必然的联系吗？如果只有一名交警在场，而被检人确实醉酒但又拒签的情况下怎么办？在河南侯光辉案中，是由平顶山市公安局交通事故鉴定所进行的血液鉴定，在这里鉴定主体值得深思。既然是抽血检验，理应由相应资质的医院进行并出具鉴定结论才对。此案中却是交通事故鉴定所，其主要职能是通过检验、检定现场物证判定事故成因和事故责任。由其进行血液鉴定，结果的权威性和确实性恐怕会大打折扣。如果是由医院来进行，其资质如何确定，由谁确定及何时进行抽血检验等问题会很快浮出水面。另外，还存在唾液测试的情形。不同方法测出的结果会不会有所差异？在各地经济发展不平衡的情况下又来如何统一各地的检测方法？我认为，可以成立一个专门的交通事故鉴定中心，综合法医病理、物证痕迹鉴定、车损评估、血中酒精含量检定等各种鉴定项目。考虑到医学设备的精细复杂多样，可以依托县级以上医院合作成立司法鉴定所，负责法医病理、血中酒精含量的测定。两家鉴定所实行无假日的24小时联动，随时接受道路交通中需要的鉴定项目，出具相应的鉴定书。从而确保醉酒检验的准确性、权威性和及时性。

在对犯罪嫌疑人进行醉酒确定后，要等到犯罪嫌疑人酒醒后进行审讯、询问，但如果有人辩解自己是喝酒了，但并没有开车。在这种情况下，就需要询问证人进行佐证。此处又会牵扯到诸如证人书面证言的效力、证人的保护与补偿等证人作证的一系列问题。除了目击证人，视频资料无疑也是保存、固定证据的一种有效形式。但是在目前状况下，不是每个地方都安有监控设施，即使在安有摄像头的情况下，其所能监控到的范围也是有限的。如果醉酒人在被发现时正处于驾驶机动车的状态，并不存在目击证人和视频资料的佐证问题，然而，在多人乘车时，醉酒人在有交警时提前换给未醉酒人开车的情况下，能否直接以司机的血液中酒精含量将其认定为醉酒驾驶？如果醉酒人在被发现后时处于停车状态，且坚决否定开车的情况下应该怎么办？

二、是否必须采取羁押性措施

在河南侯光辉案中，被告人于5月1日20时40分被执勤民警发现酒后驾驶，5月4日被舞钢市公安局刑事拘留。我们知道，拘留是公安机关在紧急情况下对某些现行犯或者重大嫌疑分子采取的一种临时性强制措施。该案中的时间差怎么解释？在醉酒驾驶没有造成严重后果的情况下是不是可以适用取保候审、监视居住呢？拘留、逮捕等刑事强制措施或限制或剥夺了犯罪嫌疑人、被告人的人身自由，相关司法部门在采取时应当更加慎重。醉酒驾驶的危害的确不容忽视，要严查酒驾，严打醉驾。醉驾人的人身危险性比较大，可能危害社会、他人，也可能会危害醉驾人自身。交警在查处醉驾时，针对醉驾人及周围环境的具体情况，可以采取不同的措施以防止和控制危害的发生或扩大。比如，交警可以将醉驾者约束至酒醒，也可以请示公安部门对之进行取保候审、监视居住或者拘留。如果要对醉驾人采取措施，该如何决定？诚然，查办交警不能一人自己决定，要请示上级领导决定或者递交公安部门决定，如果情况紧急可以先采取强制措施后尽快报告上级。此处的决定应当要求是书面形式，如果醉驾人不服或者其权利受损，应当允许其申诉或起诉。如果采取的是拘留等刑事强制措施，查办交警与公安部门应当及时与公安机关衔接，由其进行拘留，而不能私自决定并执行。公安机关拘留醉驾人之后应当待其酒醒后及时进行审讯、讯问。至于逮捕，报纸上登出的"因醉驾涉嫌'危险驾驶罪'的嫌疑人被'依法刑事拘留''依法逮捕'的报道充斥着各大媒体"的信息准确度不知道有多大。《刑事诉讼法》第60条规定："对有证据证明有犯罪事实，可能判处有期徒刑以上刑罚的犯罪嫌疑人、被告人，采取取保候审、监视居住等方法，尚不足以防止发生社会危险性，而有逮捕必要的，应即依法逮捕。"这是刑诉法对逮捕条件的规定，人民检察院和人民法院逮捕犯罪嫌疑人、被告人均应遵循这一条件。而醉酒驾驶的最高法定刑却是拘役，无论如何都不能针对危险驾驶罪适用逮捕措施。

三、程序可否一简到底

根据《刑事诉讼法》第174条的规定："（简易程序的适用范围）人民法院对于下列案件，可以适用简易程序，由审判员一人独任审判：（一）对依法可能判处三年以下有期徒刑、拘役、管制、单处罚金的公诉案件，事实清楚、证据充分，人民检察院建议或者同意适用简易程序……"但是，如果公诉案件的被告人对于起诉指控的犯罪事实予以否认的不得适用简易程序。

人民检察院建议适用简易程序的，应当制作《适用简易程序建议书》，在提起公诉时，连同全案卷宗、证据材料、起诉书一并移送人民法院。人民法院在征得被告人、辩护人同意后决定适用简易程序的，应当制作《适用简易程序决定书》，在开庭前送达人民检察院、被告人及辩护人。不难看出，简易程序的适用有明确的适用范围、前提条件和法定程序。根据《刑法修正案（八）》的关于危险驾驶罪的规定："在道路上驾驶机动车追逐竞驶，情节恶劣的，或者在道路上醉酒驾驶机动车的，处拘役，并处罚金。有前款行为，同时构成其他犯罪的，依照处罚较重的规定定罪处罚。"可见醉酒驾驶并非一律可以适用简易程序，如果醉驾构成其他犯罪面临较重刑罚或者被告人对公诉机关指控的犯罪事实予以否认，就不能够适用。在河南侯光辉案中，据法制日报报道，公诉机关于5月5日上午受理案件，办案人员从阅卷、提审、制作法律文书用了3个小时就将此案起诉至舞钢市人民法院。法院当日下午开庭审理并当庭作出拘役4个月的判决。被告人表示接受判决，不再上诉。如此迅速之起诉、审判流程实在让人汗颜，怎么会不让人质疑其中的公正性？而且，此案是否有辩护律师参与，被告人的认罪态度如何及有无进行自行辩护等情况在以报道的信息中也没发现。简易程序固然在提高审判效率、缓解审判压力方面发挥着重要作用，但是被告人的权利又怎么可以弃之不顾？在民众对醉驾入刑的高度赞扬中，司法机关办案人员是不是在响应民众呼声的路途上走得太远了？

四、量刑标准如何规范

据新华社数据显示，2011年5月1日至5月15日，全国共查处醉酒驾驶2038起，较去年同期下降35%；日均查处136起，较去年全年日均查处数下降43%。全国因醉酒驾驶发生交通事故死亡人数和受伤人数同比分别下降37.8%和11.1%。可见，醉驾入刑的确起到了立竿见影的效果。可以说治理形势一片大好。而5月10日最高人民法院副院长张军在重庆召开的全国法院刑事审判工作座谈会上的发言不知会给醉驾入刑带来怎样的命运。张军副院长指出，要注意醉驾的刑事处罚与行政处罚的衔接，根据刑法"但书"的规定，危害社会行为情节显著轻微危害不大的，不认为是犯罪。此言一出，迅速被解读为"醉驾未必入刑"，引发社会各界热议。什么叫做"情节轻微"，对有权有钱有势的醉驾者会不会"网开一面"？一些人担心醉驾入刑将会进入模糊地带，是人们怀疑法律规定本身，还是失去了对司法机关的信任？

"醉驾入刑"新规实施以来，全国各地法院已陆续对一些"酒司机"判处危险驾驶罪。然而法院裁量依据各有不同，量刑标准也比较混乱。

时间	醉驾人	血中酒精含量	危害结果	判处刑罚
5.5	河南候光辉	223.7mg/100ml	无	拘役4个月 罚金200元
5.6	云南黄清红	255mg/100ml	无	拘役3个月
5.12	眉山李某	229.4mg/100ml	无	拘役3个月 处罚金2000元
5.14	都江堰陈伟	104.2mg/100ml	无	拘役3个月 处罚金2000元
5.16	宁波周某	191mg/100ml	碰撞一车	拘役3个月 处罚金1000元
5.17	北京高晓松	243.04mg/100ml	四车追尾三人受伤	拘役6个月 处罚金4000元
5.29	北京祝某	185.0mg/100ml	与小汽车发生剐蹭	拘役3个月

可以看出，这些案件中当事者的酒驾程度不同，量刑大致为3～6个月拘役，处罚金在200～4000元。无论是从血液酒精含量的多少，还是从造成危害程度的大小都很难得出统一判断。为了进一步规范量刑活动，促进量刑公开和公正，2010年9月13日两高三部印发了《关于规范量刑程序若干问题的指导意见（试行）》，并于10月1日起试行。其中，对侦查机关、人民检察院和人民法院都做出了具体规定和要求，包括量刑事实、量刑证据材料、量刑建议意见、量刑理由及法律依据等多个方面。醉酒驾驶刚刚进入刑法惩罚的视野，所以在定罪量刑过程中公安司法机关及有关人员应当认真研读该意见并按照其规定慎重进行。

五、法院有无自由裁量权

近年来不断发生醉驾致命案，事后悔过也只是减少内心的自我愧疚感而已。醉酒驾驶属于危险犯，没有发生严重的交通事故就是“情节轻微”吗？如果等其发生实质性的事实伤害或者损失再对其处罚，那么将其纳入最严厉的刑法规定中，通过提高处罚力度以遏制醉驾的初衷恐怕就会落空。法院是否拥有足够自由裁量权来运用“情节轻微”这一如此弹性之界定？醉酒程度不同是不是意味着情节轻重不同呢？北京大学法学院教授王成认为：从文义本身看，《刑法修正案（八）》第22条的措辞，并没有留下可供解释的余地。第22条中对“飙车行为”和“醉驾”有不同的规定，“飙车”只有达到“情节恶劣”才处拘役并处罚金，而“醉驾”并没有这一要求。对醉驾的认定标准应该是统一适用的，法院在这一问题上，不应该有自由裁量权。但是我认为，法院可以根据醉酒程度的高低以及造成后果的轻重来对醉酒者判处不同程度的处罚。当然，法院此处拥有的自由裁量权，是非常有限的。在有限的可操作空间内，在刑法留给的“处拘役，并处罚金”的幅度下，法院如何确定量刑依据将成为关键。再者，目前，对于醉酒驾驶，公安机关的态度对经核实属于醉酒驾驶机动车的一律刑事立案。只要有犯罪事实、需要追究刑事责任，公安机关自然应当立案。而最高检表态的“醉酒驾驶案证据充分一律起诉”恐怕过于极端。因为检察院拥有酌定不起诉的权利，即检察院认为犯罪嫌疑人的犯罪情节轻微，依照刑法规定不需要判处刑罚或者免除刑罚的案件，可以做出不起诉的决定。如果对于醉酒驾驶不论情节轻重一律起诉，没有任何选择性，那么刑事诉讼法规定的酌定不起诉制度是不是成了多余的呢？检察院的审查过滤案件与法律监督的职能难道在醉驾问题上失效了吗？

六、缓刑制度有无用武之地

根据宽严相济的刑事政策，在从严惩处严重犯罪的同时，应当进一步完善从宽处理的法律制度。《刑法修正案（八）》作出一些相应的调整，如关于缓刑的规定。“对于被判处拘役、三年以下有期徒刑的犯罪分子，同时符合下列条件的，可以宣告缓刑，对其中不满十八周岁的人、怀孕的妇女和已满七十五周岁的人，应当宣告缓刑：（一）犯罪情节较轻；（二）有悔罪表现；（三）没有再犯罪的危险；（四）宣告缓刑对所居住社区没有重大不良影响……对宣告缓刑的犯罪分子，在缓刑考验期限内，依法实行社区矫正。如果没有本法第七十七条规定的情形，缓刑考验期满，原判的刑罚就不再执行，并公开予以宣告。”醉酒驾驶的最高刑是拘役，从刑罚设置的角度来看，可以说是最轻微的刑事犯罪，在没有造成严重后果的情况下，完全可以依照法律规定适用缓刑。然而，在民众对醉驾深恶痛绝的情况下，似乎没有哪个法官敢冒天下之大不韪对醉酒驾驶判处缓刑。但是，在报道出来的已判决的危险驾驶罪中难道没有一起案例符合缓刑适用条件吗？

域外法制

林 静[*]

刑事被害人利益与未成年犯罪人利益的权衡：以德国少年司法程序为范例

一、问题的提出

2010年1月，欧盟理事会（Council of European Union）公布了由西班牙、比利时、法国、意大利等12个欧盟成员国提出的关于“欧盟保护指令”（*Directive for a European Protection Order*）的立法动议草案。该草案在2010年12月的欧洲议会（European Parliament）以610票赞成，13票反对及56票弃权通过了一读。① 该旨在加强刑事被害人在欧盟范围内的统一保护的欧盟指令，② 再一次掀起了对刑事被害人利益保护的探讨。

关于刑事被害人的研究可以追溯至20世纪40年代，③ 鉴于传统的西方刑事诉讼法在建立之初就着眼于对犯罪嫌疑人的保护（沉默权、辩护权、无罪推定等制度为例证），被害人的利益保护往往被边缘化。④ 在联邦

---

* 林静，德国弗莱堡大学、德国马普外国刑法与国际刑法研究所。

① http：//www. europarl. europa. eu/oeil/file. jsp? id＝5840492。

② Eucrim 2010/3，P. 95，available at：http：//ec. europa. eu/anti _ fraud/publications/agon/eucrim _ 2010－3. pdf。

③ H. von Hentig，The Criminal and his Victim，New York：Yale University Press，1949.

④ See Karl-ludwig Kunz，Opferschutz und Verteidigungsrechte im Kontext von Strafrechtstheorie und symbolischer Rechtspolitik，In：*Sociology of Crime and Law Enforcement*，Sociology in Switzerland，November 2004；H. -J. Albrecht，H. Arnold，Research on Victimization and Related Topics in the Federal Republic of Germany，in：G. Kaiser（eds.），*Victims and Criminal Justice*，Max Planck Institute for Foreign and International Penal Law，Volume 50，Freiburg i. Br.，1991，p. 29.

德国，被害人从20世纪70年代开始[①]，从之前被遗忘的被忽视的群体[②]，逐渐走向了刑事程序中被关注的和保护的重点。到80年代末，以被害人利益为导向的两个重要概念“损害赔偿”（Wiedergutmachung）及“刑事和解”（Taeter-Opfer-Ausgleich）成为了刑事诉讼程序中的关键词。[③] 大量的学术著作和讨论涌现，其中引起较大凡响的是刑事马普所在80年代末期进行的系列实证调研[④]及系列文献[⑤]。这些学术探讨一方面作为对1986年颁布的《被害人保护法》的回应，另一方面也为后续的法律改革埋下了伏笔。[⑥] 1999年通过的《刑事和解法》（*Das Gesetz zur strafrechtlichen Verankerung des Taeter-Opfer-Ausgleichs*）加强了对刑事被害人实体性权利——损害赔偿权利的关注。2004年的《被害人权利改革法》（*Das Opferrechtsreformgesetz*）对刑事诉讼中的五个条款进行了修改，很大程度上加强了被害人在刑事诉讼程序中的保护。之后于2006年通过《法律现代化改革法》（*Das Justizmodernisierungsgesetz*），对《少年法院法》（*Das Jugendgerichtsgesetz*）中的部分内容进行了修正，加强了被害人在少年司法程序中的保护。2009年颁布了第二个《被害人权利改革法》，进一步完善了被害人在刑事诉讼中的权利保障。酝酿中的欧盟《权利保护指令》如果得以顺利颁布也将为德国转化适用。应当说，自80年代中期以来，被害人保护一直是德国刑事政策下的一个重要话题，而且这一话题具有异常的

---

① K. Schroth（Rechtsanwalt，Karlsruhe），2. *Opferrechtsreformgesetz-Das Strafverfahren auf dem Weg zum Parteienprozess?* in：Neue Juristische Wochenschrift，Heft 40，2009，s. 2916-2919.

② T. Weigend，*Viktimologische und Kriminalpolitische Ueberlegunge zur Stellung des Verletzen im Strafverfahren*，in：Zeitschrift für die gesamte Strafrechtswissenschaft，96，1984，s. 761.

③ H. Müller-Dietz，*Schadenswiedergutmachung-ein krimnalrechtliches Konzept?* in：G. Kaiser（eds.），Kriminologische Forschung in den 80er Jahren，Freiburg：Max-Planck-Institut fuer Auslaendisches und Internationales Strafrecht，1988，s. 965.

④ 例如在1989年，刑事马普所在原联邦德国地区进行了一项民意调查，共采集了5274个电话采访样本（样本包括曾为被害人及未为被害人）。对被害人的程序参与，刑事补偿，刑事和解等问题进行了系列的调查。具体参见M. Kilchling，*Interests of the Victim and the Public Prosecution-First Results of a National Survey*，in G. Kaiser（eds.），Victims and Criminal Justice，Max Planck Institute for Foreign and International Penal Law，Volume 52/1，Freiburg i. Br.，1991，pp. 29-66.

⑤ 例如1991年，刑事马普所在其系列研究文集中，分三卷（Volume 50，51，52，其中52卷又分为52/1，52/2两册）共计2000余页，系统探讨了刑事被害人问题，包括西班牙、瑞士、奥地利、希腊等欧洲国家及日本、以色列等非欧洲国家的相关制度。

⑥ 1986年颁布的《被害人保护法》，旨在改变刑事诉讼中由于过分强调犯罪嫌疑人权利保护，而导致对被害人权益漠视的情况。但是该法强调对被害人程序性权利的保护，而忽略实质性权益的关注（如欠缺刑事损害赔偿等相关规定）而被学界所批判。这些缺陷也为后期的进一步法律修正和改革埋下了伏笔。之后多次的法律修改旨在加强被害人在程序和实体方面的利益保障，具体见下文。

生命力，生生不息。[①]

在被害人保护不断完善的同时，利益权衡难题恒久存在：刑事被害人利益保护的难题不仅仅来源于传统刑诉法中对犯罪嫌疑人的程序性利益保护倾斜，一个更深层次的利益权衡难题发生在少年司法程序中：即未成年犯罪人是否具有当然的利益保护优先性？刑事被害人的程序性及实体性权利如何保障？未成年犯罪人利益和刑事被害人利益是“鱼和熊掌”的绝对对立关系，抑或存在帕雷托最优的配置可能性？或者一个根本性问题为：刑事被害人和未成年犯罪人之间是否必然为负和博弈（两败俱伤）或者零和博弈（此消彼长）？针对这个问题，本文将以德国的立法及司法实践为范例略作探讨，尝试探求正和博弈（共同生长）的基本路径。

二、问题的展开

（一）被害人权利

1. 诉讼程序的参与和推动

早前的德国刑事法关于被害人保护的一项重要批判是程序参与和推动的欠缺。被害人作为案件的举报者，有一定程度的守门员功效，但当案件进入检察机关的视野后，被害人除了作为证人方式的介入，完全失去了对案件的参与和推动力。[②] 现行的德国刑事法规定了丰富的途径，让被害人参与、推动刑事诉讼程序。

依赖于被害人起诉申请（Strafantrag）的亲告罪（Antragsdelikten）。同中国一样，德国刑法中也规定了亲告罪（§77StGB），即不告不理。这类案件是否进入刑事诉讼程序，决定权在被害人，即如果被害人不提出起诉申请，检察机关即使获知案情的存在也不能启动刑事程序。[③] 这类案件涉及家庭亲情保护，比如《刑法》第247条规定的家庭盗窃罪（Familiendiebstahl）；涉及个人隐私保护，比如194条1款及205条规定的针对隐私的侮辱诽谤罪（Beleidigung und Verletzung von Privatgeheimniss）；

---

① J. Herrmann，*Die Entwicklung des Opferschutzes im deutschen Strafrecht und Strafprozessrecht - Eine unendliche Geschichte*，available at：http：//www. zis-online. com/dat/artikel/2010_3_430. pdf.

② See J. Kürzinger，*Private Strafanzeige und polizeiliche Reaktion*，Berlin，1978；R. Rosellen，Private Crime Control，in：Criminoogical Research Unit（ed.），*Research in Criminal Justice*，Freiburg：MPI，1982，pp. 104-122.

③ 起诉申请（Strafantrag）区别于刑事检举（Strafanzeige），前者是由《刑法》第77条规定的特定罪名，只能由被害人的告诉申请才能启动程序，后者是被害人及任何其他知情者，向检察机关检举案情的存在。对于后者，即使没有被害人的起诉申请，检察机关通过第三人检举或者其他途径获知，都可能依据职权启动程序。

极轻微的案件，比如《刑法》第123条规定的非法侵入生活住宅（Hausfriedensbruch）。[①] 此外对部分的亲告罪，如果涉及特别的公共利益，检察机关也可以在没有起诉申请的情况下启动诉讼程序。这类罪行，区别于前三种情形下的纯正亲告罪，被称为非纯正亲告罪。比如《刑法》第230条1款规定的过失伤害（Fahrlaessige Koerperverletzung）等。

依据《刑事诉讼法》第374条到第394条，当案件轻微且直接侵入被害人生活领域的情形下，被害人可以向法院提起自诉（Privatklage）。区别于亲告案件，自诉案件不是向检察院提交起诉申请，而是直接向法院起诉。因此，自诉人承担了一定的诉讼风险，包括调查取证义务、时间成本及诉讼费用等。现实中，自诉案件非常有限，在2006年只有564件，2007年甚至减少到528件。[②]

对检察机关认为不存在犯罪行为而停止侦查起诉的案件，如果被害人不能依据自诉相关规定启动自诉程序，被害人仍然具有推动案件的权利，即依据《刑事诉讼法》第172条的规定启动强制起诉程序（Klageerzwingungsverfahren）：被害人可以向州高等检察官检察长（Generalanwalt）提出申诉（Beschwerde），如果该项申诉被驳回，被害人仍旧可以通过律师向州高等法院申请，由法院作出是否起诉的裁定（Entscheidung）。[③] 强制起诉程序是法定起诉原则（Legalitaetsprinzip）衍生出来的，[④] 所以当检察机关依据起诉便宜原则（Opportunitaetsprinzip）放弃对案件的追诉，强制起诉程序就不得启动。[⑤] 由此，现实中很少的案件进入强制起诉程序，而进入该程序的起诉成功率也非常低。[⑥] 同自诉案件一样，强制起诉程序更多的是标志性意义，即被害人对案件推动的可能性，而推动案件的实际意义较小。

除了启动诉讼程序外，在德国还有一项重要的制度确保被害人对诉讼案件的参与和影响，即附带起诉制度。1986年《被害人保护法》颁布后，德国刑事诉讼法中就确立了附带起诉，规定对故意杀人、故意伤害等严重侵害人身自由安全的罪行，被害人可以附带起诉（§395 StPO）。在附带起诉中，被害人充当仅次于检察机关的第二起诉人角色，享有较充分的程

---

① J. Herrmann, *Die Entwicklung des Opferschutzes im deutschen Strafrecht und Strafprozessrecht - Eine unendliche Geschichte*, available at: http://www.zis-online.com/dat/artikel/2010_3_430.

② Statistik des Bundesamtes: Strafgerichte 2006 und 2007, Tabelle 2.1.

③ J. Herrmann, *Die Entwicklung des Opferschutzes im deutschen Strafrecht und Strafprozessrecht-Eine unendliche Geschichte*, available at: http://www.zis-online.com/dat/artikel/2010_3_430.

④⑤ Meyer-Goβner, *Strafprozessordnung*, 52. Aufl. 2009, § 172 Rn. 1.

⑥ Graalmann-Scheerer, in: Erb u. a. (Hrsg.), Löwe/Rosenberg, *Die Strafprozeβordnung und das Gerichtsverfassungsgestz*, Bd. 5, 26. Aufl. 2008, § 172 Rn. 3.

序参与权利：例如出席庭审权（包括不公开审理的案件）、阅卷权、提问权及申请取证权等（§397 StPO）。区别自诉案件，附带起诉的被害人在刑事诉讼过程中充当重要参与者，而非程序独立行使者，所以诉讼风险较小，实践意义也较大。

2. 信息的获知和律师援助

1986 年第一个《被害人保护法》中规定了被害人在其提起诉讼申请(Antrag) 后，法院将对其做出的判决结果进行告知（§406d Abs. 1 StPO)。2004 年的“被害人权利改革法”进一步丰富了被害人的信息获取权，即除了正式的判决之外，如果法院根据权衡考量而将案件分流处置，同样必须对被害人进行信息告知（§406d Abs. 1 n. F. StPO）。基于对被害人人身安全的考量，有关犯罪嫌疑人暂停或结束羁押，已决犯监外执行等情况也必须告知（§406d Abs. 2 StPO）。[①]

此外，被害人由于其不同的文化教育背景和阅历常识，对刑事诉讼过程中享受何种权利及如何行使的掌握程度各异。由司法机构对向被害人告知一方面是被害人行使权利的前提，另一方面是司法公正的题中之意。所以，在 1986 年《被害人保护法》中就做出了对被害人权利告知的规定(§406h StPO)。在 2009 年《第二次被害人权利改革法》中，进一步明确该项告知义务必须“尽早”、一般情况下须“书面”及便于让被害人“理解的语言”的方式作出（§406h StPO)。

除了上述的信息获知权，德国法律还规定了被害人律师及信任人制度，对被害人提供法律及心理上的援助。1986 年《被害人保护法》规定了被害人在调查审讯阶段获得律师援助的权利（§406f StPO）。但是该援助权只能在法官或者检察官调查审讯阶段，而将警察的调查审讯排除在外，而实践中绝大多数的调查审讯是由警察执行的，所以 1986 年规定的该律师援助权有很大的限制。[②] 直到 2009 年通过第二次《被害人权利改革法》，德国刑诉法中的被害人律师得以在警察调查审问阶段介入，对被害人提供必要的法律援助（§ 406f Abs. 1 S. 2 StPO)。在附带起诉中，针对故意杀人，严重的性犯罪等严重伤害被害人身心健康安全的案件，由国家支付被害人律师费用（§397a StPO)。在其他案件中，如果被害人因为经济困难

① J. Herrmann, *Die Entwicklung des Opferschutzes im deutschen Strafrecht und Strafprozessrecht - Eine unendliche Geschichte*, available at: http://www.zis-online.com/dat/artikel/2010_3_430.pdf.

② J. Herrmann, *Die Entwicklung des Opferschutzes im deutschen Strafrecht und Strafprozessrecht-Eine unendliche Geschichte*, available at: http://www.zis-online.com/dat/artikel/2010_3_430.

无法支付律师费用，可以申请国家诉讼费用救济（Prozesskostenhilfe）①。

被害人审讯过程中的援助不仅仅局限于法律方面，在严重犯罪特别是性侵害等情形下，被害人更需要心理方面的援助和支持，这一需要在1986年的《被害人保护法》中得以确立：在调查审讯阶段被害人还可以要求信任人（Vertrauensperson）（比如亲戚、朋友、师长等）在场，提供心理方面的援助（§406f Abs. 3 StPO)。在1986年《被害人保护法》中的信任人的介入必须通过被害人的申请，调查审讯机构的批准。2004年《被害人权利改革法》放宽了信任人的审批，规定只要对调查程序不构成威胁，信任人介入申请都必须被批准。②

3. 被害人证人的身心保护

被害人作为刑事案件的亲历者，通过对案件的回顾陈述，在审讯过程中行使证人的功能，属于广义上的证人范畴，所以，在德国对证人的保护规定也同样适用于被害人。

德国法律对被害人证人身心保护非常严格：（1）对调查询问范围的限制，即除了查明案件无法回避之问题，其余涉及被害人证人个人隐私生活的问题不得被问及（§68a Abs. 1 StPO)；（2）被害人证人证词的陈述可以要求犯罪嫌疑人的回避，即在庭审过程中，如果犯罪嫌疑人在场将对被害人证人的身心健康造成严重威胁时，可以要求犯罪嫌疑人在被害人证人陈述证词时予以回避（§247 S. 2 StPO)，甚至被害人证人可以借助视频传输等方式陈述证词，不出席庭审（§247a StPO)。存在特别保护必要性的情况下（Besondere Schutzbedürftigkeit)，2004年的《被害人权利改革法》还允许检察官打破案件等级管辖的一般规定，将本该起诉至地方法院（Amtsgericht）的案件跨级直接起诉至州法院（Landgericht）（§24 Abs. 1 Nr. 3 GVG)。

4. 人身财产损害恢复补偿

上述的几项权利，旨在程序方面强调对被害人的保护。罗科信（Roxin）在《刑罚目的体系中的损害赔偿》（*Die Wiedergutmachung im System der Strafzwecke*）一文中认为，与程序性权利相比，以损害赔偿为代表的实体性的权利对刑事被害人而言有更重要的意义。③ 当然，实体权利的实现必然依赖程序的保障。损害赔偿权利的实现同样依赖于一定的程序，包

①② J. Herrmann, *Die Entwicklung des Opferschutzes im deutschen Strafrecht und Strafprozessrecht-Eine unendliche Geschichte*, available at: http: //www. zis-online. com/dat/artikel/2010 _ 3 _ 430. pdf.

③ C. Roxin, Die Wiedergutmachung im System der Strafzwecke, in: H. Schöch (ed.), *Wiedergutmachung und Strafrecht*, München: Fink, 1987, pp. 37-55.

括提起刑事附带民事诉讼或者寻求国家补偿等。

根据德国刑诉法，在符合管辖权规定的情形下，被害人可以针对由犯罪行为引起的物质损害向审理该刑事案件的法院提起刑事附带民事诉讼(Adhäsionsverfahren)(§403 StPO)。这一规定将由犯罪行为引起的精神损害赔偿排除在外，但是被害人仍可以依据《民法》第823条的有关侵权损害赔偿规定，提起独立的民事诉讼，请求精神损害赔偿。为充分保障被害人利益，法律规定了较自由的刑事附带民事诉讼提起的时间和方式：被害人得以在庭审前以书面或者口头的形式提出民事赔偿申请，甚至在开庭后，被害人的最后陈述（Schlußvortrag）开始之前，仍然能够通过口头的形式申请民事赔偿。为确保这一权利及时有效使用，司法机关还必须尽快，通常以书面方式告知被害人这一权利（§406h StPO)。刑事附带民事诉讼与独立提起的民事诉讼相比，诉讼成本和风险较低。因此，司法实践中有为数不少的刑事案例同时被提起附带民事诉讼。在2007年和2008年共有5000余例附带民事诉讼在地区法院被提起，近450至600例在州法院被提起。[①]

对被害人的物质补偿，一方面来源于犯罪行为人的赔偿，此外国家也承担了特定情形下的补偿义务。德国在1976年颁布了《被害人补偿法》(Das Opferentschädigungsgesetz，OEG)，规定在暴力犯罪中，身体受现实伤害的被害人可以请求国家的救济补偿（§ 1 OEG)。该规定明确了国家补偿有两个基本前提，其一是被害人因为犯罪行为受到身体伤害，即排除财产损失的国家补偿。其二该损害是现实的，即排除尚未造成身体伤害的恐吓等行为。

国家补偿制度一方面出于国家契约责任理论的考量[②]，即在文明社会中，公民放弃了同态复仇等个人权利，国家在获得司法垄断权的同时承担了保护公民人身、财产安全的义务。当国家未充分履行对公民的保护义务，导致被害人人身、财产严重受损时，国家应当承担违约责任，即在犯罪人之外，对被害人进行补偿。另一方面该项制度是社会福利原则规定的要求：德国《基本法》(Das Grundgesetz)[③] 第20条1款规定了联邦德国的社会福利原则。这项原则在刑事案件中体现为共担风险，即个人作为共同福利联合体的成员，在遇到刑事侵害时可以获得福利联合体的救济，国家作为联合体的代表，对该被害人进行补偿，降低其个人风险。

---

① Statistisches Bundesamt，Strafgerichte 2007 und 2008，Tab. 2. 1，4. 1.

② 雷小政：《说说被害人补偿》，载《法制日报》，2005-05-03。

③ 德国《基本法》是实质意义上目前联邦德国的宪法。该称谓未采用国际普遍做法——宪法，是出于当初德国分治的考虑。在德国统一后，联邦德国在《基本法》的基础上进行少量的修改，作为联邦德国的宪法，但是"基本法"这一称谓被沿用下来。

（二）被害人权利在青少年司法程序中的限制

1. 程序的参与和推动的限制

现行德国《少年法院法》80条1款（§80 Abs. 1 JGG）排除了对未成年犯罪嫌疑人（犯罪行为时未满18周岁，下同）的自诉程序。被害人可以通过向检察机构提请起诉的方式，由检察机构裁量，在不违背未成年人教育保护的情况下，可以提起诉讼。如前所述，自诉程序更多的是对被害人保护的标志性意义，实践中出于诉讼风险及金钱时间成本的考量，被运用的很少。所以，这一规定限制对被害人权利的实质影响较小。

《少年法院法》80条3款（§ 80 Abs. 3 JGG）排除了对未成年犯罪嫌疑人的附带起诉程序，通过对被害人对诉讼程序的参与及相关权利的限制，来强化保护未成年犯罪人的权利。从附带起诉角度观察，当被害人权益保护和未成年人犯罪人权益保护存在冲突时，后者的利益被优先考虑。这一信息在2006年5月柏林高院的司法判例中得以彰显：[①] 一男子在2001年1月至2005年9月期间，持续性家庭暴力，并在2003年至2004年期间实施两次婚内强奸，导致其妻子流产。有意思的是，该男子在2002年1月之前，为未满18周岁的未成年（Jugendlicher），而至2005年1月为德国《少年法院法》中受一定保护的青年（犯罪行为时已满18周岁未满21岁，Heranwachsender），自2005年2月到2005年9月间为完全得以适用普通德国刑诉法的成年人。所以，该男子一个持续性犯罪，多次犯罪行为，跨越了3种被刑事诉讼程序不同对待的三种身份。柏林州法院（LG Berlin）对该行为初步认定适用《少年法院法》的相关保护规定，所以排除了被害人附带起诉权利。柏林州高等法院（Kammergericht Berlin）驳回了被害人的申诉，并认为：首先，在少年司法程序中排除使用附带起诉，这一基于未成年人犯罪人教育目的为导向的程序设计考量优先于对被害人利益的考量。其次，基于对程序统一性的考量，连续多个侵犯行为具有不可分割性。这个考量同样适用于跨越年龄阶段的系列犯罪行为。[②]

但是2006年第二次法律现代化改革（Das 2. Justizmodernisierungsgesetz）之后，该款的严格排除有所松动，允许特定情形下的被害人参与附带诉讼。这些情形主要为暴力犯罪或者性犯罪行为下导致被害人身心严重受损。这一细微的变化，传达了一个信息：德国刑事政策中对未成年犯罪人利益过度保护的反思（将在下文中进一步阐述）。

---

① Beschl. v. 3. 5. 2006 in：Neue Zeitschrift für Strafrecht，2007，Heft 1，s. 44f.

② H. Brocke（StA Berlin），KG Berlin：*Unzulässigkeit der Nebenklage im Jugendstrafverfahren bei teilweiser Tatbegehung als Jugendlicher und Heranwachsender-Opferschutz kontra Erziehungsgedanke*，in：Neue Zeitschrift für Strafrecht，2007，Heft 1，s. 8-11.

2. 人身财产损害赔偿的限制

在少年司法程序中，被害人的人身财产损害赔偿的实现也受到一定的限制，诸如对提起刑事附带民事诉讼程序的限制。根据现行的《少年法院法》81条，针对不满18周岁的未成年人的刑事附带民事程序被排除适用。被害人针对未成年犯罪人的损害赔偿诉求只能通过另行提起民事诉讼得以实现。[①] 而这意味着被害人诉讼成本和风险的提高。

值得注意的是，2006年的法律现代化改革之前，附带民事程序的排除适用不仅仅局限于不满18周岁的未成年人，还包括针对已满18周岁未满21周岁的青年人（Heranwachsender）。这一改革如同上文所诉（附带起诉的扩大适用），传达了德国刑事政策中对过于强调未成年犯罪人利益，而忽略了被害人利益保护的反思。

除了对附带民事程序的限制外，在判决执行方面，被害人的物质赔偿权利很多情况下不能直接通过未成年犯罪人本人实现。由于这些未成年犯罪多为没有经济收入的学生，现实中，他们的赔偿义务也多需通过其监护人实现。

3. 信息的获知的限制

以上两项对被害人权利的限制，对被害人而言是单面负效应的。下文中的不公开审理制度，对被害人权利的影响则褒贬不一。

《少年法院法》48条规定了对不满18周岁的未成年人不公开审理的原则，根据该条第1款，该不公开审理不仅仅包括审理的不公开，判决的宣判过程同样不予以公开。在存在多种主体犯罪（即未成年人与成年人共同犯罪）的情形下，依据该条第3款，原则上公开审理，但是如果对实现未成年人教育保护目的确为必要的，可以不公开审理。在不公开审理的过程中，依据该条2款，被害人得以出席庭审，但是没有规定被害人代理人及信任人的参加庭审的权利。

不公开审理最直接的考量是出于对未成年犯罪人的保护，尽可能减少越轨行为对未成年人的标签效应，以便于其重新融入社会。对被害人的影响则是多面的：一方面不公开审理有利于维护被害人的个人隐私和生活，特别是涉及性侵犯案件；但是，另一方面也在一定程度上限制了被害人的信息获得权。特别是在不公开审理的庭审过程中，被害人的律师和信任人不能够进入庭审程序，对被害人进行法律及心理的援助。

三、问题的深入

被害人利益抑或未成年犯罪人利益优先，这是个价值权衡问题，其根

---

① Vgl. Schaffstein, Beulke, *Jugendstrafrecht-eine systematische Darstellung*, 14. Auflage, Verlag W. Kohlhammer, 2002, s. 274.

基是少年司法的基本价值导向。所以，在下文中，首先对德国刑事政策中少年司法程序的价值模式做一个简单的梳理。然后从具体制度设计角度观察，是否存在两者正和博弈的可能。

（一）少年司法："福利模式"抑或"刑法模式"

未成年人刑事法律自产生起就承担了特殊的任务：对未成年犯罪人的特殊保护。未成年人刑事法律的初衷和落脚点不是对未成年犯罪人的惩罚，而是对未成年犯罪人的保护和再教育，从而使他们重返社会。在德国第一部《少年法院法》出台之际，教育的理念即成为德国未成年人刑事法律的最高准则，并作了如下的规定："少年司法系统的设置应致力于推进对青少年的教育。"①司法实践中，德国未成年人刑事法律通过缓刑、缓科、污点消除、司法分流等制度，在未成年犯罪人的再教育和重返社会方面的成绩斐然。②应当说，德国少年司法超越了国际普遍对少年司法的特殊保护，甚至额外附加了德国作为福利国家而附于少年的独特地位。比如德国的少年法院帮助制度（Jugendgerichtshilfe）：根据《少年法院法》第38条，在少年司法程序中，除了未成年人的监护人，还规定了少年福利局（Das Jugendamt）和少年帮助协会（Die Vereinigung für Jugendhilfe）对青少年权利进行援助。

另一方面，伴随着逐渐攀升的未成年人犯罪率，对如此宽容的未成年人刑事法律的质疑也相应而生。甚至有观点认为，对未成年犯罪人的过度保护是未成年人犯罪率不断攀升的一个重要原因。③ 由此，演发了未成年人刑事法律该采取福利模式（Wohlfahrtsmodell）抑或刑法模式（Straffahrtsmodell）的探讨："福利模式"从未成年人刑事法律的"未成年人"这一特殊性出发，着眼于对未成年犯罪人的保护；而"刑法模式"从未成年人刑事法律的"刑事法律"这一普遍性出发，着眼于社会秩序的维护。

在2007年9月于柏林召开的64届德国司法大会上，刑事法学界及实务界人士在"德国少年司法是否仍符合时宜"这一主题下对少年司法模式进行了探讨和反思。在其后的评论报告中，汉斯一约格·阿尔布莱希特（H.-J. Albrecht）教授提出，必须关注未成年人刑事法律的刑事普遍性，原则上将未成年人刑事法律（Jugendstrafrecht）与未成年人帮助（Jugen-

---

①② T. Trenczek, *Strafe, Erziehung oder Hilfe*? Bonn: Forum Verlag Godesberg, 1996, S. 39，转引自林静：《一个"拿来主义"的尝试——中德未成年人司法分流制度比较研究》，载《北大国际法与比较法评论》，第8卷总第11期，52～72页。

③ 徐建主编：《青少年法学新视野》，北京，中国人民公安大学出版社，2005，526页，转引自林静：《一个"拿来主义"的尝试——中德未成年人司法分流制度比较研究》，载《北大国际法与比较法评论》，第8卷总第11期，52～72页。

dhilfe）区分开来。[①] 这一观点也成为目前德国刑事法学界的主流。

（二）TOA 模式：走向双赢

如果说上文阐述了被害人和未成年犯罪人利益的冲突，那么下文将通过德国 TOA 模式的探讨，探索两者共存、共同促进的可能性。

“Taeter - Opfer - Ausgleich”（TOA），类似于我国的刑事和解制度，根据文字释义为“犯罪行为人一被害人的协调”，表述了该制度旨在追求两者利益的平衡兼顾。虽然该制度在 20 世纪 80 年代才被德国刑事法学界关注，并逐渐确立为一项重要的刑事政策，但是早在罗马法时期就初见端倪。那时存在所谓的“私人刑法”（Privatstrafrecht）：受害人或者其亲属可以将行为人诉诸法院，行为人可以通过支付自罚金（Bußzahlung），获得受害人的谅解。只有该行为失败，那么案件才进入司法判决程序。[②]

现行《刑事诉讼法》155a 条规定，检察官及法官应当在诉讼的各个阶段，观察实现 TOA 的可能性。依据 153a 条，TOA 的实现可以作为暂缓起诉的一种情形，如果存在 TOA 的可能性，检察官可以将案件暂缓起诉，如果被害人与行为人之间能够最终实现和解补偿，那么该案件就得以分流处置，不进入司法程序。《少年法院法》45 条 2 款（§ 45 Abs. 2 JGG）进一步规定了通过 TOA 而将未成年犯罪嫌疑人进行分流处置的可能性。在罪行的适用类型上，不局限于轻罪（Vergehen），对部分恶意较小的重罪（Verbrechen），或者轻罪的再犯都能得以实行 TOA。考察的标准主要是是否能够良好实现对被害人的补偿及是否有效实现对行为人的教育。

TOA 模式往往通过被害人与行为人的合意，达成通常情况下由刑事附带民事程序或者独立的民事诉讼程序得以实现的损害赔偿等协定。这个无疑是双赢的帕雷托最优：从被害人角度，区别于独立的民事诉讼程序，TOA 避免了冗长的民事诉讼程序和诉讼风险，这项诉讼请求是否能够获得法院的支持及支持判决是否能够顺利执行都存在潜在风险。[③] 事实上，如果该犯罪行为人在刑事审判被处以自由刑，那么对其的民事诉求将更难以执行。区别于刑事附带民事诉讼程序中对精神损害赔偿的限制，在 TOA 中除了直接的物质损害之外，被害人还可以主张精神损害赔偿。所以，对被害

---

① Albrecht，Hans-Joerg，*Ist das deutsche Jugendgerichtsgesetz noch zeitgemaeβ? Gutachten D zum 64. Deutschen Juristentag*，Muenchen：Verlag C. H. Beck，2002，S. 167，转引自林静：《一个“拿来主义”的尝试——中德未成年人司法分流制度比较研究》，载《北大国际法与比较法评论》，第 8 卷总第 11 期，52～72 页。

② Müller-Dietz，Was Bedeuted Täter-Opfer-Ausgleich im Strafrecht Notwendige Begriffsbestimmungen，in：Hering/Rössner（Hrsg.），*Täter-Opfer-Ausgleich im Allgemeinen Strafrecht*，*Bonn*：*Forum Verlag Godesberg*，1993，s. 10.

③ A. Eser，Zur Renaissance des Opfers im Strafverfahren，in：G. Dornseifer（Hrsg.）*Gedächtnisschrift für Armin Kaufmann*，Köln（u. a）：Heymanns，1989，s. 723-747.

人而言，TOA 扩大了权利的范围（相对于附带民事诉讼程序）也降低了权利实现的成本（相对于独立民事诉讼程序）。此外，除了物质补偿之外，行为人的认真忏悔、赔礼道歉等也是一项重要的和解措施（具体的 TOA 措施及使用频率见下图表），这无疑符合绝大多数被害人的心理需求；从行为人角度，最直接的利益是伴随着 TOA 的有效执行，该程序得以分流，避免了犯罪污点（标签效应），这对于未成年行为人而言有更为重要的意义。其次，通过与被害人和解交流的过程，行为人可以更为深切地体会到该行为对被害人的伤害，某种程度上该行为的教育意义大于通过司法惩罚；对司法机关而言，通过 TOA 将案件分流处置，能够大大降低司法成本，将有限的司法资源投入到更为严重的社会越轨行为的惩罚和矫治上。此外，TOA 模式还有一个值得关注的溢出效应，就是社会的安定和秩序维护的后续意义。因为 TOA 模式区别于常规的司法程序，采取的是疏导模式，旨在追求让行为人看到自己的过错，让被害人对行为人谅解。这样模式处理后的争端，区别于简单的刑事惩罚，通常意义上更能防止双方的报复情绪。

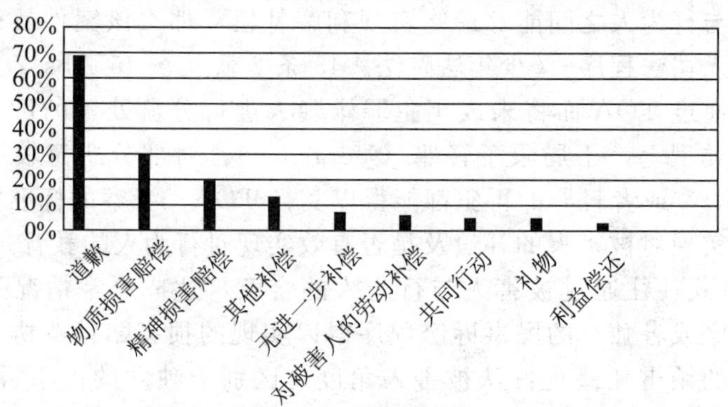

1993—2002年间TOA(刑事和解)方式所占比例

资料来源：德国联邦犯罪调查局。①

四、结语

在 20 世纪六七十年代，德国少年司法主旋律是未成年犯罪人利益的严格保护，以避免标签效应为基本导向的司法分流盛行。在刑罚的选择上，也偏向于尽可能避免适用自由刑。② 自 80 后期 90 年代初，伴随着对《少年法院法》是否还符合时宜的反思，被害人利益保护逐渐被重视。90 年代

① 转引自林静：《一个“拿来主义”的尝试——中德未成年人司法分流制度比较研究》，载《北大国际法与比较法评论》，第 8 卷总第 11 期，52～72 页。

② H.-J. Albrecht, Internationale Tendenzen in der Entwicklung des Jugendstrafrechts. In: B. Dollinger (eds.), *Handbuch Jugendkriminalität. Kriminologie und Sozialpädagogik im Dialog*, Wiesbaden: VS Verlag für Sozialwissenschaften, 2010, s. 43-59.

后，德国的少年司法从之前被过多强调的儿童福利（Kindeswohl）和教育考量，逐渐向刑法的担当及社会安全角度转化。①

简言之，德国近40年的立法演变过程，讲述了一个关于被害人利益逐渐复兴，② 及被害人和未成年犯罪人利益博弈演进的故事。故事的基调在于平衡，即追求两者利益的帕雷托最优。所以，在2002年的德国64届司法大会上，面对绝对优势的成成年犯罪人利益保护，就有了关于德国少年司法是否仍旧符合时宜的反思（Ist das deutsche Jugendstrafrecht noch zeitgemaess）。③ 而当2009年第二个《被害人权利改革法》出台后，又有为犯罪嫌疑人利益呐喊的声音：在刑事诉讼程序中，不能只关注被害人一方的利益，因为在这一过程中，犯罪嫌疑人还是处于未决状态，不能当然的推断为责任承担者。这也是法治国家的应有之意（Rechtsstaat）……刑诉法在实现惩罚犯罪职能的同时，也承担推动犯罪者重返社会的职能。④ 应当说，这些反思或者呐喊的方向是不同的，但是却相向而行，追逐着同一个中心主旨：利益的平衡。

被害人利益抑或未成年犯罪人利益优先？德国的范例告诉我们两者并不是严格的非此即彼，此消彼长的，而是存在正和博弈的可能性。TOA模式就是正和博弈的一个范例。

被害人利益抑或未成年犯罪人利益优先？德国的范例也告诉我们这个问题必须加上时间、情境等前提条件才有探讨的意义。30年前，后者利益是占绝对优势的，30年后的今天，两者均分天下，根据个案情形，再作权衡。

这是一个异域文化背景下跨越一个世纪的故事。如果说，这个探讨对中国有何借鉴意义。本人认为，制度内容是其一，更重要的是从制度演进过程背后蕴含的基本价值导向。特别是在全球化的今天，法律在个体文化和世界趋同的结构中生存，在任何一项制度移植的同时，这种全方位的审视是必要的。归根到底，立法或许可以超越本土和当下，但是司法是无论如何都难以超越的。

---

① H.-J. Albrecht, Internationale Tendenzen in der Entwicklung des Jugendstrafrechts. In: B. Dollinger（eds.）, *Handbuch Jugendkriminalität. Kriminologie und Sozialpädagogik im Dialog*, Wiesbaden: VS Verlag für Sozialwissenschaften, 2010, s. 43-59.

② 此处"复兴"借用Eser教授在《被害人在刑事程序中复兴》（Zur Renaissance des Opfers im Strafverfahren）一文中的表述，参见Zur Renaissance des Opfers im Strafverfahren, in: G. Dornseifer（Hrsg.）Gedächtnisschrift für Armin Kaufmann, Köln（u. a）: Heymanns, 1989, s. 723-747.

③ H.-J. Albrecht, Ist das deutsche Jugendstrafrecht noch zeitgemäβ? Gutachten D Bd. 1 zum 64. Deutschen Juristentag. Ed. Ständige Deputation des Deutschen Juristentages Berlin 2002. C. H. Beck, München 2002, s. 167，转引自林静：《一个"拿来主义"的尝试——中德未成年人司法分流制度比较研究》，载《北大国际法与比较法评论》，第8卷总第11期，52～72页。

④ K. Schroth（Rechtsanwalt, Karlsruhe）, 2. *Opferrechtsreformgesetz-Das Strafverfahren auf dem Weg zum Parteienprozess*? In: Neue Justische Wochenschrift, Heft 40, 2009, s. 2916-2919.

藤本哲也著　周振杰译*

论公诉时效、行刑时效的废除与延长

一、引　言

2010年4月27日，规定废除、延长故意杀人等案件公诉时效、行刑时效的刑法与刑事诉讼法部分修正案在众议院得以通过，成为法律，并于即日开始实施。本次修正，以犯罪被害人及其遗属的呼声为契机，国会进行修正审议仅仅用了短短4周的时间，就此而言，我认为是否可以这样理解，即犯罪被害人在刑事司法制度中的坚固地位正在逐渐得以确立，所以对之的救济，已经成为刑事政策上的重要课题。

如此，这一次，应该被称为刑事司法的重大改革的公诉时效、行刑时效的废除与延长得以实现。这次修正的本身，也是实现了笔者一直坚持的主张，自是不胜欣喜，但是在这次修正中，也并非毫无瑕疵。下文将在论述修正中的问题点的同时，探讨这次修正的概要。

二、公诉时效制度修改的历程

所谓公诉时效，就如《刑事诉讼法》第250条所规定的，指经过一定的时间之后，公诉权消灭，不得起诉的制度，即使提起公诉，法院也应该裁决免于起诉。这一公诉制度起源于1880年治罪法中的“期满免除”制度，其后，1890年的旧刑事诉讼法修改了其名称，将之规定为“时效”。之后，经过1922年旧刑事诉讼法中的期间等的变更，被1948年的现行刑事诉讼法所继承。

* 藤本哲也，日本中央大学法学部；周振杰，北京师范大学刑事法律科学研究院。

在2004年的刑事诉讼法修正案中，时效期间被划分为7个阶段，即：可能判处死刑的犯罪，为25年，可能判处无期惩役、禁锢的犯罪，为15年，可能判处15年以上长期惩役、禁锢的犯罪，为10年，可能判处不满15年的长期惩役、禁锢的犯罪，为7年，可能判处不满10年的长期惩役、禁锢的犯罪，为5年，可能判处不满5年的长期惩役、禁锢或者罚金的犯罪，为3年，可能判处拘留、科料的犯罪，为1年。

但是最近，针对这一公诉时效制度，犯罪被害人及其遗属要求修改的声音日渐高涨，例如，犯罪被害人及其遗属组成的“全国犯罪被害人会”（あすの会）与以世田谷一家被杀案件的遗属等为中心组成的“杀人案件被害人遗属会”（宙の会），一直在积极地开展以停止、废除公诉时效为目的的活动。此外，在1978年东京都足立区的杀害小学女教谕、遗弃遗体案，1988年福冈县北九州市的抢劫、杀害出租车公司保安的案件，以及同样发生在1988年的东京都昭岛市的杀害主妇案中，都发生了公诉时效完成后，才确认了犯罪人的情况。

所以，法务省与2009年1月设置了“凶恶、重大犯罪公诉时效省内研讨会”（凶悪・重大犯罪の公訴時効のあり方に関する省内勉強会），就如何规定故意杀人等凶恶、重大犯罪的公诉时效制度展开了讨论，同年7月15日，该研讨会提交了题为《如何规定凶恶、重大犯罪的公诉时效：制度修正的方向性》（凶悪・重大犯罪の公訴時効について～制度見直しの方向性～）的最终报告书。其后，在政权更迭后的2009年10月28日，就如何规定凶恶、重大犯罪的时效制度，作为其方向性，千叶法务大臣以“白纸”的形式，向法制审议会进行了咨询，在接受咨询后，法制审议会刑事法委员会（与公诉时效相关）内部进行了审议，同年12月，法务省向该委员会提出了如下建议案：(1) 废除故意杀人、抢劫杀人的时效；(2) 相同地，大幅延长一定的犯罪的时效期间；(3) 废除故意杀人、抢劫杀人等的时效，大幅延长抢劫致死、伤害致死等时效期间等，废除与延长相结合；(4) 规定在根据DNA信息可以特定嫌疑人的场合，即使嫌疑人的姓名不确定，也可以起诉，停止时效；(5) 根据检察官的请求，以及法官根据检察官的请求作出的判断，停止或者中断时效进行。此外，在刑事法委员会内部，也对6个被害人团体履行了意见听取与公开评论程序，以其结果为基础，2010年1月28日，在刑事法委员会内部，提出了就致人死亡，可能判处死刑的犯罪，不规定为公诉时效的对象犯罪等的《纲要框架（议案）》[要綱骨子（案）]。此后，在2月8日的刑事法委员会中，作为上述议案的对案，提出了“在满足一定条件的场合，可以根据检察官的请求中断时效的制度”，但是在同日举行的表决中，结果是，《纲要框架（议案）》

以赞成者11名，反对者3名的多数获得通过。此外，将修正内容适用于时效正在进行的案件的规定，也以赞成者10名，反对者4名的多数获得通过。在同月24日的总会进行的表决中，该议案也是获得了14张赞同票，所以法制审议会提出了对《如何规定凶恶、重大犯罪公诉时效的纲要（框架)》［凶悪・重大犯罪の公訴時効に関する要綱（骨子)］的审查请求。法务省在接受请求后，进行了立案，3月12日，参议院对《刑法与刑事诉讼法部分修正法律案》（刑法及び刑事訴訟法の一部を改正する法律案）进行了审议，之后，4月27日，该案在众议院得以通过生效。

三、公诉时效的修正（刑事诉讼法的部分修正）

修正的第一点是，将致人死亡，可能判处死刑的犯罪排除在公诉时效的对象犯罪之外。如此，故意杀人、抢劫杀人、抢劫强奸致死等六项刑法规定的犯罪，以及决斗杀人、劫持航空器致死等六项特别刑法上的犯罪的公诉时效被废除。修正的第二点是，公诉时效的延长。（1）在致人死亡的犯罪中，可能判处无期惩役或者禁锢的，在修正前是15年，修正后延长一倍，即30年；（2）在致人死亡的犯罪中，可能判处20年惩役或者禁锢的，修正前为10年，修正后延长一倍，即20年；（3）在致人死亡的犯罪中，第（1）项与第（2）项之外，可能判处惩役或者禁锢的，修正前为5年，修正后延长一倍，即10年。

另外，在2004年刑事诉讼法修正案延长公诉时效期间之际，并没有规定对时效正在进行的案件同样适用，在本次修正之际，则规定新法同样适用于时效正在进行的案件。

四、行刑时效的修正（刑法的部分修正）

所谓行刑时效，指根据《刑法》第31条的规定，在宣告刑罚之后，以经过一定的期间为条件，免除刑罚执行的制度。这一制度的主旨，作为通说见解的规范情感缓和说认为，社会对于犯罪的规范情感，随着时间的流逝，慢慢地趋于缓和，未必一定需要现实的处罚。行刑时效，是发生于判决确定后的事情，与判决确定之前的公诉时效迥然不同，但是如果判决确定前无罪推定原则影响下的公诉时效期间，长于判决确定后的行刑时效，则有失平衡。所以，与公诉时效相适应，这次也对行刑时效进行了废除、延长。

修正的第一点是，就被宣告判决死刑者，修正前行刑时效为30年，修正后时效本身被废除。改正的第二点是，延长行刑时效。（1）就无期惩役或者禁锢，修正前为20年，修正后延长至30年；（2）就10年以上的有期惩役或者禁锢，修正前为15年，修正后延长至20年。

此外，虽然就公诉时效，新法的溯及适用得以承认，但是行刑时效，并没有规定溯及适用力。

五、修正之际的争点

以上是修正的概要，其中，存在数个重要的争点。

1. 修正的必要性

有的观点指出，在2004年，公诉时效的期间就被延长过。在此之外，这一次又废除了致人死亡，可能判处死刑犯罪的时效，是不是有必要讨论一下，在进行这样的重大修正之前时效期间之中是否存在重大缺陷。事实上，在刑事法委员会之中，也有人提出了就最长25年的公诉时效期间是短还是长，是否有必要进行实证性研讨的问题。此外，在讨论修正的必要性之际，也考虑了没有规定公诉时效的各外国的情况。例如，在英国，在普通法上是不存在公诉时效制度的，在美国（纽约州），一级谋杀罪、二级谋杀罪等A级重罪是没有公诉时效的。此外，还有的观点提出，在德国，谋杀罪与民族谋杀罪等。在法国，违反人道主义的重罪（集团屠杀）等，是没有公诉时效的。从国际标准来看，废除公诉时效不也是适当的吗？但是就这一点，例如，也有的观点指出，就德国的情况而言，废除谋杀罪时效的背景，是存在纳粹犯罪等难以抗拒的政治情况。在德国，时效被废除的是谋杀罪，就非预谋杀人行为，规定的是20年的时效期间。

2. 与公诉时效存在理由的关系

就公诉时效存在的理由，存在多种学说。首先，是实体法说。该说认为，随着时光的流逝，社会对于犯罪的报应、处罚感情日趋平静，刑罚的威慑力与特别预防力日渐微弱，刑罚权逐渐消灭。其次，诉讼法说认为，随着时间的流逝，证据消失，就无法进行公正的审判。竞合说则对实体法说与诉讼法说两者的基础都表示赞同。新诉讼法说认为，如果存在犯人在一定期间内没有被追诉的事实，则说明国家不发动追诉权。新实体法说则认为，长时间不进行追诉的事实，构成了限制处罚的根据。但是，支持废除公诉时效的一侧主张，重大犯罪的被害人，随着时间的流逝，其对犯罪的处罚感情也不会平静。而且，通过DNA鉴定等新的科学搜查技术，即使经过了很长时间，证据也不会灭失，所以实体法说诉讼法说的论据难以成立。此外，新诉讼法说所谓的对犯人的事实状态的尊重，是对犯人的只要逃过一定的期限就不会被处罚的期待的保护，但是保护此类期待的必要性是不存在的。于此相对，反对废除公诉时效的一侧提出，被害人及其遗属的处罚感情，的确不会随着时间的流逝平静。但是实体法说所谓的“社会的报应、处罚感情”，主要不是指被害人，而是指社会全体的报应、处罚感情。其随着时光的流逝，将会逐渐平静，不是难以否定的事实吗？此外，就诉讼法说主张的证据的灭失，即使科学搜查进步，其也仅仅限于鉴定资料的主体与被告人的同一性判断，并不是对诉因全体的证明。其他部分，需要根据在公开审理的法庭上提供的证言以及供述笔录进行证明。而且，随着时间流逝，证明被告人不在现场也会变得更加困难。还有的观点指出，尤其是在证明正当防卫状况之际，在经过了长时间之后，目击者岂非就越来越难以正确地做出陈述了吗？但是，这样的因为时间流逝而产生的证明上的困难性，对于检察方与辩护方是相同的。这一问题，应该通过适当的搜查与严密的证据评价来解决。

3. 对象犯罪与延长期间

有的意见提出，例如，一般认为在内乱之际实施的杀人案件，因为杀人是内乱之际当然预想到的，所以杀人罪被内乱罪吸收。所以，故意杀人没有时效限制，而在内乱的过程中故意杀人的却有 25 年的公诉时效限制。如此，在对象犯罪方面，不是产生了混乱了吗？就这一点，有的观点进行了如下说明，即：检察官运用监察裁量权，将之作为杀人罪起诉也不是不可能的，所以，不会成为什么问题。就强制猥亵等致死罪、强奸等致死罪、集团强奸等致死罪以及危险驾驶致死罪等未纳入公诉时效废止的对象犯罪，则存在如下的解释。也即，公诉时效的废止，作为立法政策，是重大的制度改革。所以，我们希望废止公诉时效的犯罪，限定于剥夺人的生命这一价值最高的法益，而且刑法以死刑对之做出最严重评价的犯罪类型。而对于其他犯罪，则采纳延长公诉时效的方针。

关于延长的期间，规定原则上是修改前的 2 倍（作者注：明治时代的平均寿命是约 40 岁，平成时代的平均寿命是约 80 岁，规定为延长前的 2 倍，应该是合理的），最长是 30 年。原因在于，在并合罪加重处罚的案件中，这是刑法规定的有期惩役的上限。就这一点，也有的观点指出，作为民事时效的不法行为的追诉时效是 20 年，就此而言，民事时效与刑事时效之间岂非是不平衡的吗？

4. 对搜查的影响

有的观点认为，随着公诉时效的废除，从法律上而言，进行搜查的必要性就不会消失。如此，岂非是增加了搜查机关的负担吗？而且，因为搜查机关有必要持续地保管证据，就保管的方法也需要资源。就此，有的观点提出，关于搜查，即使公诉时效被废止，搜查不也是会在某一阶段停止吗？此外，关于保管的方法，根据警察厅的说明，保管未解决案件证据需要 7 平方米。如此试算，如果每年发生 30 件未解决案件，100 年需要 2 公顷。因此，现在正在讨论确保新建仓库与租用仓库的问题，而且，好像还要在全国 1200 个警察署新建保管血液的专用冷藏库。

如此，在废止公诉时效之际，以后还有必要就搜查机关的负担以及证据的保管方法进行具体检讨。

5. 废止与延长的替代制度

在刑事法委员会，也讨论过引入如下两种制度：以检察官的请求为基础，根据法官的判断，中断公诉时效的制度，与通过起诉根据 DNA 等信息确定的被告人，停止公诉时效的制度。以检察官的请求为基础，根据法官的判断，中断公诉时效的制度的优点在于，其仅中断具有确凿证据的一定案件，而且可以减轻搜查机关的负担，防止出现尽管犯人已经明确，但却不能处罚的情况。但是在反面，也有的观点指出了如下问题，虽然对于存有确凿证据的犯罪可以长时间的追诉，但是对于没有证据的狡猾的犯罪人，是无法追诉的。通过起诉根据 DNA 等信息确定的被告人，停止公诉时效的制度，是美国联邦与若干州采用的制度。根据这一制度，根据 DNA 等信息确定被告人，不需要根据姓名等进行确定，就可以进行起诉。这一制度的优点在于，即使在现实上被告人是谁并不明确，也可以通过提起公诉停止时效。但是，也有的观点指出，通过提起公诉停止时效，意味着检察官将追诉应该构成特定犯罪的事实的意思在法庭明确化，可以现实地推进针对被告人的刑事诉讼程序。被告人是谁完全不确定，仅仅根据 DNA 信息确定的场合，不可以现实地推进诉讼程序的状态，存在着与传统的公诉概念脱离太大，该制度仅能适用于从证据之中可以获得 DNA 等信息的案件等问题。

6. 关于对时效正在进行的案件的溯及适用的是非

就这一点，首先必须讨论是否符合规定刑罚法规不溯及适用的《宪法》第 39 条。如果关于公诉时效的理由，采纳实体法说，就可以如此理解：公诉时效具有实体法的性质，公诉时效应该由作为实体法的刑法进行规定。所以，与对被告人的实质地位直接产生影响的实体法紧密相连的诉讼法规定，也处于《宪法》第 39 条的涵盖之下。此外，关于在犯罪行为之后，程序规定发生不利益变更之际的溯及适用。在宪法学说之中，第 39 条的规定在一定的场合，也及于程序规定。还有的观点认为，第 39 条也以程序规定为适用对象。但是，与此相对，有的观点指出，尽管如同实体法说所言，公诉时效具有实体法上的根据。但是虽然随着时间的经过，行为的可罚性减少。然而在时效完成时，其也并非减少到零，所以也不是让已经减少的可罚性在事后复活。而且，在宪法学说中，也存在主张第 39 条并未将程序规定纳入适用对象的学者。在刑事法委员会得到支持的见解是：禁止溯及处罚，是主张应该事前告知行为可罚性的有无与程度的原则。在此意义上，以保护国民的预测可能性为目的，不能说犯人的逃过一定期间就不被处罚的期待是值得保护的，所以并不违反第39条。

此外，是与关于刑罚变更的《刑法》第6条的关系。在这一点上的问题是，在犯罪行为之后，对程序规定进行不利于被告人的修正之际，适用裁判时的法律不是更合适吗？也即，公诉时效的变更，是不是相当于“刑罚变更”的问题。就此，刑事法委员会采纳的主张是，即使变更公诉时效也不适用《刑法》第6条规定的消极说。

7. 行刑时效

为了与公诉时效取得平衡，这次修正也对行刑时效也进行了废止、延长。有的批判指出，尽管行刑时效与公诉时效有着连接的一面，但其本身是有着不同意义的相异制度，公诉时效的变更，并不需要直接变更行刑时效。但是刑事法委员会从如下的考虑出发，也对行刑时效进行了变更，即：与公诉时效不同，关于行刑时效，并没有承认溯及适用。此外，行刑时效完成，免除刑罚执行的案件数量非常的少。所以，这一次也对行刑时效进行了修改。

六、结语

如上所述，虽然关于公诉时效与行刑时效的废止、延长，存在多个争点，但是尤其需要慎重考虑的，是关于溯及适用。在2004年进行的刑事诉讼法的部分修正中，并没有规定溯及适用。就与该次修正的整合性，普遍认为，2004年的修正是考虑当时得到有力主张的实体法说的产物，未必是因为溯及适用违反《宪法》第39条的原因，而未对之予以规定。笔者认为，因为上述原因，在这次修正中，这一点也不构成太大的问题。但是，尤其是关于废除现在时效正在进行的案件的公诉时效的问题，属于重大变更，所以就在修正规定之前实施。在修正规定实施之际时效尚未完成的犯罪行为，在承认公诉时效的溯及适用之际，笔者认为，是否不能一律地废除时效，而有必要通过对单个事件进行个别审查，在被害人利益与被告人利益之间取得平衡。尽管如此，通过这次修正，日本的刑法与刑事诉讼法的确接近了国际标准，而且，有助于救济更多的犯罪被害人，是不可否认的事实。就本文所指出的争点，唤起不仅仅是专门研究刑法、刑事诉讼法、刑事政策者，包括广泛的传媒以及利益相关者在内的综合性讨论是非常必要的。笔者将继续关注这次改正以后的动向。

参考文献

1. 法務省『凶悪・重大犯罪の公訴時効の在り方について～当面の検討結果のとりまとめ～』（平成 21 年 3 月 31 日）1－20 頁。

2. 法務省『凶悪・重大犯罪の公訴時効の在り方について～制度見直しの方向性～』（平成 21 年 7 月 15 日）1－21 頁。

3. 菱沼誠一「公訴時効の廃止及び延長等が実現へ～刑法及び刑事訴訟法の一部改正法案～」『立法と調査』303 号（2010 年）3－17 頁。

4. 川出敏裕「公訴時効制度の見直し論について」『刑事法ジャーナル』18 号（2009 年）15 — 21 頁。

5. 三島聡「『逆風』のなかの公訴時効—『見えにくい』利益の保護をめぐって」『法律時報』81 巻 9 号（2009 年）1－3 頁。

6. 三島聡「刑事法研究者有志が公訴時効見直しについて意見書提出」『検事弁護』59 号（2009 年）196－200 頁。

7. 小池信太郎「ドイツにおける公訴時効制度の現状」『刑事法ジャーナル』18 号（2009 年）29－35 頁。

史立梅*

论美国刑事上诉审查中的“明显错误”原则

以“消极的法官，争斗的当事人”为基本特征的对抗式诉讼，要求法官在法庭上只能就当事人提出的问题进行审理和裁判，同样在审后救济程序中，也要求复审法院只能就初审法院审理过的问题进行审查。据此，美国《联邦刑事诉讼规则》第51条和《联邦证据规则》第103条均规定了“及时异议（contemporaneous objection）”原则，要求当事人在法庭上及时就法官或者检察官的程序错误提出异议，并且由法庭记录此异议以备上诉审查。一般而言，当事人未提出异议、未经初审法院处理过的问题，上诉法院不能进行审查。但是，这也并不是绝对的。《联邦刑事诉讼规则》第52条和《联邦证据规则》第103条d项还规定了“明显错误（plain error）”原则，即如果初审法院存在着影响当事人实体权利的明显错误，即使当事人当时没有提出异议，上诉法院也有权进行审查。显然，“明显错误”原则认可了上诉法院在审查未经初审法院处理过的问题方面所具有的积极、能动作用，是对当事人主义对抗制诉讼下“不主张即为放弃”原则的一种反动。那么，在对抗式诉讼的背景之下，为什么要赋予上诉法院这种积极角色？为什么要把上诉法院的能动作用限制于“明显错误”的范围之内？什么是“明显错误”？如何判断某一错误是否属于“明显错误”？对上诉法院而言，这究竟是一种权利还是一种责任？本文旨在通过考察美国刑事诉讼中的“明显错误”原则，以期对上述一系列问题予以解答。

一、普通法中关于上诉的一般原则

要求当事人在初审庭审中及时提出异议，并且将上诉审查的范围限定

* 史立梅，北京师范大学法学院。

于当事人异议的范围，是“普通法传统和对抗式诉讼的心脏”。[①] 普通法之所以将此作为一般原则，与其对上诉职能的界定直接相关。在普通法中，当事人如果认为初审存在错误，应向上诉法院申请签发“错误令状（writ of error)”，从而启动上诉审查程序。顾名思义，整个上诉审查的目的不是考察哪一方当事人应该赢得诉讼，而是考察法官是否有错误，但法官如果没有被当事人要求就某一问题进行裁决或者拒绝进行裁决，那么法官根本不会犯任何错误。因此，“错误令状”程序要求当事人在初审中及时针对法官的行为（比如关于证据的采纳以及对陪审团的指示等）提出异议。同时上诉审查的唯一根据就是初审的庭审记录，当事人可以要求法官或者第三方以书面的形式记录法官的行为以及当事人针对法官的裁决提出异议的事实，这种书面记录被称为“异议清单（bill of exceptions)”。此清单与庭审记录一起移交上诉法院，实际上其发挥的作用等同于对初审法官的指控书。因此，某一问题在接受上诉审查之前必须在初审法院提出并且经过初审法院处理，这既是“错误令状”程序本身的性质所决定的，又是记录初审法院诉讼程序的实践所需要的。[②]

美国的上诉审程序继承了普通法的“错误令状”模式，并进一步为“上诉法院不得审查初审中未提出的问题”这一基本原则寻求合理性基础。该原则“既为（提出异议一方的）对方当事人避免此异议的提出或者为法官的裁决寻求合理的辩护提供了机会，也使初审法院能够有机会修正错误裁决或者寻找其替补方案或者命令准备更为详尽的庭审记录”。[③] 换句话说，这一原则既有利于当事人个人利益的实现，也有利于诉讼过程中所包含的公共利益的实现。从当事人的角度来看，受法官裁决不利影响的一方当事人有权同时也有义务在第一时间主张其权利，得益于法官裁决的一方当事人则能及时知晓对方当事人提出的异议并做出最佳选择，比如反驳该异议、提出替补方案或者准备上诉审查等；从公共利益的角度而言，如果对方当事人或者法院接受了提出异议一方当事人的主张，初审程序中也就无错误可言，因此上诉程序根本无从启动；如果对方当事人或者法院提出了解决问题的替补方案，异议一方当事人予以接受，则上诉也不会发生；如果法院拒绝了当事人提出的异议，那么法院和对方当事人则可以在庭审记录中准备充足的裁决理由供上诉法院审查。因此，贯彻这一原则既有利于公正价值的实现，也有利于诉讼效率的提高。相反，如果允许上诉

---

① Pfeifer v. Jones & Laughlin Steel Corp., 678 F. 2d 453 (3d Cir. 1982).

② Robert J. Martineau, *Considering New Issues on Appeal: the General Rule and the Gorilla Rule*, Venderbilt Law Review, October, 1987.

③ Pfeifer v. Jones & Laughlin Steel Corp., 678 F. 2d 453 (3d Cir. 1982).

法院审查未在初审中提出的新问题，则会导致以下不利后果：受法官裁决不利影响的当事人怠于行使异议权但却乐于提起上诉；对方当事人失去反驳异议的最佳时机；初审法院不能及时纠正庭审中的错误或者不能为上诉审查提供相应的庭审记录；上诉程序频繁启动，上诉法院不得不花费大量时间审查是否受理上诉以及初审中是否存在错误。

正是基于上述一系列理由，美国联邦和各州的上诉法院均沿袭了普通法所确立的原则，要求当事人在初审中及时提出异议并且提供异议清单，该书面材料须符合各法院提出的具体要求，未提出异议或者不符合法院要求的异议均被视为放弃上诉权及相应的程序或实体权利。① 例如 1944 年的亚库斯诉美国一案，明确提出："没有一个程序原则比目前这个更为本法院所熟知，即在刑事或者民事诉讼中，当事人的宪法权利或者其他种类的权利，可能因其未在对其有管辖权的审判法院面前被及时提出而丧失"。② 尽管后来有关使用"异议清单"的做法在许多州被取消并导致 1945 年的《联邦刑事诉讼规则》第 51 条 a 款规定"不必针对法院的裁决或者命令提出异议清单"，但该条 b 款仍规定"当事人可以通过向法庭提出异议以及说明异议理由的方式保持错误（以备上诉审查）"。1975 年的《联邦证据规则》第 103 条 a、b、c 款则专门针对如何在法庭上对法官采纳或者排除证据的裁定提出异议、记录异议以备上诉审查进行了规定。

二、"明显错误"原则缘起及其确立

在继承和发展普通法中关于上诉的一般原则的同时，其弊端和局限性也不容忽视。一般原则虽然有利于初审法院及时修正错误，减少上诉的发生，但该原则的贯彻在很大程度上依赖于律师的业务能力和庭审技巧，因此一旦律师在法庭上缺乏足够经验或者疏忽大意，就会导致当事人失去获得上诉救济的机会，这对当事人而言是极其不公正的。因此，早在 1896 年的韦伯格诉美国一案中，美国联邦最高法院就明确了："如果初审中的明显错误对被告人至关重要，那么即使被告人没有在庭审中及时提出异议，我们也有自由去纠正它。"③ 1905 年的克莱亚特诉美国一案进一步明确了这一立场，判定在此案中虽然被告人的辩护律师没有要求法官指示陪审团判被告人无罪，但韦伯格案判决允许法院决定是否存在对被告人极其重要

---

① Derrick Augustus Carter, *A Restatement of Exceptions to the Preservation of Error Requirement in Criminal Cases*, University of Kansas law Review, 1998 (6).

② Yakus v. United States, 321 U.S. 414 (1944).

③ Wiborg v. United States, 163 U.S. 632 (1896).

的“明显错误”。[1] 这两个案件认可了上诉法院对未经初审法院处理过的问题进行审查的权力，但却把这种权力限制于严重影响被告人权利的“明显错误”范围之内，至于明显错误是否包括控诉方未提出异议的错误、上诉法院是否能够审查则没有提及。因此，这两个案件只是提出了“明显错误”这一名词，但并没有将其作为普通法一般原则的例外加以确立。

1936 年的美国诉阿特金森一案确立了“明显错误”原则。本案原本是一起民事案件，案件的原告阿特金森诉美国政府，要求被告按照保险合同条款的规定，认定其双耳失聪属于永久性残疾并且支付保险金。初审法院的陪审团做出了支持原告的裁决。被告针对该保险合同条款所依据的法令之正确性提起了上诉，但上诉法院通过审查初审法院的庭审记录，未发现被告在庭审中针对此问题提出过异议，于是拒绝对此问题进行审查并维持了一审判决。被告美国政府向联邦最高法院申请调卷令并获得批准。斯通大法官代表联邦最高法院发布了判决意见，该意见首先肯定了“不得因未向初审法院提出过的错误而否定陪审团的裁决”这一基本原则，认为该原则符合法院的公正、当事人和社会公众的利益。但斯通法官也提出：“在特殊情况下，特别是在刑事诉讼中，上诉法院也可以因公共利益的需要，主动审查未在初审中提出异议的错误，如果此错误极为明显，或者此错误严重到足以影响司法程序的公正、诚实及其公众形象。”[2] 虽然联邦最高法院最终认为阿特金森案中不存在类似的错误并维持了上诉法院的裁决，但斯通法官关于“明显错误”原则的论述却影响深远，其为“上诉法院不得审查未经初审法院处理过的问题”这一原则确立了例外，并且将此例外的情形限定于“明显错误”或者“足以影响司法程序的公正、诚实及其公众形象”的错误。

基于阿特金森案的立场，美国联邦和绝大多数州都认可了上诉法院有审查刑事诉讼中出现的“明显错误”的权力，即使辩护律师未能在合适的时间以合适的方式向初审法院就此错误提出异议。[3] 据此，1945 年的美国《联邦刑事诉讼规则》第 52 条 b 款规定：“（上诉法院）可以审查影响当事人实体权利的明显错误，即使其在初审法院未曾被提出异议。”1976 年的《联邦证据规则》第 103 条 d 款也针对法官采纳证据的裁定进行了类似的规定。

判例法与成文法所确立的“明显错误”原则认可了上诉法院在上诉审

① Clayatt v. United States，197 U. S. 207（1905）.

② U. S. v. Atkinson，297 U. S. 157（1936）.

③ Larry W. Yackle，Postconviction Remedies § 6：26，Westlaw Database.

查中的积极、能动作用，这有利于“纠正对抗制诉讼的机械和僵化”[①]，但是过于强调上诉法院的能动作用，不仅会导致其过多干预初审法院的审判权，而且也有违对抗制诉讼的本质。因此，联邦最高法院一方面承认：“对于哪些问题可以在上诉中第一次提出并加以解决，上诉法院有基于个案的具体情况进行自由裁量的权利，”[②] 但另一方面也强调：“上诉法院应当谨慎使用52条b款赋予其的权力。”[③] 正是因为这个原因，上诉法院能够审查的只能是初审中出现的“明显错误”。但究竟什么样的错误属于明显错误，在很长一段时间内并不十分明确：韦伯格案将其界定为“严重影响被告人权利”的错误、阿特金森案将其界定为“足以影响司法程序的公正、诚实及其公众形象”的错误，而《联邦刑事诉讼规则》第52条b款又将其界定为“影响当事人实体权利”的错误，之后的弗雷迪案则将52（b）的标准阐发为“导致误判”的错误。这些对“明显错误”的不同措词严重影响了上诉法院审查、受理案件的统一性。

三、欧拉诺案件与“明显错误”原则的适用标准

（一）欧拉诺案件基本情况

1993年的欧拉诺案件是联邦最高法院对“明显错误”原则适用标准进行系统论述的一个著名案件。[④] 在本案中，欧拉诺和格雷因涉嫌实施联邦犯罪而受到指控，并与其他五名被告人一起接受陪审团审判。在审判之前，双方当事人均同意选择14名陪审员参与听审，并且在陪审团评议之前再确定其中的哪两名属于替补陪审员。在案件经过三个月审理之后，初审法庭建议被告人允许即将被确定的两名替补陪审员参加陪审团评议。对此欧拉诺与格雷的辩护律师没有提出异议。结果，两名被告人均被认定有罪。之后欧拉诺与格雷向第九巡回区上诉法院提起上诉。

上诉法院以证据不够充足的理由推翻了其中的一些罪名，并且针对“替补陪审员在评议时在场是否违反联邦刑事诉讼规则第24（c）的规定”进行了审查。根据第24（c），法官可以指示除正式陪审团之外不超过6名的陪审员作为替补参加听审。替补陪审员可以在陪审团退庭评议之前，基于法庭的命令，替补不能或者丧失资格的正式陪审员。未能替补正式陪审员的替补陪审员应当在陪审团退庭评议之前被解散。由于被告人没有在庭审时针对替补陪审员评议时在场提出异议，上诉法院适用52（b）的明显

① U. S. v. Young，470 U. S. 1（1985）.

② Singleton v. Wulff，428 U. S. 106（1976）.

③ U. S. v. Frady，456 U. S. 152（1982）.

④ U. N. v. Olano，507 U. S. 725（1993）.

错误原则对此进行了审查，认为初审法院允许替补陪审员评议时在场的做法违反了24（c）的规定，并侵犯了被告人的实体权利，符合明显错误原则的要求，因此撤销了被告人的有罪判决。

联邦最高法院发布了调卷令对此案进行了审查。首席大法官奥康纳代表最高法院发布了判决意见，该意见最终认为初审法院违反24（c）规定的做法不构成明显错误，并因此而推翻了上诉法院的裁决，将此案发回重审。更为重要的是，奥康纳法官在判决意见中对“明显错误”究竟是指什么样的错误以及应当怎样适用这一原则进行了阐述。

（二）明显错误原则的适用标准

根据欧拉诺案的判决，上诉法院根据52（b）的规定对未经异议的错误进行审查时，其权力应受以下四个方面的限制。

1. 必须明确初审中的确存在错误

这里的“错误”是指违反法律的规定，除非该法律规定的权利被当事人所放弃。比如当事人理智且自愿做有罪答辩，就不能在上诉中声称他应该获得审判并要求撤销其有罪判决，因为当事人通过有罪答辩已经放弃了其获得审判的权利，其未经审判的定罪不存在错误。但是，放弃权利（waiver）与丧失权利（forfeiture）不同。丧失权利是指未能及时主张某一权利，而放弃则指有意放弃某一明知的权利。52（b）中所指的“错误”即指当事人在初审中未及时提出异议，而不是当事人放弃了此项权利，如果当事人明确表示放弃权利，则根本无错误可言。

2. 此错误必须属于“明显错误”

这里的“明显”意同于“清楚”、“显而易见”。上诉法院不能根据52（b)的规定去纠正初审中的错误，除非该错误明显违反现行法律。

3. 此错误必须“影响当事人的实体权利”并应由被告人加以证明

在大多数案件中，“影响当事人的实体权利”意味着此错误必须引起误判，即影响到初审法院审判程序的结果，而这一点需要由被告人来证明。如果被告人在庭审中及时提出了异议，上诉法院需依据52（a）的规定进行“无害错误（harmless error)”审查，此时应由控诉方对此错误属于无害错误进行证明。但如果被告人在庭审时未针对某一错误提出异议，但依据52（b）提请上诉审查时，则应该负责证明此错误属于“明显错误”。根据52（a），若控诉方不能证明某一错误属于无害错误，则上诉法院将会基于此错误撤销初审法院的判决；根据52（b），若被告人不能证明某一错误属于明显错误，则上诉法院将会维持初审法院裁决。

4. 此错误严重影响司法的公正、诚实及其公众形象

即使被告人能够证明某一错误“影响当事人的实体权利”，即可能影

响初审的审判结果，但只有在该错误属于“严重影响司法的公正、诚实及其公众形象”的情况下，上诉法院才能对该错误予以纠正。

综上，欧拉诺案对“明显错误”原则的适用确定了四步审查标准，即错误——明显错误——影响实体权利——影响司法的公正、诚实及公众形象。根据这四步审查标准，如果某一个案件中不存在违反法律规定的错误、有错误但该错误并非显而易见、被告人未能证明该错误引起误判或者该错误没有严重影响司法的公正和正直，上诉法院均不能撤销初审法院的裁决。这里，联邦最高法院并没有在52（b）规定的“影响实体权利”标准与阿特金森案所确立的“严重影响司法的公正、诚实及公众形象”标准之间进行选择，而是将二者加以结合，使其共同成为“明显错误”原则的适用标准，这无疑对上诉法院的权力进行了更为严格的限制。不过究竟什么样的错误属于“严重影响司法的公正、诚实及公众形象”，欧拉诺案法院并没有具体加以解释。因为本案中，欧拉诺及其律师未能证明初审法院允许替补陪审员在场属于“影响实体权利”的错误，故不符合第三步审查标准，因此无须进行第四步审查就可以认定此案中不存在明显错误。[①]

值得提出的是，在对上诉法院的审查权进行制约的同时，联邦最高法院并没有将“明显错误”救济视为是上诉法院必须要履行的义务，欧拉诺案判决特别指出：52（b）的规定并不是强制性的，如果某一错误是“明显”的且“影响当事人的实体权利”，上诉法院有权予以纠正，但并没有被要求必须如此。这说明，即使上诉法院经审查认为初审程序中确实存在影响当事人实体权利的明显错误，但仍然有权自由裁量其是否属于“严重影响司法的公正、诚实及公众形象”的错误，并在此基础上决定是否赋予当事人上诉救济，即是否纠正该错误或者撤销初审裁决。一旦其决定赋予当事人这种救济权利，则必须满足欧拉诺案判决所设定的标准。这既有利于敦促当事人在初审时及时行使异议权，也有利于防止上诉法院滥用权力并导致对初审法院的过度干预。

四、明显错误原则的具体适用

欧拉诺案确定的明显错误四步审查标准，对上诉法院行使审查权起到了普遍指导作用。但由于刑事案件千差万别，当事人提起明显错误审查的理由和情形千差万别，联邦最高法院很难通过归纳的方法对于什么是有错误、什么错误属于明显错误、什么错误有损当事人的实体权利、什么错误会严重影响司法的公正、诚实及公众形象等进行具体规定。实际上联邦最

① U. S. v. Olano，507 U. S. 725（1993）.

高法院也一直拒绝对哪类错误属于“明显”错误进行明确界定，特别是在2009年的普吉特诉美国一案中，联邦最高法院清楚地表明，对于什么样的错误严重影响司法的公正、诚实及公众形象这一属于上诉法院自由裁量范围的问题，需要根据案件的具体情况和事实细节进行个案分析。[①] 因此，欧拉诺案仅仅为上诉法院进行明显错误审查提供了公式，至于公式的内容和结论则完全由上诉法院在具体案件中去添加和获得。以下，笔者就选取来自联邦巡回法院的四个具体案例来说明上诉法院是如何运用这一公式进行明显错误审查的。

（一）关于初审是否存在错误的审查

在欧拉诺案的四步审查标准中，第一步审查即关于初审中是否存在错误的审查是最基础的环节，因为如果初审中根本不存在错误，也谈不上其是否属于无害错误的问题。一般而言，初审是否存在错误是较为容易判断的，唯一有可能发生争议的情形是被告人及其律师是否放弃了某项权利，并导致本来不符合法律规定的程序不再是“错误”。在2007年的美国诉甘泽来兹一案中，第五巡回区上诉法院就遇到了类似的难题。

在本案中，被告人甘泽来兹被指控犯有五项毒品犯罪案件，在选择陪审团时，治安法官召集控辩双方律师，并询问他们是否同意由联邦治安法官主持陪审团遴选程序。辩方律师回答同意之后，法庭没有征求被告人本人的意见。于是治安法官主持了陪审员遴选程序，在此过程中被告人没有提出任何异议。其后被告人在庭审中被陪审团认定所有罪名成立。被告人向第五巡回区上诉法院提起上诉，认为治安法官主持陪审员遴选程序没有经过他的同意，因此存在程序上的错误，要求撤销有罪判决将此案发回重审。

第五巡回区上诉法院首先就治安法官主持陪审团选择程序是否合法进行了分析，认为根据《联邦治安法官法》和联邦最高法院1991年的皮瑞慈案判决，在双方当事人同意的情况下，联邦地区法院可以将某些审前职能指派给治安法官来承担，其中包括陪审员遴选程序。但是皮瑞慈案并没有明确这是否需要被告人亲自同意，这一问题在各个巡回法院仍然存在争议。第五巡回区上诉法院认为，虽然某些权利极其重要因而需要被告人亲自放弃，但这取决于这些权利本身的性质，本案中同意由治安法官主持陪审员遴选程序这一权利并不属于此范围之内，参照本院之前办理过的案件，这一权利可以由律师代为放弃，并且这一放弃对当事人有约束力，因

---

① Puckett v. U. S.，129 S. Ct. 1423（2009）.

此本案中根本不存在错误，初审判决予以维持。[①] 第五巡回区法院的这一裁决，于2008年5月为联邦最高法院所维持[②]。

（二）关于初审错误是否显而易见的审查

要求初审错误清楚、显而易见是欧拉诺案四步审查标准的第二步。由于上诉法院只能依据初审的庭审记录进行上诉审查，因此，第二步审查实际上就是上诉法院审查当事人提起上诉的"错误"是否在初审记录中显而易见。例如哥伦比亚特区上诉法院于2004年的处理的一起案件中，对于什么是清楚的、显而易见的错误进行了专门审查。

在本案中，被告人因被指控持有并蓄意散发可卡因而作出有罪答辩，并被联邦地区法院判处121个月监禁。在上诉请求中，被告人声称检察官没有在他同意合作进行进一步调查之后对他及他的家人予以保护，并且没有向量刑法院说明他合作的程度，因此违反了答辩协议的规定，要求撤销地区法院的判决。哥伦比亚特区上诉法院首先明确了被告人的上诉请求应纳入明显错误原则审查范围之内，然后根据欧拉诺案的四步审查标准对此案进行了审查。上诉法院认为被告人的上诉请求不符合"显而易见"错误的条件，因为被告人声称检察官违反答辩交易协议的唯一根据就是他在初审时向法庭所作的"如果不确保他家庭的安全，他不会答应检察官提出的合作要求"的陈述，除此之外，庭审记录中既没有支持他遇到危险并产生恐惧的客观资料，也没有政府未能提供保护的支撑材料，因此很难说庭审记录清楚、显而易见地反映出检察官违反答辩协议。至于被告人提出的检察官没有向量刑法院说明其合作程度因而违反答辩协议，庭审记录中更是不甚清楚。基于上述情况，上诉法院认为一个模糊的庭审记录根本不足以支持"明显"、"清楚"或者"显而易见"错误的存在，因此初审法院的判决应予以维持。

（三）关于初审错误是否影响当事人实体权利的审查

根据欧拉诺案判决，判断某一庭审错误是否影响当事人的实体权利，就是考察该错误是否会对初审法院的判决存在影响，如果该错误的存在既不影响定罪也不影响量刑，那么它就不属于明显错误。被告人对这一问题负有证明责任。如果上诉法院既不能在庭审记录中发现庭审错误影响初审判决，被告人也不能对此加以证明，则被告人的上诉请求将不能得到支持。第二巡回区上诉法院于2008年处理的美国诉哈德威克一案，是适用这第三步审查的典型案件。

---

① U. S. v. Gonzalez，483 F. 3d 390（2007）.

② Gonzalez v. U. S.，553 U. S. 242（2008）.

在本案中，被告人格雷·哈德威克被指控与其兄弟斯泰斯犯有共谋雇凶杀人等四项罪名。在格雷被审判之前，斯泰斯对于共谋雇凶杀人的罪名作了有罪答辩。在庭审中，陪审团听取了卧底警察楚基罗与格雷和斯泰斯之间进行面谈的录音带，以及楚基罗关于其卧底侦查、导致被告人被逮捕的事实、对录音带中所涉及问题的解释等证词。法庭也允许了控诉方将斯泰斯的答辩词作为证据使用。虽然该答辩词中没有提及格雷，但证词表明斯泰斯"同意并且共谋唆使另一个人跨州过来实施谋杀以赚取佣金，该佣金是一把口径为0.32的手枪"。被告律师对宣读该答辩词提出异议并且要求法官对陪审团做出指示。法官予以同意并且告知陪审团："这些陈述只能用来考虑证明陈述者的行为"，只能证明"是否存在共谋以及作为该共谋一部分的雇凶杀人行为是否实施"，"至于被告人格雷是否参与共谋需要其他证据来证明，不能在斯泰斯的陈述中寻找答案"。在评议时，陪审团要求再次听取斯泰斯的答辩词以及录音带。最终陪审团判决被告人罪名成立。格雷提起了上诉，认为地区法院允许采纳斯泰斯的证词违反了第六修正案关于对质权条款的规定，同时案内的合法证据根本不足以证明他实施了雇凶杀人的犯罪行为。

尽管被告律师在初审中对斯泰斯的答辩词提出了异议，但由于她在异议中没有提及与对质权条款有关的任何问题，第二巡回法院认为，对该异议进行"无害错误"审查是不恰当的，只能对此进行"明显错误"审查。由于斯泰斯的答辩词是言词性传闻证据，在对质权条款之下其不具有可采性，除非陈述者能够亲自出庭作证或者事先给被告人交叉询问的机会。① 由于法庭在没有满足这些条件的情况下采纳了斯泰斯的答辩词，因此其属于明显的错误。同时，斯泰斯的答辩词也影响到了当事人的实体权利，因为其明显影响了陪审团的裁决：如果没有答辩词，有关斯泰斯实施雇凶杀人的主观意图只能通过录音带中的对话来进行推断，但有了这份作为自认的答辩词，陪审团更容易对这一问题得出结论，况且在陪审团评议的时候，这份答辩词再一次被宣读，在其强有力的影响下，陪审团是否还会遵照法官的指示，去审查案内其他证据来判断被告人的共谋意图就非常值得怀疑了。综上，第二巡回法院认为初审法院采纳斯泰斯的答辩词违反了对质权条款的要求，并且对当事人的实体权利产生了影响，因而构成了明显错误。②

（四）关于初审错误是否严重影响司法的公正、诚实及公众形象的审查

"明显错误"原则审查的第四步，即该错误是否严重影响司法的公正、

① Crawford v. Washington，541 U. S. 36（2004）.

② U. S. v. Hardwick，523 F. 3d 94（2008）.

诚实及公众形象，是上诉法院决定是否给予当事人救济的最后一环，也是上诉法院拥有最多裁量自由的一环，对于通过前三步审查的初审错误，上诉法院仍然可以继续审查其是否严重影响司法公正，并决定是否赋予相应的救济。但是，上诉法院的这一自由权利也不是毫无制约的，在当事人申请调卷令并且被联邦最高法院受理的情况下，上诉法院的裁决将受到最高法院的严格审查。第四巡回区上诉法院于2001年办理的美国诉考顿案件很好地说明了这一问题。

1997年10月，斯丹利与其他六名被告人被大陪审团指控犯有持有并意图贩卖至少5千克可卡因以及50克古柯碱的罪名。1998年3月，大陪审团修正了起诉书，增加指控五名被告人，虽然罪名仍然是持有并意图贩卖可卡因，但这份起诉书中没有提及涉案毒品的重量。根据该修正之后的起诉书，初审法官指示陪审团："你只需要发现被告人是否意图贩卖毒品或者因贩卖而持有毒品，涉案毒品数量多少并不重要"，最终陪审团认定被告人罪名成立。其后，初审法院根据审判中的言词证据，认定被告人斯丹利的涉案毒品数量至少有500克古柯碱，其他被告人涉案数量至少有1500克古柯碱，判处斯丹利及另一名被告人波维30年监禁，判处其他被告人终身监禁。在量刑程序中，被告人并没有针对初审法院量刑所依据的毒品数量并未在大陪审团的起诉书中提及这一问题提出异议。

初审裁决做出之后，被告人向第四巡回区上诉法院提起上诉，其中理由之一就是初审法院的量刑无效，因为其所依据的毒品数量既没有在大陪审团起诉书中提及也没有交小陪审团审查。由于被告人在初审中没有对此提出异议，第四巡回区上诉法院决定对此问题进行"明显错误"审查。上诉法院首先对该错误的性质进行了分析，认为初审法院对于被告人未受到指控的罪行进行量刑超出了其管辖权，剥夺了被告人根据宪法第五修正案所享有的大陪审团审查起诉的权利；其次，根据联邦最高法院与其他上诉法院之前所处理的类似案件，对大陪审团审查起诉书中未提及的罪行予以定罪量刑属于应被推翻的"明显错误"，本案与这些案件并无本质的不同，毫无疑问当属于"严重影响司法的公正、诚实及公众形象"的错误。因此，初审法院的量刑应当被推翻。①

尽管第四巡回区法院在明显错误审查中援引了最高法院的判例作为依据，但其结论并没有得到控诉方的认可，之后控诉方向联邦最高法院申请了调卷令并获得许可。2002年，联邦最高法院对上诉法院的裁决进行了审查，对于初审法院依据大陪审团起诉书未提及的毒品数量进行量刑是否

① U.S. v. Cotton，261 F.3d 397（2001）.

“严重影响司法的公正、诚实及公众形象”这一问题做出了相反的结论，并推翻了第四巡回区法院的裁决。根据最高法院的观点，即便大陪审团的起诉书中没有提及，但本案中证明被告人意图贩卖至少50克古柯碱的证据是毋庸置疑的，这一数量是美国法典第841（b）（1）（A）所规定的判处终身监禁刑的基点，因此初审法院的量刑并无不当，也不会影响到司法的公正性。如果在这样有力的证据之下，仅仅因为初审中未被提出异议的错误就对被告人判处较轻的刑罚，这才是对“司法的公正、诚实及公众形象”的真正威胁。[①]

综上，“明显错误”原则虽然赋予了上诉法院审查当事人未在初审中提出异议的新问题的权力，肯定了上诉法院在发现和纠正初审司法错误、为当事人提供救济等方面所具有的能动作用，但同时也对上诉法院行使这一权力进行了极为严格的制约：上诉法院在进行“明显错误”审查时，不仅要依据联邦最高法院所确立的审查公式和审查标准来进行，而且其审查结果也有可能基于控辩双方当事人的申请而受到联邦最高法院的重新检视甚至被撤销。这种严格的制约机制固然有利于防止上诉法院滥用上诉审查权；但另一方面也会导致上诉法院在进行“明显错误”审查时的过于谨慎和小心，其结果是当事人获得“明显错误”救济的机会并不充分。这在一定程度上说明，尽管成文法与判例法都认可了“明显错误”审查作为纠正普通法和对抗制诉讼一般原则之弊的重要制度而存在，但过高的门槛仍然会促使当事人及其律师在初审中积极行使异议权，而不会把希望寄托于上诉法院的“明显错误”审查。因此，严格制约上诉法院在“明显错误”审查中的自由裁量权至少有两个好处：一是防止权力被滥用以及上诉法院对初审法院的过度干预；二是防止因当事人怠于行使初审异议权而导致上诉案件的激增，而这两点正是立法者在确立“明显错误”原则时所担心的问题。

---

① U. S. v. Cotton，535 U. S. 625（2002）.

《京师刑事诉讼法论丛》第三卷约稿

《京师刑事诉讼法论丛》（以下简称《论丛》）系北京师范大学刑事法律科学研究院刑事诉讼法研究所、刑事诉讼改革研究中心主办，宋英辉教授、甄贞教授主编，由北京师范大学出版社出版的全国性刑事诉讼法学学术图书，每年出版两卷。

作为刑事诉讼法学的专业学术园地，《论丛》将收录国内外刑事诉讼法学前沿力作，所设置的栏目将包括主题研讨、专论大观、改革探索、观点争鸣、青年法苑、实务探讨、域外法制等。

《论丛》的宗旨是，密切关注古今中外刑事程序法的理论与实践，既根据刑事诉讼法的务实性特点，对司法实践中的实务问题进行深层次探索，又重视刑事诉讼的基本原理和规律，鼓励运用交叉学科的研究方法、多视角分析刑事诉讼的基本问题。

文章视角不受限制，观点自由。文章一般以三万字以内为宜。来稿采用与否以学术价值为基本标准。注释体例请按照本书的体例要求。第三卷截稿日期为 2012 年 6 月。

联系方式

地址：北京市新街口外大街 19 号，北京师范大学刑事法律科学研究院《京师刑事诉讼法论丛》编辑部（100875）

E-mail：xsssflc@sina.com

北京师范大学刑事法律科学研究院刑事诉讼法研究所

北京师范大学刑事法律科学研究院刑事诉讼改革研究中心

《京师刑事诉讼法论丛》编委会

2012 年 3 月